"十四五"职业教育国家规划教材

U0649400

Chengzhen Daolu yu Shizheng Gongcheng

# 城镇道路与市政工程

## （第三版）

王连威　主　编
张立华　副主编

人民交通出版社股份有限公司
China Communications Press Co.,Ltd.

## 内 容 提 要

本书为"十四五"职业教育国家规划教材。本书简要介绍了城镇道路的布局规划、平面设计、纵断面设计、横断面设计、平面交叉口设计、立体交叉设计等方面的设计理论和设计方法,以及城镇道路的交通管理设施,着重阐述了市政道路工程的路基施工、路面施工、排水施工及附属工程施工等施工技术方面的内容。

本书可作为高职高专交通土建类专业教材,也可供相关专业技术人员参考使用。

**本教材配课件和教案,教师可通过加入"职教路桥教学研讨群"**(QQ:561416324)获取。

**图书在版编目(CIP)数据**

城镇道路与市政工程 / 王连威主编. —3 版. —北京:
人民交通出版社股份有限公司, 2017.5(2025.7重印)
"十二五"职业教育国家规划教材
ISBN 978-7-114-13120-2

Ⅰ.①城…  Ⅱ.①王…  Ⅲ.①城市道路—道路施工—
高等职业教育—教材  Ⅳ.①U415

中国版本图书馆 CIP 数据核字(2016)第 134028 号

"十四五"职业教育国家规划教材
职业教育·道路运输类专业教材
书    名:**城镇道路与市政工程**(第三版)
著 作 者:王连威
责任编辑:任雪莲  李 娜
责任印制:张 凯
出版发行:人民交通出版社股份有限公司
地    址:(100011)北京市朝阳区安定门外外馆斜街 3 号
网    址:http://www.ccpcl.com.cn
销售电话:(010)85285911
总 经 销:人民交通出版社股份有限公司发行部
经    销:各地新华书店
印    刷:北京印匠彩色印刷有限公司
开    本:787×1092  1/16
印    张:20
字    数:472 千
版    次:2002 年 7 月  第 1 版
         2009 年 8 月  第 2 版
         2017 年 5 月  第 3 版
印    次:2025 年 7 月  第 3 版  第 11 次印刷  总第 35 次印刷
书    号:ISBN 978-7-114-13120-2
定    价:49.00 元
(有印刷、装订质量问题的图书,由本公司负责调换)

# 第三版前言

本书第一版(《城市道路设计》)是根据路桥工程学科委员会高职教材联络组2001年7月昆明会议上通过的路桥专业高职教材编审的原则意见和"交通高等职业技术教育路桥专业课程设置框架文件"的要求编写的。2006年6月,本书入选普通高等教育"十一五"国家级规划教材,根据国家级规划教材的要求,本书在第一版的基础上进行了较大幅度的修订,并更名为《城镇道路与市政工程》(第二版)。

2013年8月,本教材获得"十二五"职业教育国家规划教材选题立项。本教材编写人员在认真学习领会《教育部关于"十二五"职业教育教材建设的若干意见》(教职成〔2012〕9号)、《高等职业学校专业教学标准(试行)》《关于开展"十二五"职业教育国家规划教材选题立项工作的通知》(教职成司函〔2012〕237号)等有关文件的基础上,对第二版做了全面修订,形成了本教材第三版。2014年8月,本书被教育部评定为"十二五"职业教育国家规划教材。2020年12月,本教材入选"十三五"职业教育国家规划教材。2023年6月,本教材入选"十四五"职业教育国家规划教材。

高等职业教育是高等教育的重要组成部分。为促进高等教育的全面发展,全方位地为现代化建设服务,必须大力发展高等职业教育,并按"工学结合"的人才培养模式要求,培养具有一定的理论知识和较强的实践动手能力,具有创新意识和可持续发展能力,适应生产、建设、管理第一线的高素质的技术技能型人才。

本书在编写时,力求结合我国城镇道路的特点,在一定理论分析的基础上全面阐述如何进行城镇道路设计及施工,以施工为主。为了适应生产和教学需求,本书较好地体现了针对性与先进性、实用性和综合性,文字力求通俗简要,便于读者自学掌握,充分体现了高等职业教育特点及专业培养目标要求,可全面提高学生的综合素质。本教材另配有教学课件和教案资料,以辅助教师教学。鉴于我国幅员辽阔,城镇特点各异,地域特色鲜明,同时考虑各院校具体情况,教材编写内容较广、较全面,讲授过程中教师可以对本书内容合理把握,进行删减。

本书由吉林交通职业技术学院王连威担任主编,吉林交通职业技术学院张立华担任副主编。具体编写情况如下:第一章、第三章由王连威编写;第六章、第九章由张立华编写;第二章由湖南交通职业技术学院刘孟良编写;第四章由河南交通职业技术学院何晨编写;第五章由南京交通职业技术学院芮丽珺编写;第七章、第八章由吉林交通职业技术学院张宝成编写;第十章、第十一章由吉林交通职业技术学院李瑞涛、李月姝编写;吉林交通职业技术学院袁其华在重印修订中负责对教材内容进行了部分修改。

　　本书在编写过程中,得到了人民交通出版社股份有限公司卢仲贤、任雪莲等的指导、帮助。参考文献的作者们对本书的完成给予了大力支持,在此一并致以诚挚的谢意!

　　由于编者水平有限,书中谬误之处,恳请读者批评改正。

编　者

2021 年 2 月

# 目　　录

# 第一章 绪 论

🔑 **学习目标**

1. 了解我国道路的发展历史;
2. 了解城镇道路的功能及特点;
3. 掌握城镇道路的分级;
4. 熟悉城镇道路红线设计内容及要求;
5. 熟悉城镇道路系统规划的基本思路和程序。

🔑 **本章重点和难点**

1. 城镇道路的分级;
2. 城镇道路红线设计的内容;
3. 城镇道路系统的布局规划;
4. 城镇道路系统规划的基本思路和程序。

## 第一节 我国城镇道路的发展概况

道路是供各种车辆和行人等通行的工程设施,道路是伴随交通而产生的。《诗经·尔雅》中论述:"道者蹈也,路者露也。"即道路是人们踩光了路上的野草,露出了土面而形成的,路是人走出来的,道路是由人们的社会生产活动和社会生活活动而产生的。

社会生产活动是指以工作为目的的人的流动,进行生产所必需的物的流动以及信息的流动等。社会生活活动是指以生活为目的的人的流动(购物、社交、游憩、文体等)以及生活必需物质的流动(食品、日用品、废弃物等)。

这些人和物的流动都有一定的目的,在城市中是以一定的城市用地为出发点,一定的城市用地为终点,经过一定的用地和线路(城镇道路)而进行的。城镇道路是城市建设的主要项目之一,社会生产力越发展,社会物质生活和精神生活越丰富,城镇道路就越发展。

我国城镇道路有着悠久的发展历史。远在4 000多年以前,我国劳动人民就已发明舟车,周朝在城市建设中,重视道路的规划与设计,如《诗经·大雅·大东》中载:"周道如砥,其直如矢。"这说明当时的道路平整,线形笔直,筑路技术已达到相当先进的水平。又《考工记·匠人营国》中载:"匠人营国,方九里,旁三门,国中九经九纬,经涂九轨,环涂七轨,野涂五轨……"是说城镇道路规划为棋盘形格局,分经纬、环、野三个等级;"经纬涂"九轨约合15m宽,"环涂"七轨约合11.5m宽,"野涂"为市郊道路,五轨约宽8.5m。这种棋盘式道路网规划方案一直沿用至今,成为目前国内外路网规划的典型图式之一。

汉代都城长安,城市建设规模宏大,有"八街、九陌和一百六十闾里"之称。经纬相通,衢路平整,有些干道的宽度并列12辙。隋唐长安,在道路建设方面,明显突出了道路系统功能。东西大街有11条,南北大街有14条,道路网成棋盘形。通向城门的街道为主干道。隋唐长安的街道宽度是空前绝后的。据文献记载,前宫横街宽300步,实测为200m,实际上是个广场;丹凤门通大明宫的丹凤大街,是百官上朝的通道,宽120步,相当于176m;朱雀大街宽100步,相当于147m,其他南北向大街宽度,实测为20~134m;东西向大街宽39~88.2m。

明清时代的北京,城市人口已达百万之众。街道规划整齐,犹如棋盘。从永定门到钟鼓楼的南北向中轴线,宽28m,长800m,笔直如矢。通向各城门的干道,纵横相交。

当时修建的街道,供畜力车、行人和骑马通行。直到1886年发明了汽车,1902年中国开始进口汽车之后,我国城镇道路才逐渐考虑汽车行驶的要求。

1840~1949年,我国沦为半封建半殖民地社会,加之军阀混战,城市建设和城镇道路建设十分缓慢,且道路建设缺少规划。

改革开放以来,我国城市建设发展迅猛。至2020年年末,全国城市道路长度达到49.3万公里,道路面积约97.0亿平方米,全国城市桥梁总计7.9万余座。

以北京为例,截至2020年年底,北京市域总道路里程达到3.07万公里,公路里程达2.23万公里。城市道路桥梁2376座。北京的道路网规划为混合式。中心城道路系统仍保持方格网与环路、放射线相结合的布局,路网由快速路、主干路、次干路和支路组成。北京市的路网从外围看为环形放射式,内部棋盘式,外围环形放射式,组成混合式路网。

## 第二节 城镇道路的功能、组成和特点

### 一、城镇道路的功能

城镇道路是指通达城市的各地区,供城市内交通运输及行人使用,便于居民生活、工作及文化娱乐活动,并与市外道路连接,负担着对外交通的道路。城市路网是由若干条道路(路段和交叉口)组成的网络体系,承载着多种功能。城镇道路的空间布局如图1-1所示。

城镇道路网有以下主要功能:

1. 交通运输功能

交通运输功能是城市路网的本体功能,是为各类交通主体的交通活动和行为提供空间的载体。城市里各种座位的客车、各种吨位的货车、非机动车、行人,都是在道路上行进,完成客、货运送任务。一般说来,城镇道路上的车流量大,各种车辆相互干扰;在商业区、车站、码头和大型娱乐场所,人流量很大;在交叉路口,车流和人流,有的要改变前进方向。因此,设计城镇道路时,需要考虑如何组织交通。

2. 派生功能

城镇道路派生功能包括:地下管线埋设、通风、照明等空间的提供,视觉观赏路径、场所的提供等。

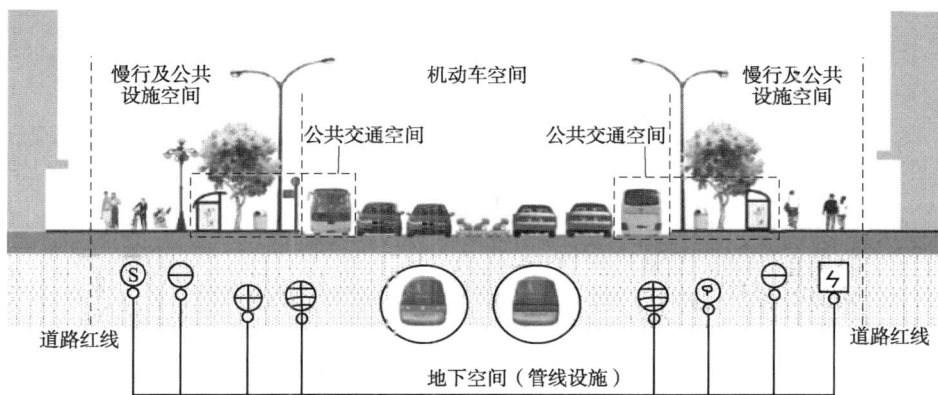

图 1-1　域镇道路的综合布局示意图

**3. 依托与引导功能**

城镇道路的依托与引导功能是道路作为城市发展与建设的骨架、建筑与各类活动空间的依托，对城市发展起到引导作用。

**4. 应急功能**

城镇道路的应急功能主要包括防灾和避难。

城镇道路网是城市的骨架，一般是先通道路，后建房屋。城镇道路是城市的基础设施，好比人身上的血管。欲建城市，须做好交通规划。一个符合实际的道路网至关重要，它可保证城市各种活动正常运转，否则，后患无穷。

衡量一个城市道路建设水平的指标很多，如道路总长度、道路网密度、人均道路长度、车均道路长度、道路面积率等。但在做城市规划时，道路面积占城市用地面积的比率，即道路面积率是一项常用的指标。道路面积率 = 道路用地总面积/建设用地总面积。根据对世界各大城市道路面积率资料的分析，一个城市的道路面积率一般为 20% 左右较为合适。一些城市的道路面积率为：华盛顿 45%，纽约 35%，伦敦 23%，巴黎 25%，东京 16%，柏林 26%，首尔 18%，北京市二环路以内是 11.39%（规划值为 25%），上海浦东规划为 20%。

道路网密度是城市道路总长度与城市用地面积之比，道路网密度 = 道路总长度/建设用地总面积，单位是 $km/km^2$。一般认为，干道网密度以 $2.2 \sim 2.6 km/km^2$ 为宜，即干道间距为 $800 \sim 1\,000m$。这里指的干道并未说明是主干道，还是主干道加次干道，若为后者，路网偏稀。至于全市路网密度多大为妥，应从交通实际情况分析，一般全市路网密度不宜小于 $5km/km^2$。城市的不同区位，路网密度的取值应有差异，市中心区应大些，边缘区应小些。做好城市交通规则，做好城镇道路网规划，是城市发展的先决条件。

**二、城镇道路的组成**

在城市里，沿街两侧建筑红线之间的空间范围为城镇道路用地，该用地由以下不同功能组成：

（1）供各种车辆行驶的车行道。其中供汽车、无轨电车、摩托车行驶的为机动车道；供有轨电车行驶的为有轨电车道；供自行车、三轮车、畜力车行驶的为非机动车道。

(2)专供行人步行交通用的人行道。

(3)起卫生、防护与美化作用的绿化带。

(4)用于排除地面水的排水系统,如街沟或边沟、雨水口、窨井、雨水管等。

(5)为组织交通、保证交通安全的辅助性交通设施,如交通信号灯、交通标志、交通岛、护栏等。

(6)交叉口和交通广场。

(7)停车场和公共汽车停靠站台。

(8)沿街的地上设施,如照明灯柱、架空电线杆、给水栓、邮筒、清洁箱、接线柜等。

(9)地下的各种管线,如电缆、煤气管、给水管、污水管等。

(10)在交通高度发达的现代城市,还建有架空高速道路、人行过街天桥、地下道路、地下人行道、地下铁道等。

### 三、城镇道路的特点

城镇道路与公路相比较,具有如下特点:

**1. 功能多样**

除了用作城市交通运输外,还用于布置公用设施(自来水、污水管等)、停车场、城市通风、房屋照明、城市艺术轴线等。所以,在规划布局城镇道路网和设计城镇道路时,都要兼顾到各个功能方面的要求。

**2. 组成复杂**

城镇道路的组成很多,包括车行道、人行道、绿化、照明、停车场、地上杆线、地下管道等,有的还可能设有架空道路、地下道路、地下铁道、人防工程等。在进行道路横断面设计时,各个组成部分要布置得当,各得其所。

**3. 行人交通量大**

城镇道路的行人比公路多得多,尤其在商业区、车站、码头、大型公共娱乐场所等处的道路,人流量尤为集中,要妥善设计和组织好行人交通。

**4. 车辆多、类型杂、车速差异大**

城镇道路交通运输的车辆类型多,有客运和货运,有各种大小吨位的机动车,还有大量的非机动车和畜力车,它们的交通量大、车速差别大、相互干扰大,在道路设计和交通组织管理中要很好地解决这"三大"所带来的问题。

**5. 道路交叉点多**

纵横交错的城镇道路网形成很多交叉点(口)。城镇道路大量交叉口的存在,既影响车速,也影响道路的通行能力,因此,交叉口设计是否合理往往是能否提高道路通行能力的症结所在。

**6. 沿路两侧建筑密集**

道路一旦建成,沿街两侧的各种建筑也相应建成且固定下来,以后很难拆迁房屋、拓宽道路。因此,在规划设计道路的宽度时,必须充分预计到远期交通发展的需要,并严格控制好道路红线宽度。

**7. 道路并通连接点**

由于道路分布在城市的各个角落,所以,全市的道路交通也相应地分散在各条线路上,但各条道路所分布的交通量并不完全一样,有大有小,有主有次,在规划道路网时,应进行调查研究,分清人流、车流的主次方向和大小,用不同等级的道路分别加以连接。

**8.景观要求高**

城市干道网是城市的骨架,城市总平面的布局是否美观合理,在很大程度上体现在道路网,特别是干道网的布局;而城市环境的景观和建筑艺术,也必须通过道路才能反映出来。所以,不仅要求道路本身具有良好的景观,而且也要求其与城市的建筑群体、名胜古迹、自然风光等配合,以取得良好的艺术效果。

**9.城镇道路规划、设计的影响因素多**

城市里人来车往,同时绿化、照明、通风、防火和各种市政公共设施,无一不在道路用地上,这些影响因素在城镇道路规划、设计时都必须综合考虑。

**10.政策性强**

在道路网规划和道路设计中,经常需要考虑城市发展规模、技术设计标准、房屋拆迁、土地征用、工程造价、近期与远期、需要与可能、局部与整体等问题,这都涉及有关的方针、政策。所以,城镇道路规划与设计工作是一项政策性强的工作,必须贯彻实施有关的方针、政策。

## 第三节　城镇道路的分级

城镇道路即城市城区内的道路,是城市的骨架,必须满足不同性质交通流的功能要求。城市道路应按道路在道路网中的地位、交通功能以及对沿线的服务功能等,分为快速路、主干路、次干路和支路四个等级,并应符合下列规定。

**(一)快速路**

快速路又称城市快速干道,是为城市中大量、长距离、快速的交通服务,属城市交通主干道。

快速路应中央分隔、全部控制出入、控制出入口间距及形式,应实现交通连续通行,单向设置不应少于两条车道,并应设有配套的交通安全与管理设施。快速路与城市组团的关系可以比作藤与瓜的关系。

快速路两侧不应设置吸引大量车流、人流的公共建筑物的出入口。

快速路两旁的视野要开阔,可以设绿带,但不可种植高大乔木和灌木以免阻碍视线,影响交通安全。在有必要且条件允许的城市,快速路的部分路段可考虑采用高架的形式,也可以采用路堑的形式,以更好地协调用地与交通的关系。

**(二)主干路**

主干路又称城市主干道,是城市中主要的常速交通道路,主要为相邻组团之间和与中心区的中距离运输服务,是联系城市各组团及城市对外交通枢纽联系的主要通道。主干路在城镇道路网中起骨架作用,它与城市组团的关系可比作串糖葫芦的关系。

主干路应连接城市各主要分区,应以交通功能为主。主干路两侧不宜设置吸引大量车流、人流的公共建筑物的出入口。

主干路上机动车与非机动车应分隔行驶,交叉口之间的分隔带要尽量连续,以防车辆任意穿越,影响主干路上车流的行驶。主干路两侧不宜设置吸引大量车流、人流的公共建筑物的出入口。

**(三)次干路**

次干路是城市各组团内的主要干道,次干路应与主干路结合组成干路网,应以集散交通的功能为主,兼有服务功能。

次干路兼有服务功能,两侧可设吸引大量车流、人流的公共建筑住宅,设置机动车和非机动车的停车场,并满足公共交通站点和出租车服务站的设置要求。

次干路又可分为:

(1)交通性次干道:常为混合性交通干道和客运交通次干道;

(2)生活性次干道:包括商业服务性街道或步行街等。

**(四)支路**

支路又称城市一般道路或地方性道路,支路宜与次干路和居住区、工业区、交通设施等内部道路相连接,应以解决局部地区交通,以服务功能为主。

支路不得与快速路直接相接,只可与平行快速路的道路相接,在快速路两侧的支路需要联系时,需用分离式立体交叉跨越。支路应满足公共交通路线行驶的要求。

**(五)其他规定**

在规划阶段确定道路等级后,当遇特殊情况需变更级别时,应进行技术经济论证,并报规划审批部门批准。

当道路为货运、防洪、消防、旅游等专用道路使用时,除应满足相应道路等级的技术要求外,还应满足专用道路及通行车辆的特殊要求。

道路应做好总体设计,并应处理好与公路以及不同等级道路之间的衔接过渡。

城镇道路作为骨架与城市用地布局的关系如图 1-2 所示。

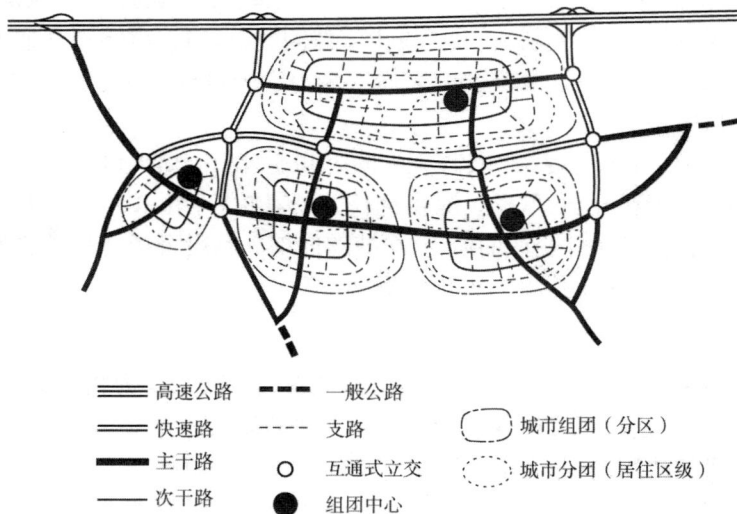

图 1-2　城镇道路与城市布局关系图

城镇道路衔接原则为:

(1)低速让高速、次要让主要、生活性让交通性、适当分离。

(2)城镇间道路与城镇道路网的连接。

城镇间道路把城市对外联络的交通引出城市,又把大量入城交通引入城市。所以城镇间道路与城市间道路网的连接应有利于把城市对外交通迅速引入城市,避免入城交通对城市道路特别是城市中心地区道路上的交通的过多冲击。

城镇间道路分为高速公路和一般公路。一般公路可以直接与城市外围的干道相连,要避免与直通城市中心的干道相连。高速公路则应该采取立体交叉与城市路网相连,有一处或两处以上的立体交叉连接城市快速道路。

### 第四节 城镇道路几何设计的依据

#### (一)设计速度

设计速度,是在气候条件良好,车辆行驶只受道路本身条件影响时,具有中等驾驶技术水平的驾驶员能够安全、舒适驾驶车辆的速度。

设计速度一经选定,道路设计的所有相关要素如平曲线半径、视距、超高、纵坡、竖曲线半径等指标均应与其配合,以获得均衡设计。各级道路的设计速度见表1-1。

各级道路的设计速度 表1-1

| 道路等级 | 快速路 | | 主干路 | | | 次干路 | | | 支路 | | |
|---|---|---|---|---|---|---|---|---|---|---|---|
| 设计速度(km/h) | 100 | 80 | 60 | 60 | 50 | 40 | 50 | 40 | 30 | 40 | 30 | 20 |

快速路和主干路的辅路设计速度宜为主路的0.4~0.6倍。

在立体交叉范围内,主路设计速度应与路段一致,匝道及集散车道设计速度宜为主路的0.4~0.7倍。

平面交叉口内的设计速度宜为路段的0.5~0.7倍。

#### (二)设计车辆

控制道路几何设计的关键因素是行驶车辆的物理性能和各种车辆的组成比例。研究各种类型的车辆,建立类型分级,并选择具有代表性的车辆用于设计。这些用于控制道路几何设计,符合国家车辆标准的,具有代表性质量、外廓尺寸和运行性能的车辆,称之为设计车辆。机动车设计车辆应包括小客车、大型车、铰接车,其外廓尺寸应符合表1-2的规定。

机动车设计车辆及其外廓尺寸 表1-2

| 车辆类型 | 总长(m) | 总宽(m) | 总高(m) | 前悬(m) | 轴距(m) | 后悬(m) |
|---|---|---|---|---|---|---|
| 小客车 | 6 | 1.8 | 2.0 | 0.8 | 3.8 | 1.4 |
| 大型车 | 12 | 2.5 | 4.0 | 1.5 | 6.5 | 4.0 |
| 铰接车 | 18 | 2.5 | 4.0 | 1.7 | 5.8+6.7 | 3.8 |

非机动车设计车辆及其外廓尺寸见表1-3。

非机动车设计车辆及其外廓尺寸 表1-3

| 车 辆 类 型 | 总长(m) | 总宽(m) | 总高(m) |
|---|---|---|---|
| 自行车 | 1.93 | 0.60 | 2.25 |
| 三轮车 | 3.40 | 1.25 | 2.25 |

#### (三)道路建筑限界

道路建筑限界应为道路上净高线和道路两侧侧向净宽边线组成的空间界线。道路建筑限界内不得有任何物体侵入。具体要求见《城市道路工程设计规范》(CJJ 37—2012)。

道路最小净高应符合表 1-4 要求。

**道路最小净高** 表 1-4

| 道 路 种 类 | 行驶车辆类型 | 最小净高(m) |
|---|---|---|
| 机动车道 | 各种机动车 | 4.5 |
| | 小客车 | 3.5 |
| 非机动车道 | 自行车、三轮车 | 2.5 |
| 人行道 | 行人 | 2.5 |

### （四）设计年限

道路交通量达到饱和状态时的道路设计年限为:快速路、主干路应为 20 年;次干路应为 15 年;支路宜为 10～15 年。

路面结构的设计使用年限是设计规定的一个时期,即路面结构在正常设计、正常施工、正常使用、正常维护下按预期目的使用,完成预定功能的使用年限。不同路面类型选用不同的设计使用年限,以保证在设计使用年限内路面平整并具有足够强度。

各种类型路面结构的设计使用年限应符合表 1-5 的规定。

**各种类型路面结构的设计使用年限(年)** 表 1-5

| 道 路 等 级 | 路 面 类 型 | | |
|---|---|---|---|
| | 沥青路面 | 水泥混凝土路面 | 砌块路面 |
| 快速路 | 15 | 30 | — |
| 主干路 | 15 | 30 | — |
| 次干路 | 15 | 20 | 10(20) |
| 支路 | 10 | 20 | |

注:砌块路面采用混凝土预制块时,设计使用年限为 10 年;采用石材时,为 20 年。

### （五）道路红线

城镇道路总宽度也叫规划路幅宽度,即规划建筑线之间的宽度,我国一般称之为红线宽度。它是道路用地范围,包括道路横断面各组成部分用地的总称。道路红线是道路用地和两侧建筑用地的分界线,即道路横断面中各种用地总宽度的边界线。一般情况下,道路红线就是建筑红线,即为建筑不可逾越线。为了建筑艺术以及功能上的要求,红线以外实际上有建筑调整线或称建筑线。

城镇道路网是城市总体规划的重要组成部分,城镇道路红线与城市土地使用及城市布局密切相关。大量的新建筑,尤其是沿街建筑与大量的道路和地下管线的建设等都与道路红线有直接和相互依赖的不可分割的关系。

红线设计的内容由以下 4 部分组成:

1. 确定道路红线宽度

根据道路的功能与性质,考虑适当的横断面形式并定出机动车道、非机动车道、人行道、绿化带等各组成部分的合理宽度,从而确定道路的总宽度,即红线宽度。

红线宽度是道路规划中各种矛盾与争论的焦点,也是整个城市建设中用地矛盾和近、远期设计矛盾的焦点之一。红线宽度规划得太窄,则不能满足日益发展的城市交通和其他各方面的要求,给以后道路改建带来困难。反之,红线定得太宽,近期沿线各种建筑物就要从现在的路边后退很大距离,也会给近期建设带来困难。所以,定红线宽度时要充分考虑"近远结合,以近为主"的原则。

**2.确定道路红线位置**

在城市总平面图基本定案的基础上,选择规划道路中心的位置,并按所拟定的道路横断面宽度画出道路红线宽度。

(1)对于新区道路:一般是先规划道路红线,然后建筑物依照红线逐步建造,道路则参照规划断面,分期修建,逐步形成。

(2)对于旧区道路:第一种方式是通过近期一次拓宽达到规划宽度,这种情况较简单,但目前是少数;第二种方式是通过两侧建筑物按照规划红线逐步改建、逐步形成,这种方式是大多数。红线划定后,由于近期交通矛盾尚不突出,或由于拓宽没有条件,所以道路暂不改建。但两侧建筑物的新建、改建要依照新的红线建造,这样通过建筑物长期的新陈代谢过程,逐步达到规划宽度。有时完全依靠沿路建筑改造自然形成也比较困难。

**3.确定交叉口的形式**

把全部的道路交叉口划分为主要和一般、平面交叉和立体交叉等类型,根据当地具体条件和近、远期结合的要求,定出交叉口用地范围、具体位置和尺寸,定出路缘石半径以及安全视距等,并以红线方式绘在平面图上。

**4.确定控制点的坐标和高程**

规划路中线的转折点和各条道路的相交点,就是控制点。控制点可经实地测量后,绘在图上,使各控制点在实地和图纸上有准确的相关位置和高程;也可根据可靠的地形图计算其坐标和高程。

## 第五节　城镇道路系统布局规划

### 一、城镇道路系统的结构形式

城镇道路系统的结构形式是指道路系统的平面几何图形,是为适应城市发展,满足城市用地和城市交通以及其他需要而形成的。因此,在不同的社会经济条件、城市自然条件和建设条件下,不同城市的道路系统应根据具体条件采用不同的结构形式,决不可生搬硬套。

目前,常见的城镇道路系统结构形式可归纳为四种类型:方格网式、环形放射式、自由式和混合式。

**(一)方格网式道路系统**

方格网式又称棋盘式,是最常见的一种道路结构形式。

我国许多城市,如郑州、太原、石家庄、福州等,其道路网均属方格网式。北京、洛阳、开封等城市的旧城区道路网也属方格网式。

(1)优点:布局整齐,便于建筑布置和方向识别;交通组织简单方便,机动灵活;不会形成复杂的交叉口,不会造成市中心交通压力过重;道路定线比较方便等。

(2)非直线性系数(两节点间的路上实际距离与两点间空中直线距离之比)较大,一般为 1.27～1.41;对角线方向交通不便;限制主次干道的明确分工等。

(3)适用条件:地形平坦的中、小城市和大城市的局部地区。

为了解决对角线方向交通联系不便的问题,有的城市在方格网的基础上增加若干条放射干线,形成方格对角线式道路网,以利于对角线方向的交通,但因此又将形成三角形街坊和复杂的多路交叉口,既不利于建筑布置,又不利于交叉口的交通组织,如长春、沈阳等城市。

完全方格网的大城市,如果不配合交通管制,容易形成不必要的穿越中心区的交通。一些大城市的旧城区,由于历史原因,形成路幅狭窄、间隔均匀、密度大的方格网,已不能适应现代城市交通的要求,可以组织单向交通以解决交通拥挤问题。

方格网式道路也可以顺依地形条件弯曲变化,不一定硬性地一律采用直线直角。

**(二)环形放射式道路系统**

环形放射式道路系统,一般均是由旧城中心区向外发展而逐渐形成的放射式道路网,再加上一个或几个环城道路,构成了环形放射式道路系统。国外许多大城市,如伦敦、莫斯科、巴黎等城市的干道网都属于这种结构形式(图 1-3)。

我国成都市的城镇道路网规划采用了环形放射式,由 10 条放射路和 4 条环路组成。为减轻市中心的交通压力,环路均修建成快速路或高速干道。

(1)优点:有利于中心同外围市区和郊区的联系;有利于中心城区外的市区及郊区的相互联系;非直线性系统平均值最小,一般在 1.10 左右;容易引起城市沿环道发展,促使城市呈同心圆式不断向外扩张。

(2)缺点:容易把外围的交通迅速引入中心地区而造成市中心交通压力过重;交通灵活性不如方格网道路系统;容易出现许多不规则的街坊。

(3)适用条件:一般对大城市和特大城市比较适宜。

环形放射式的缺陷可以通过以下措施来消除:如为分散市中心交通创造有利的条件,可布置两个或两个以上的市中心;也可以有计划地根据运输的情况,将某些放射干道分别止于二环或三环,这样可以减轻市中心的负担。如图 1-4 所示。

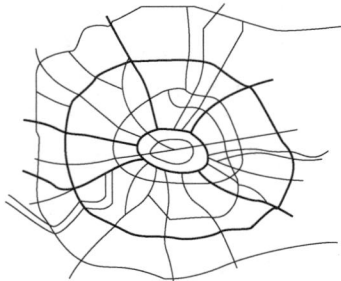

图 1-3　环形道路系统示意图　　　　图 1-4　环形放射式的缺陷处理措施

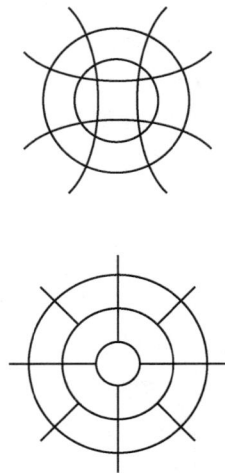

**（三）自由式道路系统**

自由式道路常是由于地形起伏变化较大,道路结合自然地形呈不规则状布置而形成的。我国的山区和丘陵地区的一些城市常采用自由式的道路系统,道路沿山麓或河岸布置,如青岛、重庆、南宁等城市。

（1）优点:能充分结合自然地形;节约工程造价;形成丰富活泼的景观效果。

（2）缺点:非直线性系数大;不规则街坊多;建筑用地较分散。

（3）适用条件:自然地形条件复杂的地区和城市。

**（四）混合式道路系统**

混合式也称综合式,为上述三种形式的组合,如北京、上海、合肥等城市的干道网都属于这种形式。此种形式如规划得合理,既可表现出前几种形式的优点,又能避免它们的缺点,是一种扬长避短的合理形式。

常见的方格网加环形放射式的道路系统是大城市发展后期形成的效果较好的一种道路网形式,如北京(图1-5)。目前大多数国家的多数大城市和部分中等城市都乐于采用此种形式的道路系统。

图1-5　北京市道路系统示意图

另外还有一种常见的链式(带状)道路网,是由一条主要交通干道作为纽带,联系着各类较小范围的道路网而形成的。常见于组合城市或带状发展的组团式城市,如兰州等。

二、城镇道路系统规划的基本思路及规划程序

**(一)城镇道路系统规划的基本思路**

1.立足于对现状的充分考虑

(1)现状地形、现状建筑的保留与拆除的分析。

(2)现状道路交通存在的问题及其产生的原因分析。

(3)解决交通问题的基本思路,交通组织方案及可行性分析。

2.理顺基本关系,优化道路网

(1)按规划的城市布局结构对全市交通系统(包括对外交通系统)重新认识并进行调查。

(2)尽可能利用原有道路,以适应人们的交通习惯和识别性要求,交通习惯的改变需要有一个长期的过程。

(3)道路间距应适应机动车交通(250m)的要求和自行车的路网间距(100~150m)的要求。

(4)应充分考虑支路和小路对城市干道网的辅助作用,并注意避免对干道的过多冲击。

(5)应尽量避免错口交叉,并尽可能采用公共交通港湾式停靠站。

**(二)城镇道路系统的规划程序**

(1)调查现状,收集资料。

①城市用地现状和地形图:包括城市市域或区域范围和中心城区范围两种图,比例分别为1:25 000(或1:5 000)、1:10 000(或1:5 000),一般还要有1:1 000(或1:2 000)的地形图作定线校核用。

②城市发展经济资料:包括城市发展期限、性质、规模、经济、交通运输和发展资料。

③城市交通现状调查资料:包括城市机动车、非机动车数量统计资料;城镇道路及交叉口的机动车、非机动车、行人交通量分布资料和对外过境交通资料。

④城市布局和交通系统初步方案。

(2)城镇道路系统初步规划方案设计针对现存的交通问题,考虑城市的发展和用地的调整,从"骨架"和"功能"的角度提出道路系统初步规划方案。

(3)交通规划初步方案包括车辆、交通量增长的预测,交通的产生、分布和在道路上交通量的分配预测,以及根据交通量对道路面积和密度的预测。

(4)修改道路系统规划方案根据土地使用规划和交通规划的方案,修改道路系统初步规划方案,并对道路的红线、横断面、交叉口等细部进行研究,提出道路系统规划设计及重要交通节点设计方案,考虑其经济合理性。

(5)绘制道路系统规划图。道路系统规划图包括平面图及横断面图。平面图要标出城市主要用地的功能布局,干道网中心线,线形控制点的位置、坐标及高程,交通节点及交叉口的平面形状规划方案,比例为1:10 000或1:5 000。横断面图要标出道路红线控制宽度,断面形式及标准断面尺寸,比例为1:500或1:200。

(6)编写道路系统规划文字说明。

**复习思考题**

1. 城镇道路的功能、组成和特点有哪些？
2. 如何进行城镇道路的技术分级？
3. 何为道路红线及红线的意义？
4. 什么是城镇道路的总宽度？
5. 如何进行城镇道路红线的设计？
6. 城镇道路系统的布局形式有哪些？

# 第二章 城镇道路横断面

🔑 **学习目标**

1. 了解城镇道路横断面综合布置的原则;
2. 掌握横断面的组成及设计原则;
3. 了解结合地形、地物的道路横断面布置思路;
4. 能够根据交通量及规范进行机动车道、非机动车道、分车带及路侧带等的设计;
5. 掌握车行道路拱的基本形式及常用路拱形式的高程计算。

🔑 **本章重点和难点**

1. 城镇道路横断面的四种基本道路形式及其适用条件;
2. 根据交通量及规范进行机动车道、非机动车道设计;
3. 已知路拱形式,计算车行道横断面上任一点高程;
4. 绘制学校附近街道的横断面图。

## 第一节 概　述

城镇道路的线形设计是通过平、纵、横三方面把设计成果反映出来,并且三者相互制约,相辅相成。一般情况下,城镇道路的平面定线要受到道路网的布局、道路规划红线宽度和沿街已有建筑物位置等因素的约束。平面线形只能在有限的范围内移动,定线的自由度要比公路小得多。城镇道路的交通性质和组成比较复杂,尤其是行人和各种非机动车较多。各种交通工具和行人的交通问题都需要在横断面设计中综合考虑予以解决,所以城镇道路线形设计中的横断面设计是矛盾的主要方面,一般都放在平面和纵断面的设计之前进行。

道路的横断面是指垂直于道路中心线方向的断面。城镇道路的横断面设计,系在城市总体规划中确定的两侧红线范围内进行,它由机动车道、非机动车道、人行道及分车带组成。横断面设计的任务在于:根据道路的等级、性质和红线宽度以及有关交通资料,确定以上各组成部分的宽度,并给予合理的布置。

一、城镇道路横断面的综合布置

城镇道路由具有不同功能的部分组成,如车行道、人行道、分车带、地上杆线与地下管线等,彼此均有一定的联系并相互影响,其位置和宽度都要在横断面上给予合理安排,并进行必要的艺术处理,这就是所谓的城镇道路横断面综合布置。

**(一)城镇道路横断面综合布置的原则**

在进行城镇道路横断面综合布置时,应注意以下原则:

(1)应在城市规划规定的红线宽度内进行。从规划部门获取城镇道路网的规划、红线宽度、道路等级、道路性质、断面形式、两侧建筑物性质与层高资料等;向有关单位调查和收集交通量、车辆组成种类、行车速度、地下管线等资料,并进行综合分析研究,以便确定横断面形式和各组成部分尺寸。

(2)保证交通的安全与畅通。机动化交通是必然要发展的,所以要满足它的日益增长要求,但又必须要顾及我国目前仍存在着大量非机动车的情况。因此,在城镇道路横断面设计中,既要考虑非机动车车道的设置,又要考虑将来有过渡到机动车道和自行车道的可能。此外,如果对人行道宽度考虑不足,势必会影响车行道的通行能力和交通安全。

(3)充分发挥绿化作用。城镇道路中的绿带,既能起到环境保护、交通安全和城市美化、道路美化的作用,又是能比较灵活使用的道路组成部分。布置绿带时可以结合分隔带,又可以结合人行道;既可做不同平面的道路横断面衔接部分,又可做横断面其他组成部分的备用地。

(4)保证雨水的排除。设计中要考虑路拱的形式和坡度及雨水口的位置,同时还要注意道路两侧相邻道路内部排水的出口,以便取得密切配合。

(5)避免相互干扰沿路的地上、地下管线,各种构筑物以及人防工程等。在布置时,要综合考虑各种管线及构筑物间的配合与合理安排,还要为将来的发展和维修提供方便。

(6)要与沿线各类建筑和公用设施的布置协调一致。如商业区的道路两侧大多是商店,一般不宜采用各种隔离带的横断面形式。

(7)对现有道路改建应采取工程措施与交通组织管理措施相结合的办法,以提高道路通行能力和保证交通安全。如道路改建,除采取增加车行道、拓宽道路等措施外,还可通过邻近各条道路互相调节,采取机动车与非机动车分道、单向行驶等措施。

(8)注意节省建设投资,节约城市用地。横断面各组成部分的配置既要紧凑,又要考虑留有余地。例如新建城市,在发展初期,交通量不大时,就可先开辟最低必需宽度的车行道,保留的车道暂时先进行绿化,待将来交通量增大时,再作为车行道。

对于分期修建的道路,横断面上各组成部分的宽度和位置,需要注意目前道路交通量和将来的差别,并注意交通组织的可能变化。例如,目前有些中小城市,道路上步行和非机动车交通量较大,而机动车相对较少。这样,若在近期开辟的道路上,将人行道定得很狭窄,而车行道定得过宽,或者过早地采用机动车与非机动车分流的方式等,都是不适宜的设计。在此情况下,如近期适当放宽人行道宽度并采用混合行驶的车行道设计,往往比较实事求是、经济合理,待将来发展条件成熟后,再逐步过渡到远景的横断面。这样,对路基路面的安排就应考虑近期的修建,能为远期改建时充分利用,同时,还应避免对地面其他结构物和树木等大拆大迁。

**(二)城镇道路横断面的布置形式与选择**

在设计城镇道路横断面时,应采用混合交通还是分隔交通(即在城镇道路车行道上要不要设置分隔带),是目前我国城镇道路规划设计的一个重要问题,它对于城市交通的安全、通畅与道路用地的节约有着密切的关系。

1. 横断面的形式

多幅路横断面范围内,纵向设置的带状非行车部分即为分车带。分车带按其在横断面中的不同位置与功能分为中央分车带(简称中间带)及两侧分车带(简称两侧带)。

车行道上的分隔带与路面画线标志不同,它在路面中占有一定宽度,它在道路横断面上的位置与条数,随它在交通组织中所起的作用而不同,通常可用来分隔对向机动车流、机动车与非机动车流以及快车与慢车的车流。用中央分车带分隔对向机动车流,将车行道一分为二,通称为双幅路断面(俗称两块板);用两条分车带分隔机动车道和非机动车道车流,将车行道一分为三,中央为机动车道,两侧为非机动车道,通称为三幅路断面(俗称三块板);用三条分车带使机动车道对向分流、机非飞隔,将车行道一分为四,中央两幅为机动车道,两侧两幅为非机动车道,通称为四幅路断面(俗称四块板);路中完全不设分隔带的,称单幅路断面(俗称一块板)。具体情况见图 2-1。

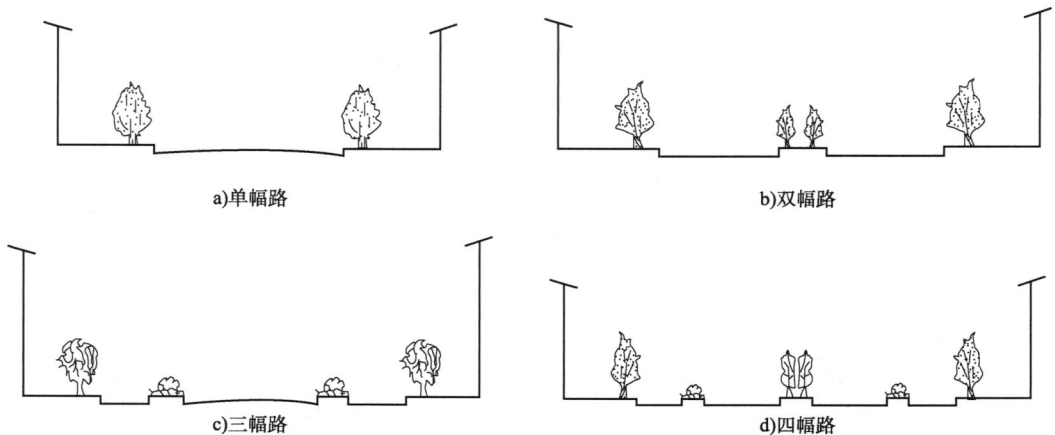

图 2-1  城镇道路横断面布置基本形式

2. 四种基本道路横断面形式的适用条件

四种形式横断面都有它们各自的优缺点和适用条件,必须根据具体情况,结合地区特点、交通性质、占地和拆迁等因素综合考虑,反复研究及技术经济比较后才能选定。现对其一般适用条件介绍如下:

(1) 单幅路:适用于道路红线宽度较窄(一般在 40m 以下),非机动车不多,交通量不大,混合行驶的四车道已能满足交通要求。在占地困难和大量拆迁地段以及出入口较多的繁华道路等可优先考虑。有时虽然红线宽度在 40m 以上,但有特殊功能要求(如游行大道),也应采用单幅路断面形式。

(2) 双幅路:适用于郊区机动车多,非机动车很少及车速要求高的道路,可以减少对向行驶的机动车之间互相干扰,特别是经常有夜间行车的道路。另外,在线形上有可能导致车辆相撞的路段以及城镇道路横向高差较大或为了照顾现状、埋设高压线等,有时也可适当考虑采用。

(3) 三幅路:适用于道路红线宽度较宽(一般在 40m 以上),非机动车多,交通量大,混合行驶的四车道已不能满足交通要求,车辆速度要求高及考虑分期修建的主要干道。但一般不适用两个方向交通量过分悬殊或机动车与非机动车高峰小时不在同一时间出现的道路;也不适用于用地紧张、非机动车较少的山城道路。

(4)四幅路:适用于快速路与近郊区的过境道路。它的特点是机动车速度高,交通量大,能解决交通分向和分流,不但能避免机动车与非机动车之间的矛盾,而且可以解决对向机动车行驶的矛盾。目前,在有条件城市的主干道上已逐步采用。

总之,从目前城市交通特点来看,三幅路(或四幅路)优点突出,确已具备条件的城镇道路,应首先考虑采用三幅路(或四幅路)形式。但从我国城建的现状分析,单幅路具有更多的实用价值,因此,是目前我国城镇道路普遍采用的一种形式,特别是对中、小城市更有其现实性。即使在大城市,为了少占地、减少拆迁、节省近期投资等,也常常选择单幅路的形式,或者采取分期修建,近期先修成单幅路,视未来发展需要再逐渐过渡到三幅路乃至四幅路形式。必要时,有条件的单幅路可用混凝土墩隔为三幅路以至四幅路,若不合适还可改回来,也可采用金属(塑钢)隔栅,占地更少。

随着城市交通的发展和变化,城镇道路横断面形式有可能随之有相应的变化。如长春市人民大街的人民广场至卫星广场段进行了改建,断面形式由三幅路断面变成了左右对称的两条非机动车道和两条公交车道,中央是机动车道,并且在每条街坊路与人民大街中央机动车道交汇处设置减速墩,如图 2-2 所示(暂称五幅路)。

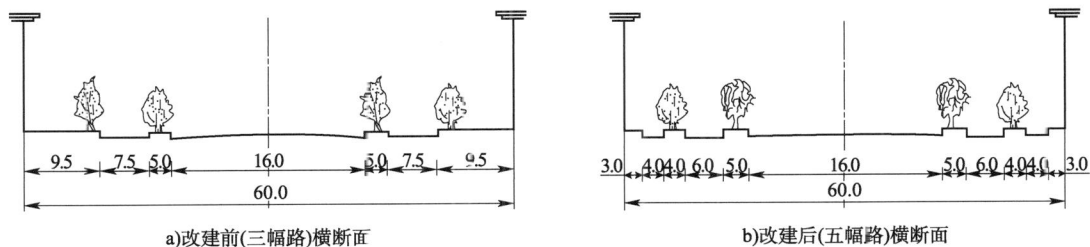

图 2-2 长春市人民大街改建前后横断面(尺寸单位:m)

**(三)我国城市干路的一些横断面布置实例**

1.单幅路横断面形式(图 2-3)

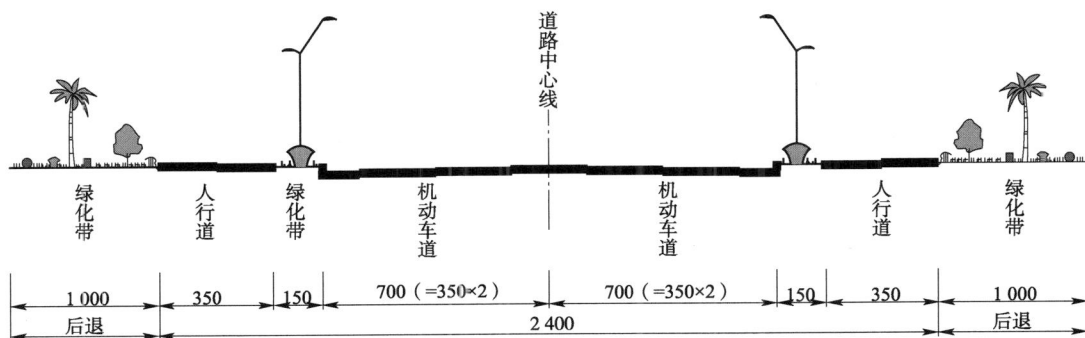

图 2-3 道路横断面图(尺寸单位:cm)

## 2.双幅路横断面形式(图2-4)

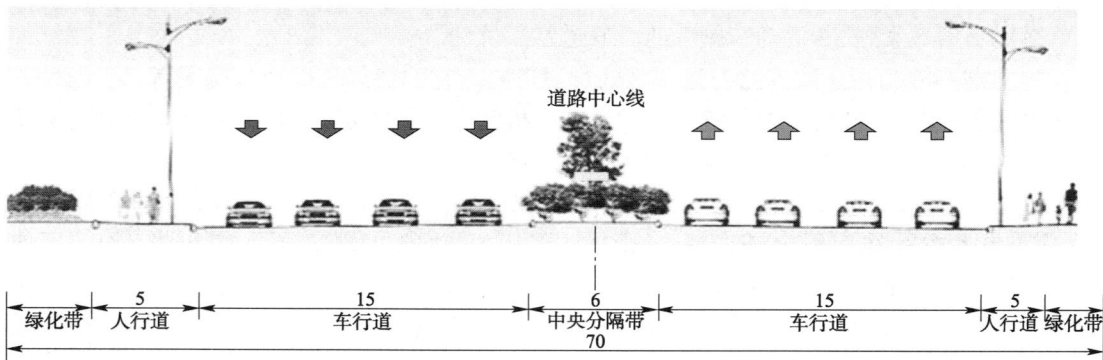

图 2-4　青岛市世园大道横断面(尺寸单位:m)

道路中心线

| 绿化带 | 5 人行道 | 15 车行道 | 6 中央分隔带 | 15 车行道 | 5 人行道 | 绿化带 |

70

## 3.三幅路横断面形式(图2-5)

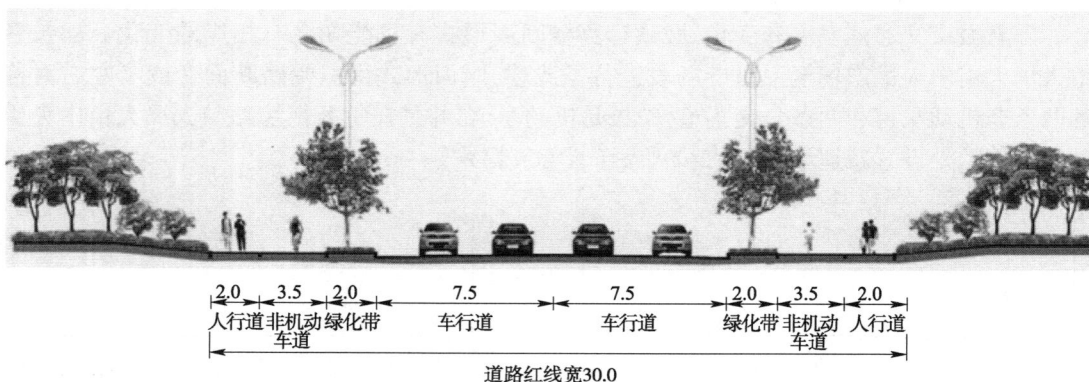

| 2.0 人行道 | 3.5 非机动车道 | 2.0 绿化带 | 7.5 车行道 | 7.5 车行道 | 2.0 绿化带 | 3.5 非机动车道 | 2.0 人行道 |

道路红线宽30.0

图 2-5　东营市水城路三幅路横断面(尺寸单位:m)

## 4.四幅路横断面形式(图2-6)

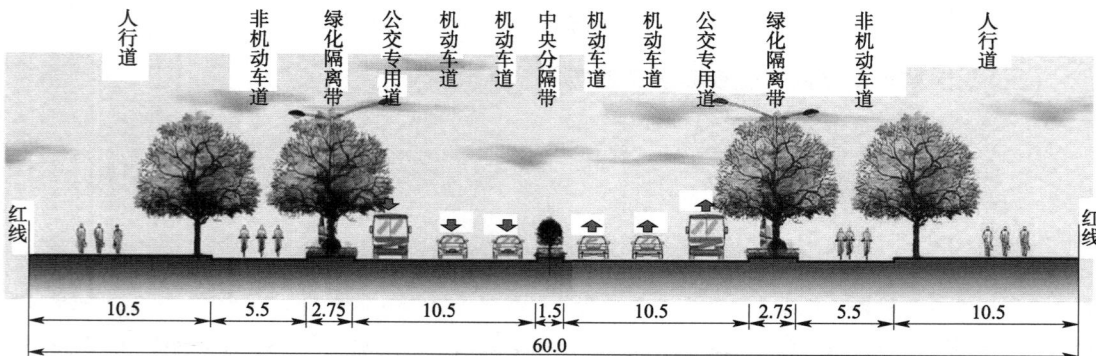

人行道　非机动车道　绿化隔离带　公交专用道　机动车道　机动车道　中央分隔带　机动车道　机动车道　公交专用道　绿化隔离带　非机动车道　人行道

红线　　　　　　　　　　　　　　　　　　　　　　　　　　　　　　　　红线

| 10.5 | 5.5 | 2.75 | 10.5 | 1.5 | 10.5 | 2.75 | 5.5 | 10.5 |

60.0

图 2-6　杭州市延安路道路断面图(尺寸单位:m)

## (四)结合地形、地物的道路横断面布置

城市道路可以有灵活多变的形式,不能死板地完全照搬,尤其是遇到地形、地物、河湖水系、环境要求时,更应该注意灵活设计的重要性。道路横断面的布置应结合当地的地形地貌,根据自然地形,可把道路的各个组成部分布置在不同的平面位置上,使土石方工程量尽

可能减少,以节省工程造价,且又能起到保护自然景观、美化道路的良好艺术效果。示例如下:

1.道路沿坡地布置的横断面

当道路沿坡地布置时,道路横断面的设计有以下两种不同布置形式:

(1)当车行道中心高程接近坡地地面时,如图2-7所示。

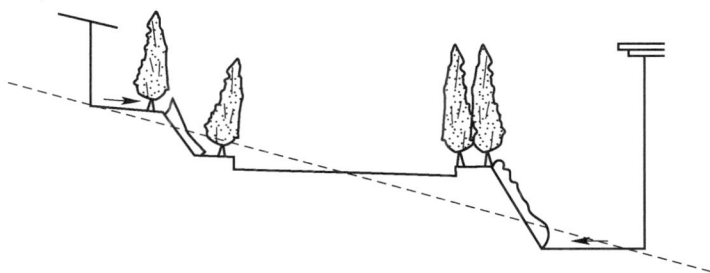

图2-7　车行道中心高程接近坡地地面

(2)当车行道中线高程低于谷地地面时,如图2-8所示。

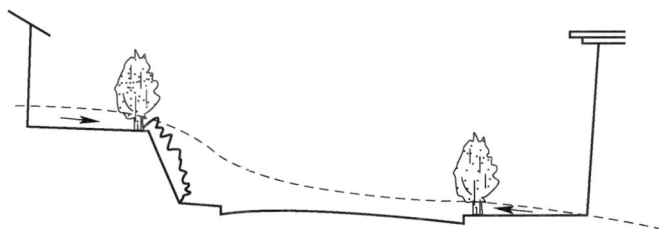

图2-8　车行道中线高程低于谷地地面

2.道路沿谷地布置的横断面

当道路沿谷地布置时,道路横断面的设计有以下两种不同布置形式。

(1)当车行道中线高程接近谷地地面时,如图2-9所示。

(2)当车行道中线高程高于谷地地面时,如图2-10所示。

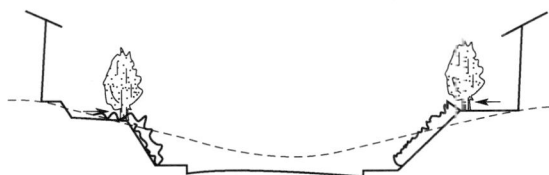

图2-9　车行道中线高程接近谷地地面时的横断面布置

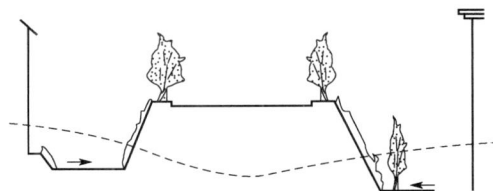

图2-10　车行道中线高程高于谷地地面时的横断面布置

3.道路沿台阶地形布置的横断面

当道路沿台阶地形布置时,可充分利用地形,把车行道按行车方向分为上行线与下行线,分别布置在不同高程的台阶地上(图2-11)。

4.道路沿天然水体布置的横断面

城市里的天然水体如海滨、湖泊、河流等,如能加以合理整治和规划设计,它会成为城市优美的风景区。沿海、湖布置的道路横断面,其沿水体的一侧,应多布置绿化带和人行道,供行人游玩、休息和观赏天然景色。结合海岸、湖岸、河岸的自然地形,可布置成单层或双层的各种不同横断面形式,如图 2-12 ~ 图 2-14 所示。

图 2-11　按行车方向分为上、下行线的横断面布置

图 2-12　滨河路横断面(尺寸单位:m)

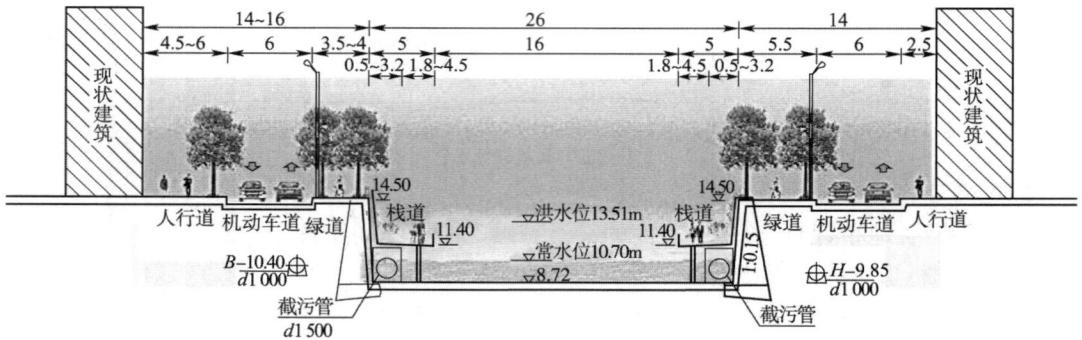

图 2-13　金山河沿线道路横断面图(尺寸单位:m)

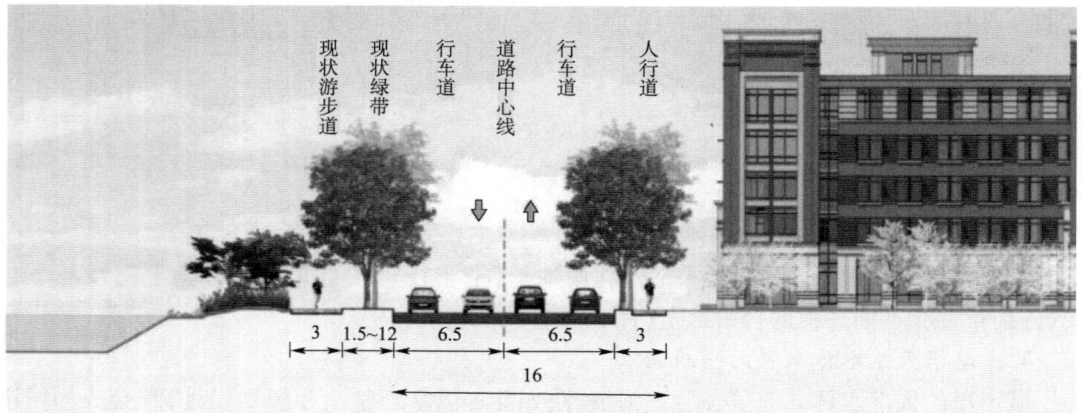

图 2-14　沿河道路横断面(尺寸单位:m)

**5.道路沿一侧高层建筑布置的横断面**

当道路沿一侧高层建筑布置时,因其另一侧无其他建筑物陪衬,该横断面将给人以"失重"的感觉,建筑物好像失去平衡将要倾倒似的[图2-15a)]。对于不对称的横断面布置,如不注意给予适当处理,均可能产生上述"失重"的感觉。为了消除失重的感觉,可在高层建筑的对面布置较宽的绿带[图2-15b)],如受道路宽度的限制,也可通过选种高大树木来达到"平衡"的视觉[图2-15c)]。

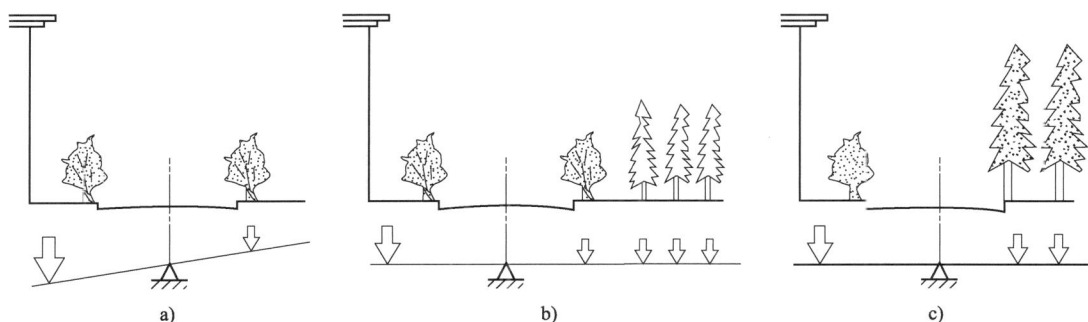

图2-15　通过绿化布置平衡横断面"失重"的视觉

**二、城镇道路横断面设计的近、远期结合**

城市的交通运输在不断发展,交通的性质和组成也在不断地发生变化,道路也应该具有不同时期的适应性。这就要求横断面的设计,既能满足近期的使用要求,又能为远期发展提供过渡条件。

一般来说,近期的横断面与远期的差别除了形式上不同外,主要在于路面铺筑宽度的不同,其中首先表现在车行道路面部分。应该指出,远期的道路红线宽度在做近期路面设计时应该十分明确,否则就失去了近、远期结合的依据。近期路面之所以较窄,一方面是由于近期的交通量小,道路不需过宽;另一方面是照顾目前的可能条件,节省用地,减少拆迁,降低工程费用,使沿街某些建筑物仍能发挥作用,继续使用,贯彻"充分利用,逐步改建"的方针。

道路横断面上各组成部分的位置,在近、远期结合上,不仅需要注意到路上的当前交通量与将来的差别,也应注意到交通组织的变化。目前我国一些中、小城市,非机动车的交通量较大,而机动车相对较小。因此,在近期修筑的路面上,如果将人行道定得过于狭窄,车行道定得过宽,或者过早地采用快慢车道分流的方式,且划分快、慢车道时又将快车道宽度定为数倍于慢车道宽度,这样处理就不切合实际了。这种情况下,在近期适当地加宽人行道,并采用快、慢混合行驶的车行道设计,既切合实际又经济。

此外,在布设道路管线时,也要考虑到远期的发展变化,尽量避免翻挖迁移。总之,在横断面设计时,要从实际出发,贯彻以近期为主,近、远期结合的分期修建方针。

对于新建道路,要为远期扩建留有余地,备用地在近期可加以绿化。对于路基路面部分的安排,应考虑以远期仍能充分利用为原则。

**三、城镇道路横断面的改建**

城镇道路横断面改建,不仅涉及工程造价、房屋及道路公用设施的拆迁,而且对施工、交通管理、居民出行等均有影响。因此,必须进行充分的调查研究,根据"充分利用、逐步改造"和"近远期相结合"的原则,确定横断面拓宽或调整的合理设计方案。

**(一)横断面拓宽**

城镇道路横断面的拓宽,要考虑道路规划红线和现有的建筑物、地上杆线、地下管线、绿化、照明、车行道、人行道等各个组成部分的现状、建筑物的高度和路宽的比例、日照要求及今后道路交通量的增长等因素。分清主次和轻重环节,综合考虑,全面安排。

横断面的拓宽,一般常用的方法有以下两种:

1. 两边拓宽

这种方法适用于按道路红线宽度长期控制、逐步形成的道路;也适用于近期道路两侧建筑物要成片改建的道路,例如两侧建筑物的质量低劣,危及居民安全,势必拆建等。两边拓宽方法的优点,是可以维持道路原有中线不动,翻修道路工程量小,但改建时地上地下管线设施往往有较大的变动。

2. 一边拓宽

这种方法适用于一次拓宽到道路红线规划宽度的道路,以尽可能减少房屋拆迁量的原则考虑,当道路一侧的建筑物质量较好,尚能继续充分利用时,可保留不拆迁,拆迁质量较差一侧的建筑物。一边拓宽的方法实施上比较方便、经济,但一边拓宽,在调整行车道路拱上要进行较多的工作量,以致增加工程投资,故最好能结合路面改建或大修同时进行,则较经济。

此外,如沿路两侧或一侧有某些必须保留的建筑物而不能拆迁时,则可根据建筑物的情况考虑修建骑楼式人行道,即将原来人行道迁移到道路两侧或一侧建筑物的下层,把原人行道空出的位置供车行道拓宽用。

**(二)横断面调整**

根据交通量增长的要求或为了节日集会、游行的需要,而旧有道路向一侧或两侧拓宽又受到建筑物的限制,此时,可结合调整横断面上各组成部分的布置和调整道路交通组织来解决。例如取消两幅路或三幅路上的分隔带,把原断面形式改建成为机动性较大的一幅路形式,在路面上划分快、慢车分道线,组织快、慢车分流行驶的道路,改变成单向行驶的道路;采取交通管制办法,在规定时间内限制某些车辆通行;适当压缩以拓宽车行道或人行道宽度;加大交叉口缘石转弯半径,修建港湾式公交车停靠站,以提高道路的通行能力。一般情况下,不允许以挤占人行道来拓宽车行道。

总之,城镇道路横断面的调整、改建,必须根据当前的实际需要,并结合远期的交通规划和道路网规划的发展要求,近、远期结合,全面考虑。尽量少拆迁、少占地,同时,还要充分估计拓宽或调整后的使用效果。对于确实有碍交通的个别建筑物等,不能过于迁就避让,以免造成路线不必要的弯曲,给交通带来长远的影响和损失。

## 第二节　城镇道路横断面设计

城镇道路横断面由机动车道、非机动车道、人行道、分车带及其他部分组成,如图 2-16 所示。

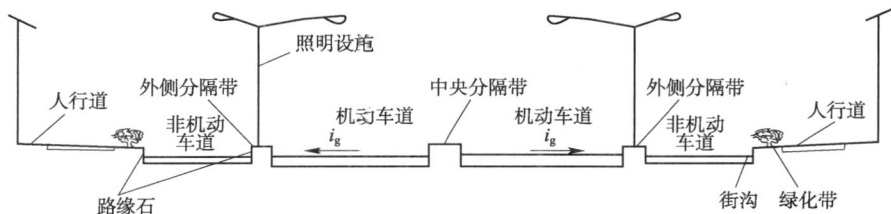

图 2-16　城镇道路横断面组成图

(1) 车行道:在城镇道路上供各种车辆行驶的路面部分,统称为车行道。供汽车、无轨电车、摩托车等机动车行驶的部分称为机动车道;供自行车、三轮车、板车等非机动车行驶的部分称为非机动车道。按车道在行车方向上的不同位置,又可分为内侧车道、中间车道和外侧车道。按车道的不同性质可分为:变速车道、超车车道、爬坡车道、停车道、错车道、会车道、专用车道等。

(2) 人行道:在城镇道路上用路缘石或护栏及其他类似设施加以分隔的专门供人行走的部分。

(3) 绿化带:是指在道路用地范围内供绿化的条形地带。

(4) 分隔带(又名分车带):沿道路纵向设置的分隔车行道用的带状设施。位于路中线位置的称中间分车带,位于路中线两侧的称外侧分隔带。

(5) 其他组成部分:除以上组成部分外,还有路缘石、街沟、路拱、照明等。路缘石指设在路边的界石,简称缘石,包括平缘石和立缘石。街沟指设在路面边缘处,由立缘石与平缘石或铺装路面形成的侧沟。路拱指路面横断面的两端与中间形成一定坡度的拱起形状。

一、机动车道

在城镇道路上供各种车辆行驶的路面部分,统称为车行道。供汽车、无轨电车、摩托车等机动车行驶的部分称为机动车道;供自行车、三轮车、板车等非机动车行驶的部分称为非机动车道。机动车车行道设计关键是车行道宽度的确定,宽度在理论上是指需要的车道数和一条车道标准宽度的乘积,而所需要的车道数则等于道路的交通量和一条车道的通行能力之比。因此,道路的交通量、一条车道的通行能力和一条车道的宽度,为机动车道设计的前提,它们的确定方法分述如下。

**(一)道路交通量的估算**

道路上的交通量是道路设计的重要依据,设计的车道数和车行道宽度必须与该路的交通量相适应。即不同大小交通量的取值,将直接影响车道数和车行道宽度。如设计用的交通量取值太小,则车道宽度必定设计得过窄,势必造成交通拥挤,甚至堵塞;相反,如设计交通量取值太大,车道设计得过宽,则造成浪费。所以,设计交通量的取值既要保证交通安全的通畅,又要使工程造价经济、合理。

1. 交 通 量

(1) 定义

交通量是指单位时间内通过道路其一断面的车辆数,又称为交通流量。交通量可以年、日或小时计。车辆数量是按各种交通车辆不同折算系数换算成标准车型的总和。其单位为辆/日或辆/小时。

（2）年平均日交通量 N（双向）

指一年365天内观测交通量结果的平均值,按下式计算:

$$N = \frac{一年内交通量总和}{365}（辆/日）$$

（3）最大日交通量(双向)

指一年中365个交通量中的最大值。用以研究道路交通的不均匀性。

（4）高峰小时交通量

指一年内(或一日内)的最大小时交通量。用以研究道路交通的不均匀性。

（5）日平均小时交通量

指一日内,从上午5时到下午9时,16个小时通过车辆数按小时的平均值。

（6）设计交通量

预期到设计年限末,用以作为道路设计依据而确定的交通量。

**2. 设计小时交通量**

设计小时交通量是确定道路等级、评价道路运行状态和服务水平的重要参数。

在城市里,高峰小时交通量出现的时间是有一定规律的,通常上午的非机动车和客运高峰为6:30～8:30,机动车高峰为8:30～10:30;下午的机动车高峰为14:00～16:00,非机动车和客运高峰为16:30～18:30。

为使拥堵的时间控制在最低的允许限度内,并保证取得较好的经济效果,通过大量观测资料的统计结果,目前一般采用"第30位小时交通量"作为设计小时交通量,或根据当地调查结果控制在第20～40位小时之间。

（1）设计小时交通量的修正

我国的城镇道路一般都是混合交通,由于混合交通的车种与计算道路通行能力所确定的计算标准车不一致,道路交通量与道路通行能力两者之间就不好直接进行比较。所以,在确定设计小时交通量时,必须明确以哪一种车型作为标准车,取其系数为1,根据各种车辆行车时占用道路的程度,分别确定其换算系数。因此,进行交通量观测时,必须区分不同车型,分别记录以便换算。标准车型有小汽车和载货汽车两种,换算系数见表2-1。

车辆换算系数 表2-1

| 车辆类型 | 小客车 | 大型客车 | 大型货车 | 铰接车 |
|---|---|---|---|---|
| 换算系数 | 1.0 | 2.0 | 2.5 | 3.0 |

（2）设计年限交通量计算

《城市道路工程设计规范》(CJJ 37—2012)规定,确定城市道路车道数的设计小时交通量按下式计算:

$$N_h = N_{da} k \delta \tag{2-1}$$

式中:$N_h$——设计小时交通量(pcu/h);

$N_{da}$——设计年限的年平均日交通量(pcu/日);

$k$——设计高峰小时交通量与年平均日交通量的比值,当不能取得年平均日交通量时,可用代表性的平均日交通量代替;新建道路可参照性质相近的同类型道路的数值选用；

$\delta$——主要方向交通量与断面交通量的比值。

年平均日交通量或平均日交通量与 $k$、$\delta$ 值均应由各城市观测取得。未进行观测的城市可参照性质相近的邻近城市的数值选用。新辟道路可参照性质相近的同类型道路数值选用。不能取得时，$k$ 值可采用 11%，$\delta$ 值可采用 0.6。

（3）设计年限的年平均日交通量

根据目前交通量观测和统计资料所得的设计小时交通量，则还要推算出设计年限末的交通量作为设计依据。

《城市道路工程设计规范》（CJJ 37—2012）规定：快速路、主干路的设计年限为 20 年；次干路为 15 年；支路为 10～15 年。

设计年限交通量是根据两部分的交通量算得的：①现行交通量，包括道路的现有交通量和道路建成后从其他道路吸引过来的交通量；②选定设计年限内增加的交通量，包括正常的交通增长量和由于规划变化而产生的交通增加量。

设计年限交通量可用以下两种概略的估算方法进行计算：

（1）按车辆每年平均增长量估算

$$N_e = N + n \cdot \Delta N \tag{2-2}$$

式中：$N_e$——设计年限交通量（辆/昼夜或辆/h）；

$N$——最后统计年度的交通量（辆/昼夜或辆/h）；

$n$——计算年限（从最后统计交通量的那年起直到设计年限末之间的年数）（年）；

$\Delta N$——相对于最后统计年度的交通量而言的车辆每年平均增长量（辆/昼夜或辆/h）。

（2）按车辆每年平均增长率估算

根据对车辆每年平均增长率的不同取值方法，有下列两种估算方法。

①按车辆每年平均增长率都是相对于最后统计年度的交通量而言。

$$N_e = N(1 + n \cdot k_1) \tag{2-3}$$

式中：$k_1$——相对于最后统计年度的交通量而言的车辆每年平均增长率（%）；

其余符号意义同前。

②按车辆每年平均增长率都是指后一年的交通量相对其前一年交通量而言。

$$N_e = N(1 + k_2)^{n-1} \tag{2-4}$$

式中：$k_2$——后一年交通量相对于其前一年交通量的车辆每年平均增长率（%）；

其余符号意义同前。

针对我国国民经济的发展和车辆每年的增长速度，不可能像式（2-4）那样的持续增长，所以，一般不宜采用式（2-4）直接估算。

以上介绍的估算方法，只是把交通量的增长看成是单纯的数学比率，未考虑国民经济和城市建设的发展速度和规律对交通量变化的影响，因此，尚不能全面地反映设计年限的客观实际情况。但是，在没有详细的城市交通规划资料的情况下，这种根据现行交通量观测资料，考虑可能的发展趋势来确定一定的增长量或增长率的估算方法，在一定程度上还是可行的。

必须注意：在进行路面结构设计时，其远景交通量是否按照路面结构的使用年限来估算,则必须分析在该使用年限中的车行道宽度与交通流量的比例。否则,应以车行道的通行能力达到饱和时的那个年份的设计交通量作为路面结构设计的依据。

**(二)路段上机动车道通行能力计算**

道路通行能力是道路能够疏导或处理交通流的能力。我国将其定义为:在一定的道路和交通条件下,单位时间内道路上某一路段通过某一断面的最大交通流率,用辆/h 或辆/昼夜表示。车辆多指小汽车,当有其他车辆混入时,均采用等效通行能力的当量小客车为单位。

通行能力是指所分析的道路、设施没有任何变化,并假定其具有良好的气候条件和路面条件下的通行能力,如条件有任何变化都会引起通行能力的变化。总之,道路通行能力不是一个一成不变的定值,是随其影响因素变化而变动的疏解交通的能力。

设计通行能力是指道路根据使用要求的不同,按设计服务水平条件下所具有的通行能力,也就是要求道路所承担的服务交通量,通常作为道路规划和设计的依据。

服务水平是衡量交通流运行条件及驾驶员和乘客所感受的服务质量的一项指标,通常根据交通量、速度、行驶时间、行驶(步行)自由度、交通中断、舒适和方便等指标确定。根据服务质量的不同,可对道路设施的服务水平分级。设计服务水平的原则:城镇道路规划、设计既要保证道路服务质量,还要兼顾道路建设的成本与效益;原则上,新建道路采用二级服务水平,改建道路可采用三级服务水平。

多车道设计通行能力 $C_n$ 可以写成:

$$C_n = \alpha_c C_1 \delta \sum K_n \tag{2-5}$$

式中:$C_1$——第 $h$ 条车道的可能通行能力(辆/h),$n = 1, 2, \cdots$;

$K_n$——相应于各车道的折减系数,通常以靠近路中线或中间分车带的车行道为第一条车道,其通行能力为 1(即 100%),第二条车道的通行能力为第一条车道的 0.8 ~ 0.9,第三条车道的通行能力为第一条车道的 0.65 ~ 0.8,第四条车道的通行能力为第一条车道的 0.5 ~ 0.6;

$\alpha_c$——机动车道的道路分类系数,主干路取 0.8,快速路取 0.75,次干路取 0.85,支路取 0.9;

$\delta$——交叉口影响系数,根据交叉口间距确定。

**(三)机动车车道数和宽度**

在车行道上供单一纵列车辆安全行驶的地带,称为一条车道。机动车行道由数条机动车道组成,其宽度应是车道条数和一条车道宽度的乘积与两侧路缘带宽度之和[见式(2-6)]。

$$W_c = 2(n \times b + W_{mc}) \tag{2-6}$$

式中:$W_c$——机动车车行道总宽(m);

$n$——单向车道条数,由式(2-7)计算并应取整数;

$$n = \frac{设计车辆小时交通量}{一条车道的设计通行能力} \tag{2-7}$$

$b$——条车道的宽度(m);

$W_{mc}$——机动车道路缘带宽度(m),一般取 0.25 ~ 0.5m。

不同车种和不同行驶车速要求不同车道宽度与之适应。机动车道最小宽度要求见表2-2。

一条机动车车道最小宽度 表2-2

| 车型及车道类型 | 设计速度(km/h) | |
|---|---|---|
| | >60 | ≤60 |
| 大型车或混行车道(m) | 3.75 | 3.50 |
| 小客车专用车道(m) | 3.50 | 3.25 |

机动车道路面宽度应包括车行道宽度及两侧路缘带宽度,单幅路及三幅路采用中间分隔物或双黄线分隔对向交通时,机动车道路面宽度还应包括分隔物或双黄线的宽度。

**(四)机动车与非机动车混合行驶的车行道宽度的确定**

车辆在同一路面宽度内混合行驶的路幅,统称为车行道;其宽度称为车行道宽度。如设有分隔带(墩或线),把机动车和非机动车分开行驶的,前者称为机动车车行道和机动车车行道宽度;后者称为非机动车车行道和非机动车车行道宽度。

为了保证行车安全,提高车速和通行能力,有条件的(特别是一些主要交通干道)应尽可能使人、车分离,机动车与非机动车分流行驶。在交通流量不大或道路等级不高的情况,采取分流行驶显然不经济或机非混合行驶不至影响交通安全时,机动车道与非机动车道通常设在同一车行道上,即所谓的机非混行道路断面。

目前,我国依旧有很多城市都采用单幅路的横断面形式,机动车与非机动车在同一车行道上混合行驶的情况很多,对于这种混合行驶的交通,其行车道宽度就不能机械地用上述方法来确定,而应从机动车与非机动车的横向排列组合来确定其车行道宽度。根据某一城市多年经验得出横向排列组合,如表2-3所示。

按车辆横向排列组合而确定的车行道宽度 表2-3

| 车行道宽度(cm) / 使用情况 | 10.0 | 12.0 | 14.0 | 18.0 |
|---|---|---|---|---|
| 适应 | 自、机、机、自 | 三、机、机、三 | 三、自、机、机、三 | 自、机、机、自、机(停站)或自、机、机、机(超车)、机、自 |
| 不适应 | 三、机、机、三 | 三、自、机、机、三 | 自、机、机、自、机(停站) | |

注:自-指自行车;三-指三轮车;机-指机动车。

**二、非机动车道**

专供自行车、平板车、三轮车和畜力车等车辆行驶的车道称为非机动车道。在机动车流量较大或道路等级较高的情况下,一般设单独的非机动车道,或在机动车道与非机动车道之间设置机非分隔带,即三、四幅路断面。

**(一)非机动车道的通行能力**

在非机动车道上行驶的车辆,绝大多数是自行车,故非机动车道的设计通行能力和设计交通量应以自行车为主要车辆进行验算。自行车车道的通行能力是以单车安全行驶所需的宽度划分车道线,以高峰时间各车道线平均的通行能力作为一条自行车道的设计通行能力。

各类非机动车单一车道的宽度和实际通行能力的观测值如表2-4所示。

各类非机动车单一车道的宽度和实际通行能力 表2-4

| 车辆种类 | 自行车 | 三轮车 | 畜力车 | 板车 |
|---|---|---|---|---|
| 非机动车道宽度(m) | 1.0 | 2.0 | 2.5 | 1.5~2.0 |
| 实际通行能力(交叉口)(辆/h) | 500~750 | 300 | 150 | 200~380 |

**(二)非机动车的单一车道宽度和车行道宽度**

非机动车的单一车道宽度是根据车身宽度和车辆的两侧与其他非机动车之间的横向安全距离而定。各类非机动车之间在行驶中所必需的横向安全距离,根据观测资料,当车辆在超车或并行时,速度较快的自行车与三轮车间的净空为0.80~1.00m,畜力车与人力三轮车之间的净空为0.40~0.50m,车身边缘离缘石边缘的安全距离约为0.75m。由以上数据和车身宽度,可确定各类非机动车的单一车道宽度如表2-4所示。

人骑在自行车上的通行净空如图2-17所示,高为2.25m,外加0.25m的安全净高,在整个宽度上要求的净空高度为2.50m;车把宽度为0.50m,加上两侧各0.25m的横向摆动安全净空,故一条自行车道宽度为1.0m。自行车道宽度还应留有各0.25m的安全距离,加上每条自行车道的宽度1.0m,这样,单一车道宽度为1.5m,如设计两条自行车道的宽度即为2.5m,三条车道为3.5m,四条车道为4.5m,依此类推,自行车道的标准宽度如图2-18所示。

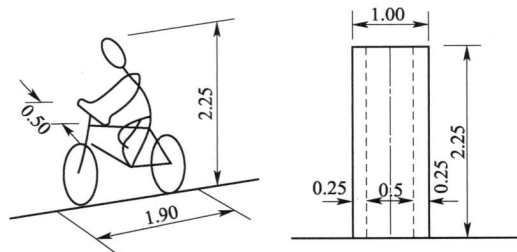

图2-17 自行车通行净空的计算图示(尺寸单位:m)

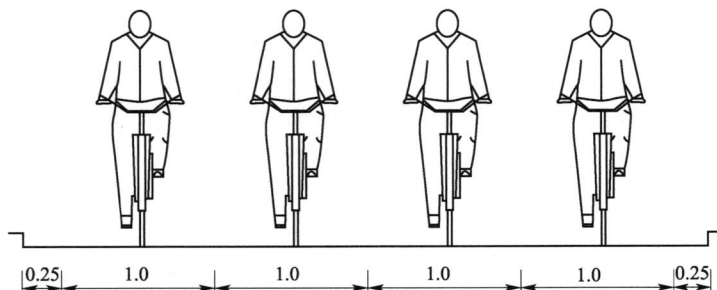

图2-18 自行车车行道标准宽度(尺寸单位:m)

根据各城市对非机动车车行道宽度的设计和使用经验,其基本宽度推荐采用5.0m(或4.5m)、6.5m(或6.0m)、8.0m(或7.5m)。根据非机动车交通仍有继续增长的发展趋势,在规划、设计非机动车车行道宽度时,特别是与机动车分流的非机动车道,宜适当留有余地,一般不宜小于以上推荐的最小值;只有当考虑到机动车道和非机动车道之间有可能互相调剂使用时,其宽度才可适量酌减。

三、路拱坡度

为了排水的需要,车行道的路拱应做成具有一定的横坡度,称为路拱横坡度,或简称为横坡(度)。

**(一)车行道路拱的基本形式**

为了迅速排除落在路面上的雨水,防止雨水渗入路基降低路基强度,车行道路拱的形状,通常采用双向坡面,由路中央向两边倾斜,形成路拱。拱顶到两侧街沟底(侧平石)的倾斜的坡变,称为路拱度,以百分率表示。路拱的基本形式有抛物线形、屋顶线形和折线形三种。现分别介绍如下:

1. 抛物线形路拱

优点是:路拱形式比较圆顺,没有路中尖峰,车行道中间部分坡度较小,越到路的两旁坡度越大,排除雨水十分有利;从形式看,也较美观。所以,在一般城镇道路和公路上经常采用。缺点是:车行道中间部分横坡度过于平缓,使行车易于集中在中央,这样使中央部分的路面损坏也较快,车行道横断面上各部分的横坡度不同,增加了施工难度。为改进这些缺点,使用其他形式的抛物线形。

(1)二次抛物线形路拱(图2-19)

计算公式如下:

$$y = \frac{4h}{B^2}x^2 \tag{2-8}$$

图2-19中:

$$B' = \frac{B}{10}; h_1 = h = \frac{B}{2}i; h_2 = 0.96h_1; h_3 = 0.84h_1; h_4 = 0.64h_1; h_5 = 0.36h_1$$

式中:$x$——离车行道中心线的横向距离(m);

　　$y$——相应于$x$轴各点的竖向距离(m);

　　$B$——车行道总宽度(m);

　　$h$——车行道路拱高度(m);

　　$i$——车行道的平均横坡度。

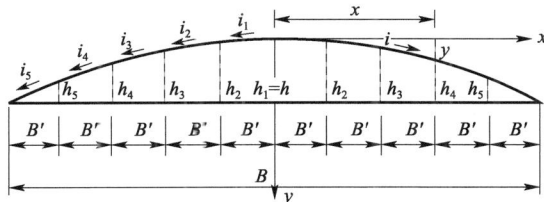

图2-19　抛物线形路拱的计算图示

这种形式的路拱,适用于路面宽度小于12m而横坡度又较大的中级和低级路面。

采用这种抛物线路拱的缺点是:在车行道中心线附近的横坡度过于平缓,在路旁的横坡度又较大,不利于行车。

(2)改进的二次抛物线形路拱(图2-19)

计算公式如下:

$$y = \frac{2h}{B^2}x^2 + \frac{h}{B}x \tag{2-9}$$

图2-19中:

$$B' = \frac{B}{10}; h_1 = h = \frac{B}{2}i; h_2 = 0.88h_1; h_3 = 0.72h_1; h_4 = 0.52h_1; h_5 = 0.28h_1$$

式中符号意义同前。

此种形式路拱,其横坡度变化较均匀,路中与路边的横坡也较适中,有利于排水和行车。多用于城镇道路机动车和非机动车混合行驶的"单幅路"横断面形式。

(3)半立方次(一次半)抛物线形路拱(图2-19)

计算公式如下:

$$y = \rho x^{3/2} = h\left(\frac{2x}{B}\right)^{3/2} \tag{2-10}$$

其中:

$$\rho = \frac{h}{\left(\frac{B}{2}\right)^{3/2}}$$

图2-19中:

$$B' = \frac{B}{10}; h_1 = h = \frac{B}{2}i; h_2 = 0.91h_1; h_3 = 0.75h_1; h_4 = 0.54h_1; h_5 = 0.29h_1$$

式中符号意义同前。

这种路拱的图形与改进的二次抛物线路拱相似,只是在路中的横坡稍缓些。适用于路面宽度在20m以下的沥青混凝土或沥青碎石路面。

(4)改进的三次抛物线路拱(图2-19)

计算公式如下:

$$y = \frac{4h}{B^3}x^3 + \frac{h}{B}x \tag{2-11}$$

图2-19中:

$$B' = \frac{B}{10}; h_1 = h = \frac{B}{2}i; h_2 = 0.90h_1; h_3 = 0.77h_1; h_4 = 0.59h_1; h_5 = 0.34h_1$$

式中符号意义同前。

这种形式的路拱,符合排水迅速的要求,也可改善中心部分横坡度过于平缓的缺点。在车行道横坡度小于3%的条件下,能够保证行车的安全,在较多的路上可以考虑应用。

2. 屋顶线形路拱

这种形式的路拱两旁是倾斜直线,在车行道中心线附近加设竖曲线或缓和曲线。通常用在高级路面宽度超过20m的城镇道路上。它的优点是汽车轮胎和路面接触较为平均,路面磨耗也较小;缺点是排水效果不及抛物线形式的流畅。它的主要形式有以下两种:

（1）倾斜直线形路拱

当车行道横坡度采用1.5%时,在路拱中心插入一对横坡度为0.8%~1.0%的对称连接线[图2-20a)];当车行道横坡度采用2%时,在路拱中心插入两对称的连接线,其横坡度分别用1.5%和0.8%~1.0%[图2-20b)]。在距缘石线1m的距离内,横坡度分别增加到3%~4%。

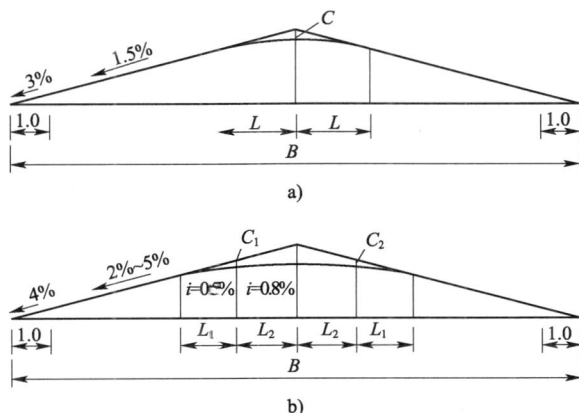

图2-20　屋顶线形路拱(尺寸单位:m)

（2）圆顶直线形路拱(图2-21)

圆顶直线形路拱指中间的圆顶部分用圆曲线或抛物线连接,所用圆曲线长度一般不小于车行道总宽度的1/10,半径不小于50m。为使排水通畅,在靠两旁缘石的横坡度可增加到3%~4%。对于中间插入抛物线的路拱,可用在路面宽度 $B = 20 \sim 50m$ 的城镇道路上,其横坡度可采用1.0%~1.5%。

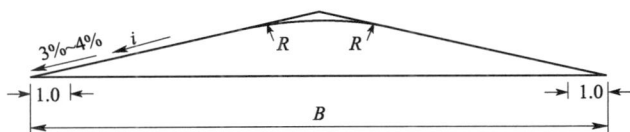

图2-21　圆顶直线形路拱图(尺寸单位:m)

3. 折线形路拱(图2-22)

折线形路拱适用于多车道的城镇道路。它的优点是用折线形的直线段比用屋顶式的直线段短,施工时容易摊压得平顺,也可将行车最多的着力处选择为转折点,如行车后路面稍有沉陷,雨水亦可排除,比较符合设计、施工和养护的要求。其缺点是在转折处有尖峰凸出,但可在施工时间用压路机碾压平顺。一般适用于道路较宽的黑色路面上。

路拱的形式很多,各有特点。在设计城镇道路横断面时,应根据车行道宽度、横坡度、路面结构类型、排水和交通等要求来具体选择。

**（二）车行道路拱的横坡度**

路拱横坡度的确定,应以有利于路面排水顺畅和保证行车安全、平稳为原则。在整个行车道宽度上,路拱各点间的坡度是不一样的,它和所选用的路拱形式有关。路拱各点间坡度的平均值,称为路拱平均横坡(度)。这里所说的横坡,即指平均横坡。

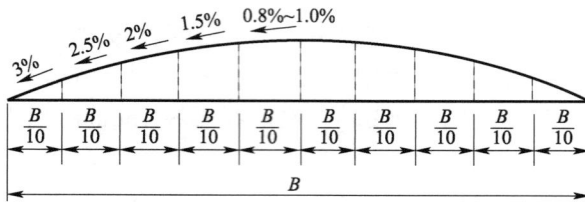

图 2-22  折线形路拱(尺寸单位:m)

在确定路拱的平均横坡时,应考虑以下因素:

(1)横向排水。它与路面结构类型和气候条件有关。车行道面层越粗糙,雨(雪)水在路面上流动就越迟缓,路拱坡度就要做得大一些;反之,路拱坡度应做得小一些。路拱横坡度可根据路面类型和当地自然条件而定,按表 2-5 规定的数值采用。表内所规定的路拱坡度范围,可根据当地气候条件选用。一般情况下,干旱地区可取低值,多雨地区宜取高值。南方城市的车行道路拱横坡度一般取 $i=2\%$。

不同路面的路拱横坡度 表 2-5

| 路面面层类型 | 路拱坡度(%) |
|---|---|
| 水泥混凝土路面 | 1.0～2.0 |
| 沥青混凝土路面 | 1.0～2.0 |
| 其他黑色路面 | 1.5～2.5 |
| 整齐石块路面 | 1.5～2.5 |
| 半整齐和不整齐石块路面 | 2.0～3.0 |
| 碎、砾石等粒料路面 | 2.5～3.5 |
| 加固土路面 | 2.0～4.0 |
| 低级路面 | 3.0～4.0 |

(2)道路纵坡。为了避免出现过大的合成坡度,给行车安全带来不良影响,要根据道路纵坡的大小,适当选定路拱坡度,以控制合成坡度(图 2-23)。$i_{合成}=\sqrt{i_{纵}^2+i_{横}^2}$,如道路纵坡较大,则路拱坡度宜小;反之,路拱坡度可大些。对于不同道路纵坡的路拱横坡度,可参照表 2-6 的数值采用。

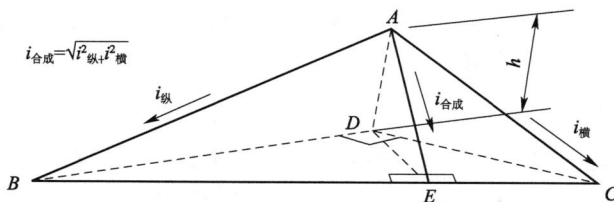

图 2-23  合成坡度示意图

**不同道路纵坡的路拱横坡度(%)**　　　　　　　　　　　表 2-6

| 道路纵坡(%)<br>路面类型 | <1 | 1~2 | 2~3 | 3~5 | >5 |
|---|---|---|---|---|---|
| 水泥混凝土路面 | 1.5 | 1.5 | 1.5 | 1.5 | 1.0 |
| 沥青混凝土路面 | 1.5 | 1.5 | 1.5 | 1.5 | 1.0 |
| 其他黑色路面 | 2.5 | 2.0 | 2.0 | 1.5 | 1.5 |
| 整齐石块路面 | 2.5 | 2.0 | 2.0 | 1.5 | 1.5 |
| 半整齐或不整齐石块路面 | 3.0 | 2.5 | 2.5 | 2.0 | 2.0 |
| 碎、砾石等粒料路面 | 4.0 | 3.0 | 2.5 | 2.0 | 1.5 |
| 加固土路面 | 4.0 | 3.5 | 3.0 | 2.5 | 2.0 |
| 低级路面 | 5.0 | 4.5 | 4.0 | 3.0 | 3.0 |

(3)车行道宽度。车行道宽则路拱横坡度应选择得平缓一些,否则路拱各点间的高差太大,会影响行车和道路横断面的观瞻。所以,在选定路拱形式和路拱坡度后,应算出路拱各点间的高差和横坡,从中检查是否能满足排水、行车和美观的要求。

(4)车速。为保证行车安全,在交通量大、车速高的道路上,路拱坡度宜小。当路拱坡度大于2%和快速行车的情况下,驾驶员操纵转向盘有感觉,紧急制动有横滑可能;车辆在双向双车道上超车时,超车车辆将行驶到横坡相反的对向车道上,会出现横向倾斜度的剧变,车速越大,其影响越大。所以,在一些快速的城市干道上,其路拱坡度不宜大于2%。

### 四、人行道设计

城市交通主要由车辆交通和行人交通两部分组成。人行道是城镇道路的重要组成部分,它设计得合理与否,会影响车行道上的车辆交通。如人行道设计得不够宽或修建的铺面不好,高低不平,积水泥泞等,行人难免就要占用车行道步行,影响交通和行车安全。

人行道的功能包括:供行人步行交通;供植树、立杆、布置阅报栏;它下面的空间可用来埋设地下管线。

#### (一)人行道宽度和横坡度的确定

根据人行道的功能,人行道的总宽度应由行人步行道宽度和种植绿化、布设地面杆柱、设置橱窗报栏、沿街房屋散水宽等用地宽度所组成;此外,还应考虑在人行道底下埋设地下管线所需要的宽度。

##### 1. 行人步行道宽度

同计算车行道宽度的方法相似,步行道的宽度等于一条步行带的宽度乘以步行带条数;而步行带条数则取决于要求通过的高峰小时人流量和一条步行带的通行能力,即:

$$行人步行道宽度(一侧) = 一条步行带宽度 \times \frac{高峰小时人流量(单车双向)}{一条步行带的通行能力}(m)$$

(2-12)

(1)一条步行带宽度(即一个步行者所占用地带宽度),与行人的两手是否携带物品和携带方式有关。据实测,行人携带物品的不同方式所需的步行带宽度如图 2-24 所示。

在一般的道路上,一条步行带宽度可平均取 0.75m;而火车站、港口码头、大型商店、商场等附近的道路以及市级干道上,考虑到携带物品的行人众多,一条步行带宽度则可平均取 0.90m。

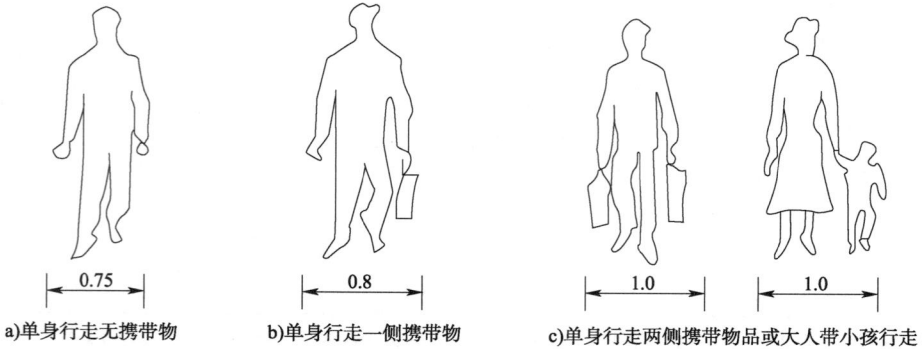

a)单身行走无携带物　　b)单身行走一侧携带物　　c)单身行走两侧携带物品或大人带小孩行走

图 2-24　不同行人情况所需步行带宽度示意图(尺寸单位:m)

(2)一条步行带的通行能力,目前都以每米宽度每小时通过多少人来计。规范规定的设计通行能力,按照人行道的性质、功能及对行人服务的要求,将人行道分为四个等级,其设计通行能力如表 2-7 所示。从无障碍通行概念出发,人行道应该适应各类行人的要求,特别注意满足行走不方便的人和残疾人等的要求。

**人行道设计通行能力**　　　　表 2-7

| 等级 | Ⅰ | Ⅱ | Ⅲ | Ⅳ |
|---|---|---|---|---|
| 人行道通行能力[人/(h·m)] | 1 800 | 1 900 | 2 000 | 2 100 |

注:Ⅰ-全市性的车站、码头、商场、剧场、影院、体育馆(场)、公园、展览馆及市中心区行人集中的地方;

　　Ⅱ-大商场、商店、公共文化中心、区中心等行人较多的地方;

　　Ⅲ-区域性文化商业中心地带行人多的地方;

　　Ⅳ-支路、住宅区周围的道路。

(3)估算发展远景的高峰小时人流量,并以此求得步行带的条数,最后确定步行带的总宽度。规范规定人行道宽度不得小于表 2-8 所列数值。此外,还需要加上设施带宽度(表 2-9)、行道树等占地宽度才是人行道的总宽度。

**人行道最小宽度**　　　　表 2-8

| 项　　目 | 人行道最小宽度(m) | |
|---|---|---|
| | 一般值 | 最小值 |
| 各级道路 | 3.0 | 2.0 |
| 商业或公共场所集中路段 | 5.0 | 4.0 |
| 火车站、码头附近路段 | 5.0 | 4.0 |
| 长途汽车站 | 4.0 | 3.0 |

设施带宽度　　　　　　　　　　　　表2-9

| 项　　目 | 设施带宽度(m) |
|---|---|
| 灯柱 | 0.8~1.0 |
| 交通信号灯柱及箱 | 0.9~1.2 |
| 行人护栏 | 0.25~0.5 |
| 绿化带 | 1.5~2.0 |
| 公交候车栏 | 0.9~1.5 |
| 地铁楼梯或人行立交扶梯 | 1.7~2.2 |
| 火警箱 | 0.8~1.0 |
| 交通标志 | 0.6~0.8 |

注:当同时设置护栏与杆柱时,宜采用表列的高限值。当红线宽度较窄或条件困难时,设施带与绿化带可合并,但应注意设施与树木间的矛盾。

**2. 地下管线和绿化布置与人行道宽度的关系**

有的城市,如北京市,对于一般干道,按地下管线布置要求的人行道最小宽度考虑至少不小于6m(图2-25),这是考虑埋设电力线、电信线以及上水道三种基本管线所需要的,最小宽度为4.5m,加上绿化和路灯等最小占地1.5m,总共宽6m。地下管线的布置要求及其所占的宽度,已成为一些城市确定人行道宽度的主要依据,而步行带宽度的设计成果,仅作校核参考用。

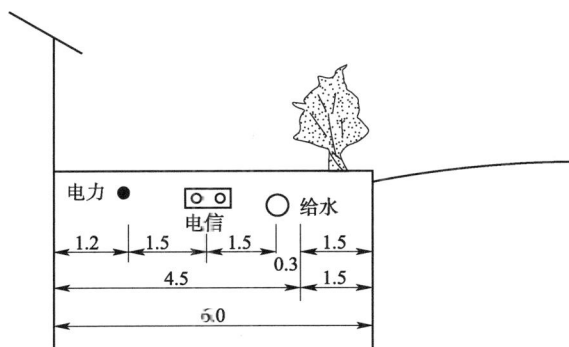

图2-25　管线需要的人行道宽度(尺寸单位:m)

综合上述各点,并根据我国多年来的城市建设经验,认为道路总宽度与其一侧人行道宽度之比,在7:2~7:1的范围内较适当。单侧人行道宽度与道路总宽度之比值参考表2-10选用。

单侧人行道宽度与道路总宽度之比值参考　　　　　表2-10

| 道路类别 | 横断面形式 | | | 道路类别 | 横断面形式 | | |
|---|---|---|---|---|---|---|---|
| | 单幅式 | 双幅式 | 三幅式 | | 单幅式 | 两幅式 | 三幅式断而 |
| 快速路 | | 1/6~1/8 | | 次干路 | 1/4~1/6 | | 1/4~1/7 |
| 主干路 | 1/5~1/7 | | 1/5~1/8 | 支路 | 1/3~1/5 | | |

### 3. 人行道的横坡度

为保证交通安全,人、车互不干扰,因此,人行道一般要高出车行道 0.10～0.20m,常采用 0.15m。其横坡一般都采用直线形向缘石方向倾斜。横坡的大小视铺砌材料与满足排水要求而定。为提高排水效果,人行道的横坡宜稍大些,在有铺砌的人行道上,其横坡一般都采用 2%。

缘石为路面边缘与其他结构物分界处的标石,如路侧带边的缘石、分隔带、交通岛等四周的缘石,以及路面边缘与路肩分界处的缘石等。缘石为设在路面边缘的界石,分为平缘石和立缘石。平缘石是指顶面与路面平齐的路缘石,有标定路面范围、整齐路容、保护路面边缘的作用,适用于出入口、人行道两端及人行横道两端,便于推车、轮椅及残疾人通行。有路肩时,路面边缘也采用平缘石。立缘石是指顶面高出路面的路缘石,有标定车行道范围和纵向引导排除路面水的作用。其外露高度是考虑满足行人上下及车门开启的要求确定的,一般高出路面 10～20cm。

随着交通的发展,国外有些城市设置独立的步行道系统,我国有些城市(北京、上海、哈尔滨)也开始采用这种做法。特别是在行人高度集中的市中心地区,为了确保安全,汽车只能开到市中心附近的停车场或停靠站,禁止进入"步行区"。

### (二)人行道在横断面上的布置

人行道通常在道路两侧都有布置,一般布置成对称并等宽。但在受到地形限制或有其他特殊情况时,不一定要成对称等宽布置,可按其具体情况作灵活处理。例如,上海北火车站附近的一条道路,迁就现实,其两侧人行道就设置成为一边窄一边宽。此外,在比较特殊地形的地段,可将人行道只布置在道路的单侧,这种布置形式将造成居民和行人出入、过路和步行的很大不便,一般应尽可能避免。单侧布置的人行道适用于傍山、傍河的狭窄道路上。

人行道布置的几种基本形式如图 2-26 所示。

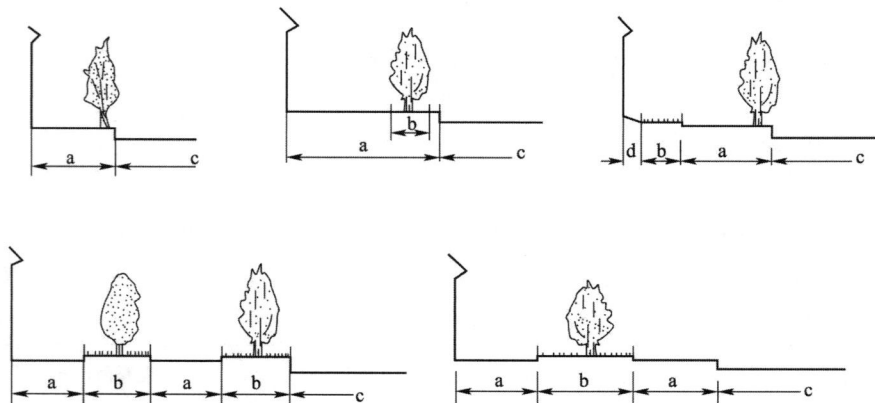

图 2-26 人车道布置的几种基本形式
a-人行道;b-绿带;c-车行道;d-排水坡宽度

图 2-26a)人行道宽度不足,仅种植单行行道树,不能设置绿带。另外也比较适用于两边商店多、公共文化机关多的干道上。

图 2-26b）行人与车行道之间用绿带（草地或灌木）隔开,在人行横道线处断开设出入口,适用于行人过路密度大,行车密度高的地段。一般认为此种形式较好,它既保障了行人的安全,有利于道路交通组织,又可以避免车行道上的灰尘和泥水侵袭行人,并且绿化布置也好。

图 2-26c）绿带布置在建筑物前面,须沿房屋墙脚砌护坡,以免积水影响房基稳定。这种形式适用于住宅区的道路。

图 2-26d、e）为人行道上布置两条步行地带的形式,靠近建筑线的一条系供沿建筑物附近活动的行人使用,如进出商店或其他文化娱乐场所使用,另外,靠近车行道的一条,则供一般直向行人和过路行人使用。这样可以分散往来行人,避免两者之间的干扰和影响。这种形式适用于城市中心地区设有很多大型商店和公共设施的路段。例如北京过去的东长安街东单至王府井路北一段就属这种形式。

五、分车带

分车带按其在横断面中的不同位置与功能分为中间分车带（简称中间带）以及两侧分车带（简称两侧带）。分车带由分隔带及两侧路缘带组成。

在分车带上进行绿化可以改善道路的卫生条件,调节温度与湿度,减少道路上的灰尘、烟雾以及噪声对居民的影响,还可为居民和行人提供散步休憩的场所,对建筑物有衬其美、藏其拙的作用,并能增添城市的景色。绿地或绿带还具有防止火灾蔓延、抵御风沙等作用。

1. 中间分车带宽度

中间分车带宽度主要考虑道路机动车行驶条件、交叉口交通组织、行人横向过街的距离、立交结构数量和道路景观等因素。

中间分车带有分隔对向车流的作用,新建道路更要充分体现现代城市的艺术、美观,要展现城市的历史文化内涵,因此,无论从行车安全,还是景观效果等方面考虑,中间分车带均需达到一定的宽度,以便减少对向车流的相互影响,更好地布置绿化、景观。

当中间分车带宽度较宽时,比较有利于道路景观的布置,但增加了交叉口交通组织的难度、增加了行人过街的长度、增加了立交结构的数量以及中间绿化养护的不便等。因此,属于交通性干道的道路中间分车带宽度采用 3m。

中间分车带上可种植修剪整齐的矮灌木丛,可遮挡对向车流的前照灯灯光。

2. 机非分隔带（两侧带）

机非分隔带主要为分隔机动车和非机动车,并且放置一些道路设施,如路灯、交通标志牌和信号灯等,以种植低矮灌木或草坪为主。

横断面设计时,一般根据实际情况而定,在有条件时宽度可达到 5～6m,这样不仅有效地减少了机动车和非机动车之间的相互干扰,在景观上可以达到较好的效果,而且在交叉口渠化设计或设置公交停靠站时均可以利用该部分宽度设置展宽车道或停靠站;在红线宽度较小时可以采用较小的宽度,但一般不应小于 1.5m,以便有足够的空间设置路灯、交通标志牌、信号灯等道路设施。

中间分车带和机非分隔带最小宽度见表 2-11。

中间分车带和两侧带最小宽度 表2-11

| 类　　别 | | 中间带 | | 两侧带 | |
|---|---|---|---|---|---|
| 设计速度(km/h) | | ≥60 | <60 | ≥60 | <60 |
| 路缘带宽度(m) | 机动车道 | 0.50 | 0.25 | 0.50 | 0.25 |
| | 非机动车道 | — | — | 0.25 | 0.25 |
| 安全带宽度(m) | 机动车道 | 0.50 | 0.25 | 0.25 | 0.25 |
| | 非机动车道 | — | — | 0.25 | 0.25 |
| 侧向净宽(m) | 机动车道 | 1.00 | 0.50 | 0.75 | 0.50 |
| | 非机动车道 | — | — | 0.50 | 0.50 |
| 分隔带最小宽度(m) | | 2.00 | 1.50 | 1.50 | 1.50 |
| 分车带最小宽度(m) | | 3.00 | 2.00 | 2.50(2.00) | 2.00 |

注:1.侧向净宽为路缘带宽度与安全带宽度之和。

　　2.两侧带分隔带宽度中,括号外为两侧均为机动车道时的取值;括号内数值为一侧为机动车道,另一侧为非机动车道时的取值。

　　3.分隔带最小宽度值系按设施带宽度为1m考虑的,具体应用时,应根据设施带实际宽度确定。

分隔带应采用立缘石围砌,需要考虑防撞要求时,应采用相应等级的防撞护栏。

当快速路单向机动车道数小于3条时,应设不小于3.0m的应急车道。当连续设置有困难时,应设置应急停车港湾,间距不应大于500m,宽度不应小于3.0m。

### 六、路肩

(1)采用边沟排水的道路应在路面外侧设置保护性路肩,中间设置排水沟的道路应设置左侧保护性路肩。

(2)保护性路肩宽度自路缘带外侧算起,快速路不应小于0.75m;其他道路不应小于0.50m;当有少量行人时,不应小于1.50m。当需设置护栏、杆柱、交通标志时,应满足其设置要求。

### 第三节　横断面图的绘制

横断面图的绘制包括以下三部分内容:

1.绘制近、远期标准断面图

一般采用1:100或1:200的比例尺。在图上应绘出红线宽度、车行道、人行道、绿带、照明、新建或改建的地下管道等各组成部分的位置和宽度,以及排水方向、横坡等,如图2-27、图2-28所示。

2.绘制横断面现状图

图中包括横向地形、地物、中心桩地面高程、路基路面、横坡、车行道、人行道、边沟等。一般采用1:100或1:200的比例尺,直接在厘米方格纸上绘制,横距表示水平距离,纵距表示高程。纵、横坐标通常都采用相同的比例尺,这对绘制横断面图和计算土石方数量都方便。现在一般都采用计算机程序设计及计算。

3.绘制横断面施工图

最后在绘出的各个桩号的现状横断面图上,点出中心线的设计高程,以相同的比例尺,把标准横断面图画上去。土石方数量的计算和施工放样,就是以此图作为依据。

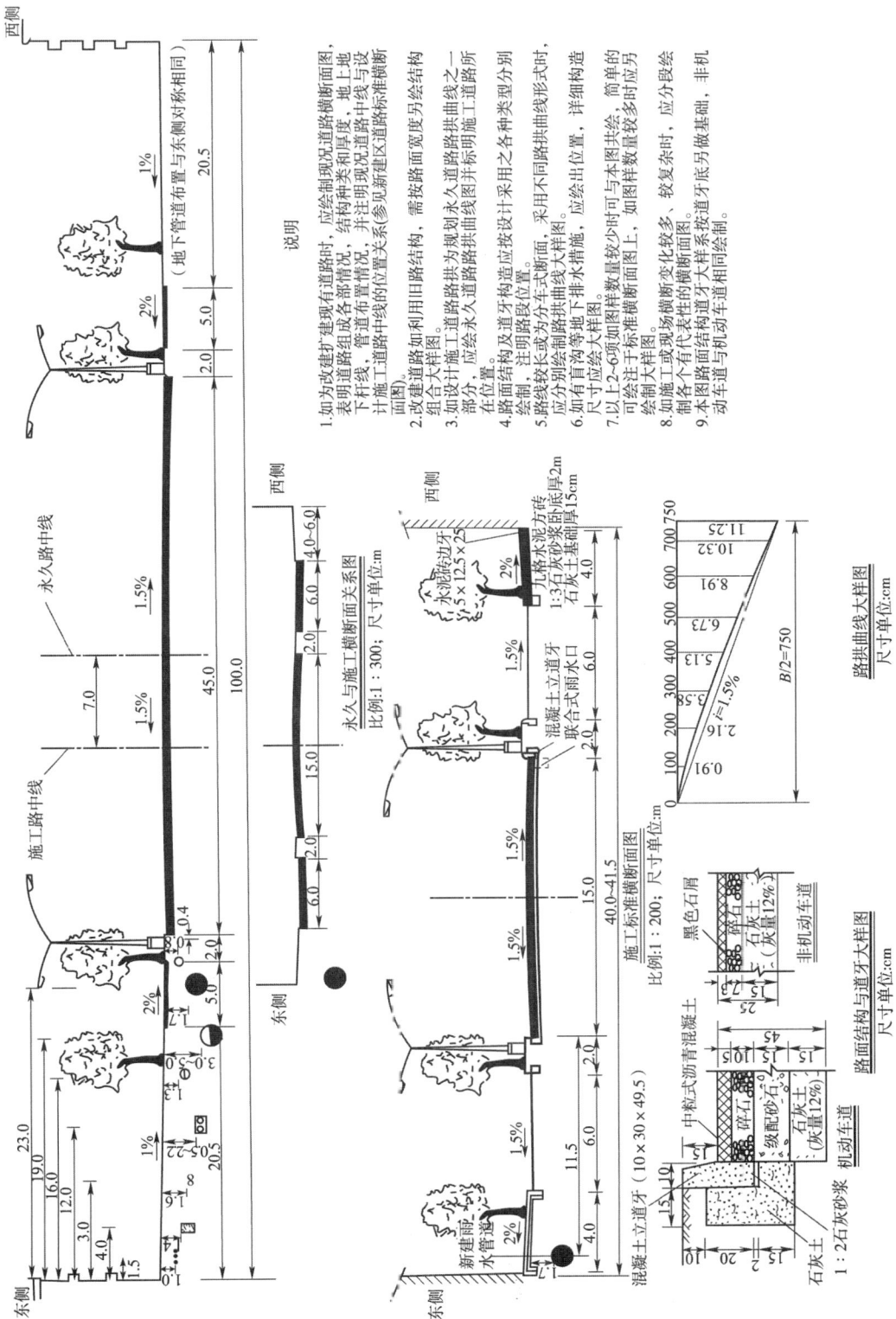

说明

1. 如为改建扩建现有道路时，应绘制现况道路横断面图，表明道路组成各部情况，结构种类和厚度，地上地下杆线、管道布置横况，并注明现况道路中线与设计道路中线的位置关系参见新建区道路标准道路断面图。
2. 改建道路如利用旧路结构，需按路面宽度另绘新建横断面图。
3. 如设计道路路拱为规划永久道路施工道路时，应绘永久道路路拱曲线与采用之各种类型结构部分，注明现况路面标高。
4. 路面结构及道道牙构造应应分车式绘制，注明路段位置。
5. 路线较长或现况路拱不同时，应分别绘制路拱曲线大样图。
6. 如有育沟或等地下排水措施，应注育沟等地下等式大样图。
7. 以上2-6项如现场样断面较少时可绘于本图，如图样数量较多时应另绘大样图。
8. 如施工或现况路面结构道与机动车道相同绘制。
9. 本图路面结构与道牙按大样图绘制，简单的可绘于本图上，较复杂的，非机动车道与机动车道相同绘制。

永久与施工横断面关系图
比例1：300；尺寸单位：m

施工标准横断面图
比例1：200；尺寸单位：m

路拱曲线大样图
尺寸单位：cm

路面结构与道牙大样图
尺寸单位：cm

图2-27　横断面设计图之一

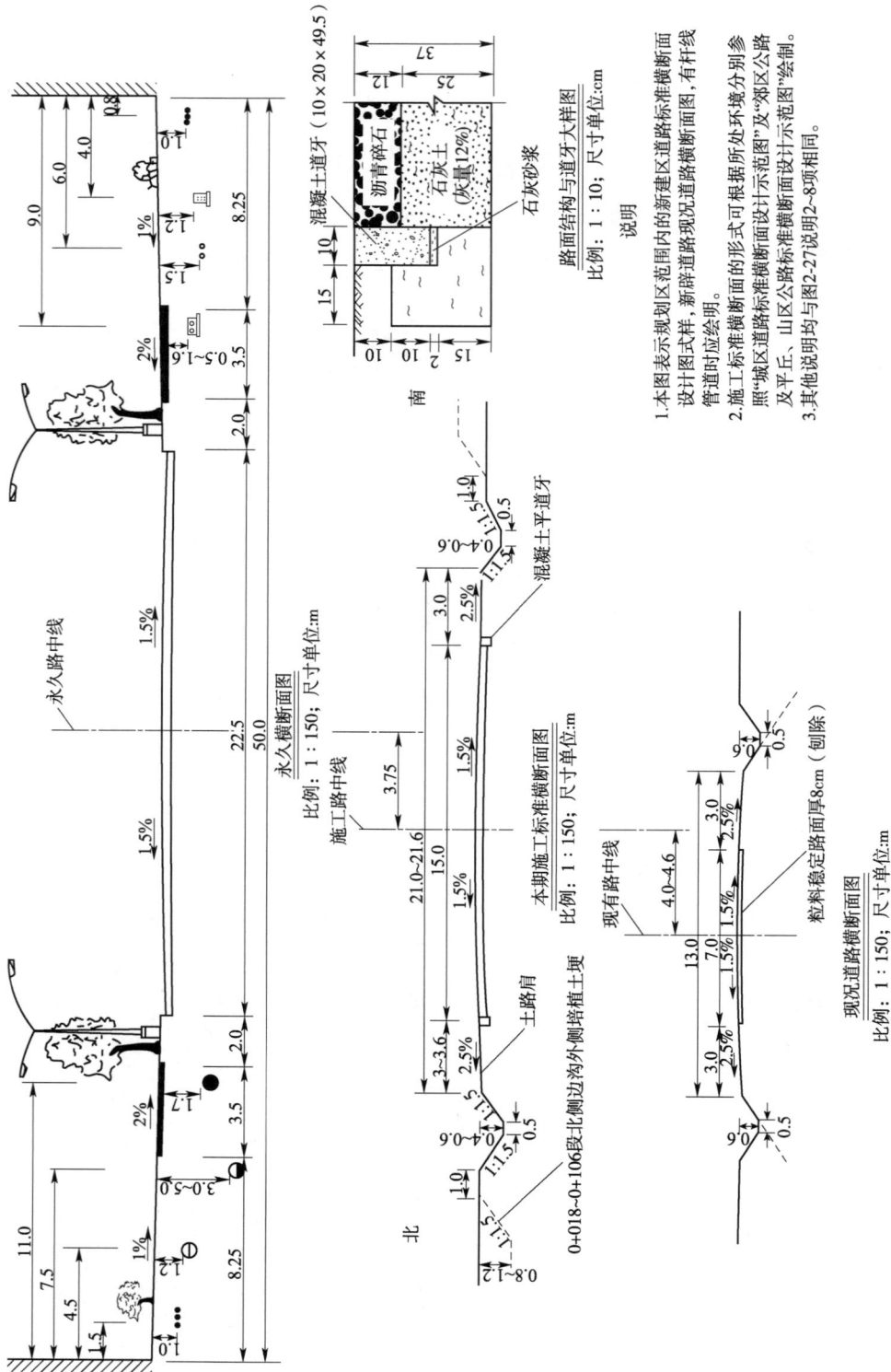

图 2-28 横断面设计图之二

说明

1. 本图表示规划区范围内的新建区道路标准横断面设计图式样。新碎道路现况道路横断面图，有杆线管道时应绘明。

2. 施工标准横断面的形式可根据所处环境分别参照"城区道路标准横断面设计示图"及"郊区公路及平丘、山区公路标准横断面设计示图"绘制。

3. 其他说明均与图2-27说明2～8项相同。

混凝土道牙大样图
比例：1：10；尺寸单位：cm

路面结构与道牙大样图
比例：1：10；尺寸单位：cm

永久横断面图
比例：1：150；尺寸单位：m

本期施工标准横断面图
比例：1：150；尺寸单位：m

现况道路横断面图
比例：1：150；尺寸单位：m

**复习思考题**

1.绘制标准道路横断面图,布置好相应的人行道、非机动车道、机动车道、绿化分隔带。

道路红线宽:24m,一块板,4车道。

道路红线宽:30m,两块板,4车道。

道路红线宽:55m,三块板,4车道。

道路红线宽:60m,四块板,4车道。

2.城镇道路横断面布置有哪些基本形式? 综述各基本形式的特点及适用情况。

3.城镇道路横断面的各组成部分的名称与布置要求是什么? 并绘制简图说明。

4.简述城镇道路横断面的各组成部分的作用和宽度的确定。

5.已知某中等城市三块板道路上行驶的机动车单向高峰小时交通量(远景交通量预估):中、小型公共汽车145辆/h,4t载货汽车290辆/h,小型载货汽车380辆/h,小汽车为590辆/h,试确定该道路机动车道的宽度。( 以轿车为标准车换算,设计速度 $V=50$ km/h,换算系数分别采用2.5、2.0、1.5、1.0)

6.某大城市拟设计一条双向六车道主干路,已知该路的设计速度如下:轿车 $V=80$ km/h、货车 $V=40$ km/h、公共汽车 $V=20$ km/h,试根据设计速度计算各车道宽度及行车道总宽度。

# 第三章 城镇道路平面线形设计

🔑 **学习目标**

1. 了解平面线形设计的原则；
2. 掌握平曲线的组成及平曲线半径选定的方法；
3. 掌握超高加宽的作用及计算；
4. 掌握平面定线方法；
5. 掌握城镇道路平面设计图的组成和绘制方法。

🔑 **本章重点和难点**

1. 平曲线要素计算；
2. 掌握平曲线要素计算；
3. 超高与加宽计算；
4. 城镇道路平面设计图的绘制。

## 第一节 概　　述

城镇道路平面设计是在城镇道路系统规划的基础上进行的,根据道路系统规划确定的路线走向、路与路之间的方位关系;确定道路中心线的具体位置、选定合适的平面线形及各种设施的平面布置。

平面线形设计应符合下列原则:

(1)道路平面位置应按城市总体规划道路网布设。

(2)道路平面线形应与地形、地质、水文等相结合,并符合各级道路的技术指标。

(3)道路平面设计应处理好直线与平曲线的衔接,合理地设置缓和曲线、超高、加宽等。

(4)道路平面设计应根据道路等级合理地设置交叉口、沿线建筑物出入口、停车场出入口、分隔带断口、公共交通停靠站位置等。

(5)平面线形标准需分期实施时,应满足近期使用要求,兼顾远期发展,减少废弃工程。

道路平面位置的确定是一个较为复杂的过程,因其受到交通组织、沿街建筑、地上、地下管线布置、各种道路交叉口的形式等各种因素的影响。所以,在确定道路网的位置时,要根据道路网规则的大致走向,以道路中线为准,结合道路性质、交通要求、交叉口形式,经过现场勘察和详细测量来确定。

城镇道路平面线形一般是由直线和曲线(圆曲线、缓和曲线)组成,一般在行车速度不是很高的道路上,曲线部分只由圆曲线构成,而对于车速要求较高的道路,为使车辆能从直线至圆曲线产生平稳过渡,需插入一段缓和曲线。此时,曲线部分即由缓和曲线和圆曲线两部分构成,此种线形对行车更为平顺有利,对于城市主干道的弯道设计,宜尽可能设置缓和曲线。

城镇道路中直线是常用的线形,直线的优点是:①布设简单;②视距良好;③方向明确;④距离短捷;⑤行车安全等。但如果干道直线太长又会产生诸多不利因素:①视力疲劳;②注意力不集中;③易发事故;④街景单调等。所以,设计时一定要结合实际对直线的长度进行合理的布设。

道路平面线形组合主要有以下四种形式:

(1)长直线 + 短曲线;

(2)长直线 + 长曲线;

(3)长曲线 + 短直线;

(4)连续的曲线。

其中,由直线和大半径曲线或连续曲线所组成的线形,从交通、安全、舒适和美观等方面看,是一种较为理想的平面线形。

由此可见,保证车辆能安全、迅速、经济、舒适的行驶是解决城镇道路平面设计的主要问题。平面设计的主要内容包括:平曲线半径的选定和曲线与直线的衔接,行车视距计算及弯道内侧障碍物的清除,沿线桥梁、道口、交叉口和广场的平面布置,道路的绿化和照明布置,停车场(站)和汽车加油站等公用设施的布置。最后,将上述设计内容绘制成一定比例的平面设计图(比例为1:500 ~ 1:1 000)。

总之,道路平面设计要同道路的横断面设计、纵断面设计,交叉口设计、排水管线设计、桥涵设计等综合进行。要充分考虑,详细研究,既要满足较高的技术标准,又要使造价经济合理。

## 第二节　道路平曲线设计

本节中有关缓和曲线的计算和设置方法,超高、加宽的计算和设置方法,以及行车视距的确定等内容详见人民交通出版社出版的《公路设计技术》,以下只是对主要内容的简单介绍。

一、平曲线要素

城镇道路平面曲线常采用圆曲线(图3-1)。

1. 曲线要素

交点:JD;

转角:$\alpha$;

切线长:$T$;

曲线起点 ZY,中点 QZ,终点 YZ;

曲线长:$L$;

半径:$R$;

外距:$E$。

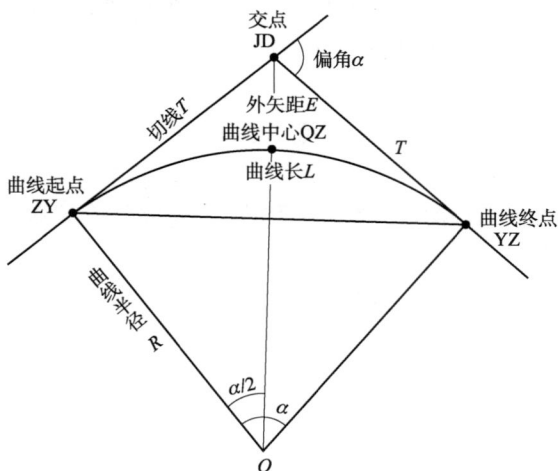

图 3-1　圆曲线要素

## 2. 各要素关系

$$T = R\tan\frac{\alpha}{2} \tag{3-1}$$

$$L = \frac{\pi}{180}R\alpha \tag{3-2}$$

$$E = R\left(\sec\frac{\alpha}{z} - 1\right) \tag{3-3}$$

## 二、平曲线半径的选定

根据汽车在平曲线上行驶的力学分析,考虑汽车在横向离心力作用下抗倾覆的平曲线最小半径:

$$R = \frac{v^2}{127(\phi - i)} \quad (\text{m}) \tag{3-4}$$

式中:$v$——设计车速(km/h);

$\phi$——路面横向摩阻系数;

$i$——道路横坡(%)。

汽车在曲线上行驶时,一般有较高的抗倾覆稳定性,即车辆在发生横向倾覆之前,先发生横向滑移。因此,考虑车辆行驶的安全,主要应保证车辆横向滑移的稳定性,此时平曲线最小半径:

$$R = \frac{v^2}{127(\mu - i)} \quad (\text{m}) \tag{3-5}$$

式中:$\mu$——横向力系数,反映乘客的舒适程度。

当 $\mu = 0.10$ 时,乘客不感到有曲线存在,感觉平稳;

当 $\mu = 0.15$ 时,乘客略感有曲线存在,感觉尚平稳;

当 $\mu = 0.20$ 时,乘客感到有曲线存在,略感觉不平稳;

当 $\mu = 0.35$ 时,乘客感到有曲线存在且不平衡;

当 $\mu = 0.40$ 时,乘客感到很不稳定,站立不住,有倾倒危险。

$\mu$ 值的大小与燃料的消耗和轮胎的磨耗有关。当 $\mu = 0.10$ 时,燃料消耗增加 10%,轮胎磨耗增加 1.2 倍;当 $\mu = 0.15$ 时,燃料消耗增加 20%,轮胎磨耗增加 2.9 倍。所以,综合考虑汽车运营的经济与乘客舒适程度的要求,$\mu$ 以不超过 0.10 为宜。

道路的平曲线半径主要取决于城镇道路等级以及所要求设计车速 $v$,同时要考虑地形、地物(建筑)所允许道路通过的(视距)空间条件,在满足这两个条件的情况下,一般尽可能选用较大的曲线半径。

一般情况下,按我国《城市道路工程设计规范》(CJJ 37—2012)规定,道路的平曲线半径应采用大于或等于表 3-1 规定的不设超高最小半径值。在地形复杂或山区的城市,通过比较,如采用不设超高的半径会过分增加工程数量受建筑物等其他条件限制时,可采用设超高推荐半径值。当地形、地物条件特别困难时,方可采用设超高最小半径值。

圆曲线半径 表 3-1

| 设计速度(km/h) | | 100 | 80 | 60 | 50 | 40 | 30 | 20 |
|---|---|---|---|---|---|---|---|---|
| 不设超高最小半径(m) | | 1 600 | 1 000 | 600 | 400 | 300 | 150 | 70 |
| 设超高最小半径(m) | 一般值 | 650 | 400 | 300 | 200 | 150 | 85 | 40 |
| | 极限值 | 400 | 250 | 150 | 100 | 70 | 40 | 20 |

受地形、地物限制的地方,设计时往往不能先选定曲线半径,然后计算曲线的切线等其他数据;多是根据当地条件先确定了曲线的切线、外矢距等数据,并根据圆曲线各项数据间的几何关系,求出当地条件所能提供的最大圆曲线半径,将求得的最大曲线半径与技术标准的规定值比较,如认为不符合技术标准时,则需要采取一些必要措施,以保证交通安全。

半径的取值按如下原则:

当 $R \leqslant 125\text{m}$ 时,$R$ 值取 5 的倍数;

当 $125\text{m} < R \leqslant 150\text{m}$ 时,$R$ 值取 10 的倍数;当 $150\text{m} < R \leqslant 500\text{m}$ 时,$R$ 值取 50 的倍数;

当 $R > 500\text{m}$ 时,$R$ 值取 100 的倍数。

【例 3-1】 设城市一条次干道,设计的最大行车速度为 40km/h;当路线跨越一条河流时,要求桥头至少有 40m 直线段;由桥头到路线转折点的距离为 160m,转角 $\alpha = 42°$;如图 3-2 所示,试求该路中线最大的可能半径。

解:据该地形条件可求得曲线切线长,$T = 160 - 40 = 120(\text{m})$,作为控制条件。

$$R = \frac{T}{\tan\dfrac{\alpha}{2}} = \frac{120}{\tan\dfrac{42°}{2}} = \frac{120}{0.383\ 9} = 312\ 6(\text{m})$$

取 $R = 300\text{m}$。

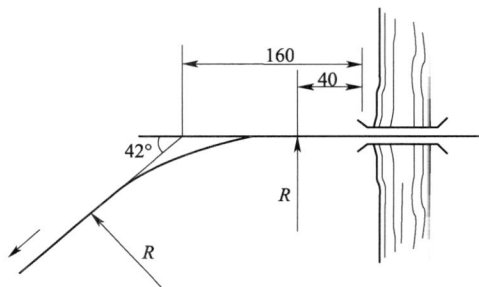

图 3-2 例 3-1 示例计算图(尺寸单位:m)

从表 3-1 中查得,车速 40km/h,不设超高的最小曲线半径为 300m,则此处取 $R = 350$m,不设超高,可以满足行车设计速度及安全、经济的要求。

**【例 3-2】** 某城市Ⅰ级主干道,红线宽度为 40m,设计车速为 60km/h,路线必须在一山麓与河滨中间转折,折角为 16°,山麓与河滨的间距只有 46m,交点 IP 离 A 点为 26m,离 B 点为 20m(图 3-3)。试求该路中线最大可能的平曲线半径值。

**解:**道路总宽度为 40m,所以路中线在滨河边 A 点或到山麓边 B 点,必须保持 20m 的距离,又转折点 IP 到 A 点的距离为 26m,所以曲线外距最大只有 $E = 26 - 20 = 6$(m),为使路基边线到滨河边留有一定距离,故取外距为 5m,作为控制条件。

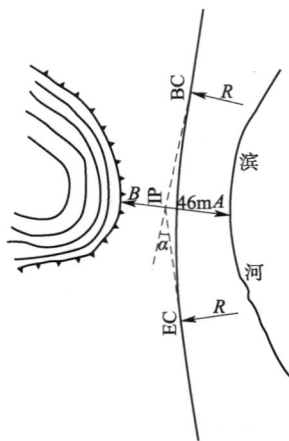

图 3-3 例 3-2 示例计算图

最大可能的平曲线半径为:

$$R_{平曲} = \frac{E}{\sec\frac{\alpha}{2} - 1} = \frac{5}{\sec\frac{16}{2} - 1} = \frac{5}{1.009\,8 - 1} = 508.8(\text{m})$$

根据:$R = \dfrac{V^2}{127(\mu - i)}$,取 $\mu = 0.10$,$i = 0.02$。

得:

$$R = \frac{60^2}{127(0.10 - 0.02)} = \frac{3\,600}{127 \times 0.08} = 354(\text{m})$$

为满足行车安全、迅速和经济的要求,宜取平曲线半径为 500m。

### 三、曲线超高与加宽

#### (一)超高

当平面弯道的设计受地形、地物限制,不能按照设计车速 $v$、横向力系数 $\mu$ 和常规的横坡 $i$ 选用适宜的曲线半径时,就必须改变道路横坡,以保证车辆行驶的安全。一般常将道路外侧抬高,使道路横坡呈向内侧倾斜的横坡,称为超高(图 3-4)。

按《城市道路工程设计规范》(CJJ 37—2012)规定,圆曲线半径小于表 3-1 中不设超高最小半径时,在圆曲线范围内设超高,其最大超高横坡度见表 3-2。

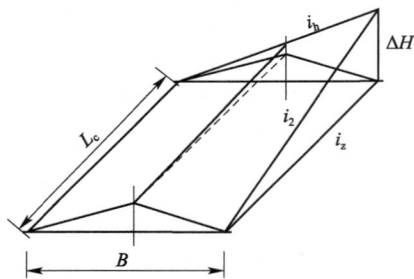

图 3-4 平面线超高横波变化图

**最大超高横坡度** 表 3-2

| 计算行车速度(km/h) | 100,80 | 60,50 | 40,30,20 |
|---|---|---|---|
| 最大超高横坡度(%) | 6 | 4 | 2 |

道路设置超高后,需要有一个变坡的路段,称为超高缓和段长度(图 3-5)。

$$L_{超} \geq \frac{b\Delta i}{P}$$

式中:$b$——旋转轴至行车道外侧边缘的宽度(m);

$\Delta i$——超高坡度与路拱坡度的代数差(%);

$P$——超高渐变率,超高旋转轴与路面边缘之间相对升降的比率,见表3-3。

超 高 渐 变 率　　　　　　表3-3

| 计算行车速度(km/h) | 100 | 80 | 60 | 50 | 40 | 30 | 20 |
|---|---|---|---|---|---|---|---|
| 超高渐变率 | 1/175 | 1/150 | 1/123 | 1/115 | 1/100 | 1/25 | 1/50 |

超高缓和段长度不宜过短,否则,车辆行驶时会发生侧向摆动,行车不稳定。一般情况下,超高缓和段长度按式(3-6)计算。

$$L_e = b \cdot \frac{\Delta i}{\varepsilon} \tag{3-6}$$

式中:$L_e$——超高缓和段长度(m);

　　$b$——超高旋转轴至路面边缘的宽度(m);

　　$\Delta i$——超高横坡度与路拱坡度的代数差(%);

　　$\varepsilon$——超高渐变率,超高旋转轴与路面边缘之间相对升降的比率。

### (二)加宽

1.加宽值

汽车在曲线上行驶时,各车轮行驶的轨迹不相同。靠曲线内侧后轮的行驶半径最小,靠曲线外侧前轮的行驶曲线半径则最大。所以,汽车在曲线上行驶时所占的车道宽度,比直线段的大。为适应汽车在平曲线上行驶时后轮轨迹偏向曲线内侧的需要,通常小于250m半径的曲线加宽均设在弯道内侧。城镇道路弯道上,常因为节省用地或拆迁房屋困难而设置小半径弯道,考虑到对称于设计中心线设置加宽较为有利而采用弯道内外两侧同时加宽,其每侧的加宽值为全加宽值的1/2。采用外侧加宽势必造成线形不顺,因此宜将外缘半径与渐变段边缘线相切,有利于行车。若弯道加宽值较大,应通过计算确定加宽方式和加宽值。图3-6为圆曲线上路面加宽示意图。

根据汽车在圆曲线上的相对位置关系所需的加宽值 $b_{w1}$ 和不同车速汽车摆动偏移所需的加宽值 $b_{w2}$,城镇道路每车道加宽值计算公式分别如下。

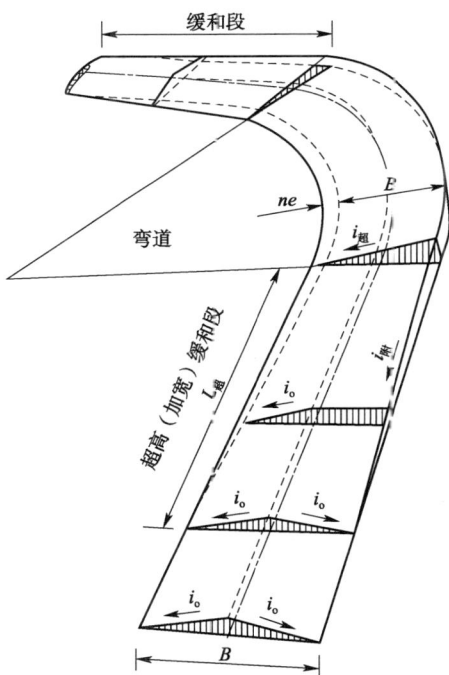

图3-5　平曲线超高变化图

小型及大型车的加宽值 $b_w$ 为:

$$b_w = b_{w1} + b_{w2} = \frac{a_{gc}^2}{2R} + \frac{0.05V}{\sqrt{R}}$$

铰接车的加宽值 $b'_w$ 为:

$$b_w = b'_{w1} + b'_{w2} = \frac{a_{gc}^2 + a_{cr}^2}{2R} + \frac{0.05V}{\sqrt{R}}$$

式中：$a_{gc}$——小型及大型车轴距加前悬的距离，或铰接车前轴距加前悬的距离(m)；

$\quad\quad a_{cr}$——铰接车后轴距的距离(m)；

$\quad\quad V$——设计速度(km/h)；

$\quad\quad R$——设超高最小半径(m)。

2.加宽缓和段

在圆曲线范围内加宽，为使全加宽值不变，两端设置加宽缓和段，其加宽值由直线段加宽为零逐渐按比例增加到圆曲线起点处的全加宽值。

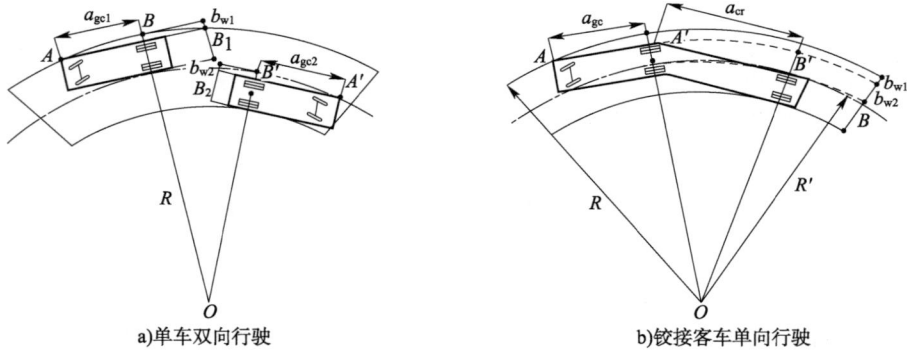

a)单车双向行驶          b)铰接客车单向行驶

图3-6　圆曲线上路面加宽示意图

加宽缓和段的长度可按下列两种情况确定：

(1)设置缓和曲线或超高缓和段时，加宽缓和段长度应采用与回旋线或超高缓和段长度相同的数值。

(2)不设回旋线或超高缓和段时，加宽缓和段长度应按加宽侧路面边缘宽度渐变率为1:15～1:30，且长度不得小于10m的要求设置。

### 四、缓和曲线和复曲线

#### (一)缓和曲线

在城市快速路、高速公路及一、二、三级公路设计中，为了避免行车时由于曲率的突然变化而引起的离心力的突变，需要在直线与圆曲线间设置符合汽车转向行驶实际轨迹，并使离心力逐渐变化的缓和曲线。当设计速度大于40km/h时，常采用回旋线作为缓和曲线，其可变曲率半径：

$$\rho = \frac{A}{l_s}$$

式中：$A$——回旋参数，取决于车速 $v$ 和角速度 $\omega$；

$\quad\quad l_s$——缓和曲线长度，为保证乘客的舒适常按下式选用：

$$l_s = 0.035 \frac{v^2}{R} \quad (m)$$

实际设计中宜将算得的 $l_s$ 值简化为5的倍数，以利于测设定线。

《城市道路工程设计规范》(CJJ 37—2012)规定，缓和曲长度应大于或等于表3-4规定值。

| 缓和曲线最小长度 | | | | | | 表 3-4 | |
|---|---|---|---|---|---|---|---|
| 计算行车速度(km/h) | 100 | 80 | 60 | 50 | 40 | 30 | 20 |
| 缓和曲线最小长度(m) | 85 | 70 | 50 | 45 | 35 | 25 | 20 |

计算行车速度小于 40km/h 时,缓和曲线可用直线代替。

当圆曲线半径较大,所需的缓和曲线长度很小时,可不设缓和曲线,按《城市道路工程设计规范》(CJJ 37—2012)规定,不设缓和曲线的最小圆曲线半径见表 3-5。

| 不设缓和曲线的最小圆曲线半径 | | | | 表 3-5 | |
|---|---|---|---|---|---|
| 计算行车速度(km/h) | 100 | 80 | 60 | 50 | 40 |
| 不设缓和曲线的最小圆曲线半径(m) | 3 000 | 2 000 | 1 000 | 700 | 500 |

### (二)复曲线

道路平面设计中还会出现两段或三段曲线衔接的情况。对于不设超高的相邻曲线,一般允许直接衔接;设有超高时,两曲线之间应该设置改变超高的缓和段,反向曲线之间的直线长度不小于两曲线超高缓和段之和。直接衔接的相邻曲线要尽可能避免选用相差一倍以上的曲线半径。

## 第三节　城镇道路平面定线

在城镇道路的勘测设计中,一般是先在地形图上进行纸上定线,然后进行实地定线。在无详细地形图且方案简单时,也可直接进行实地定线。

### 一、纸上定线

所谓纸上定线即根据现场调查、规划和交通等要求,直接在已测好的比较精确的大比例尺(一般为 1:500)地形图上,把一条道路的平面位置初步确定下来。具体地说,就是确定道路中线和两边建筑红线在平面上的位置和立面上的高程,且要详细地确定每一段路的具体走向、转折地点、弯道半径、直线段与曲线段的衔接等。

纸上定线并不是一项单纯的技术工作,必须全面和综合地考虑各方面的问题,掌握技术标准,处理好它与自然条件、地形、地物之间的矛盾。定线前必须实地勘察,走访有关单位,然后慎重考虑,反复推敲,仔细定线。

纸上定线的方法和步骤,没有固定的格式可以套用。以下只提出一些基本原则和大致做法,主要还需通过多次实践才能逐步掌握。

#### (一)注意贯彻执行国家的政策

开辟一条新路或是改建一条旧路,有利于工农业生产,方便人们的生活;但它又往往需要拆迁房屋,占用农田。因此,定线中必须注意节约用地,尽量利用差地、劣地,少占农田,不占良田。对旧城区,必须注意"充分利用,逐步改造"的方针,反对大拆大迁,乱拆乱建,要保护好环境。

#### (二)掌握好各项技术标准

为满足现代汽车的要求,照顾到行人、自行车和其他各种非机动车交通的要求,对路线的弯道半径、道路宽度、纵坡度、视距等,都应能掌握好各项技术标准;同时应考虑沿线地形、地物以及土壤、地质、水文等自然情况,尽量利用有利于道路的因素,避免不利的因素。设计者应熟悉情况,反复推敲,善于选出最经济合理的路线,满足汽车行驶对道路的各项要求。

### (三)正确选定平面和立面上的控制点

在纸上定出中线以前,需先确定路线在平面和立面位置上必须经过的控制点,如道路的起终点、重要桥梁的位置、路线穿越铁路处、重要道路的交叉口、不能拆迁的重要建筑物、准备利用的原有路面、滨河路段等,往往都是平面上的控制点或控制段。重要桥梁的位置,往往对两岸的交通联系和交通量分布有很大影响,需要首先确定。在确定桥位时,对较大河流,希望能使道路中线与水流方向正交,避免修建斜桥或曲线桥。如果所选定的路线在交通联系上占有极重要地位时,则桥位应服从于路线,对较小的桥梁和涵洞,一般都应服从路线。道路与铁路最好正交,否则也不宜小于45°;在平交时需保证足够的视距,使驾驶员在未到交叉口之前能望见两侧火车的来临。只有在平面控制点或控制段明确后,才有可能定出合理的平面线形。

在平面定线时,也必须同时考虑到立面控制点对平面位置的可能影响。例如,滨河路旁河流的最高水位、路线通过桥梁的必要高程、相交街道的中线高程、沿街建筑的底层地坪高程等,都是立面上的控制点。为了满足某一线段立面上的高程控制,路线的平面位置往往可能要作必要的移动。因此,在道路定线时,既要注意平面控制点,也要考虑立面控制点。

### (四)合理布设直线、弯道及其相互之间的衔接

布设路线,要力求平顺。也就是说,要使车辆能以平稳少变的车速行驶,若车速必须有变化时,也要力求变化徐缓。在平面线形上,影响车速平稳的主要因素是交叉口和弯道。在城镇道路上,不可避免地每隔若干距离会有一个交叉口,因此宜尽量利用交叉口使路线作必要的转折以减少弯道。路线在交叉口处作不大的转折时(一般为3°~5°),可不需作专门的弯道设计,仅需注意作扩大宽度的喇叭口处理(详见第六章)。在两个交叉口间的路段上,应尽可能有较长的直线段。

由于控制点和其他地形、地物的限制,必要时仍需插入弯道。为保证行车平顺,在插入弯道时,要力求弯道半径大一些(大于技术标准中规定的推荐半径)。在不得已设置小于推荐半径(但不得小于最小半径)的弯道时,必须按技术标准设置超高、加宽、缓和段或缓和曲线。

### (五)全面综合地考虑其他因素

在纸上定线时,设计者还必须全面综合地考虑如下各种因素:

(1)参照交通量调查资料,布设路线时能让最多的客货流量走最短捷的路线;

(2)要适应和利用当地的地形、土壤地质、水文地质等自然条件;

(3)在选择路线的方位时,要考虑到风向和日照的影响;

(4)要考虑到为城市交通安全、绿化、排水、煤气、地下管线等提供有利的条件;

(5)为城市或其所在地区将来的发展留有余地。

总之,纸上定线必须根据具体情况,其处理原则和方法往往又会因时因地而异,以上几点,不可能把实际工作中遇到的各种各样的问题全部包括在内;同时,纸上定线也不可能一下都做得十全十美,往往在实地定线时又会遇到不少未曾考虑到的问题,而需重新修正线

形,不断完善设计。

二、实地定线

一般说来,城镇道路实地定线就是将图上已定好的道路中心线准确地移到实地上去。实地定线时,规划和设计人员都应会同测量人员亲临现场,先行实地踏勘;通过踏勘,对于如何进一步进行测量可以做到心中有数。

实地定线操作方法通常有三种:图解法、解析法(或称坐标法)以及综合法(即以上两方法的综合)。

测量时采用何种方法,应根据不同地区、精度要求和实地情况来决定。现分述如下:

**(一)图解法**

根据图上规划好的设计中心线与其附近地物的相对关系,在实地定出中心线;也就是根据地形、地物选测路线,然后直接打通中线丈量距离,编制桩号并传递里程。这种方法采用得较为普遍,它在障碍物比较少,或者在城市中相对位置的精度要求不太高的时候尤为适用。图解法的步骤一般如下:

(1)定直线。根据地形图上的固定地物,如利用两个以上屋角的交会或房屋边墙的延长线,并在图上用比例尺量出屋角至各点的距离,定出中线的点位,如图3-7中的1、2、3、4等点位,然后在实地上分别测定出来。接着在实地上各点插上标杆,如发现测定的若干点不在同一条直线上,则应分析实际情况,将个别点适当移动加以调整。

(2)定交点。当测定了中心线上相邻的两个直线段,就可以根据这两个直线段瞄对交点(图3-8),利用两根花杆插在1、2和3、4处,延长两直线可瞄对交点(IP)。

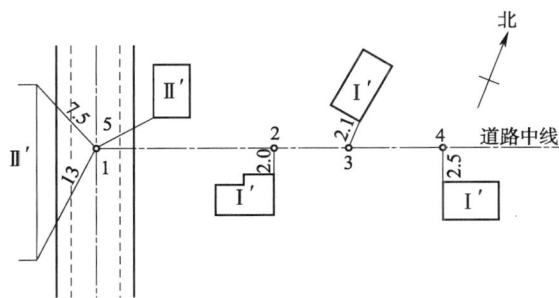

图3-7　实地选测直线(尺寸单位:m)　　　　图3-8　瞄对交点示意图

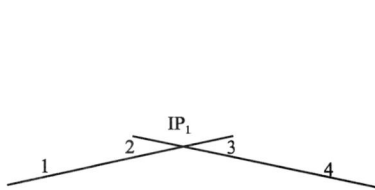

(3)编制里程桩。编制桩号一般是由西向东或由南向北的方向进行,这样可使道路平面图和纵断面图的位置相一致且便于设计。在测定里程桩时,一般应同时绘制里程桩志草图(图3-9)。瞄对交点里程桩的间距,在市区一般为20m一个,郊区为50m一个;如果路线所在地区的地形平坦,里程桩间距也可适当放长。遇到地形变化成与地物(如河流、铁路、道路、渠道等)交叉时,都要加钉里程桩,并应测出它们的交叉角。路线越过河流,应在路中心两侧若干米处(视桥宽和桥位要求而定,一般为10m)测出河床断面。

不论采用何种方法测量,路线编制的里程桩长度应与路线在平面图上量测的距离相一致。按坐标计算而得的路段长度,如与实地量测距离有误差,应符合精度要求。

常用的里程桩材料,一般为竹桩、小木桩、小铁钉和水泥桩。在路线的起、终点和转折点及重要交叉点处,宜用大木桩或大铁钉(或水泥桩),并量出攀线距离(点位离附近的固定标志物的距离),绘制点位图(图3-10),以备查用。

(4)检核控制点和控制段。当中心线在实地上基本测定后,应详细检查和验核所测路线能否满足原设计者对控制点和控制段的各种控制要求。在出现矛盾时应重新修正路线。

(5)与图根控制点进行连接测量。将某些交点与城市平面图上标定的图根控制点进行连接测量,即测量出交点与某个图根控制点间连线的方位与距离。可以检核所定路线在整个城市中的相对位置是否正确;并可以通过图根控制点的坐标解算出路线上各交点的坐标,以便明确该路线在城市中的精确位置,建立道路路线技术档案。

(6)测设曲线。用经纬仪在交点测定路线转角,算出偏角 $\alpha$,然后按选定的曲线半径 $R$ 算出曲线各要素 $T$、$L$、$E$ 等,在实地上测设曲线起点(BC)、曲线终点(EC)和曲线中点(MC)。

(7)路线的固定。从路线勘测到施工,一般都相隔一段时间,在这段时间内,勘测确定的路线标志难免丢失。为使施工时易于恢复路线,应把路线的起终点和转角点加以固定。其方法是把各转角点与邻近的 2~3 个固定地物联系,量出攀线距离,作出点位图(图3-10)和详细记录,以备日后需要时查考。

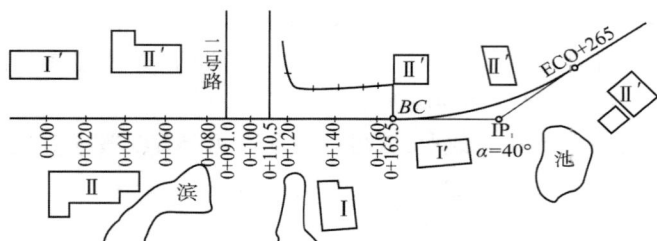

图3-9 路线里程桩志草图

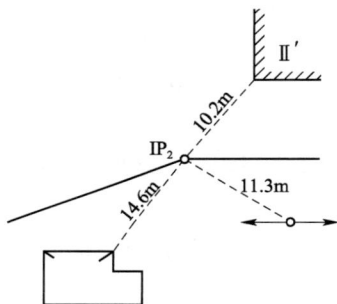

图3-10 点位图

## (二)解析法(坐标法)

采用解析法实地定线就是预先在图纸上把道路中线上的交点和特征点的坐标算出,然后按坐标到实地上去定线放样。在某些城市中,城市测量、城市规划和管理工作做得比较完善,设立了统一的城市坐标系统。在地形图上,城市三角网导线点、图根导线点以及各种建筑物的特征点(如房屋的转角等)都测有坐标。采用这种方法定线,可使点线关系建立在可靠的数据基础上,得到较高的精确度。对在实地上不能通视的多障碍地区(如建筑物密集的城市地区)可以分段分期放样,把桩号传递下去而不致产生差错。

解析法的具体步骤如下:

(1)搜集路线附近导线点(或三角点)的坐标和方位角资料;

(2)应用图解法在实地上定出路段测设的起讫点;

(3)用经纬仪测出有关的角度和量出导线边长的距离;

(4)根据方位角和边长,计算路段起讫点或测点的坐标和方位角;

(5)根据相交路线的方位角,算出路线交叉角;

(6)计算和测设中间点;

(7)编制和传递有关测点的里程桩;

（8）校对各测点的坐标、边长及方位角的数据，检查是否符合精度要求。

在解析法中，大量的计算工作可制成计算表格，采用计算机完成。如掌握熟练，也并不太烦琐。

**【例3-3】**　某市需扩建一条城市干道（图3-11），根据纸上定线，定出甲、乙两点的直线为道路中心线，路线都在房屋中穿越，并与一号路相交于K，该处交叉口近期需修建分离式立体交叉，要求新路中心线与一号路成104°的交角，甲、乙两点无坐标资料，须用图解法在实地确定后进行连测。

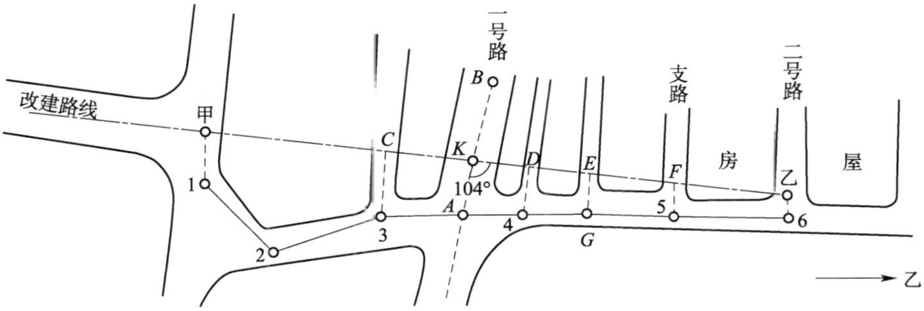

图3-11　路线解析法测设图

在测量前，先收集该路线附近的导线资料，如表3-6所示。

表3-6

**导线点资料**

| 导线点号 | 方位角 α(° ′ ″) | | | 坐标 | | | |
|---|---|---|---|---|---|---|---|
| | | | | 纵 x | | 横 y | |
| 6 | | | | +893 | 14 | −759 | 70 |
| | 186 | 26 | 16 | | | | |
| 5 | | | | +749 | 20 | −775 | 95 |
| | 187 | 50 | 10 | | | | |
| 4 | | | | +556 | 75 | −802 | 45 |
| | 185 | 57 | 12 | | | | |
| 3 | | | | +457 | 57 | −812 | 79 |
| | 178 | 16 | 11 | | | | |
| 2 | | | | +349 | 37 | −809 | 53 |
| | 219 | 25 | 23 | | | | |
| 1 | | | | +283 | 65 | −863 | 58 |

（1）首先应用图解法在实地定出甲、乙两点的正确位置，根据测角数据和导线点资料，算出甲、乙两点的坐标（表3-7）。

（2）求算出甲、乙两点直线的方位角和距离。

$$\tan\alpha_{甲-乙}=\frac{y_乙-y_甲}{x_乙-x_甲}=\frac{112.66}{609.11}=0.184\,96$$

故

$$\alpha_{甲-乙}=10°25'50''（北偏东）$$

**方位角及坐标计算**　　　　　　　　　　　表 3-7

| 点号 | 方位角 α (° ′ ″) | sinα cosα | 边长 (m) | 增 值 | | 坐 标 | |
|---|---|---|---|---|---|---|---|
| | | | | Δx | Δy | x | y |
| 1 | 89 04 47 | 0.999 87 0.016 06 | 18.83 | +0.30 | −18.83 | +283.65 | −863.58 |
| 甲 | | | | | | +283.95 | −882.41 |
| | | | | | | | |
| 6 | | | | | | +893.14 | −759.70 |
| 乙 | 269 33 49 | 0.999 97 0.007 63 | 10.05 | −0.08 | −10.05 | +893.06 | −769.75 |
| | | | | | | | |

甲、乙两点距离：

$$x_{甲-乙} = \sqrt{112.66^2 + 609.11^2} = \sqrt{383\ 707.268} = 619.44(\text{m})$$

(3)在实地定出一号路中心线 AB,并与已知导线点相连测,求出 A 点坐标及 AB 的方位角(表 3-8)。

**方位角及坐标计算**　　　　　　　　　　　表 3-8

| 点号 | 方位角 α (° ′ ″) | sinα cosα | 边长(m) | 增 值 | | 坐 标 | |
|---|---|---|---|---|---|---|---|
| | | | | Δx | Δy | x | y |
| 4 | 176 51 0 | 0.054 95 0.099 849 | 37.55 | −37.49 | +2.06 | +556.75 | −800.456 |
| A | | | | | | −519.26 | −800.39 |
| B | 294 29 0 | | | | | | |
| | | | | | | | |

根据实地测出的两条路线的方位角,求出道路中心线甲乙与一号路中心线 AB 的交角为 104°00′10″,与设计要求相差 10″,为此必须在实地将乙点位置向东移动 3cm,使甲乙线的方位角为 10°29′,如图 3-12a)、b)所示。

(4)计算和测设中间点 C、D、E、F。当道路中心线的方位角和距离算得后,即可进行中间点的计算和测设工作。由图 3-7 可知,路线与若干支路相交,因此必须在这些支路上插设直线控制点 C、D、E、F 等点。

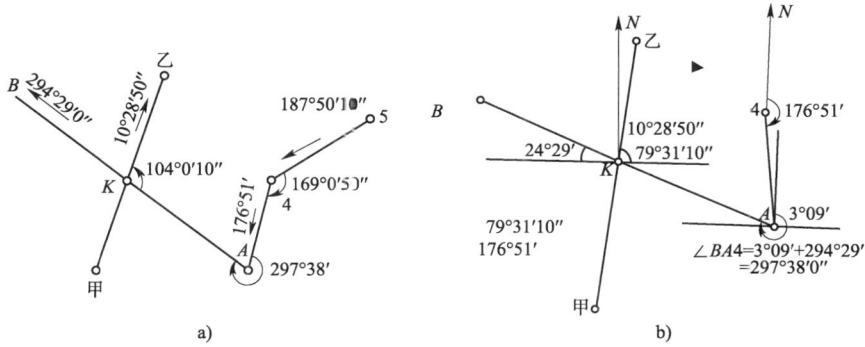

图 3-12　方位角计算图

应用图解法在路线图上正确地量出甲 C、甲 D、甲 E、甲 F 等路段的距离,要注意 C、D、E、F 等各点必须与导线点通视,并求出各点的坐标值(表 3-9)。

方位角及坐标计算　　　　　　　　　　　　　表 3-9

| 点位 | 方位角 α | sinα<br>cosα | 边长<br>(m) | 增　值 | | 坐　标 | |
|---|---|---|---|---|---|---|---|
| | | | | $\Delta x$ | $\Delta y$ | $x$ | $y$ |
| 甲 | 10°29′ | 0.181 95<br>0.983 31 | 175.0 | +172.08 | +31.84 | +28 395 | -88 241 |
| C | | | | | | +45 603 | -85 057 |
| 甲 | | | | | | +28 395 | -88 241 |
| 甲 | 10°29′ | 0.181 95<br>0.983 31 | 287.59 | +282.70 | +52.311 | | |
| D | | | | | | +56 665 | -83 610 |
| 甲 | | | | | | +28 395 | -88 241 |
| 甲 | 10°29′ | 0.181 95<br>0.983 31 | 386.00 | +379.56 | +70.23 | | |
| E | | | | | | +66 351 | -81 218 |
| | | | | | | +28 395 | -83 241 |
| 甲 | 10°29′ | 0.181 95<br>0.983 31 | 476.0 | +463.06 | +86.61 | +75 201 | -79 680 |
| F | | | | | | | |

由表 3-9 的计算可知,C、D、E、F 各点的里程桩编号分别为 0+175.00,0+287.50,0+386.00 及 0+476.00。

(5)求算 3C、AK、4D、GE、5F 和 6 乙的方位角和距离。

现说明 C 点的计算和测设方法如下:

①先计算点 3 至 $C$ 的方位角和距离。

$$\tan\alpha_{3-C} = \frac{y_C - y_3}{x_C - x_3} = \frac{-850.57 - (-812.79)}{456.03 - 457.57} = -24.532\ 46$$

故 $\alpha_{3-C} = 267°39'57$(南偏西)

即点 3 至 $C$ 的方位角为 $267°39'57''$。

点 3 至 $C$ 的距离为:

$$S_{3-C} = \sqrt{37.78^2 + 1.54^2} = 37.81(\text{m})$$

②计算夹角(∠3)(图 3-13)。

$$\text{夹角}(∠3) = \sigma_{3-C} - \sigma_{3-2} = 267°39'57'' - 178°16'00'' = 89°23'46''$$

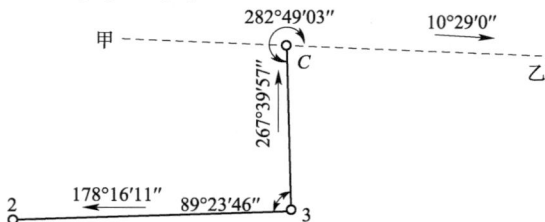

图 3-13 夹角计算图

③放角、量距。

根据 $S_{3-C} = 37.81\text{m}$ 和 $∠3 = 89°23'46''$ 的数据,可置经纬仪于导线点 3,后视导线点 2,测定夹角 $89°23'46''$ 和丈量距离 $37.81\text{m}$,即可定出 $C$ 点位置。

其他中间点的确定,也可采用同一方法来测定,此处不再赘述。但应注意在实地测定一号路中心线时,$K$ 点宜定在 3、4 点号的连线上;此外,为提高精度,减少误差,测设时应尽可能利用原有导线点坐标及方位角数据。

**(三)综合法**

综合法就是在实地定线中将图解法和解析法同时应用。采用解析法精度较高,对房屋密集及不通视地区,特别是不能通视的弯道容易解决问题,并能各不相关地分为若干个组分段测量和施工。但是,它需要较大的计算工作量,并必须有完善的坐标系统和导线点资料,在条件不具备时较难运用。如能采用上述图解法和解析法的优点,综合使用,往往能得到更好的效果。例如对某道路中一段地形空旷处应用图解法进行测量,而另一段房屋密集处采用解析法。或是先对整条路线采用图解法,在实地定出各主要转折点后,如两转折点间可能通视时,则采用图解法直接丈量钉桩,在遇到多障碍时,可与已有导线连测,算出坐标,采用解析法定线。

**三、城镇道路平面设计图**

**(一)绘图比例尺和测绘范围**

城镇道路相对于公路,长度较短而宽度较宽,在绘图比例尺的选用上一般比公路大。在作技术设计时,可采用 $1:500 \sim 1:1\ 000$ 的比例尺绘制。绘图的范围,视道路等级而定,等级高的范围应大些,等级低的可小些。通常在道路两侧红线以外各 $20 \sim 50\text{m}$,或中线两侧各 $50 \sim 150\text{m}$,特殊情况除外。

**（二）城镇道路平面设计图的内容及绘制方法**

城镇道路的导线、中线及路线两侧的地形、地物、水系、植被等的绘制方法与公路相同，不再重复。下面就城镇道路中各种设施的绘制方法进行介绍。

1.道路红线

道路红线是道路用地与城市其他用地的分界线，红线之间的宽度也就是城镇道路的总宽度，所以当道路的中心线画出以后，则应按城镇道路的规划宽度画出道路红线，如果有远期规划和近期规划，都应画出并注明。

2.坡口、坡脚线

新建道路由于原地面高低起伏，必须有填有挖。填方路段，在平面图中应画出路基的坡脚线；挖方路段，应画出路基的坡口线。

在路基横断面图上，量出坡口或坡脚至中线的距离，点绘在平面图中相应桩号的横断面线上（左、右侧），然后用平滑的曲线分别将坡口点、坡脚点顺序连接，最后画上示坡线（图3-14）。

路基的坡口与坡脚线在一般公路的平面图中由于比例尺较小不易表达，但在高速公路和一级公路中有时也要求绘制。

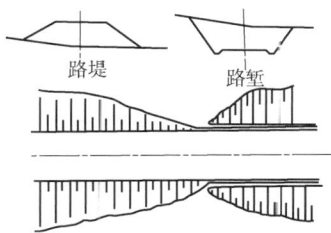

图3-14　路堤、路堑在平面图中的表示方法

3.车道线

城镇道路的车道线是城镇道路平面设计图的重要内容。在路幅宽度内，有机动车道、非机动车道，在机动车道中还分快车道、慢车道等。各种车道线的位置、宽度可在横断面布置图中查得，将其一一画在平面图中。车道的曲线部分应按设计的圆曲线半径、缓和曲线长度绘制。各车道之间的分隔带、路缘带等也应绘出。

4.人行道、人行横道线、交通岛

按设计绘制。

5.地上、地下管线和排水设施

各处地上、地下管线的走向和位置、雨水进水口、窨井、排水沟等都应在图中标出。必要时，需分别另绘排水管线平面图纸。

6.交叉口

平面交叉口、立体交叉口虽然有专门的交叉口设计图，但在平面设计图中也应该按平面图的比例尺画出并详细注明交叉口的各路去向、交叉角度、曲线元素以及路缘石转弯半径。

一张完整的平面设计图，除了清楚而正确地表达上述设计内容外，还可对某些细部设施或构件画出大样图，最后在图中的空白处作一些简要的工程说明，如工程范围、采用坐标系、引用的水准点位置等。

在城镇道路设计文件中所提供的平面设计图应包括两种图式：一种是直接在地形图上所作的平面布置图，红线以内和红线以外的地形地物一律保留；另一种是只绘红线以外的地形地物，红线以内只绘车道线和道路上的各种设施而不绘地形地物。两种图各有优缺点：前者可以看出设计人员是如何处理道路与地形地物之间的关系的（包括拆迁情况），后者则可更清晰地表现道路上各种设施的位置和尺寸。前一种图一般用在方案研究和初步设计中，后一种图用在技术设计中。图3-15为某城镇道路平面设计图。

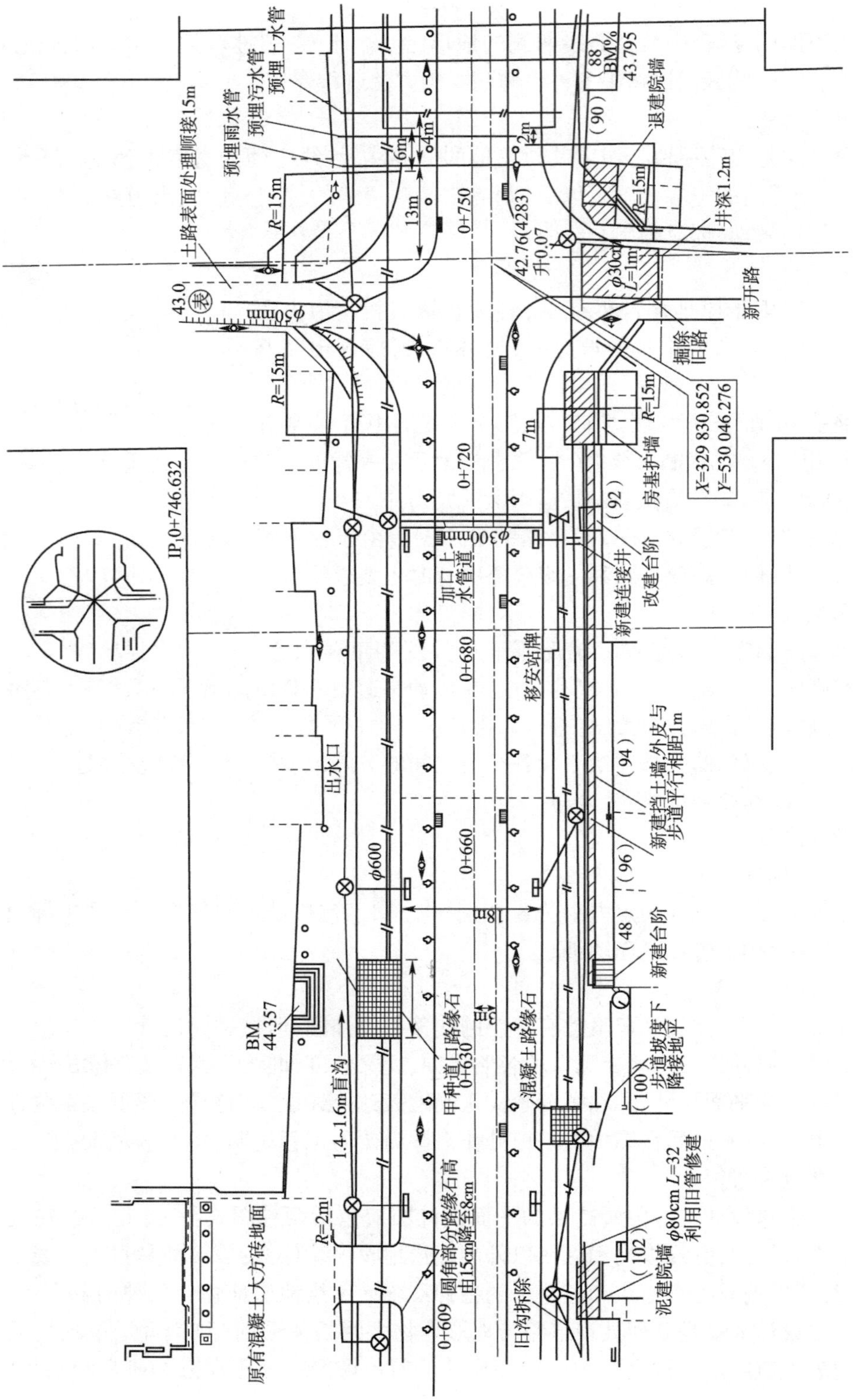

图 3-15 城市道路平面设计图

**复习思考题**

1. 简述城镇道路平面设计的基本原则。
2. 如何进行平曲线半径的选定？
3. 如何进行曲线的超高和加宽？
4. 简述城镇道路平面定线的方法。
5. 简述城镇道路平面图的内容和绘制方法。

# 第四章 城镇道路纵断面的设计

## 学习目标

1. 了解城镇道路纵断面设计要求；
2. 掌握城镇道路纵断面设计要求及步骤方法；
3. 掌握纵断面竖曲线设计和曲线要素计算；
4. 熟悉城镇道路街沟设计；

## 本章重点和难点

1. 道路纵断面设计步骤方法；
2. 竖曲线半径的选定及曲线要素计算；
3. 锯齿形街沟计算；
4. 城镇道路纵断面图的绘制。

## 第一节 概 述

城镇道路的纵断面是指沿道路的中心线所作的竖向断面。在纵断面图上有两条主要的线：一条是地面线，它是根据中线上各桩点的原地面高程而点绘的一条不规则的折线，反映了沿中线地面的起伏变化情况；另一条是设计线，它是经过技术上、经济上以及美学上诸多方面比较后定出的一条有规则形状的几何线，它反映了道路路线的实际起伏变化情况。设计线上各点的高程与地面线上相对应点的地面高程之差，称为施工高度。施工高度的大小，表征在道路纵断面上需要填土的高度或挖土的深度；纵断面上设计高程与地面高程相同点处，则说明该处无填挖要求。城镇道路中线的设计高程，一般指建成后路面的中线高度，在计算路基的填挖高度时，需要加减路面的结构厚度。

纵断面设计线由直线和竖曲线组成。直线坡段有上坡和下坡之分，直线坡采用高差和水平长度表示。在直线坡段的坡度转折处，为了平顺过渡，需要设置竖曲线。按坡度转折形式的不同，竖曲线有凹形和凸形，其形态用半径和水平长度表示。

在平原区的城镇道路，如设计的纵坡很小，不能满足排水要求，则在纵断面图上还应做街沟设计并绘出街沟纵断面图。

城镇道路上设有不同功能的车行道时,如横断面为两块板或三块板,尚须分别定出各个车行道的纵断面。

城镇道路纵断面设计内容及绘制方法,基本上与公路类似。两者不同点主要体现在:城镇道路所经地区的地形、地物以及地上地下各种管线的影响,使得制约纵断面设计线高程的控制点较多,如城市桥梁、铁路跨线、铁路道口、平面交叉点、滨河路的最高水位以及沿街建筑物的地坪高等;当设计纵坡小于最小纵坡时,应在道路两侧作锯齿形街沟设计;在城镇道路纵断面设计线上,必须标出两侧永久性建筑物的地坪高程,它必须高于相应路面的设计高程。

## 第二节　城镇道路纵断面设计要求及步骤方法

### 一、城镇道路纵断面设计要求

道路纵断面设计的任务是根据道路等级、重要性、交通情况、规划要求、当地地形、气候、水文地质、土质等自然条件以及路面排水、地下管线埋设等综合考虑,合理地确定车行道中线或其他特征点连线在竖向平顺起伏的线形。具体内容包括:确定纵坡的大小、选取纵坡转折点和确定高程、确定竖曲线要素等。纵断面设计的要求如下:

(1)保证行车顺畅、安全和较高的车速。要求设计坡度平缓,坡段较长,起伏不宜频繁,在转坡处以较大半径的竖曲线衔接,并满足行车视距的要求。

(2)保证与相交的道路、广场、街坊和沿街建筑物的出入口有平顺的衔接。

(3)在地形变化较大的地区,在保证路基稳固的情况下,力求设计线与地面线相接近。这样使路基填挖土方量尽可能较少。

(4)机动车和非机动车混合行驶的车行道,宜按非机动车爬坡能力设计坡度。道路最小纵坡应不小于0.5%,困难时不小于0.3%,特别困难情况下小于0.3%时,应设置锯齿形街沟或采取其他综合排水措施。

(5)道路侧石顶面一般应低于街坊地面高程及道路两侧建筑物的地坪高程,并且道路的设计线要为地下管线的埋设创造条件,并满足城市各种管线最小覆土深度的要求,如表4-1所示。

(6)设计线高程、坡度和位置的确定应考虑沿线各种控制点的要求。如相交道路的中线高程,沿路建筑物的底层地坪高程,重要地下建筑物的高程,与铁路交叉点的高程以及滨河路旁河流最高水位等。在道路定线时,这些控制点,必须与道路平面控制点一起加以考虑。

(7)旧路改建宜尽量利用原有路面,若加铺结构层时,不得影响沿路范围的排水。

**城市各种管线覆土深度要求**　　　　表4-1

| 管线名称 | | 最小覆土深度(m) | 备注 |
|---|---|---|---|
| 电力电缆 | 1.0kV 以下 | 0.7 | |
| | 20～35kV | 1.0 | |
| 电车电缆 | | 0.7 | |
| 电信锌装电缆 | | 0.8 | 埋在人行道下可减少0.3m |
| 电信管道 | | 0.7～0.8 | |
| 热管道 | 直接埋在土中 | 1.0 | |
| | 在地道中敷设 | 0.8 | |

续上表

| 管线名称 | | 最小覆土深度(cm) | 备注 |
|---|---|---|---|
| 给水管 | ≥500mm 的管径 | 1.0 | |
| | <500mm 的管径 | 0.7 | |
| 煤气管 | 干煤气 | 0.9 | |
| | 湿煤气 | 1.0 | |
| 雨水管 | | 0.7 | |
| 污水管 | | 0.7 | |

**二、城镇道路纵断面设计的步骤及方法**

城镇道路纵断面设计内容包括:确定设计线,设计竖曲线,计算填挖高度,标定桥涵、护岸、立交路口、平交路口等位置,设计锯齿形街沟,绘制纵断面设计图等。城镇道路纵断面设计,可按以下步骤和方法进行。

**(一)绘出原有地面线(或需要改建道路的纵坡线)**

根据道路中线的水准记录,按一定比例(一般水平方向用1:500~1:1 000,垂直方向用1:50~1:100)在厘米格纸上点绘各点地面高程相连成的地面线。然后,按照道路平面设计的成果,标出平面线形各桩号里程,并标出平曲线要素,一般为了能够与纵断面对照,有的在图的下方沿线各段还标出对应的路线平面图;为了使纵断面设计更合理,有的可以对应绘制出土壤地质剖面图。

**(二)标出沿线各控制点高程**

在定设计线时,对于道路沿线业已了解清楚的各高程控制点,先用铅笔在厘米格纸的图上标出,以便考虑设计线如何适当地通过。所谓高程控制点,即所谓路线起讫点高程,相交道路的中线高程,相交铁路的轨顶高程,桥梁高程,特殊路段(指断面)的路基高程,以及依据横断面选定的填挖合理的经济点等。

确定道路中线设计高程时,必须满足下列各控制点标高的要求。

(1)城市桥梁桥面高程 $H_桥$:

$$H_桥 = h_水 + h_浪 + h_桥 + h_面 + h_净 \quad (m)$$

式中:$h_水$——河道设计水位高程(m);

$h_浪$——浪高(m),一般可取 $h_浪 = 0.50m$;

$h_净$——河道通航净空高度(m),视通航等级而定;

$h_桥$——桥梁上部建筑结构高度(m);

$h_面$——桥上路面结构厚度(m),应包括预留的路面补强厚度在内。

(2)立交桥桥面高程 $H_桥$。

①桥下为道路时:

$$H_桥 = h_路 + h_净 + h_面 + h_桥 \quad (m)$$

式中:$h_路$——路面高程(m),应包括预留的路面补强厚度在内;

$h_净$——道路净空高度(m),表4-2为道路最小净高;

其余符号意义同前。

**道路最小净高** 表4-2

| 道路种类 | 行驶车辆类型 | 最小净高(m) |
|---|---|---|
| 机动车道 | 各种机动车 | 4.5 |
| | 小客车 | 3.5 |
| 非机动车道 | 自行车、三轮车 | 2.5 |
| 人行道 | 行人 | 2.5 |

对通行无轨电车、有轨电车、双层客车等其他特种车辆的道路,最小净高应满足车辆通行的要求。

②桥下为铁路时:

$$H_{桥} = h_{轨} + h_{净} + h_{桥} + h_{面} + h_{沉} \quad (m)$$

式中:$h_{轨}$——铁路轨顶高程(m);

$h_{净}$——铁路净空高度(m),一般蒸汽机车、内燃机车为6.00m,电气机车为6.55m;

$h_{沉}$——桥梁预估沉降量(m);

其余符号意义同前。

(3)铁路道口应以铁路轨顶高程为准。

(4)相交道路交叉点应以交叉中心规划高程为准。

(5)重要建筑物前地坪高程(图4-1)。

确定道路中线设计高程 $H_{中}$ 时,为保证道路及两侧街坊地面水的排除,一般应使侧石顶面高程 $h_{顶}$ 低于两侧街坊或建筑物前的地坪高程 $h_{地}$。车行道横坡度 $i_{横}$ 和人行道横坡度 $i_{人}$ 视面层类型在 1%~2% 之间选用,建筑物前地坪横坡度 $i_{地}$ 为 0.5%~1.0%。根据横断面各组成部分宽度和横坡度可确定包括预留路面补强厚度在内的道路中线设计高程。

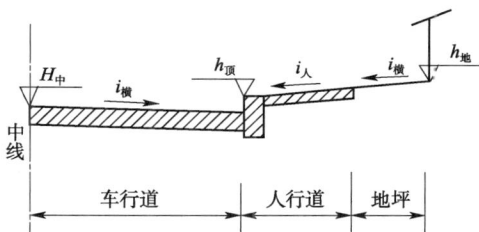

图4-1 重要建筑物前地坪高程

**(三)试定设计线**

标定各高程控制点后,即根据行车要求和有关技术规定,先行试定设计线(俗称"拉坡")。试定设计线时,可以先从中间做连接几个控制点的设计线。若不能满足设计要求,可以适当调整控制点的高程再试定坡度,直到满足要求为止。同时,试坡时应前后照应,避免只考虑向前或向后定坡。定设计线时,原则上要少破坏原地面的平衡,一般缓坡宜长,陡坡宜短,使填挖土石方要大致平衡。特别是城镇道路的填挖土石方的平衡,还不能单纯地从纵断面图上的填挖高度和填挖面积来估定,应结合小区或街坊内的竖向规划考虑。

**(四)确定设计线**

设计线反复调整后,还要进行全面检查,包括最大坡长纵坡、坡长、曲线上的合成坡度、桥头线形、某些断面的填挖高度、纵断面与平面线形的配合等项。如果发现有不妥之处,则进行调整,最后确定适当的设计线。

以下是检查内容的一些限制值。城镇道路为了便于行人和沿路建筑的处理,以及地下管线的埋设要求,都不宜把道路纵坡定得过大。机动车车行道最大纵坡度推荐值与限制值,见表4-3。

最 大 纵 坡 度      表 4-3

| 计算行车速度(km/h) | 100 | 80 | 60 | 50 | 40 | 30 | 20 |
|---|---|---|---|---|---|---|---|
| 最大纵坡度推荐值(%) | 3 | 4 | 5 | 5.5 | 6 | 7 | 8 |
| 最大纵坡度限制值(%) | 4 | 6 | 7 | | 8 | 9 | |

在设置了超高的平曲线上,最大坡度并不在路中线方向上,而是在纵坡与超高横坡的合成方向,其合成坡度可能较大;为了使合成坡度不致过大,在设有超高的平曲线上,合成坡度应小于或等于表 4-4 的规定值。

合 成 坡 度      表 4-4

| 计算行车速度(km/h) | 100 | 80 | 60 | 50 | 40 | 30 | 20 |
|---|---|---|---|---|---|---|---|
| 合成坡度(%) | 7 | | 7 | | 7 | | 8 |

注:积雪地区各级道路的合成坡度应小于或等于 6.0%。

合成坡度的计算式为:

$$J_r = \sqrt{i_s^2 + J^2}$$

式中:$J_r$——合成坡度(%);

    $i_s$——超高横坡度(%);

    $J$——纵坡度(%)。

坡道长度限制,系根据机动车辆上坡能力来决定的。当道路设计纵坡度大于表 4-5 所列推荐值时,可按表 4-5 的规定限制坡长。设计坡度大于 5%,坡长又超过了表 4-5 的最大坡长时,需设纵坡为 3% 的缓和段。纵坡缓和段的长度应大于或等于表 4-6 规定的坡段最小长度。

纵坡最大坡长      表 4-5

| 计算行车速度(km/h) | 100 | 80 | 60 | | | 50 | | | 40 | | |
|---|---|---|---|---|---|---|---|---|---|---|---|
| 纵坡度(%) | 4 | 5 | 6 | 6.5 | 7 | 6 | 6.5 | 7 | 6.5 | 7 | 8 |
| 纵坡最大坡长(m) | 700 | 600 | 400 | 350 | 300 | 350 | 300 | 250 | 300 | 250 | 200 |

坡道长度也不宜过短,否则会使地形起伏变化较大的地段增加工程量,使路线起伏,乘客感到不舒适。规定坡段最小长度应大于或等于表 4-6 的数值,并大于相邻两个竖曲线切线长度之和。

纵坡坡段最小长度      表 4-6

| 计算行车速度(km/h) | 100 | 80 | 60 | 50 | 40 | 30 | 20 |
|---|---|---|---|---|---|---|---|
| 坡段最小长度(m) | 250 | 200 | 170 | 140 | 110 | 85 | 60 |

非机动车车行道纵坡大于或等于 2.5% 时,应按表 4-7 规定限制坡长。

非机动车车行道纵坡限制坡长      表 4-7

| 纵坡度(%) | | 3.5 | 3.0 | 2.5 |
|---|---|---|---|---|
| 最大坡长(m) | 自行车 | 150 | 200 | 300 |
| | 三轮车 | — | 100 | 150 |

**(五)选定竖曲线半径并计算其要素**

当设计线确定后,根据道路的等级、设计线坡度、各转折角的大小,考虑选用竖曲线半径,并进行各项要素计算。在不过分增加土石方数量的前提下,竖曲线尽量选用较大半径。尤其是凹形曲线应避免选用极限最小半径。同时,为了有利于行车,竖曲线长度不宜过短。

根据公路测设经验,建议竖曲线最小长度一般不小于表4-8所列数值。

竖曲线最小半径和最小长度(m)　　　　表4-8

| 项目 | | 计算行车速度(km/h) | | | | | | |
|---|---|---|---|---|---|---|---|---|
| | | 100 | 80 | 60 | 50 | 40 | 30 | 20 |
| 凸形竖曲线 | 一般值 | 10 000 | 4 500 | 1 800 | 1 350 | 600 | 400 | 150 |
| | 极限值 | 6 500 | 3 000 | 1 200 | 900 | 400 | 250 | 100 |
| 凹形竖曲线 | 一般值 | 4 500 | 2 700 | 1 500 | 1 050 | 700 | 400 | 150 |
| | 极限值 | 3 000 | 1 800 | 1 000 | 700 | 450 | 250 | 100 |
| 竖曲线长度 | 一般值 | 210 | 170 | 120 | 100 | 90 | 60 | 50 |
| | 极限值 | 85 | 70 | 50 | 40 | 35 | 25 | 20 |

竖曲线通常为抛物线,但目前多采用圆形竖曲线。抛物线竖曲线的各基本要素如图4-2所示,可按下列近似公式计算。

竖曲线设计正值为凸曲线,负值为凹曲线:

$$\omega = i_1 - i_2$$

曲线长:

$$L = R\omega$$

切线长:

$$T = \frac{R\omega}{2}$$

外距长:

$$E = \frac{L^2}{8R}$$

竖曲线任一点竖距:

$$y = \frac{x^2}{2R}$$

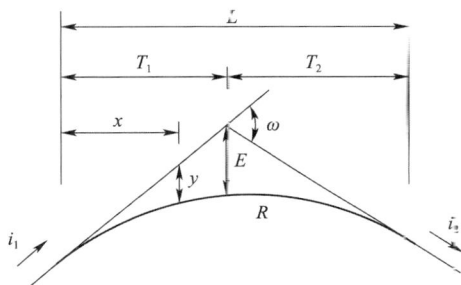

图4-2　竖曲线要素计算图

式中:$R$——竖曲线半径(m);

$i_1$、$i_2$——相邻纵坡度,上坡为" + ",下坡为" – ";

$\omega$——相邻纵坡的代数差,$\omega > 0$ 时为凸形竖曲线,$\omega < 0$ 时为凹形竖曲线;

$T$——竖曲线切线长度(m);

$L$——竖曲线长度(m);

$E$——竖曲线外距(m);

$x$——竖曲线上任一点距起点或终点的水平距离(m);

$y$——竖曲线上任一点距切线的纵距(m)。

在凸形竖曲线内:

未设竖曲线的设计高程 = 转折点高程 – 计算桩与转折点的高差设计高程
= 未设竖曲线的设计高程 – $y$

在凹形竖曲线内:

未设竖曲线的设计高程 = 转折点高程 + 计算桩与转折点的高差设计高程

$$= 未设竖曲线的设计高程 + y$$

**【例 4-1】** 已知某Ⅰ级城市主干道,其计算行车速度为 60km/h,设计纵坡分别为 $i_1 = 2\%$ ,$i_2 = -1\%$ ,转折点桩号为 K0+475,设计高程为 $H_{中} = 20.0$m,试合理确定竖曲线半径和计算竖曲线各要素以及竖曲线上各点高程。

**解:**1. 选定竖曲线半径和计算各要素

根据Ⅰ级城市主干道的计算行车速度,查表4-8,结合地形取 $R = 5\ 000$m。

$$\omega = i_1 - (-i_2) = 0.02 - (-0.01) = 0.03$$

$$L = R\omega = 5\ 000 \times 0.03 = 150(\text{m})$$

$$T = \frac{L}{2} = 75(\text{m})$$

$$E = \frac{T^2}{2R} = \frac{75^2}{2 \times 5\ 000} = 0.56(\text{m})$$

2. 计算各点高程

为了便于施工,在竖曲线上一般每隔20m设一整桩,各桩号的设计高程计算如下。

竖曲线起点桩号为:

$$(K0+475.00) - T = K0+475.00 - 75 = K0+400(\text{m})$$

高程为:

$$H_{起} = H_{中} - T \cdot i = 20.0 - 75 \times 0.02 = 18.50(\text{m})$$

纵距:

$$y = \frac{x^2}{2R}$$

桩号 K0+420,

$$h_1 = H_{起} + 20 \times i_1 - y_1 = 18.5 + 20 \times 0.02 - \frac{20^2}{2 \times 5\ 000} = 18.86(\text{m})$$

桩号 K0+440,

$$h_2 = H_{起} + 40 \times i_1 - y_2 = 18.5 + 20 \times 0.02 - \frac{40^2}{2 \times 5\ 000} = 19.14(\text{m})$$

桩号 K0+460,

$$h_3 = H_{起} + 60 \times i_1 - y_3 = 18.5 + 20 \times 0.02 - \frac{60^2}{2 \times 5\ 000} = 19.34(\text{m})$$

中点 K0+475,

$$h_4 = H_{中} - E = 20 - 0.56 = 19.44(\text{m})$$

竖曲线终点桩号为:

$$K0+475.00 + 75 = K0+550.00$$

高程为:

$$H = H_{中} - T \cdot i_2 = 20.00 - 75 \times 0.01 = 19.25(\text{m})$$

桩号 K0+530,

$$h_7 = H_{终} + 20 \times i_2 - y_7 = 19.25 + 20 \times 0.01 - \frac{20^2}{2 \times 5\ 000} = 19.41(\text{m})$$

桩号 K0+530,

$$h_6 = H_{终} + 40 \times i_2 - y_6 = 19.25 + 40 \times 0.01 - \frac{40^2}{2 \times 5\ 000} = 19.49(\text{m})$$

桩号 K0 + 530，

$$h_5 = H_终 + 60 \times i_2 - y_5 = 19.25 + 60 \times 0.01 - \frac{60^2}{2 \times 5\ 000} = 19.45（\text{m}）$$

### (六)计算设计高程和填挖高度

当路线控制点高程和设计线确定后,即可计算全线各里程桩的设计高程。

升坡：

$$H = H_0 + l \cdot i$$

降坡：

$$H = H_0 - l \cdot i$$

式中：$H$——某里程桩的设计高程(m)；

$H_0$——控制点的已知高程(m)；

$l$——计算桩号距控制点的水平距离(m)；

$i$——路段的设计纵坡度(%)。

设计高程确定后,即可求各里程的填挖高度(又称为施工高度),并标在纵断面图上。

$$填土高度 = 设计高程 - 原地面高程(\text{m})$$
$$挖土高度 = 原地面高程 - 设计高程(\text{m})$$

一般将填土高度写在设计线上面,将挖土深度写在设计线下面。

### (七)设计锯齿形街沟

详见本章第三节。

### (八)绘制纵断面设计图(略)

## 第三节　锯齿形街沟设计

### 一、设置锯齿形街沟的目的

在城镇道路上,一般都利用露出路面部分的侧石与路面边缘(或平石)作为排除路面水的沟道,简称街沟。

我国的不少城市都位于较平坦地区,城镇道路设计中为减少填、挖方工程量,保证道路中线高程与两侧建筑物前地坪高程的衔接关系,有时不得不采用很小的甚至是水平的纵坡。这样虽然对车辆行驶有利,但对排水却不利。尽管设置了路拱横坡,但纵坡很小,使纵向排水不畅,特别在暴雨或多雨季节,常使路面局部积水,甚至成片积水,这样既影响路基路面的稳定性,又妨碍交通。因此,要用各种方法来保证当纵坡很小甚至水平时的城镇道路路面上的排水,其中锯齿形街沟设计(又叫偏沟)就是解决路面排水的一种有效方法。

### 二、锯齿形街沟的概念与设置条件

保持侧石(道牙)顶面线与路中心线的纵坡设计线平行的条件下,交替地改变侧石顶面线与平石(路面)之间的高度；即交替地改变侧石高度,在最低处设置雨水进水口,并使进水口处的路面横坡放大,在两进水口之间的分水点处的横坡减少,使车行道两旁平石的纵坡度跟着进水口和分水点高程的变动而变动。这样,街沟纵坡就由升坡到降坡再到升坡,街沟纵坡呈上下连续交替状,故称之为锯齿形街沟设计。

在道路纵坡平坦、排水困难的情况下,是否采用锯齿形街沟,视具体条件而异。根据北京市的经验,认为锯齿形街沟施工较困难,影响路边行车,且不利于将来路面的展宽,故很少采用,一般采用调整设计高程的途径来解决最小排水坡度问题。但上海、广州等城市的滨河路,则多采用锯齿形街沟,并认为效果良好,能将地面水直接沿横向雨水管排入水道,而无须另设纵向雨水管。又如长沙、洛阳等城市,亦多采用锯齿形街沟,并认为施工不十分困难。根据上海市总结的经验,当道路中线纵坡小于 0.3% 时,就要采取措施保证路面排水通畅。所以《城市道路工程设计规范》(CJJ 37—2012)规定,道路中线纵坡小于 0.3% 时,可在道路两侧车行道边缘 1~3m 宽度范围内设置锯齿形街沟。

### 三、锯齿形街沟设计

雨水沿横坡从道路上和相邻的地面上流到车行道两侧的街沟,然后沿街沟的纵坡流进雨水口,再经雨水支管、干管排到天然水系。街沟是排水系统的一部分,且侧石不宜过高,否则不便于人跨越,但也不宜过低,过低将不能容纳应排除的水量,以致漫溢。在雨水口处,$h_1 = 18 \sim 20\text{cm}$,在分水点处,$h = 10 \sim 12\text{cm}$,雨水口处与分水点处的侧石高差宜控制在 $6 \sim 10\text{cm}$ 范围内。雨水口前后街沟都以大于最小排水纵坡的坡度斜向雨水口。

设计锯齿形街沟,需要确定街沟纵坡转折点的位置,即求 $x$,如图 4-3 所示。计算雨水口间距 $l$,以便布设雨水口。如果雨水口间距按当地经验参照规范选用,并假定为 $x$,则可用试算法求街沟的纵坡。设雨水进水口处的侧石高度为 $m$,在分水点处的侧石高度为 $n$,路中线纵坡为 $i_中$,街沟线的纵坡度为 $i_1$。

图左边:

$$m = i_1(l - x) + n - i_中(l - x)$$

所以:

$$l = \frac{m - n}{i_1 - i_中} + x$$

图右边:

$$m = i_中 x + n + i_2 x$$

所以:

$$x = \frac{m - n}{i_2 + i_中}$$

将 $x$ 代入得雨水口间距:

$$l = \frac{m - n}{i_1 - i_中} + \frac{m - n}{i_2 + i_中}$$

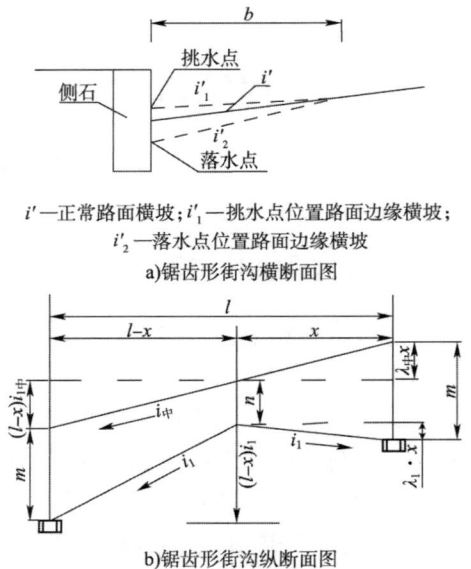

$i'$ —正常路面横坡;$i'_1$ —挑水点位置路面边缘横坡;$i'_2$ —落水点位置路面边缘横坡

a)锯齿形街沟横断面图

b)锯齿形街沟纵断面图

图 4-3　锯齿形街沟

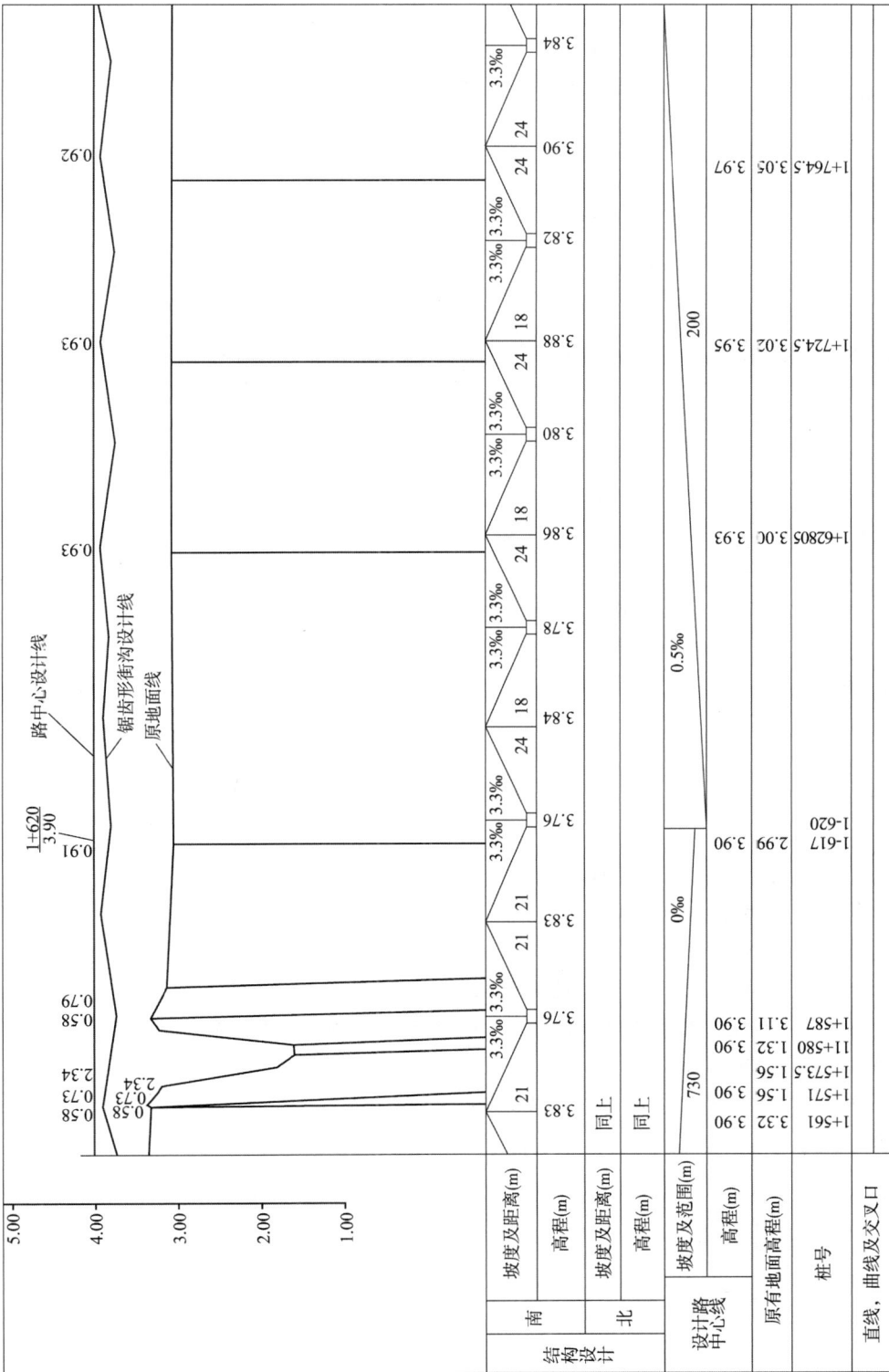

图 4-4　城市道路纵断面设计图

| 结构设计 | 南 | 坡度及距离(m) | | 3.3‰ | | 3.3‰ | | | 3.3‰ | 3.3‰ | | 3.3‰ | 3.3‰ | | 3.3‰ | 3.3‰ | | 3.3‰ | 3.3‰ | | 3.3‰ | |
| | | 高程(m) | 3.83 | 3.76 | | 3.83 | 3.76 | 3.84 | 3.78 | 3.86 | 3.80 | 3.88 | 3.82 | 3.90 | 3.84 |
| | 北 | 坡度及距离(m) | | | | 21 | 21 | 18 | 24 | 24 | 18 | 24 | 24 | 18 | 24 | 24 |
| | | 高程(m) | 同上 | 同上 |
| 设计路中心线 | | 坡度及范围(m) | 730 | 0‰ | 200 | 0.5‰ | | | | | | | | 200 | |
| | | 高程(m) | 3.90 | 3.90 | 3.99 | | | | | | | | | | 3.97 |
| 原有地面高程(m) | | | 3.90 | 3.90 | 1.56 | 1.56 | 1.32 | 3.11 | | | 3.00 | | 3.02 | | 3.05 |
| 桩号 | | | 1+561 | 1+571 | 1+573.5 | 11+580 | 1+587 | 1-617 | 1-620 | 1+6280 | 1+724.5 | 1+764.5 |
| 直线,曲线及交叉口 | | | | | | | | | | | | |

如果采用 $i_1 = i_2$ ,则:

$$l = \frac{2i_1(m-n)}{i_1^2 - i_{中}^2}$$

若道路纵坡 $i_{中} = 0$ ,则:

$$l = \frac{2(m-n)}{i_1}$$

图 4-4 中的街沟即为锯齿形街沟设计的实例。

## 第四节  城镇道路纵断面图的绘制

纵断面设计图是道路设计重要技术文件之一,也是纵断面设计的最后成果。

纵断面采用直角坐标,以横坐标表示里程,通常横坐标比例尺采用 1:500 ~ 1:1 000;纵坐标表示高程,常采用 1:50 ~ 1:100。

纵断面图是由上、下两部分内容组成的。上部主要用来绘制地面线和纵坡设计线,另外,也用以标注竖曲线及其要素,坡度及坡长(有时标在下部),沿线桥涵位置、结构类型和孔径,沿线交叉口位置和高程,沿线水准点位置、桩号和高程等。下部主要用来填写有关内容,自下而上分别填写:直线及平曲线;里程桩号;地面高程;设计高程;填、挖高度;土壤地质说明等。

当设计纵坡小于 0.3% 时,道路两侧街沟应作锯齿形街沟设计,以满足排水要求,并分别算出雨水进水口和分水点的设计高程,注在相应的图栏内(图 4-4)。纵断面设计图应按规定采用标准图纸和统一格式,以便装订成册。

### 复习思考题

1. 简述城镇道路纵断面设计的方法及步骤。

2. 何为锯齿形街沟?设置的目的及条件是什么?

3. 如何进行锯齿形结构的设计?

4. 简述城镇道路纵断面的绘制内容。

5. 已知某 II 级城市主干路,设计速度为 50km/h,设计纵坡分别为 $i_1 = 2\%$ , $i_2 = -1\%$ ,变坡点桩号为 K2 + 065,变坡点高程 $H_{中} = 25.8m$ ,试合理确定竖曲线半径和计算竖曲线各要素和竖曲线上各点高程。

6. 某城市主干路,有一平曲线半径为 300m,超高横坡为 4%,该路段纵坡度为 4.8%,求合成坡度。

# 第五章 城镇道路平面交叉口

🔑 **学习目标**

1. 了解平面交叉口的交通特性；
2. 掌握交叉口车辆的交通组织方法；
3. 掌握交叉口几何设计内容；
4. 熟悉环形交叉的几何设计；
5. 掌握交叉口立面设计的方法步骤。

🔑 **本章重点和难点**

1. 交叉口车辆交通组织；
2. 交叉口视距三角形的绘制；
3. 交叉口转角缘石半径计算；
4. 交叉口拓宽设计；
5. 环形交叉口中心岛尺寸及交织段长度计算；
6. 交叉口上的设计高程计算。

## 第一节 交叉口的交通分析

在道路网中,由于道路的纵横交错而形成很多的交叉口。两条或两条以上的道路在同一平面相交并有一共同构筑面时称为平面交叉,又称为平面交叉口。

交叉口是道路的咽喉,相交道路的各种车辆和行人都要在交叉口处汇集通过。由于车辆和行人之间、车辆和车辆之间,特别是机动车和非机动车之间的干扰,不但会阻滞交通,而且也容易引发交通事故。同时,由于平面交叉口是相交道路的车辆汇集和转向的所在地,而且加上过街行人的穿插交汇,易使平面交叉口处产生交通混乱和事故多发的情况,成为交通安全的敏感地段。根据统计资料,60%以上的交通事故发生在城镇道路平面交叉及其周围;半数以上的行车延误时间也是因为平面交叉口的存在而引起的。因此,正确地设计交叉口并合理地组织交通,使车辆在交叉口的延误时间减少,并保证车辆行车安全和提高交叉口的通行能力,就具有很重要的现实意义。

一、交叉口的特性分析

1. 交通特征

为分析交叉口的交通状况,可以将交叉口处每一个可能的车流方向用一条表示行进方向的带有箭头的线代替,这样的一条线即成为交通流线。因此,当进入无交通控制的十字交叉的道路仅为一条车道时,则进入交叉口前仅有一条交通流线,到达交叉口后,即分为直行、右转和左转三条交通流线(图5-1),这一分一合形成了交通流线间十分复杂的关系。

危险点是指交通流线相互发生交错的连接点。由于进出交叉口的车辆行驶方向的不同,车辆与车辆之间的交错也有所不同,可能产生的交错点的性质也不一样(图5-2)。同一行驶方向的车辆向不同方向分开的地点,称为分岔点(分流点)[图5-2a)];来自不同行驶方向的车辆以较小的角度向同一方向汇合的地点,称为汇合点(合流点)[图5-2b)];来自不同行驶方向的车辆以较大的角度相互交叉的地点,称为冲突点(交叉点)[图5-2c)、d)]。

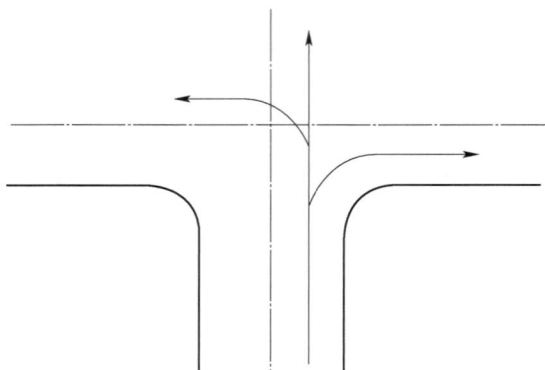

图 5-1 交通流线

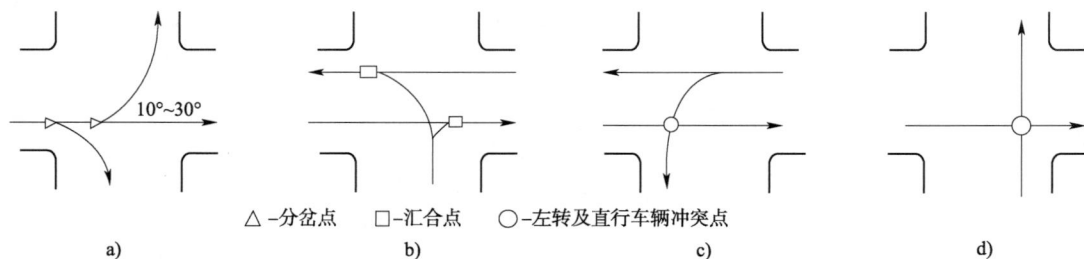

△-分岔点　□-汇合点　○-左转及直行车辆冲突点

a)　　　b)　　　c)　　　d)

图 5-2 交叉口车辆不同类型的交错点

经过这样简化,就可以分析交叉口的交通特性,从而掌握交通干扰的原因。交通流进入交叉口时,由于车辆行驶方向不同要产生分流,而车辆在分流时,驾驶员往往要先减速,以便观察行进方向的交通情况。因此,不同类型的交错点,是影响交叉口行车速度和容易发生交通事故的主要原因,其中以左转与直行车辆和直行与直行车辆产生的冲突点,对交通的影响最大,其次是汇合点,再其次是分岔点。所以,在交叉口设计中,要尽量设法减少冲突点和汇合点,而尤其是要减少和消灭冲突点。

在没有交通管制的情况下,三条、四条、五条道路相交时的冲突点,分别如图5-3a)、图5-4a)、图5-5a)以及表5-1所示。

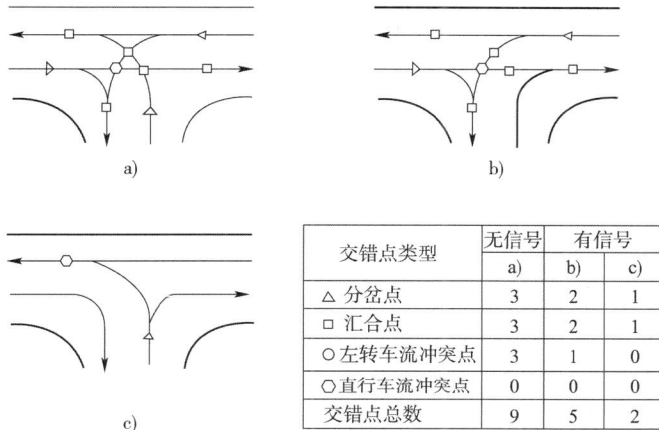

| 交错点类型 | 无信号 | 有信号 | |
|---|---|---|---|
| | a) | b) | c) |
| △ 分岔点 | 3 | 2 | 1 |
| □ 汇合点 | 3 | 2 | 1 |
| ○ 左转车流冲突点 | 3 | 1 | 0 |
| ○ 直行车流冲突点 | 0 | 0 | 0 |
| 交错点总数 | 9 | 5 | 2 |

图 5-3　三条路（T 字形）交叉口

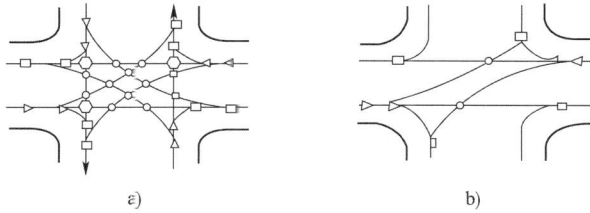

| 交错点类型 | 无信号 | 有信号 |
|---|---|---|
| | a) | b) |
| △ 分岔点 | 8 | 4 |
| □ 汇合点 | 8 | 4 |
| ○ 左转车流冲突点 | 12 | 2 |
| ○ 直行车流冲突点 | 4 | 0 |
| 交错点总数 | 32 | 10 |

图 5-4　四条路（十字形）交叉口

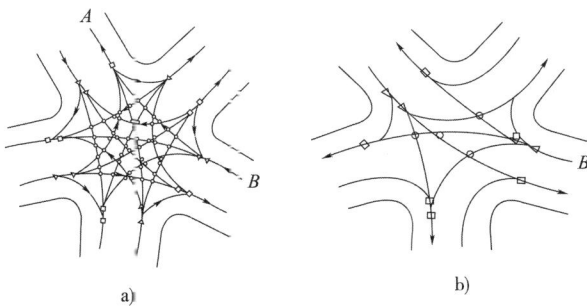

| 交错点类型 | 无信号 | 有信号 |
|---|---|---|
| | a) | b) |
| △ 分岔点 | 10 | 4 |
| □ 汇合点 | 10 | 6 |
| ○ 左转车流冲突点 | 45 | 4 |
| ○ 直行车流冲突点 | 5 | 0 |
| 交错点总数 | 70 | 14 |

图 5-5　四条路交叉口

交叉口的交错点 表 5-1

| 交错点类型 | 无信号控制 | | | 有信号控制 | | |
|---|---|---|---|---|---|---|
| | 相交道路的条数 | | | 相交道路的条数 | | |
| | 3 条 | 4 条 | 5 条 | 3 条 | 4 条 | 5 条 |
| 分岔点 | 3 | 8 | 10 | 2 或 1 | 4 | 4 |
| 汇合点 | 3 | 8 | 10 | 2 或 1 | 4 | 6 |
| 左转车流冲突点 | 3 | 12 | 45 | 1 或 0 | 2 | 4 |
| 直行车流冲突点 | 0 | 4 | 5 | 0 或 0 | 0 | 0 |
| 交错点总数 | 9 | 32 | 70 | 5 或 2 | 10 | 14 |

从以上图表可以看出:

(1)在平面交叉口上,冲突点的增加,并不是与相交道路条数的增加成正比,而是增加得很多。由于左转及直行车辆造成的冲突点,其数量可按式(5-1)计算:

$$\sum p_{(左、直)} = \frac{n^2(n-1)(n-2)}{6} \tag{5-1}$$

式中:$\sum p_{(左、直)}$——由于左转及直行车辆所造成的冲突点总数;

$n$——相交道路的条数。

例如三条道路相交的冲突点只有 3 个,四条道路相交的冲突点就增加到 16 个,而五条道路交叉的冲突点竟达 50 个,六条道路交叉的冲突点就猛增到 120 个,因此在规划和设计交叉口时,应尽量避免五条或五条以上的道路交叉,使交通简化、畅通。

(2)产生冲突点最多的是左转弯车辆,如十字交叉上没有左转弯车辆,则冲突点就可从 16 个减少到 4 个,五条道路交叉的,则冲突点则可从 50 个减少到 5 个。因此,在交叉口设计中,如何正确处理和组织左转弯车辆,以保证交叉口的交通畅通和安全,是设计的关键之一。

(3)为了减少交叉口上的冲突点,以保证行车安全,就必须设置信号灯。但按顺序开放各条道路的交通,就增加了交叉口的延误时间,影响了交叉口的通行能力。在设有交通信号灯控制的交叉口,其通行能力比路段上的通行能力减少为:三条道路交叉约减少 30%,四条道路交叉约减少 50%,五条道路交叉约减少 70%。

所以,要提高交叉口的通行能力,保证车辆畅通,保障交通安全,就必须力求减少或消除冲突点。

2. 构造特征

交叉口具有公共面是平面交叉口的主要构造特征。公共面是各相交道路的组成部分之一,在几何上应满足各条道路的平、纵线形和排水通畅的要求。

二、交叉口交通处理的基本方法

在处理交叉口交通时,无论采用改善道路设施还是增设交通设施,其目的都是努力减少或消灭各类交通特征点,尤其应注意对冲突点的处理。

消灭或减少交叉口车流冲突点的方法有:

(1)实行交通管制:在交叉口设置自动交通信号灯,或由交通警察指挥交通,使进入交叉口的车流在时空上分离,减少同一时间段内的交通流线数量。即在同一时间内只允许某一方向的车流通过,限制交叉口某方向左转弯车辆通过。

(2)渠化交通:在交叉口范围内合理布设交通岛、交通标志、地面标线或增设车道,以疏导车流按一定方向或路径行驶,从而消除或减少冲突点,减少车辆行驶时的相互干扰。

(3)作立体交叉:将相互冲突的车流分别设在不同平面的车道上,各行其道,互不干扰。这一方法必须通过工程手段实施。立体交叉不仅消灭或减少了交通特征点,而且也消除了平面交叉本身。

因此,立体交叉既可认为它是不同于平面交叉的另一种道路交叉形式,同时也可以认为是平面交叉交通处理的一种方法和手段,而且是平面交叉交通处理的最彻底的方法。

三、平面交叉口设计的内容

(1)正确选择交叉口类型。

(2)合理布设交叉口各种交通设施(包括交通信号、标志、标线、导流岛、方向岛等),进行交通组织设计(包括车辆交通和行人交通)。

(3)交叉口几何设计,确定交叉口各部的几何尺寸。

(4)交叉口立面设计及排水设计。

## 第二节 交叉口的形式及交通组织

一、交叉口的形式和使用范围

平面交叉口的形式,决定于道路网的规划,交叉口用地及其周围建筑的情况,交通量、交通性质和交通组织以及交叉口相交道路的条数及相交的角度。

常见的交叉口的形式有:十字形、X形、T形、Y形、错位交叉和复合交叉(五条或五条以上道路的交叉口)等几种。

通常采用最多的是十字形交叉口[图5-6a)]。其形式简单,交通组织方便,街角建筑容易处理,适用范围广,可用于相同等级或不同等级的道路交叉,在任何一种形式的道路规划中,它都是最基本的交叉口形式。

X形交叉口是两条道路以锐角或钝角斜交[图5-6b)],但当相交的锐角较小时,形成狭长的交叉口,对交通不利(特别是左转弯车辆),锐角街口的建筑也较难处理。所以,当两条道路相交,如不能采用十字形交叉口,应尽量使相交的锐角大些。

T形交叉口[图5-6c)]、错位交叉口[图5-6d)]和Y形交叉口[图5-6e)]均用于主要道路和次要道路的交叉,主要道路设在交叉口的直顺方向。在特殊情况下,例如,一条尽头式干道和另一条滨河主干道相交,两条主干道也可以设计成T形交叉形式。但必须注意,不应该为了片面追求道路的对景(街景处理)而把主干道规划和设计成错位交叉[图5-6d)],致使主干道曲折,影响了主干道车辆的畅通。

复合交叉口是多条道路交汇的地方[图5-6f)],容易起到突出中心的效果,但用地大,并给交通组织带来较大的困难,采用时必须慎重全面考虑。如果地方较大,可考虑改为带有中心岛的环形交叉。

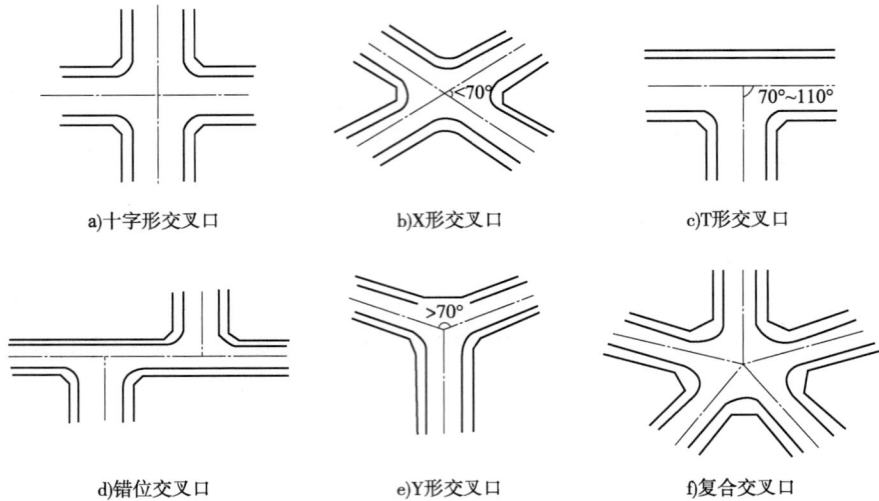

图 5-6  平面交叉口的形式

## 二、交叉口分类、形式的选择和改建

### 1. 交叉口的分类

平面交叉口应按交通组织方式分类,并应符合下列规定:

(1)平 A 类:信号控制交叉口。

平 A1 类:交通信号控制,进出口道展宽交叉口;

平 A2 类:交通信号控制,进出口道不展宽交叉口。

(2)平 B 类:无信号控制交叉口。

平 B1 类:支路只准右转通行的交叉口;

平 B2 类:减速让行或停车让行管制交叉口;

平 B3 类:全无管制交叉口。

(3)平 C 类:环形交叉口。

### 2. 交叉口类型的选择

交叉口类型选择如表 5-2 所示。

**交叉口类型选择**                                              表 5-2

| 平面交叉口类型 | 选　　型 | |
| --- | --- | --- |
| | 推荐形式 | 可选形式 |
| 主干路—主干路 | 平 A1 | — |
| 主干路—次干路 | 平 A1 | — |
| 主干路—支路 | 平 B1 类 | 平 A1 |
| 次干路—次干路 | 平 A1 | — |
| 次干路—支路 | 平 B2 类 | 平 A1 类或平 B1 类 |
| 支路—支路 | 平 B2 类或平 B3 类 | 平 C 类或平 A2 类 |

### 3. 交叉口形式的选择和改建

交叉口形式的选择和改建,涉及的因素较多,如交叉口的现状、交通量及交通组成、四周建筑物、道路用地等,应根据具体情况进行具体分析,做出不同方案加以比较,择优选用。选择和改建交叉口的形式,应有利于减少或消除冲突点以提高交叉口的通行能力为原则。

一般的情况下,交叉口形式的选择和改建,可按以下原则进行:

(1)形式简单。尽可能选用正交或接近90°的十字形交叉口[图5-6a)]或T形交叉口[图5-6c)]。

(2)尽量使相邻交叉口之间的道路直通市区,除因受地物条件限制,例如道路必须沿河流、城墙、铁路等布设T形交叉口。一般情况下,干道与干道交叉不宜选用T形交叉口,虽然其交叉形式简单,但容易造成干道网中的一条道路不能直通,影响交通[图5-7)]。

(3)对于斜交的交叉口(图5-8),宜改为正交或接近90°。

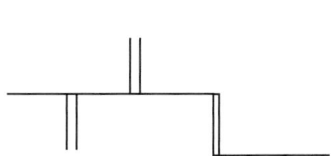

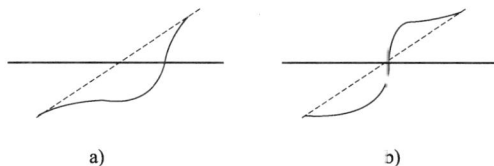

图5-7　道路不能直通　　　　　　　　图5-8　改斜交为十字形交叉

例如:

①改斜交为十字形交叉,如图5-8a)、b)所示。

②改小交角为大交角,如图5-9所示。

③开辟左、右转车道,如图5-10所示。

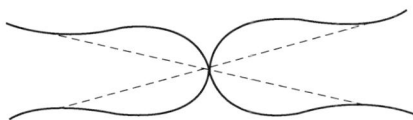

图5-9　改小交角为大交角　　　　　　图5-10　开辟左、右转车道图

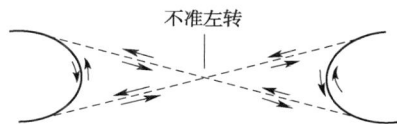

在小交角相交的道路交叉口处,如无法改建,可考虑在交叉口的两侧开辟左、右转车道,同时在原交叉口上采取交通管制,禁止左转,这样可减少12个左转车流冲突点,如再设置信号灯,则可全部消除冲突点。

④改Y形交叉为正交或T形交叉,如图5-11所示。

(4)对于主流交通,其道路线形应尽量顺直,任一侧不宜有2条以上路段交汇。

例如,当交叉口的主流交通有左、右转弯时,如图5-12a)的粗线所示,此时其一侧有2条路段与之交汇,会影响主流方向的交通安全和通行能力。为此,可把主流交通的缘石转弯半径加大,同时改十字形交叉为T形交叉,如图5-12b)所示。

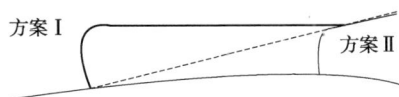

图5-11　改Y形交叉为T形交叉　　　　图5-12　主流交通的道路改善图

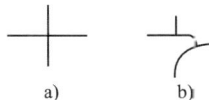

(5)尽量避免近距离的错位交叉。

当相邻的两个T形交叉口(错位交叉)之间的距离很短时[图5-13a)],由于交织段长度很短,将影响进出错位交叉口的车辆不能顺利行驶,因而阻碍主干道上的直行交通。为此,

可把相邻的两个交叉口合二为一,如图 5-13b)、c)、d)所示。

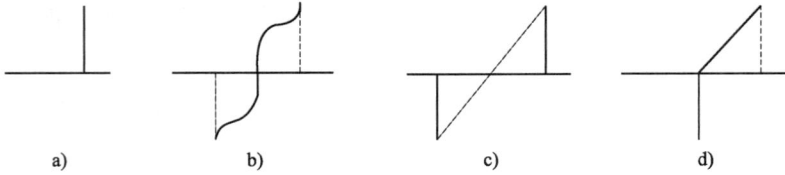

a)        b)        c)        d)

图 5-13 两个 T 形交叉口合建为一字形交叉口

(6)对于畸形和多条道路(n>4)交叉,应尽量避免或把它简化。

①改建成环形交叉,设中心岛以简化交通,如图 5-14a)、b)所示。

②封路改道,把多条道路交叉或畸形交叉[图 5-15a)、b)、c)]改成正交[图 5-15d)、e)、f)]。

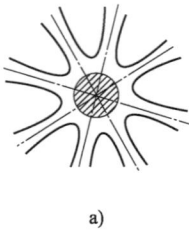

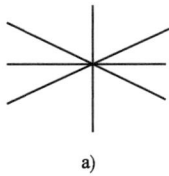 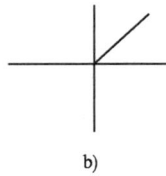 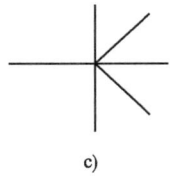

a)        b)        c)

a)

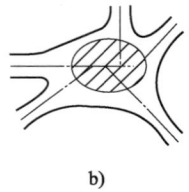

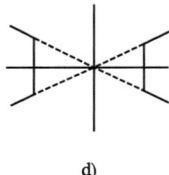 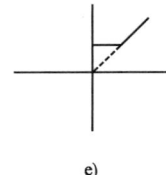 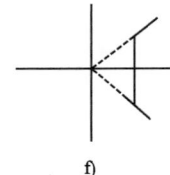

b)        d)        e)        f)

图 5-14 设中心岛简化交通图             图 5-15 封路改道为正交

③调整交通,把双向交通改为单向交通(图 5-16)。

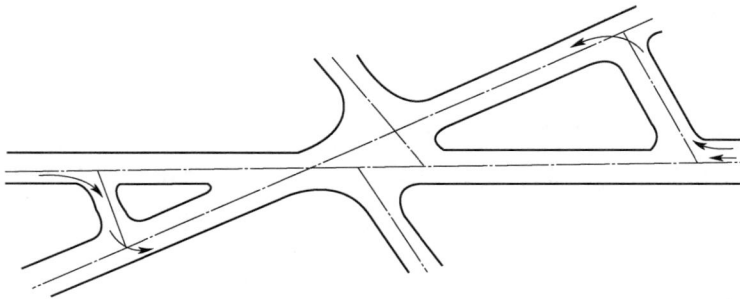

图 5-16 调整畸形交叉的交通

(7)交叉口的间距选择。

从提高车辆通行条件的观点出发,道路上交叉的数量越少越好,其间隔越大越好。从道路网结构的要求来说,交叉口的间距又不宜太大,应具有一定的密度。交叉口的最小间距,应考虑以下交通要求:

①在交叉口之间如存在交织和超车时,应保证具有足够的安全交织长度和超车距离。

②应保证车辆通过交叉时不受前面交叉处等待通过的最大候车列的干扰。

③在车速较高的道路上，为确保安全，交叉口的间距还应使驾驶员在专心通过交叉口的时候，不需分心即可同时观察前方交叉的交通情况。

为满足以上交通要求，一般情况下，交叉口间距不应小于表5-3内所列数值。

最小交叉间距 表5-3

| 交叉口性质 | 公　路 | 城镇道路 | 备　注 |
|---|---|---|---|
| 无信号交叉口之间 | $2v$ | $1.5v$ | 禁止左转弯时 |
| 无信号交叉口之间 | $3v \times n$ | $1.5v \times n$ | |
| 有信号交叉口之间 | | $3v$ | |
| 有信号交叉口与无信号交叉口之间 | | $1.5v \times n$ | |

注：$v$-计算行车速度(km/h)；$n$-单方向车道数(不包括附加车道)。

当必须使用小于表5-3的间距距离时，应充分分析上述交通要求后决定。如交叉间距无法满足上述交通要求时，应将交叉间的道路组织设计为单向交通或在交叉内禁止左转，以此排除交通干扰，保证车辆通过交叉口。

### 三、车辆交通组织

交叉口的交通组织设计的基本任务，就是要保证相交道路上的车流和行人的交通安全，并提高交叉口的通行能力，使各方向车流安全、快速地通过交叉口。其设计方法归纳起来，就是正确组织不同去向的车流，设置必需的车道数，合理布置交通岛、交通信号灯及地面各种交通标志等，使车辆在交叉口能按渠化交通的原则组织起来，顺序通过交叉口。

交叉口车辆交通组织的设计有以下几种方法：

**(一)设置专用车道**

设置专用车道组织不同车种和不同行驶方向的左转、直行和右转车辆在各自的车道上各行其道，进行分道行驶。根据车行道的宽度和左、直、右行车辆的不同组成，可作如下不同组合的车道划分：

(1)如左、直、右行车辆组成均匀并都有一定数量，可各设一条专用车道；对于非机动车交通，可划分快、慢车分道线或设分隔栏组织分流行驶；为了节省用地，特别是当车行道宽度不足时，左转车道可向路中心线稍左偏移布置；对向的车道为反对称布置(图5-17)。

(2)如直行车辆特别多、左转车辆也有一定数量，可分设2条直行车道和1条左转车道(图5-18)；对向的车道为反对称布置。

(3)如左转车多而右转车少，可设1条左转车道，右转与直行车辆合用1条车道(图5-19)；对向的车道为反对称布置。

(4)如左转车少而右转车多，可设1条右转车道，左转与直行车辆合用1条车道(图5-20)。

(5)如左、右转车辆较少，可分别与直行车道合用(图5-21)。

(6)如车行道宽度较窄，无法划分左、直、右行车道，可仅划分快、慢车分道线(图5-22)。

(7)如车行道宽度很窄，无法划分快、慢车分道线，或划分了反而对车道的相互调剂使用不利,则可以不划分(图 5-23)。

(8)拓宽车行道,增设的车道宽度,可向两侧拓宽,也可向左侧偏移(图 5-17),或向右侧拓宽(图 5-24)。

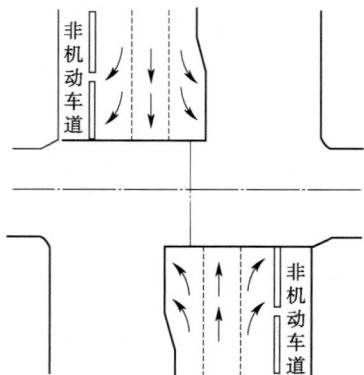

图 5-17　车道划分示例之一　　　　　图 5-18　车道划分示例之二

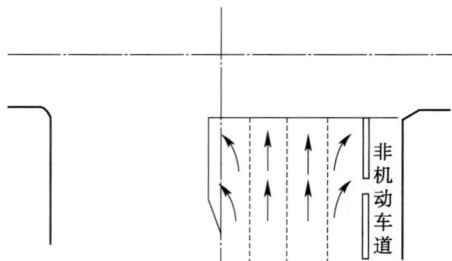

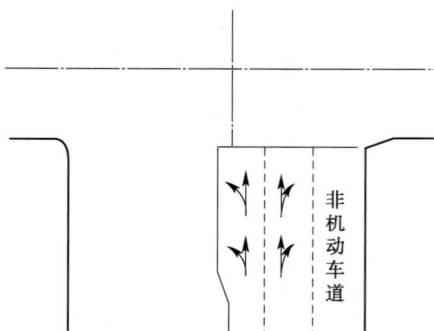

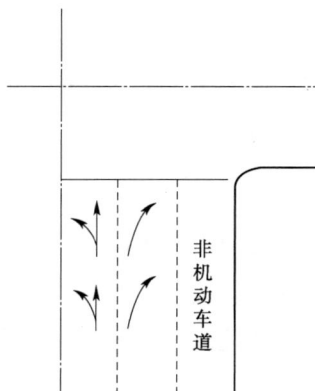

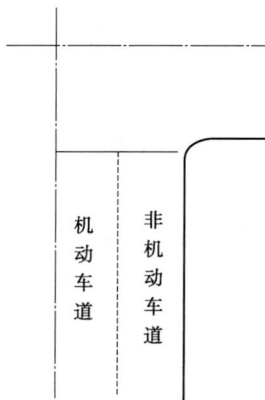

图 5-19　车道划分示例之三　　　　　图 5-20　车道划分示例之四

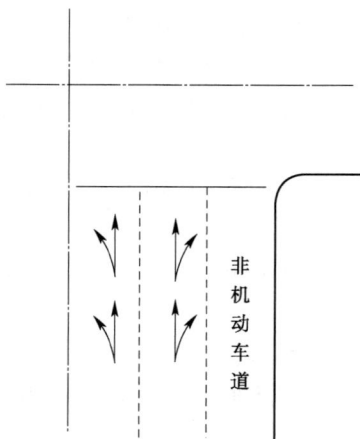

图 5-21　车道划分示例之五　　　　　图 5-22　车道划分示例之六

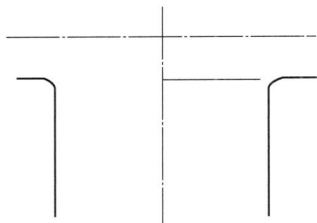

图 5-23 车道划分示例之七　　　图 5-24 向右侧拓宽车行道

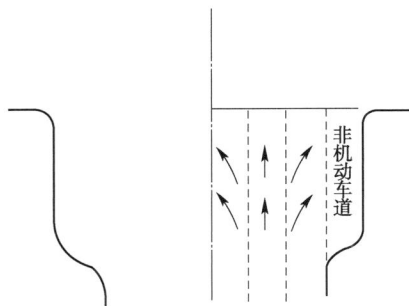

**(二)左转弯车辆的交通组织**

左转弯车辆不仅是产生冲突点的主要因素,而且也影响直行方向主要车流的通行。所以,无论是保证交通安全,还是提高交叉口的通行能力,组织好左转弯车辆是一个关键问题。组织左转弯车辆,可采用下列方法:

1. 实行信号灯管制,设置专用左转车道

在交叉口设置信号灯,左转弯车辆在停车线后等候开放通行灯时才通行,如直行车较多,最好为左转弯车辆设置专用的车道,以免阻碍直行车辆的通行;如原有行车道的宽度不够,以致左转弯车辆在等候时影响直行和右转弯车辆的通行,可在靠近交叉口一定距离的范围内拓宽行车道,以便驶进交叉口的车辆能按渠化交通的原则分道停候和通行。如图 5-17、图 5-18、图 5-24 所示。

2. 变左转为右转

(1)环形交通。在交叉口中央设置圆形或椭圆形交通岛,进入交叉口的车辆不受交通管制,一律绕岛单向行驶。如图 5-14、图 5-25)所示。

(2)绕街坊变左转为右转(图 5-26)。这种形式的缺点是使左转弯车辆增加行程很多。它通常用在旧城改建有困难,或在桥头引道有十字形交叉口,为了防止车辆高速下坡时直角转弯可能发生事故而采用。

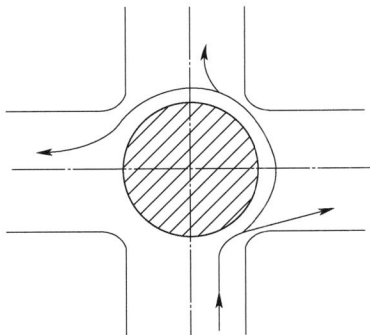

图 5-25 绕中心岛左转变右转出口　　　图 5-26 绕相邻道路变左转为右转图示

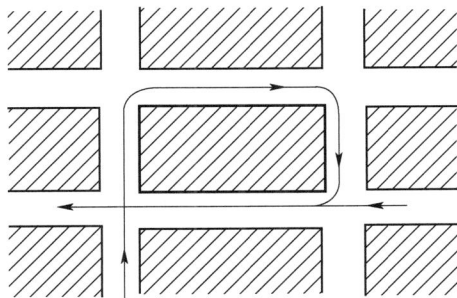

**(三)渠化交通组织**

平面交叉的渠化交通,是在交叉口范围内,通过布置交通岛、交通标志和在路面上施画标线等方法,引导或强制不同流向的车辆和行人各行其道,从而将错综复杂的交通流引入指定的交通路径所进行的分离交通措施。

渠化交通的主要作用是保证行车安全,具体表现在:

(1)利用分车线或分隔带、交通岛等,把不同方向和速度的车辆划分车道行驶,避免车辆相互侵占车道和干扰行车路线,因而可减少车辆相互碰撞的机会,增进行车安全[图5-27a)]。

(2)利用交通岛的布置,限制车辆行驶方向,使斜交对冲的车流变为直角交叉或锐角交织[图5-27b)、c)]。

(3)利用交通岛的布置,限制行车道宽度,控制行车速度,防止超车[图5-27b)]。

(4)把不同行驶方向的车辆,在临近交叉口就划分车道分别行驶[图5-17)]。

(5)在道路上划分快、慢车道,保证车辆的正常行车(图5-17~图5-22)。

(6)渠化交通后,在交通岛或分隔带上便于设置各种交通标志和信号设备,并可作为行人过街时避让车辆的安全岛。

(7)在渠化交通中,最常用的是高出路面的交通岛,按其功能和布置地位,可分为方向岛(图5-14、图5-27)、分隔岛[图5-27b)]、中心岛[图5-14、图5-27a)]、安全岛(图5-28)等。

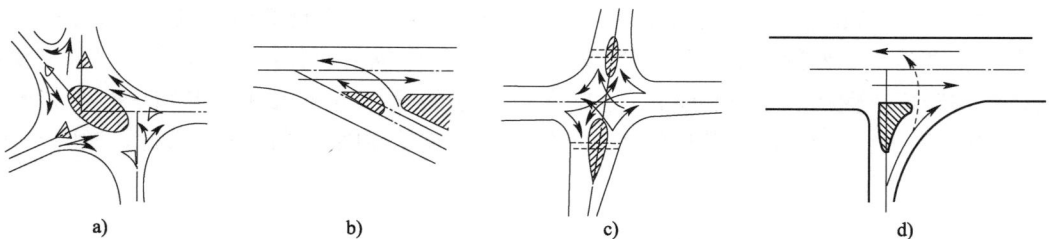

图5-27 设交通岛渠化交通

### 四、行人交通组织

行人交通组织的主要任务,就是要组织行人在人行道上行走,在人行横道线内安全过街,使人、车分离,各行其道,互不干扰。

交叉口是人流和车流汇集的地方,当通过交叉口的人流很多时,经常会在交叉口转角处的人行道上拥挤,不能走动,以致行人不得不从车行道上通行,这样容易产生交通阻塞的现象。因此,除了合理布置人行横道外,还应把交叉口转角处的人行道加宽,同时,尽量不将吸引大量人流的公共建筑的出入口设置在交叉口上。

人行横道线的位置,应该在较远处就能看清楚,为此可用标志信号灯来表示。

在车辆不多的道路上,人行横道一般可布置在交叉口人行道的延续方向后退3~4m的地方[图5-28a)],这样既不影响交叉口交通,又使行人穿越交叉口比较便捷。如交叉口的人流和车流较多,为了保证安全,应将人行横道线尽可能布置在缘石半径的切点以外,以便扩大交叉口的交通面积,同时,使行人能在较短的距离过街[图5-28b)]。如车行道很宽,还应在人行横道线的中间设置安全岛,必要时,在转角处再用栏杆将车行道和人行道隔开,并设置行人过街信号灯。停车线应设在横道线的后面至少1m处。

人行横道的宽度,决定于过街人流量的大小,它应比直线段人行道的宽度宽些,一般采用4~10m。

当交叉口特别宽,人流量大,车辆多时,则考虑设置立体交叉的行人天桥或地下通道。行人天桥构造简单,但桥下净空要满足要求,至少4.5m(汽车通行)或5.5m(无轨电车通行)。行人隧道的净高一般不得低于2.5m,净宽至少3m(图5-29)。

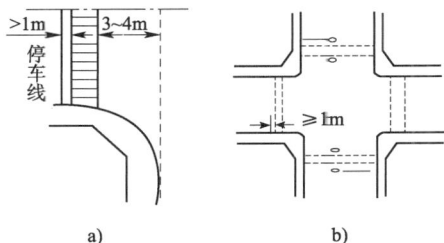

图5-28 交叉口人行横道线和安全岛的布置图　　　　图5-29 行人隧道

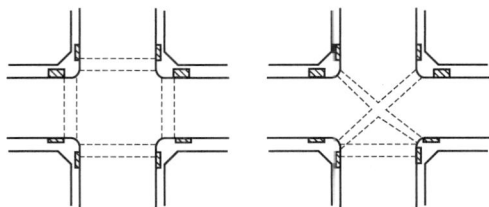

### 五、交叉口的交通指挥信号

交通信号控制是指通过交通信号机不同颜色灯光的周期显示,对交叉口处各方向的交通流分配通行权,使其有秩序地通过交叉口,从而减少干扰以提高交叉口的通行能力和车辆通过时的安全条件。

目前使用的交通指挥信号有三种基本类型:

#### 1.人工操作的交通指挥信号

它最显著的优点是可以根据交叉口来往车辆的具体情况,灵活机动地随时更换信号,使车辆能及时地通过交叉口,减少候车时间,因而提高交叉口的通行能力。缺点是每个交通指挥信号必须配备一名交通警察进行操作。

#### 2.定周期自动循环的交通信号

根据各车道进入交叉口的交通量的大小和组成,事先配置好周期和信号灯各色时间,一直不间断地自动循环,它可以根据不同时间的交通特点,设置几套不同周期的色灯时间,如早高峰、晚高峰、非高峰、夜间行车等。优点是不需要交通警察到现场管理,减少人工。缺点是不管有车没车,它都机械地循环,同时在特殊的情况下,可能出现长时间交通阻塞现象。

#### 3.不定周期自动控制的交通指挥信号

它可以根据往来车辆的不同情况,随时自动调整显示色灯时间的长短,它既有灵活机动性,又不需要交通警察到现场,是理想的交通指挥工具。缺点是成套设备的价格较贵,目前还不能普及采用。

交通指挥信号可以在各个交叉口单独使用,彼此无联系,称为点控制。也可把一条路上的各个交叉口的交通指挥信号联合使用,能够使每批串车能够不停地连续通过各个交叉口,这种交通指挥信号的控制方法,称为线控制。如果把某一地区的所有线控制都有机地联合起来,就成为面控制,面控制设有控制中心,它可以通过录像、电视等传真设备,从荧光屏中直接监视和指挥各条道路和交叉口的交通。

信号灯的装置,有直式和横式两种,可根据各城镇道路和交叉口的条件来具体选定。

交通指挥信号的设置,既要保证交叉口的交通安全,提高交叉口的通行能力,同时又要使车辆在交叉口候车最短。这就要求在设计的过程中考虑上述要求,确定交通指挥信号的周期和各色灯时间长短。

对于一些行人流量很大或行车速度较高的交叉口，还要考虑设置行人过街信号灯，保证行人过街安全。

## 第三节 交叉口的几何设计

### 一、交叉口的车道数

在确定交叉口的车道数和车道宽度时，必须考虑到我国城市目前自行车交通量大的客观需要，尽可能组织机动车和非机动车分流行驶，以保证交通安全和畅通。从渠化交通来看，交叉口最好能设置若干条专用车道，以便车辆在交叉口能够各行其道，在各自的专用车道上行驶，避免相互干扰，但在交通量较小的道路上设置过多的车道，显然不经济，则要考虑车道的混合行驶。在交叉口设置的车道数，其通行能力的总和必须大于高峰小时交通量的要求，否则，就会在交叉口产生交通拥挤和阻塞的现象。

交叉口车道数确定方法如下：

首先选定交叉口的形式，然后根据设计年限的高峰小时交通量和不同行驶方向的交通组成，进行交通组织设计，由此初步定出车道数（该车道数也可直接取用路段上设计车道数进行交通组织设计）。按照所确定的交通组织设计方案，对初定的车道数进行通行能力的验算，如车道通行能力的总和小于高峰小时交通量的要求，则必须增加车道数后重新验算，直到满足交通量的要求为止。

由于交叉口受到交通指挥信号的影响，在相同车道数的情况下，交叉口车道的通行能力一般总是比路段上车道的通行能力要小，所以，交叉口的车道数不应少于路段上的车道数。为了充分发挥整条道路的通行能力，交叉口的设计通行能力要和路段上的通行能力相适应，同时也为远期的道路改建控制好道路用地，便于交通组织和提高通行能力，交叉口的车道数最好比路段上多1条。

### 二、交叉口视距的绘制

为了确保行车安全，当驾驶员进入交叉口前的一段距离内，必须能够看清楚相交道路上车辆的行驶情况，以保证双方能有足够的距离采取制动措施而在冲突点前安全停车，避免发生碰撞，这一距离必须大于或等于停车视距。

由停车视距所组成的三角形称为视距三角形（如图 5-30 和 5-31 图中的阴影部分），在视距三角形范围内不得有任何阻碍驾驶人员视线的障碍物。

视距三角形应以最不利的情况来绘制，绘制的方法和步骤如下：

（1）首先算出停车视距 $S_{停}$。

（2）根据交叉口的具体情况，找出行车可能的最危险的冲突点；如十字形交叉口（图 5-30）及 Y 形或 T 形交叉口（图 5-31）的冲突点被认为是最危险的冲突点。

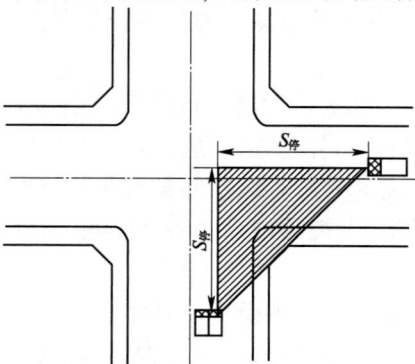

图 5-30　十字形交叉口的视距三角形图

（3）从最危险的冲突点向后沿行车的轨迹线（可取行车道的中心线）量取停车视距 $S_{停}$。

（4）连接末端，在三条线所构成的视距范围内，不准有障碍物存在。

### 三、交叉口转角的缘石半径

对于有路缘石的道路，为了保证各种右转弯车辆能在交叉口以一定速度顺利的通过，并不将相交道路的缘石延长直接相交，而是用曲线连接。交叉口转角处的缘石曲线形式有圆曲线、复曲线、抛物线、带有缓和曲线的圆曲线等，一般多采用圆曲线。圆曲线的半径 $R_1$ 称为缘石半径（图 5-32）。

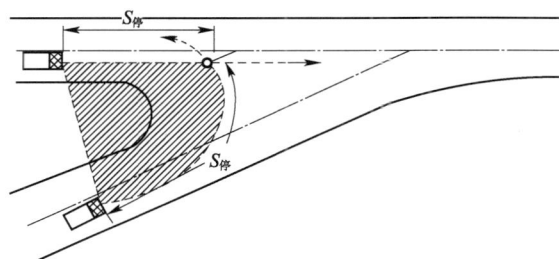

图 5-31　Y 形交叉口的视距三角形　　图 5-32　缘石半径的计算图式

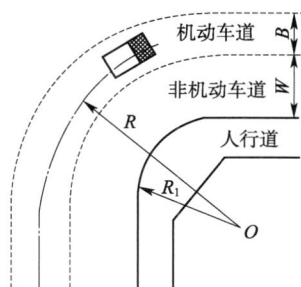

未考虑机动车道加宽以前的交叉口转角的缘石半径 $R_1$ 为：

$$R_1 = R - \left(\frac{B}{2} + W\right) \quad (\text{m}) \qquad (5\text{-}2)$$

式中：$R$——机动车右转弯车道中心线的圆曲线半径（m）；

　　　$B$——机动车道单车道宽度，一般采用 3.5m；

　　　$W$——交叉口转弯处的非机动车道宽度。当直线部分非机动车道较宽时，一般至少采用 $W = 3.0$m。

式（5-2）中的 $R$ 值可按下式计算：

$$R = \frac{v^2}{127(\mu \pm i)} \quad (\text{m}) \qquad (5\text{-}3)$$

式中：$v$——一般情况下，可取路段设计车速的 0.6 倍；有特殊情况，其转弯车速应根据具体情况选定，也可参考表 5-4 选用。

　　　$\mu$——横向力系数，根据实际实验，亥值不宜超过 0.15～0.20，经过计算，得出大客车和小汽车在交叉口转弯时实际的 $\mu$ 值，见表 5-5。在实际使用中建议采用如下 $\mu$ 值：

　　　当采用推荐半径时，对于大客车，$\mu = 0.10$；对于小汽车，$\mu = 0.15$；

　　　当采用最小半径时，对于大客车，$\mu = 0.15$；对于小汽车，$\mu = 0.20$。

　　　$i$——交叉口处车行道的平均横坡度，一般采用 0.015，当采用最小半径时采用 $i = 0.02$。一般交叉口的横坡均向弯道内侧倾斜，汽车右转弯时，$i$ 值采用正号；横坡向外倾斜时，$i$ 值采用负号。

汽车在交叉口的转弯车速 表5-4

| 交叉口性质 | 观测的转弯车速(km/h) | | 设计转弯车速(km/h) | |
|---|---|---|---|---|
| | 大客车 | 小汽车 | 大客车 | 小汽车 |
| Ⅰ级路互交 | 22.5～24.5 | 27.0～31.0 | 22.5～25.0 | 30～35 |
| Ⅰ级路与Ⅱ级路相交 | 20.5～23.0 | 23.5～29.0 | 20.0～22.5 | 25～30 |
| Ⅱ级路互交 | 18.0～21.0 | 20.5～25.0 | 17.5～20.0 | 20～25 |
| Ⅱ级路与Ⅲ级路相交 | 15.0～18.0 | 14.5～24.5 | 15.0～17.5 | 15～20 |

注:Ⅰ级路为主干道,Ⅱ级路为次要道路,Ⅲ级路为住宅区街坊道路。

汽车转弯时的横向力系数值 表5-5

| 观测车型 | 观测 $\mu$ 值 | 综合 $\mu$ 值 | 备 注 |
|---|---|---|---|
| 各种公共汽车 | 0.08～0.11 | 0.10 | $\mu$ 值很少超过0.15 |
| 各种小汽车 | 0.15 | 0.15 | $\mu$ 值很少超过0.20 |

在一般的十字形交叉口 $R_1$ 通常采用:主干道20～25m,次干道10～15m,住宅区相邻道路6～9m。对于单进口车道交叉口,为了避免造成交通阻塞,缘石半径宜选用 $R \geqslant 20$m,停车线在可能的情况下尽量靠近交叉口,使进口处的喇叭口扩大,停候的左转车辆避免阻塞后车的通行(图5-33)。

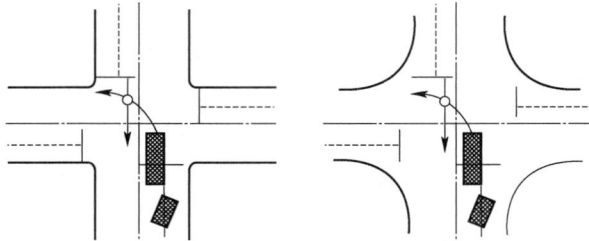

图5-33 不同缘石半径的单进口道交叉口

四、交叉口的拓宽设计

当交叉口车行道的宽度不足时,为了提高交叉口的通行能力,常采用向道路的一侧或两侧拓宽的办法,来增加车道数以提高交叉口的通行能力。

交叉口的拓宽设计,主要解决三个问题:

**(一)拓宽的车道数**

它主要取决于进口车道各向的交通量、交通组织方式和车道的通行能力。一般是比路段的车道数多设一条车道(指进口车道的一个方向)。

**(二)拓宽位置的选择**

(1)行进口车道的左侧拓宽,如利用中间的分隔带,或越过中心线部分占用对向的车道宽度(图5-17)。

(2)向进口车道的右侧拓宽,如利用行车道右侧的绿化带或拆迁部分房屋。

(3)拓宽车道的长度计算(图5-34)。拓宽车道的长度 $y$ 值,应能使右转车辆(如向进口车道的左侧拓宽,则为左转车辆)最长的候车车列的尾车驶入拓宽的车道,其长度为:

$$y = nL_n + L_k + w \tag{5-4}$$

式中:$n$——一个周期的红灯和黄灯时间内达到进口车道的车辆数,即候车数量(辆);

$$n = \frac{每条直行车道通行能力 \times (1 - 右转弯车辆比率)}{每小时周期数/该向红灯占周期长的比例}$$

$L_n$——停候车辆的平均车头间隔(m),$L_n$ 值与车型和停候车辆的间隔有关,一般取 6 ~ 9m;

$L_k$——车辆从原车道进入相邻拓宽车道所需的距离(m),在低速驶入的情况下,$L_k \approx 12m$;

$w$——人行横道宽度(m)。

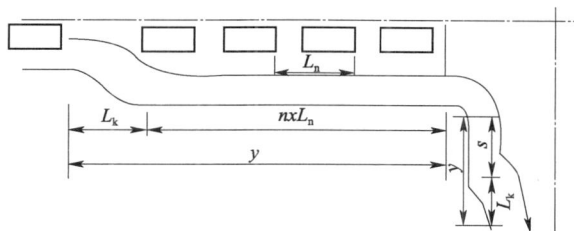

图 5-34　交叉口拓宽的计算图式

为了使右转车辆加速后,再与横向直行车辆合流,因此,在需合流的一侧,还应设置加速车道,这一车道可在右转车道的延续一侧加宽到驶出路口。其长度应满足车辆加速要求(图 5-34),可采用如下公式计算:

$$y_1 = s + L_k = \frac{v_2^2 - v_1^2}{2a} + L_k \tag{5-5}$$

式中:$s$——车辆加速所需的距离;

$L_k$——意义同上,$L_k \approx 12m$;

$a$——车辆的平均加速度(m/s);

$v_2$——车辆加速后的行驶速度(m/s),可取横向车道车辆行驶速度的 0.85 倍;

$v_1$——车辆左转时的初速度(m/s)。

## 第四节　环形交叉设计

环形交叉口是在交叉口中央设置一个中心岛,用环道组织渠化交通的一种重要形式,其交通特点是进入环形交叉口的不同交通流,只允许按照逆时针方向,绕中心岛作单向行驶;交通运行上以较低的速度合流并连续进行交织行驶,直至所要去的路口分流驶出。

环形交叉口的构成如图 5-35 所示,由环道、中心岛、进出口及方向岛组成。

### 一、环形交叉口的优缺点和适用性

环形交叉口的主要优点是:驶入交叉口的各种车辆,不论左、右转弯和直行车辆,都不需要停车等候,可同时连续不断地通行,节约时间;车辆在环道上行驶的车流方向一致,有利于渠化交通,且交叉行驶的车流以较小的交织角向同一方向交织行驶,避免了交叉冲突点,减少交通事故,交通组织方便,尤其对 5 条以上的道路交叉和畸形交叉口,更为有效。

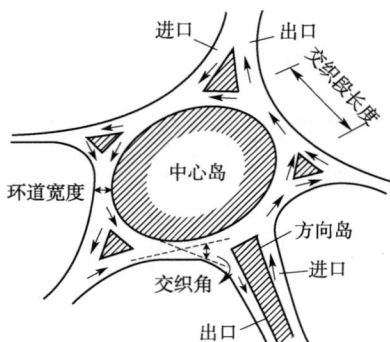

图 5-35  环形交叉口组成示意图

主要缺点是:占地面积大,对旧城改建较难实现;增加车流绕岛行驶距离,对左转弯车辆不利。环形交叉口的通行能力,由于受到环道上交织能力的限制,因此,在交通量较大的主干道上,不宜设置环形交叉口。

在具有大量非机动车交通和行人众多的交叉口上,不宜采用环形交叉,因为它不仅增加了大量非机动车和行人通过交叉口的行程,而且在环道的外侧和进出口处将被大量的非机动车和人流所包围,使机动车进出环岛时造成很大困难,因而影响车辆的连续通行,使通行能力下降甚至造成交通阻塞。

在斜坡较大的地形和桥头引道上,也不宜采用环形交叉,因为它使下坡的车辆等于进入小半径的反向曲线,这对行车安全是不利的。

根据交叉口的占地面积,中心岛的形状和大小、交通组织原则等因素的不同,可将环形交叉口分成三种基本形式:

(1)普通(常规)环形交叉口。具有单向环形车道,其中包括交织路段,中心岛直径大于25m。

(2)小型环形交叉口。具有单向环形车道,中心岛直径为 4 ~ 25m。

(3)微型环形交叉口。具有单向环形车道,中心岛直径小于4m。

本节主要介绍常规环形交叉口设计。

二、环形交叉口的几何设计

**(一)中心岛的形状和尺寸**

1. 中心岛的形状

常规环形交叉口的特点是在交叉口中央布置一个直径足够大的中心岛,保证车辆能按一定速度在环道上连续不断地行驶,并以交织方式进出环道,我国目前大多数环形交叉口属于这种形式。中心岛的形状有圆形、椭圆形、卵形、方形圆角、菱形圆角等。中心岛的形状和尺寸应能同时满足行车速度和进环出环车辆在环道上行驶时互相变换车道所需的交织距离。当各进口流量流向分布相差不大时常用圆形,若相差较大时用椭圆形,长轴顺交通量大的方向布置。结合地形、地物和相交道路的特点,也可采用其他规则或不规则几何形状的中心岛。常用的是圆形。

2. 圆形中心岛的尺寸

中心岛的半径 $R$:

$$R = \frac{v^2}{127(\mu \pm i)} - \frac{b}{2} \quad (\text{m}) \tag{5-6}$$

式中:$v$——环道的计算行车速度(km/h),一般可采用路段上计算行车速度的 0.7 倍,对于不同车辆也可按如下取值:公共汽车为 0.5 倍,货车为 0.6 倍,小汽车为 0.65 倍;

$\mu$——横向力系数,根据实际实验,该值不宜超过 0.14 ~ 0.16;

$i$——环道的横向坡度,取 0.015,当环道横坡倾向曲线外侧时取负值;

$b$——环道宽度(m)。

### (二)交织段长度和交织角

#### 1. 交织段长度

进环与出环的车辆在相邻进出道之间的环道上行驶时相互交织,交换一次车道位置所行驶的路程称为交织长度(图5-36)。交织长度应能满足汽车以一定车速相互交织并连续行驶,最小应不小于4s的行驶路程。交织长度的位置如图5-37所示。

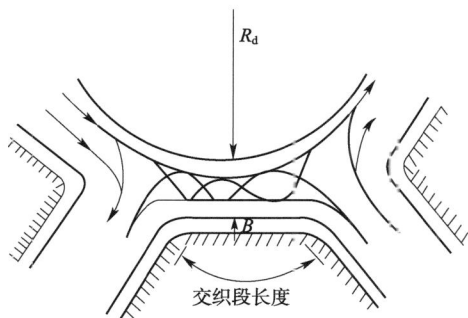

图5-36　车辆在环道上交织行驶

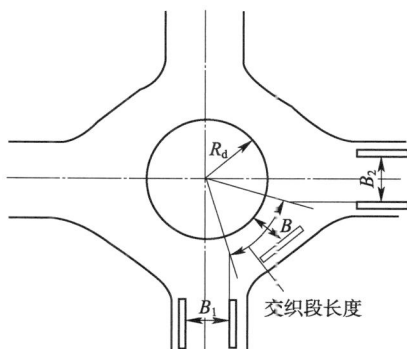

图5-37　交织长度的位置

中心岛的半径必须满足两个路口之间最小交织长度的要求(表5-6),否则行驶中需要相互交织的车辆,就要在环道上停车等候,不符合环形交叉口连续交通的基本原则。

环道上不同车速所需最小交织段长度　　　　表5-6

| 环道上设计车速(km/h) | 20 | 25 | 30 | 35 | 40 | 50 | 70 |
|---|---|---|---|---|---|---|---|
| 最小交织段长度(m) | 25 | 30 | 35 | 40 | 45 | 60 | 80 |

按交织段长度所要求的中心岛半径 $R_d$,可根据图5-46所示,近似地按交织段长度所围成的圆周大小来计算,即:

$$R_d = \frac{n(l + B_{平均})}{2\pi} - \frac{B}{2} \quad (m) \tag{5-7}$$

式中:$n$——相交道路的条数;

　　$l$——两个路口之间的交织段长度(m);

　$B_{平均}$——交汇道路的平均宽度(m),当中心岛为圆形、交汇的道路为十字形正交时,$B_{平均} = (B_1 + B_2)/2$;

$B_1$、$B_2$——交叉口相邻两路口的车道宽度(m);

　　$B$——环道宽度(m)。

由以上公式可知,当相交道路的条数越多(即 $n$ 越大),则要求中心岛的半径 $R_d$ 越大,这样,将大大增加交叉口的用地面积,同时,也大大增加车辆的行程,这是不经济,也是不合理的。因此,环形交叉的相交道路最好以6条为限。

如按行车速度已确定中心岛半径 $R$,其交织段长度 $l$ 是否符合要求,可按下式验算:

$$l = \frac{2\pi}{n}\left(R + \frac{B}{2}\right) - B_{平均} \tag{5-8}$$

$$l = \frac{2\pi\alpha}{360°}\left(R + \frac{B}{2}\right) - B_{平均} \tag{5-9}$$

式中：$\alpha$——相邻道路中心线所形成的交角,当交角不相等时,应采用最小夹角值。

一般在设计四条道路交汇的环形交叉口时,所采用中心岛半径都应按式(5-8)和式(5-9)验算,选取较大者。

我国大中城市目前所采用的圆形中心岛直径一般多为 $40 \sim 60\text{m}$,只有个别城市,早先修建的采用了较大的半径,如长春市人民广场的环岛直径为 $220\text{m}$。根据观测试验结果,在城镇道路上选用环形交叉口,其中心岛直径选用 $40 \sim 80\text{m}$ 为宜。

对于不同环道车速的最小半径和采用直径如表5-7所示,可供参考。

**不同环道车速的最小半径和采用直径**　　　　　表5-7

| 环道车速 | 20 | 25 | 30 | 35 | 40 |
|---|---|---|---|---|---|
| 最小半径 $R$(m) | 15.5 | 24.0 | 35.5 | 48.0 | 61.0 |
| 采用直径 $D$(m) | 35 | 50 | 70 | 95 | 120 |

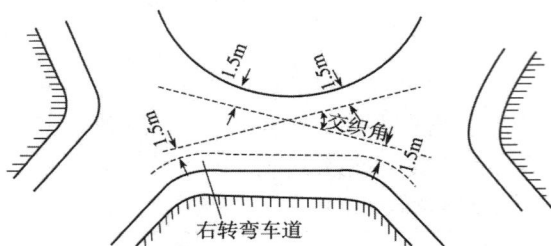

图5-38　交织角的绘制

**2. 交织角**

交织角是检验车辆在环道上交织行驶时的安全情况。它以右转弯车道的外缘 1.5m 和中心岛缘石外 1.5m 的两条切线的交角来表示(图5-38)。交织角的大小取决于环道的宽度和交织段长度。

交织角过大,行车易出事故,一般限制在 $20° \sim 40°$ 以内。交织角越小越安全,但交织段长度和中心岛直径就要增大,因此占地也增多,交织角最好选择在 $20° \sim 30°$ 之间。

**3. 环道进、出口半径**

进、出口车道的曲线半径取决于环道的计算行车速度。为了与环道车速相适应,对入环车速应加以限制,一般可采用接近或小于中心岛半径的值作为进出口半径值,即:$R_{进} \approx D/2$;而环道的出口道曲线半径可较进口车道半径适当大些,以利车辆加速驶出,保持交叉口畅通。各进口道曲线半径不要相差太大,以保持环道上车速均匀,有利于行车安全。

表5-8为环形交叉口设计资料,可供参考。

**环形交叉设计参考资料**　　　　　表5-8

| 环道计算车速(km/h) | 40 | 35 | 30 | 30 | 25 | 20 |
|---|---|---|---|---|---|---|
| 中心岛直径(m) | $110 \sim 120$ | $80 \sim 100$ | $60 \sim 70$ | $60 \sim 70$ | $40 \sim 50$ | $20 \sim 30$ |
| 最小交织长度(m) | 45 | 40 | 35 | 35 | 30 | 25 |
| 适用范围 | 1.特殊情况下与部分控制的一级公路交叉;<br>2.二级与二级或其他公路交叉;<br>3.二、三级公路与城镇道路交叉 | | | 1.二级公路与其他公路公路交叉;<br>2.三级公路与三级公路交叉;<br>3.三级公路与城镇道路交叉 | | |

注:特殊情况是指近期一级公路交通量不大,平交不危及行车安全;或者与部分控制的一级公路交通量很小,能用信号或其他措施控制,或者地形条件特殊的情况。

**4.环道的横断面**

环道的横断面形状和行车平稳与排水有很大关系。通常横截面的路拱脊线是设在交织车道的中间(图5-39),在进出环道处,横坡度的变化应缓和。中心岛的四周应设置雨水井,保证环道上积水的排除。在进出口之间的地方可设置三角形的方向岛。

**5.环道的外缘石**

环道外缘石的平面形式各地多作成方向曲线(图5-40),这是从美观角度进行的设计,从交通的角度来看是不合理的。实际观测证明,这种形状的环道外侧有20%的路面是从未有车辆行驶的。因此,可以将环道外缘石采用直线圆角形式,如图5-40所示。

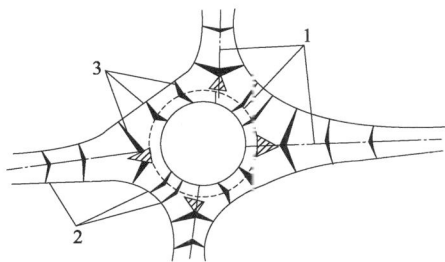

图 5-39　环道的路拱脊线
1-脊线;2、3-路拱

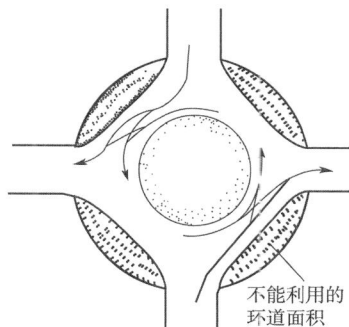

图 5-40　环道的外缘石平面形状

## 第五节　交叉口的立面设计

### 一、交叉口立面设计的要求和原则

交叉口立面设计的目的,是要统一解决相交道路之间以及交叉口和周围建筑之间在立面位置上的行车、排水和建筑艺术三方面的要求,使相交的道路在交叉口内能有一个平顺的共同面,利于车辆和行人交通;使交叉口范围内的地面水能迅速排除;使车行道和人行道的各点高程能与建筑物的地面高程相协调而具有良好的空间观感。

交叉口的立面设计主要根据相交道路的技术等级、交通量、道路纵坡和横断面以及当地地形、自然水流向和相邻道路的高程等资料,使主要道路交通方便、排水畅通、方便车辆与行人出行。同时要满足次要道路纵、横断面和排水设计上的合理性,以及道路与邻近建筑的协调配置。交叉口立面设计的一般原则是:

(1)主要道路通过交叉口时,其设计纵坡维持不变。

(2)相同等级的道路相交,交通量差别不大,各自纵坡不同,则在交叉口为维持各自纵坡,通过改变横坡,使交叉口有一个平顺的共同面。

(3)不同等级的道路相交,主要道路的纵、横断面不变,次要道路的纵坡应随着主干道的横断面变化,同时次要道路的横断面也应随着主干道的变化而变化,即次要道路的双向倾斜的横断面,应逐渐过渡到与主干道的纵坡一致的单向倾斜横断面,以保证主干道的交通便利。

(4)交叉口为了保证排水,至少应使一条道路的纵坡自交叉口中心向交叉口外倾斜。如为盆形地形,所有道路都倾向交叉口时,必须预先考虑修筑底下排水管道和设置进水口。

（5）交叉口范围内横坡应力求平缓,一般不应大于路段设计横断面的坡度,对角线上横坡宜控制在1%以内,平坦地形最好做成中心高程微高而向四周倾斜的伞状地面,以利排水和行车需要。

（6）交叉口范围内,不应使一条道路的雨水排入到另一条道路上,也不应使地面水流过交叉口的人行横道,一般采用截水的办法,多在交叉口人行横道前或路缘口转角曲线的切点上布置雨水口。

（7）交叉口设计高程要与周围建筑物及相邻道路设计高程相协调。

## 二、交叉口立面设计的几种基本形式

交叉口立面设计的形式,主要取决于地形以及与地形相适应的相交道路的纵、横断面。以十字形交叉口为例,根据相交道路纵坡方向的不同,主要有六种基本形式:

### （一）交叉口为凸形地形

相交道路的纵坡均由交叉口中心向外倾斜（图5-41）,设计时把交叉口上的坡度做成与相交道路上同样的坡度,往往只需调整一下接近交叉口时的道路横坡即可。让地面水向交叉口四个街角的街沟排除,不需设置进水口。

图5-41a)为主—主交叉;图5-41b)为主—次交叉;两者的立面设计都可设计成相同的立面形式。

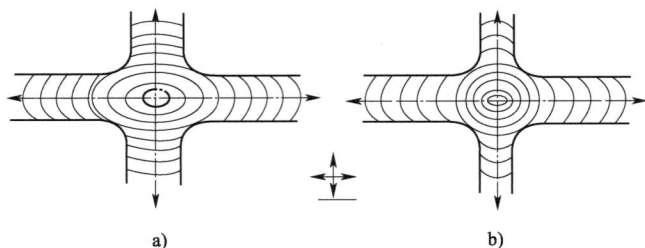

图5-41 在凸形地形的交叉口的立面设计

### （二）交叉口为凹形地形

相交道路的纵坡均向交叉口中心倾斜（图5-42）,在这种情况下,地面水都向交叉口集中,必须设置地下排水管排泄地面水。为避免雨水聚积在交叉口中心,还应将交叉口中心做得高些,在交叉口四个角上的低洼处设置进水口。此时街道纵坡必然有所改变,对行车和排水都不利,应尽量避免,最好能争取有一条主干道的纵坡向外倾斜,即把其纵坡变坡点设在远离交叉口的地方。

图5-42a)为主—主交叉;图5-42b)为主—次交叉。

### （三）交叉口为分水线地形

3条道路的纵坡由交叉口向外倾斜,而另一条道路的纵坡向交叉口倾斜（图5-43）,交叉口中有一条道路位于地形分水线上就形成这种形式。设计时应将纵坡向着交叉口的道路的路脊线在交叉口处分向三个方向,相交道路的横断面均不变。在纵坡向着交叉口的路口上的人行横道的上侧设置进水口,使街沟的地面水不流过人行横道和交叉口,以免影响人行和车辆的交通。

图5-43a)为主—主交叉;图5-43b)、c)为主—次交叉。

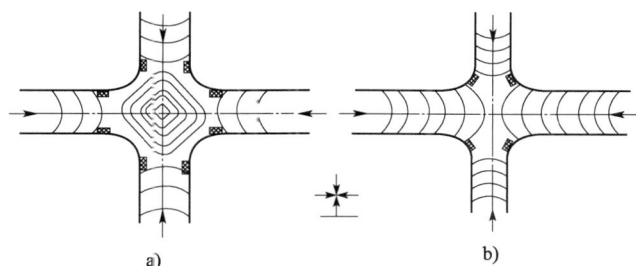

图5-42　在凹形地形的交叉口立面设计

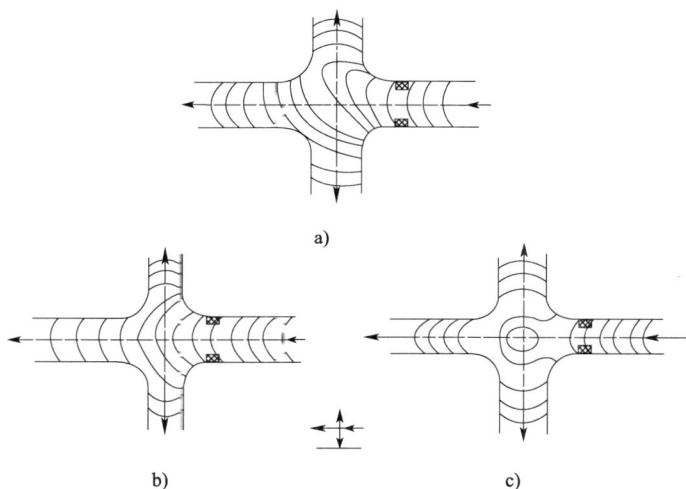

图5-43　在分水线地形上的交叉口立面设计

### (四)交叉口为谷线地形

3条道路的纵坡向交叉口倾斜,而另一条道路的纵坡由交叉口向外倾斜(图5-44),交叉口中有一条道路沿谷线上,则次要道路进入交叉口在纵断面上产生转折点而形成过街横沟,对行车不利,应尽量使纵坡的变坡点离交叉口远些,在那里插入竖曲线。

图5-44a)、b)为主—主交叉;图5-44c)、d)为主—次交叉。

### (五)交叉口为斜坡地形

相邻两条道路的纵坡向交叉口倾斜,而另外两条道路的纵坡由交叉口向外倾斜(图5-45),交叉口位于斜坡地形上就形成这种形式。设计时相交道路的纵坡均不变,按照天然地形,将两条道路的横坡在进入交叉口前逐渐向相交道路的纵坡方向倾斜,而在交叉口形成一个单向倾斜的斜面。在进入交叉口的人行横道上侧设置进水口。

图5-45a)为主—主交叉;图5-45b)、c)为主—次交叉。

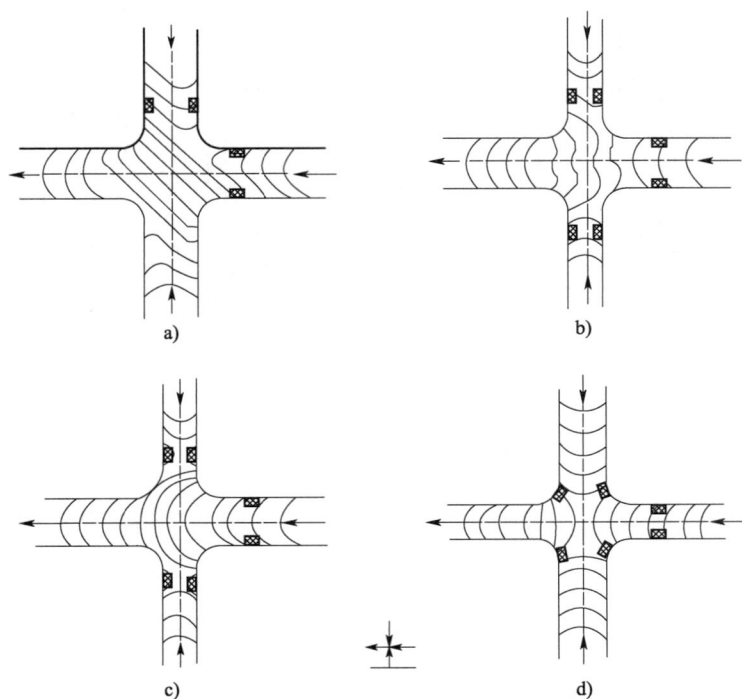

图5-44 在谷线地形上的交叉口立面设计

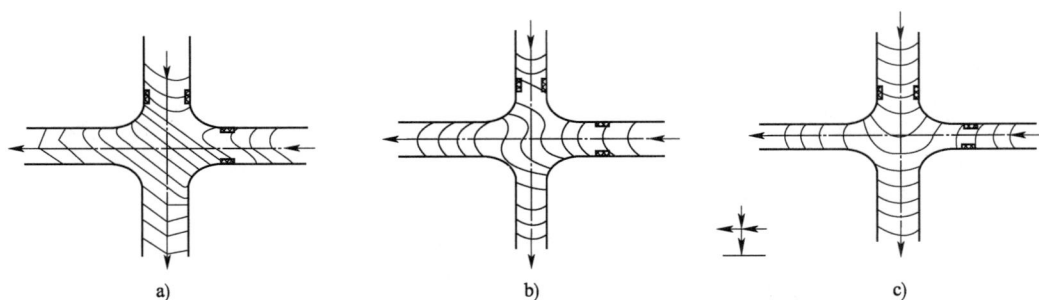

图5-45 在斜坡地形上的交叉口立面设计

**(六)交叉口为马鞍地形**

相对两条道路的纵坡向交叉口倾斜,而另外两条道路的纵坡由交叉口向外倾斜(图5-46)。设计时,可将交叉口一个方向是凸形竖曲线,另一个方向是凹形竖曲线。对此,宜将变坡点转移到人行道处,使两个变坡点变成四个变坡点,交叉口中部形成一个较平缓的平面。

图5-46a)为主—主交叉;图5-46b)、c)、d)为主—次交叉。

三、交叉口立面设计的方法和步骤

交叉口立面设计的方法有三种:方格网法、设计等高线法、方格网设计等高线法。

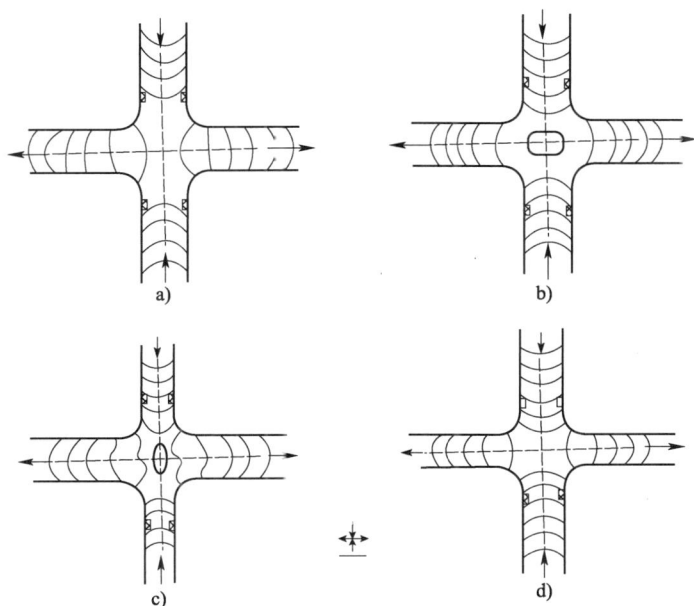

图 5-46 在马鞍形地形上的交叉口立面设计

方格网法是在交叉口的范围内,以相交道路的中心线为坐标基线打方格网,方格网线一般采用 5m×5m 或 10m×10m 平行于路中线,斜交道路应选便于施工放线测量的方向,测出方格点上的地面高程并求出其设计高程,从而计算出施工高度(图 5-50)。

设计等高线法是在交叉口的范围内,选定路脊线和划分高程计算线网,算出路脊线和高程计算线上各点的设计高程,最后勾画出设计等高线,并算出各点的施工高度。设计等高线法的主要优点是更加清晰地反映出交叉口的设计地形,缺点是设计等高线上的各点高程位置不易放样,故通常是用两种方法结合使用(方格网设计等高线法),取长补短。即:采用设计等高线法设计,为了便于施工测量放栏,用方格网标出各点的地面高程、设计高程和施工高程。方格网设计等高线法,主要用于大型的主要交叉口和广场的立面设计。对一般交叉口的立面设计,通常都采用设计等高线法或方格网法,以设计等高线法较为普遍应用。

现就方格网设计等高线法立面设计的方法和步骤介绍如下(注:如采用方格网法,则不需勾画设计等高线,如采用设计等高线法,可不勾画方格网,只要加注一些特征点的设计高程即可)。

**(一)搜集资料**

测量资料——1:500 或 1:200 的地形图;

交通资料——交通量、交通组成、各向(直行、左转、右转)流量比例;

排水资料——已建和拟建的排水管道位置、尺寸、高程;

道路资料——相交道路等级、宽度、分幅尺寸、纵坡、横坡、路面类型、交叉口控制高程和周围建筑物高程。

**(二)绘出交叉口平面图**

交叉口平面图包括:路中心线、车行道和人行道的宽度、缘石半径、方格线;以相交道路中心线为坐标基线打方格网,方格尺寸一般用 5m×5m 或 10m×10m,视道路等级、地形条件和设计精度要求选择,测出方格点上地面高程。

### (三)确定交叉口设计范围

设计范围一般为缘石半径的切点以外 $5 \sim 10m$(即相当于一个方格),这是考虑到自双横坡逐渐过渡到单向横坡所需要的一定距离,并应与相交道路的路面标高完全衔接。

### (四)拟定交叉口立面设计图式

根据相交道路的等级、纵坡方向和交叉口地形,确定采用的立面设计等高线形式(如图 5-41 ~ 图 5-46 所示),并选定相邻等高线的高差(一般为 0.02 ~ 0.10m,取偶数便于计算)。

### (五)确定路段上的设计高程

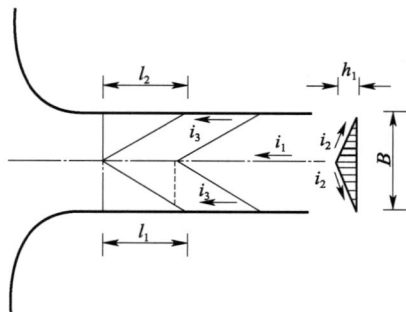

图 5-47 路段上设计等高线绘制

$i_1$、$i_3$——分别为车行道中心线和街沟线的
设计纵坡度;

$i_2$——车行道的设计横坡度;

$B$——车行道宽度(m);

$h_1$——车行道路拱的拱高(m)。

通常用设计等高线表示,见图 5-47。

首先,在行车道中心线上根据设计纵坡度定出某一整数的设计高程位置,并选定根据相邻等高线的高差 $h$,然后算出行车道中心线上相邻等高线的水平间距 $l_1$:

$$l_1 = \frac{h}{i_1} \quad (m) \tag{5-10}$$

根据 $l_1$ 即可定出行车道中心线上其余的等高线位置。

其次,定出等高线在街沟线上的位置,由于行车道横坡度的影响,等高线在街沟线上的位置向纵坡的上方偏移了一水平距离 $l_2$:

$$l_2 = h_1 \cdot \frac{1}{i_1} = \frac{B}{2} \cdot i_2 \cdot \frac{1}{i_3} = \frac{B}{2} \cdot \frac{i_2}{i_3} \quad (m) \tag{5-11}$$

根据 $l_2$ 即可定出行车道街沟线上其余的等高线的位置。

求出 $l_1$ 和 $l_2$ 的位置后,连接同一等高线上的各点,即可得到以设计等高线表示的道路路段立面设计图。路面为抛物线线形路拱,路段上的设计等高线均可用折线,如图 5-47 所示。

### (六)确定交叉口上的设计高程

(1)首先选定交叉口范围内合适的路脊线和控制高程。

脊线就是路拱顶点(分水点)的连线。路脊线位置的选定合理与否,将直接影响交叉口上的排水、行车和立面观瞻。所以,要做好立面设计,首先要选好路脊线的位置。

在交叉口上,相交道路的路中心线交汇于一点时,一般来说,路中心即为其路脊线,路脊线的交点即为其控制高程。

在斜交的 T 字形交叉口上,相交道路虽然必交于一点,但当斜交的偏角过大时,其路中心线就不宜作路脊线,应加以调整如图 5-48 所示的 $AB'$,修正路脊线的起点 $A$,一般取在缘石转弯半径的切点断面处,$B'$ 的位置原则上应选在双向车流的中间位置(行车道中间)(图 5-48)。

当主要道路与次要道路相交时,在一般情况下,宜尽可能都照顾到主、次道路的行车方便。在特殊情况下,如果主干道的交通量和车速占绝对优势,要求主干道的横坡不便,此时次要道路的路脊线只能交至主干道的行车道边线(图5-49),但这样的立面设计,使次要道路形成过街横沟,对行车、排水都不利,应尽量避免。

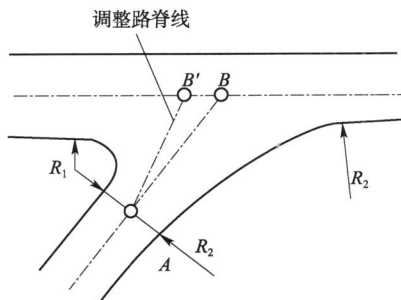

图5-48　调整路脊线图　　　　　图5-49　路脊线交点位移

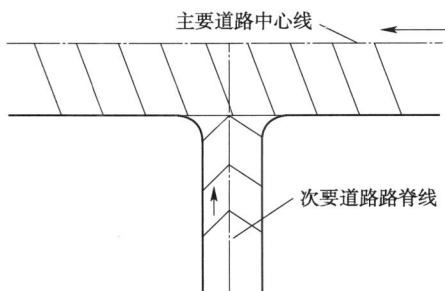

选定路脊线的基本原则:既要考虑行车平顺,又要考虑整个交叉口均衡美观。一般来说,路脊线常是对向车辆行驶轨迹的分界线。

交叉口的控制高程,应根据相交道路的纵坡、交叉口四周地形、路面厚度和四周建筑物的布置等综合考虑确定。在确定相交道路中心线交点的控制高程时,不宜使相交道路的纵坡值相差太大,其差值一般要求不大于0.5%;有可能的话,应尽量使交叉口处相交道路的纵坡大致相等,有利于立面设计的处理。

(2)确定高程计算线网,并计算高程计算线上各点的设计高程。

只有路脊线上的设计高程,还不能足够反映交叉口设计范围内的立面设计地形,还必须算出路脊线以外各点的设计高程。

平面交叉口立面设计的关键问题是选择合适的路脊线和高程计算线网。如果这两个问题得到了妥善的解决,则各点高程的计算也就迎刃而解了。

高程计算线网是立面设计中计算交叉口范围内各点高程必不可少的辅助线。高程计算线网的确定可以采用以下几种方法:

①方格网法,如图5-50所示。

在交叉口平面图上,平行于道路中心线绘出 5m×5m 或 10m×10m 的方格网线,遇特殊情况,方格网的大小也可酌情增减。如道路斜交,方格网应选择便于施工测量放线的方向。方格网法适合用在道路正交的交叉口。

根据路脊线交点 $A$ 的控制高程 $h_A$,可逐一求出以下各点的设计高程。

缘石半径切点横断面上的三点高程:

$$h_{\varsigma} = h_A - AG \times i_1 \tag{5-12}$$

$$h_{E_3}(\text{或})h_{E_2} = h_g - \frac{B}{2} \times i_2 \tag{5-13}$$

同理,可求得 $F_3$、$N$ 等点的高程。根据以上求得 $A$、$E_3$、$F_3$ 点的控制高程,则可算出交叉口范围内的高程点。缘石延长线焦点 $C_3$ 的高程:按 $E_3$ 或 $F_3$ 算出 $C_3$ 点高程,如两点高程不相等时,则取其平均值,故:

$$h_C = \frac{(h_{E_3} + Ri_1) + (h_{F_3} + Ri_1)}{2} \tag{5-14}$$

连接 $A$、$O_3$,通过 $C_3$ 点与缘石曲线相交于 $D_3$,则 $D_3$ 点的高程为:

$$h_{D_3} = h_A - \frac{h_A - h_{C_3}}{AG_3} \times AD_3 \tag{5-15}$$

根据求得的 $E_3$、$F_3$、$D_3$ 各点高程,在缘石曲线 $E_3F_3$ 和路脊线 $AG$、$AN$ 上,用内插法求出所需要的等高点。同理,可把四个角的等高点都算出来。

②圆心法,如图 5-51 所示。

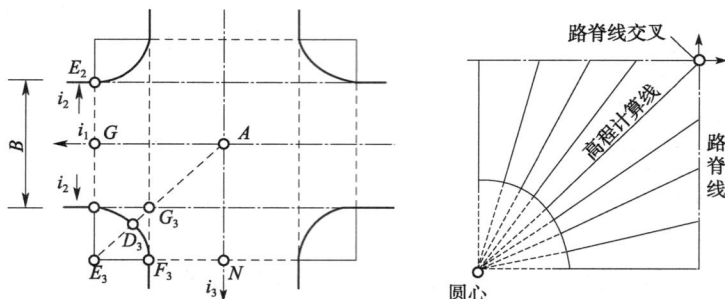

图 5-50　方格网法设计高程的计算图式　　　　　图 5-51　圆心法

在路脊线上根据施工需要每隔一定距离(或等分)定出若干点,把这些点分别与相应的缘石转弯半径的圆心连成直线(只需画到缘石曲线上即可),这样,就形成以路脊线为分水线,以路脊线交点为控制中心的高程计算线网。

③等分法,如图 5-52 所示。

把交叉口范围内的路脊线等分为若干份,然后在相应的缘石曲线上也分成同样数量的等份,顺序连接这些等分点,即可得到交叉口的高程计算线网。

④平行线法,如图 5-53 所示。

先把路脊线交点与各转角的圆心连成直线,然后根据施工需要把路脊线分成若干点,通过这些点做以上直线的平行线交于缘石曲线,即得高程计算线网。

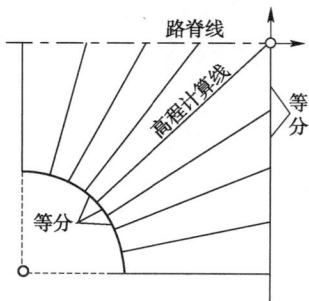

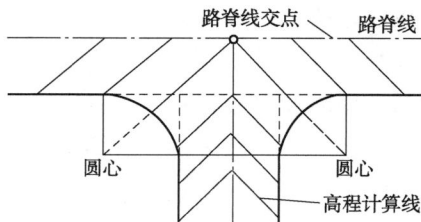

图 5-52　等分法　　　　　　　　　　　图 5-53　平行线法

从以上划分高程计算线网的四种图形可以看出,高程计算线所在的位置,即是用于计算该断面路拱设计高程的依据,而标准的路拱横断面应是与车辆的行驶方向相垂直。所以,如果所确定的高程计算位置不与行车方向垂直,即高程计算线与要求的路拱横断面并不在同一位置上。那么,按选用的路拱方程计算出来的路拱高程,将不是正确的路拱形状。因此不论选用哪一种形式,都应力求使高程计算线处于与行车方向垂直的位置,同时,还要便于计算。根据这个要求,在上述确定高程计算线网的四种方法中,推荐使用等分法。

当主干道与次要道路相交而主干道的交叉口横坡不变时,则路脊线的交点即要移到次要的路脊线与主干道的行车道边线的交点上(图5-49)。此时的高程计算线网不论采用哪一种方法拉线,都必须自移位后的路脊线交点拉出。

每条高程计算线上高程点的数目,可根据路面的宽度、施工需要和设计等高线的数量来决定。路宽的、施工精度高的则高程点数可多些;反之,则可少些。

高程点的高程,一般采用下列公式的抛物线路拱形式来计算(图5-54):

$$y = \frac{h_1}{B}x + \frac{2h_1}{B^2}x^2 \tag{5-16}$$

$$y = \frac{h_1}{B}x + \frac{4h_1}{B^3}x^3 \tag{5-17}$$

式中:$h_1$——高程计算线两端的高差或路拱高度(m),$h_1 = \frac{Bi}{2}$;

　　　$B$——行车道宽度(m);

　　　$i$——路拱横坡(%)。

上列公式可根据路面类型来采用,一般14m宽以下的过渡式及低级路面采用式(5-16);14m宽以下的高级路面及次高级路面采用式(5-17)。

确定了路脊线和高程计算线网,根据所定的控制高程,算出每条高程计算线两端点的设计高程,因为高程计算线的位置是作为计算路拱的断面位置,所以高程计算线两端点(其中一端位于路脊线上)的高程之差,即路拱的高度$h_1$(图5-55),根据$h_1$值和所选用的路拱形式,即可利用路拱方程算出每条高程计算线上各等分点的设计高程。

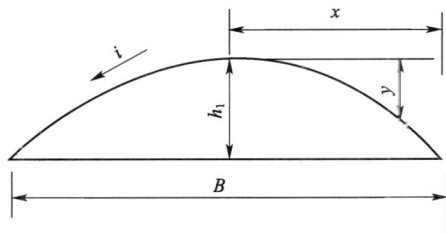

图5-54　路拱高程计算图式　　　　　　　图5-55　高程点数的划分

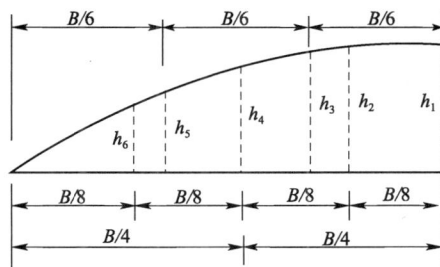

**(七)勾画交叉口上的设计等高线**

参照已知的立面设计图式和形状,把各等高点连接起来,即得初步的、以设计等高线表示的交叉口立面设计图。

**(八)调整高程**

按行车平顺和排水迅速的要求,调整等高线的疏密(一般是中间疏,边沟密)和均匀变化,调整个别不合理的高程,补设进水口。

检查方法:用大三角板或直尺沿行车方向、横断面方向或任一方向,检查设计等高线的分布是否合理,以判别纵坡、横坡和合成坡度是否满足行车和排水要求。最后再检查街沟线上的纵坡能否顺利排水,以及进水口的布置是否合理。

### (九)计算施工高度

根据等高线的高程,用补插法求出方格点上的设计高程,最后可以求出施工高度(它等于设计高程减去地面高程),以符合施工要求。

以上为方格网设计等高线法,适用于大型、复杂的交叉口和广场立面设计。对于一般简单的交叉口也可采用特征高程点(如在纵、横方向选点)表示,路宽的、复杂的则点数可多些,路窄的、简单的则点数可少些。

根据设计经验,在平面交叉口立面设计中,应掌握以下几项要点:

(1)在交叉口相交道路中的纵坡相差不宜太大,尽可能使相交道路的纵坡大致相等。

(2)为了便于排水,行车道两侧的平石边沟的纵坡不宜小于0.3%,缘石高度控制在0.12 ~ 0.2m。

(3)在一般平坦地形的城市交叉口,其立面设计的形状宜采用伞形形式,即把交叉口的中心高程稍微抬高一些向四周倾斜(图5-52),这种形式的立面设计,对排水、行车、美观和衔接处理均有利。

(4)在交叉口范围内的横坡要求平缓,一般情况其横坡不大于路段设计横断面的横坡度。

(5)交叉口对角线上的横坡宜控制在1%左右,如果定得太大,则在其他方向上的横坡就会更大,对交通不利。

### 复习思考题

1. 道路交叉口有何交通特征和构造特征?

2. 平面交叉口车辆交通组织的任务是什么?交通组织的主要措施有哪些?

3. 环行交叉口由哪些部分组成?试分析环行交叉口的优缺点。

4. 交叉口竖向设计的原则是什么?简述竖向设计的步骤。

5. 已知交叉口路中心交点的控制高程为 $H_{中} = 4.0$m,AB 街为Ⅱ级主干道,设计车速为40km/h,CD 街为Ⅱ级次干道,如图5-56所示,设计车速为30km/h,两路的设计纵坡分别为 $i_{AB} = +1\%$,$i_{CD} = +2\%$,要求:

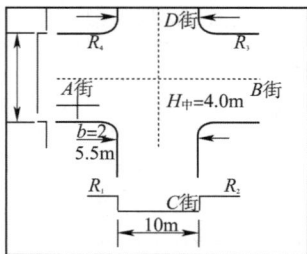

图5-56 某交叉口计算图式

(1)计算各个路口的缘石转弯半径 $R(\mu = 0.15)$。

(2)绘制交叉口4个象限的视距三角形($K = 1.2$,比例1:1 000)。

(3)设计该交叉口的平面图(已知 AB 街两边的非机动车道宽度均为5.5m,图纸比例1:500)。

(4)用等高线法(在1:500的平面图上)做该交叉口的竖向设计(等高线间距为10cm),要求在图上注明各等高线的设计高程和 $i_1$、$i_2$ 的距离。

# 第六章 城镇道路立体交叉

🔑 **学习目标**

1. 掌握城镇道路立体交叉的分类和特点；
2. 掌握城镇道路立体交叉位置的选定方法；
3. 熟悉立体交叉的主要组成部分；
4. 熟悉城镇道路立体交叉设计的内容方法和基本步骤。

🔑 **本章重点和难点**

1. 立体交叉的类型及其特点；
2. 立体交叉的主要组成部分的设计；
3. 立体交叉位置的选定；
4. 立体交叉道路上的排水设计。

立体交叉是利用跨线构造物使道路与道路(或铁路)在不同高程相互交叉的连接方式。因此,立体交叉在道路交通上起着非常重要的作用,使车辆接连不断地迅速通过交叉口,消除或减少了冲突点,大大提高了道路的通行能力,同时节省了时间和燃料,从而带来相当可观的经济效益,为高等级公路的高速安全、畅通提供了保证。

## 第一节 概　述

在平面交叉口,为了保证交通安全,一般采用交通指挥信号加以控制。因此,有效的通过时间受到很大约束,其通行能力和车速均受到很大的影响。而采用立体交叉就可以大大改善行车条件,从而提高交叉口的通行能力和行车速度。但由于建造立体交叉的费用比较昂贵,故需要从各个方面对建造立体交叉口的必要性进行全面论证,在工程上,通常需要从技术和经济两个方面进行论证。

**(一)技术合理**

一般来说,在下列情况下应采用立体交叉：

(1)高速公路与城市各级道路交叉时,必须采用立体交叉。

(2)快速路与快速路交叉,必须采用立体交叉;快速路与主干路交叉,应采用立体交叉。

(3)城镇道路交叉口,如不修建立体交叉就无法改善交叉口及其相连道路的交通现状。

(4)城市交叉口交通量很大,经常发生拥挤、阻塞、排队现象时,需考虑采用立体交叉。

(5)道路跨河或跨铁路的桥梁边孔可利用时,可考虑修建道路与道路的立体交叉。

(6)当铁路干线与城镇道路相交而相互干扰很大时,需采用立体交叉。

**(二)经济效益**

建造立体交叉的工程经济效益,一般体现在以下两个方面:

(1)修建立体交叉平均年投资费用应小于平面交叉口全年的经济损失总额。为简单计算,建造立体交叉的经济效益,可用车辆通过平面交叉口和立体交叉口分别消耗的台时数来表示。

当已知各方向进入交叉口的车流实际组成、交叉口的交通控制方式、高峰小时交通量、白天与夜间交通的不均匀性和各种车辆每台时的价值,即可求出该平面交叉口因交通受阻造成全年经济损失总额。根据这个总额,可得出建造立体交叉的经济合理性的必要前提是:

$$K > R\left(\frac{1}{n} + \frac{P}{100}\right) + m \tag{6-1}$$

式中:$K$——平面交叉因交通受阻所造成的全年经济损失总额(元);

$R$——立体交叉的造价(元);

$n$——立体交叉使用期限(年);

$P$——立体交叉每年大修折旧剔除费,以占立体交叉口造价的百分比来表示(%);

$m$——立体交叉口年平均管理、养护费(元),其中包括立体交叉的平时维修和保养,

即:路面桥隧构造物的维修和交通控制等费用,但不包括大修费用在内。

式中的 $P$ 和 $n$ 值,可参考表6-1中的数值取用。

P、n 值

表6-1

| 固定基金分类与项目 | | 拆旧剔除费占比 P(%) | 构造物使用年限 n(年) |
|---|---|---|---|
| 桥、高架桥、跨线桥 | 钢筋混凝土和石结构 | 1.3 | 100 |
| | 钢结构 | 2.4 | 100 |
| 栈桥 | | 3.2 | 40 |
| 隧道 | 各种结构 | 0.7 | 500 |
| 人行桥与地下道 | | 1.9 | 83 |
| 车行道 | 沥青混凝土修筑 | 4.9 | 31 |
| | 水泥混凝土修筑 | 3.0 | 50 |

根据以上所列条件,如果立体交叉每年的折旧扣除费和管理费之和小于平面交叉口每年因交通受阻带来的损失支出,那么修建新的立体交叉,从经济上来说认为是合理的。

平面交叉口因交通受阻造成的全年经济损失总额 $K$ 可由下式计算:

$$K = \frac{365\sum_{i=1}^{n} Q_i \cdot G}{\beta} + E \quad (元) \tag{6-2}$$

式中：$\sum\limits_{i=1}^{n} Q_i$——平面交叉口各个方向 1h 的受阻总数（总方向数为 $n$）（台时）；

　　　$G$——交通受阻每小时折合运输单位的损失费额（元/台）；

　　　$\beta$——高峰小时交通量（$N_h$）与日交通量（$N_d$）的百分比，即当缺乏交通量 $d$ 观测数据时，$\beta$ 值可取用：市区道路 $\beta=0.08\sim0.10$；郊区道路 $\beta=0.13\sim0.15$；

　　　$E$——由于交通受阻，人员时间浪费所折合的经济价值（元）。

根据修建立体交叉以前的平面交叉口的交通信号控制情况和高峰小时交通量，可以求出 $Q$：

$$Q = N\,\frac{t_1+t_2}{T_c}\cdot\frac{(t_1+t_2)+0.56v}{2\times3\,600} \tag{6-3}$$

式中：$N$——平面交叉口一个方向的高峰小时交通量（辆/h）；

　　　$t_1$、$t_2$——交通信号灯的红、黄灯时间（s）；

　　　$T_c$——交通信号灯的周期时间（s），$T_c=t_1+t_2+t_3$［其中 $t_3$ 是交通信号灯的绿灯时间（s）］；

　　　$v$——路段的车速（km/h）。

$0.56v$ 值是参照车流在运行中减速和加速大致相等而考虑制动和加速时间的消耗。

值得一提的是，$E$ 值是很难计算的，但它却是修建立体交叉衡量经济效益的重要组成部分。

（2）修建立体交叉的成本收回期限 $T$ 为：

$$T = \frac{R-K_e}{k-m}\quad（年）\tag{6-4}$$

式中：$K_e$——平面交叉口的基本投资，因为平面交叉口的造价与立体交叉口相比是微不足道的，此外，平面交叉口的基建投资，等到改建时一般全部收回，因此在计算时可取 $K_e=0$；

其他符号意义同前。

在修建立体交叉的成本收回期限 $T\leqslant10$ 年的条件下，工程经济上则认为是合理的。

对于开新路所建的立体交叉，$t_1+t_2$ 可较保守地取 $t_1+t_2=T_c/2$。

在以上各式中，还未计入：①通过立体交叉车辆运输效率的提高；②汽油的节省；③机械、轮胎磨耗的减少；④避免了可能的交通事故；⑤减少交通管理设施等。综合考虑以上因素，则可用下式表示修建立体交叉的经济合理性。

$$(A+B+C+D+E+F)h \geqslant R$$

式中：$A$——由于立交路口不需要停车或绕行车辆所节省的费用（元/年），可取 $A=K-E$；

　　　$B$——由于路口通行能力提高，使车辆运输率得到提高后所增加的附加收入（元/年）；

　　　$C$——由于减少机械、轮胎磨损以及减少燃料等所节省的费用（元/年）；

　　　$D$——由于减少交通管理设施每年所节省的费用（元/年）；

　　　$E$——同式（6-2）；

　　　$F$——由于减少交通事故所挽回的费用（元/年）；

　　　$h$——预计收回成本的期限（可取 10 年）；

　　　$R$——同式（6-1）。

上式中还未计入由于修建立体交叉时为当地的经济发展所带来的效益。

满足上式时,则认为经济上是合理的。

## 第二节 立体交叉的类型及其特点

一、按相交道路等级、直行及转向(主要是左转)车流行驶特征、非机动车对机动车干扰等分类

主要类型及交通流行驶特征分类应符合下列规定:

(1)立 A 类:枢纽立交。

立 A1 类:主要形式为全定向、喇叭形、组合式全互通立交;

立 A2 类:主要形式为喇叭形、苜蓿叶形、半定向、定向或半定向组合的全互通立交。

(2)立 B 类:一般立交。

主要形式为喇叭形、苜蓿叶形、苜蓿叶形立交、环形、菱形、迂回式、组合式全互通或半互通立交。

(3)立 C 类:分离式立交。

立体交叉口类型及交通流行驶特征见表6-2。

**立体交叉口类型及交通流行驶特征** 表 6-2

| 立体交叉口类型 | 主线直行车流行驶特征 | 转向车流行驶特征 | 非机动车及行人干扰情况 |
|---|---|---|---|
| 立 A 类(枢纽立交) | 连续快速行驶 | 较少交织、无平面交叉 | 机非分行,无干扰 |
| 立 B 类(般立交) | 主要道路连续快速行驶,次要道路存在交织或平面交叉 | 部分转向交通存在交织或平面交叉 | 主要道路机非分行,无干扰;次要道路机非混行,有干扰 |
| 立 C 类(分离式立交) | 连续行驶 | 不提供转向功能 | — |

立交类型选择应根据交叉口在道路网中的地位、作用、相交道路的等级,结合交通需求和控制条件确定,并应符合表6-3 规定。

**立体交叉选型** 表 6-3

| 立体交叉口类型 | 选 型 | |
|---|---|---|
| | 推荐形式 | 可选形式 |
| 快速路—快速路 | 立 A1 类 | — |
| 快速路—主干路 | 立 B 类 | 立 A2 类、立 C 类 |
| 快速路—次干路 | 立 C 类 | 立 B 类 |
| 快速路—支路 | — | 立 C 类 |
| 主干路—主干路 | — | 立 B 类 |

注:当城市道路与公路相交时,高速公路按快速路、一级公路按主干路、二级和三级公路按次干路、四级公路按支路,确定与公路相交的城市道路交叉口类型。

二、按结构物形式分类

立体交叉按相交道路结构形式划分为上跨式和下穿式两类。如图6-1、图6-2所示。

图6-1 上跨式立体交叉

图6-2 下穿式立体交叉

**1. 上跨式**

用跨线桥从相交道路上方跨过的交叉方式。这种立交施工方便,造价较低,排水易处理,但占地大,引道较长,高架桥影响视线和市容,宜用于市区以外或周围有高大建筑物等处。

**2. 下穿式**

用地道(或隧道)从相交道路下方穿过的交叉方式。这种立交占地较少,立面易处理,对视线和市容影响小,但施工期较长,造价较高,排水困难,多用于市区。

## 三、按交通功能分类

**1. 分离式立体交叉**(图6-3)

分离式立体交叉仅设隧道或跨线桥,上、下道路没有匝道连接,车辆不能相互往来,这种立体交叉不增占土地,构造简单,但上、下道路上的车辆不能相互转道,多用于铁路与道路的立体交叉或高等公路与限制出入的一般道路相交的立体交叉。亦有允许右、左转弯的分离式立体交叉,称之为分离互通式立体交叉。这种立体交叉的转弯道路不是专设匝道,而是与某一主线在同一平面上进行。

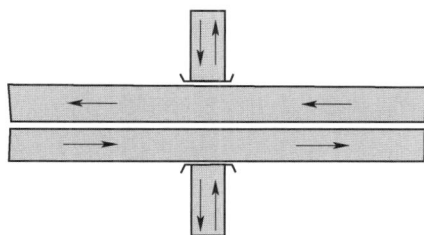

图6-3 分离式立交

**2. 互通式立体交叉**(图6-4)

互通式立体交叉,除设有构造物(隧道或跨线桥)外,并设有匝道连接上、下道路,相交道路上车辆可以转弯行驶,全部或部分消灭了冲突点,各方向行车干扰较小。互通式立交构造复杂,占地较多,但上、下道路上的车辆可以互相转道,在城镇道路及高等级公路出入口处一般均要求相互贯通,故多采用互通式立体交叉。

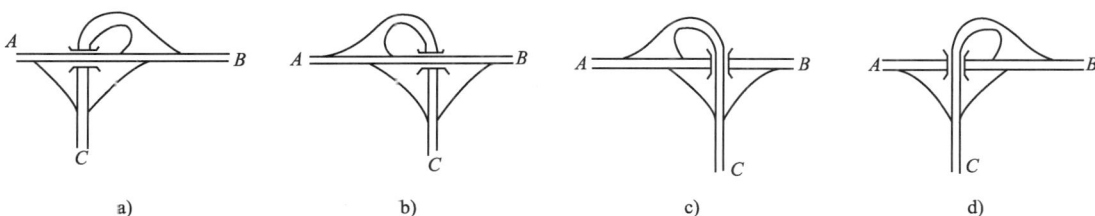

图6-4 喇叭形互通立交

互通式立体交叉的类型很多,按交通功能和运行方式可分为完全互通式和部分互通式。完全互通式为允许所有方向上车辆出入,相互连通的立交。当需要限制某一方向上车辆出入时,则采用部分互通式立交。按相交道路的条数可分为三岔立交、四岔立交和多路立交。按立体交叉的层数可分为两层式、三层式和四层式等。下面将介绍一些互通式立交常用的基本形式及其特点。

(1)三岔立交

三岔立交有喇叭形、定向 Y 形,半定向 Y 形和三岔菱形四个基本形式。

①喇叭形。

路线结构简单,行车安全、便利。它用一个小型匝道和一个外环道来实现左转弯运行,无冲突点,行车安全但环形匝道半径小,绕行路线长,车速和通行能力受到一定限制,适用于主要道路与次要道路的 T 形交叉。当地形条件适合小环道布置时较合适,也适用于布置收费所的情况。具体布设时可有四种方式(图6-4)。其中 a)、b)两种为主要道路在上层的布置,视野开阔,容易分辨行车方向。c)、d)两种小环道设在主要道路的入口处,有利于控制车辆的进入;而出口处外环道转弯半径较大,有利于车辆逐步减速。布设时应注意将喇叭口设在左转弯交通量大的道路一侧,交通量小的转弯车辆安排在小环道上,如 a)、d)有利于 $B\rightarrow C$ 左转弯,b)、c)有利于 $C\rightarrow A$ 左转弯。

②定向 Y 形。

定向 Y 形立交宜设于两条道路合成一条或一条道路分成两条的交叉上,三个方向交角相近,能提供所有方向车辆完全、无阻的直接运行,适用于各个方向交通量都很大而又相互接近的交通枢纽等情况。这种形式平面线形好、车速高,但桥跨结构物多,造价高,两条主线可能分开太远,适用于各向交通量都比较大的高等级道路的交叉。具体布设时,可集中设一座三层式立交桥,也可分散设三座桥(图6-5)。分散设置占地多于集中设置,而集中设置由于层数高,匝道纵坡受到限制而使平面线形难于处理。

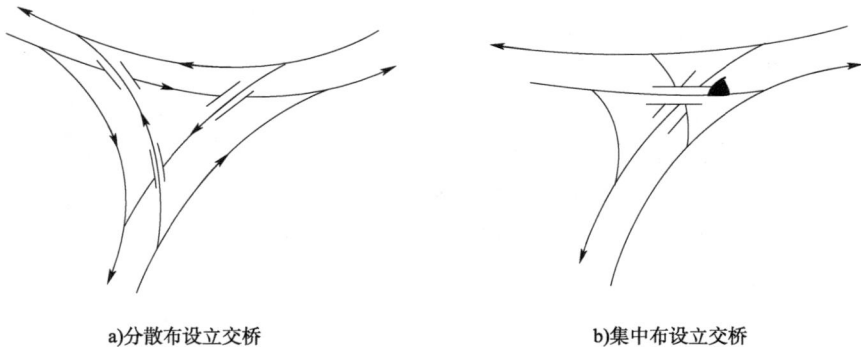

a)分散布设立交桥                b)集中布设立交桥

图6-5 定向 Y 形立交

③半定向 Y 形立交。

半定向 Y 形是部分左转弯车道采用定向匝道,而另一部分左转行驶则用指标较低的非定向匝道或环形匝道代替。可有三层两桥式,两层三桥式和两层一桥式三种(图6-6),其中图6-6a)、b)两式行车条件好,左转绕行距离短,两主线分开不太远,占地少,适用于车速要求高,$AB$ 向交通量相对较大的情况。但三层式高差大,桥跨长,匝道纵坡陡。两层一桥式又称为三岔菱形,它存在平交冲突点,安全性稍差,但占地少,投资省,适用于高等级公路(AB向)与低级道路(C)连接、转弯交通量小的互通式立交。

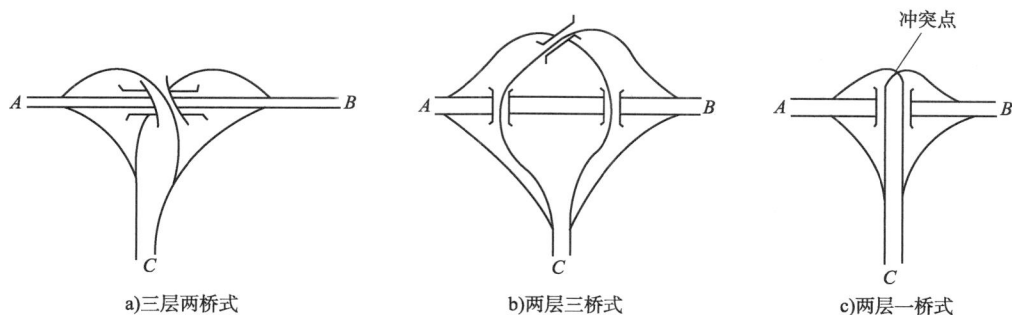

a)三层两桥式　　　　　　b)两层三桥式　　　　　　c)两层一桥式

图6-6　半定向 Y 形立交

(2)四岔立体交叉

四岔立体交叉有菱形、苜蓿叶形、部分苜蓿叶形、定向型、半定向型、环形等。

①菱形立交。

它是由四条组成菱形的直线匝道来实现所有方向车辆转弯的立交方式。构造物之前高标准的单一驶出,过构造物之后高标准的单一驶入,只需设一座跨线桥,结构简单,用地及投资均较省。但由于匝道不足,在次要道路上存在平交冲突点。由于其占地少,特别适合于城镇道路(图6-7)。

为了减少平交点及提高交叉口的通行能力,可采用分离式菱形立交,如图6-8a)为接近的两条连接线成为分离的连接形式;图6-8b)为连接式分向行车的分离形式,形式 b)能排除左转弯车辆,使转弯车流渠化,比形式 a)更有潜力。此外,这两种形式有利于分期修建。

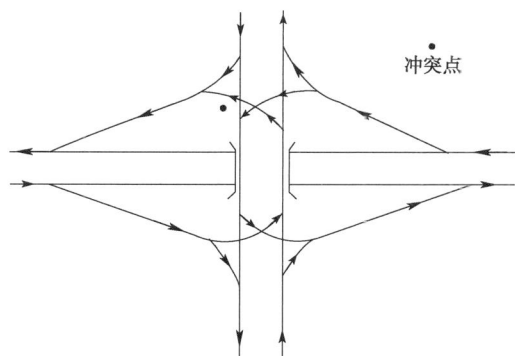

图6-7　菱形立交

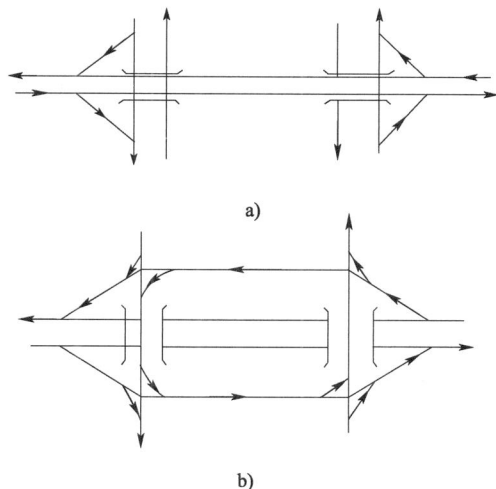

图6-8　分离式菱形立交

②苜蓿叶形立交。

如图6-9所示,全苜蓿叶形立交是在 4 个象限内均设置大小半径匝道各一条,大半径匝道用于右转弯交通,小半径环道则通过变左转为右转以实现左转弯运行。且只需一座跨线桥,构造物少,外形简单,造型美观,视距条件好,但左转弯绕行距离长。在直线道上连续出现两次分流和两次合流以及交织车流,有碍直行交流,占地面积较大,它主要适用于高等级公路之间的互通立交。

为了消除直行道上进出口段交织车流的影响,可在主线上平行加设两条集散车道,做成带集散路的苜蓿叶形立交(图6-10)。

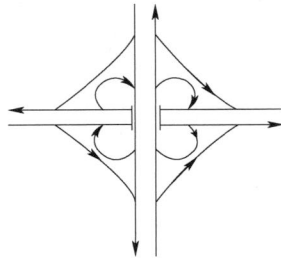 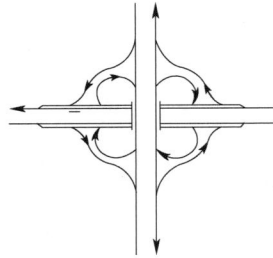

图6-9 全苜蓿叶形互通立交          图6-10 带集散路的苜蓿叶形立交

苜蓿叶形立交的叶瓣除圆形外,还可做成椭圆形、方形以及不对称形,以适应当地地形、地物的需要。如北京市的阜成门立交为长条苜蓿叶形,为节约用地,该立交还将右转弯匝道与左转弯匝道合并为双向匝道(图6-11)。

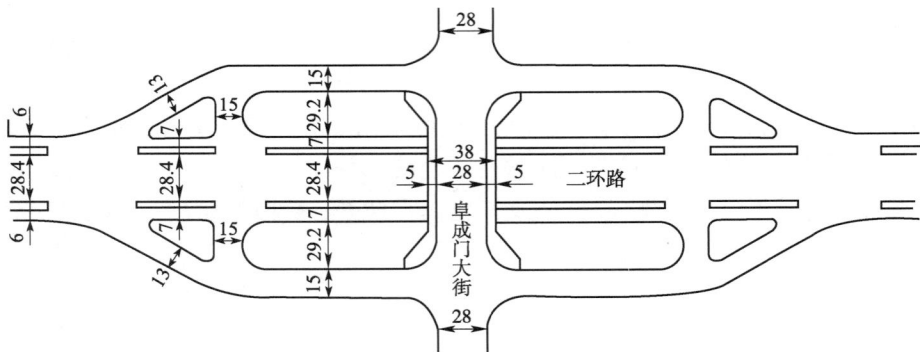

图6-11 长条苜蓿叶形二层式立交(北京阜成门立交)(尺寸单位:m)

③部分苜蓿叶形立交。

部分苜蓿叶形与苜蓿叶形相似,但次要道路上有冲突点,这种形式只在部分象限内设置匝道,或在所有象限内仅设置部分环道的立交。它只适用于高等级道路与次要道路的相交需要限制某方向车辆出入的情况。在用地拆迁困难条件下或近期交通量小而采用分期修建时更为适用。此型需要设置交通信号灯。

按匝道布置和功能不同,部分苜蓿叶形可做成对角象限部分互通式、对角象限平交型全互通式、相邻象限部分互通式和相邻象限平交型全互通式,平交均安排在次要道路上(图6-12)。

④定向型立交。

四岔定向型互通式立交其基本特征为左转匝道直接从一条道路左侧驶出,又从另一条道路左侧直接驶入,用这种直接定向匝道实现车辆左转。其主要特点为匝道直接进出,转向角小(只有90°左右),转弯半径大,路线短捷,各方向匝道均独立设置,无平交冲突点,无交织路段,因而适应的车速和交通量比前几种好。但其造价昂贵,设计施工较复杂。特别适用于城市人口稠密,交通繁忙的高等级快速道路交叉口。

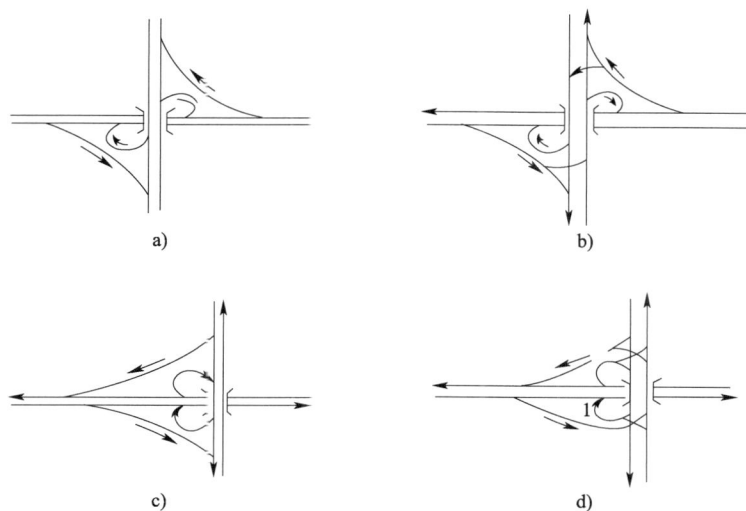

图 6-12　部分苜蓿叶形立交

图 6-13 为跨线桥集中布置的四层式定向型立交,第一、二层为两条主线及右转匝道,第三、四层为左转匝道。

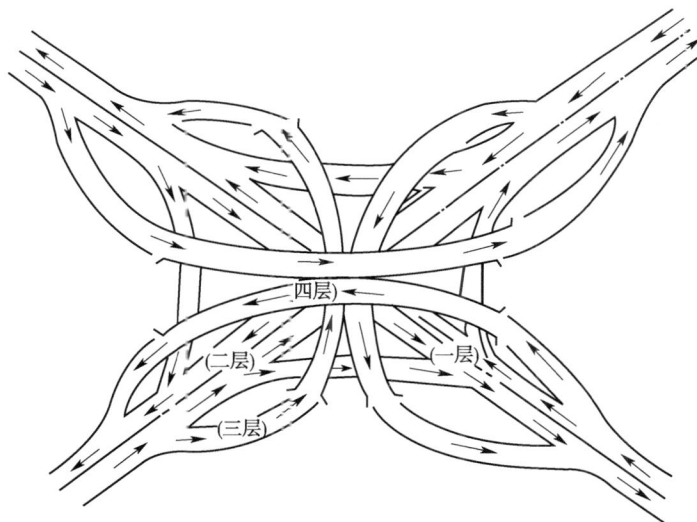

图 6-13　跨线桥集中布置的四层式定向型立交

图 6-14 为五桥分散布置的两层式定向型立交,左转匝道用半个圆环加一段反向曲线,全部左转匝道构成涡轮状,故又称涡轮式定向立交。

⑤半定向型立交。

当两条干线道路相交而不同方向的左转弯交通量差别较大时,可将左转弯交通量大的方向用定向匝道连接,而左转交通量小的方向则用环形匝道或不予连接,这就构成半定向型。图 6-15 所示为一、三象限有左转定向匝道的半定向型立交,适用于东西向干道左转弯交通量较大的情况。

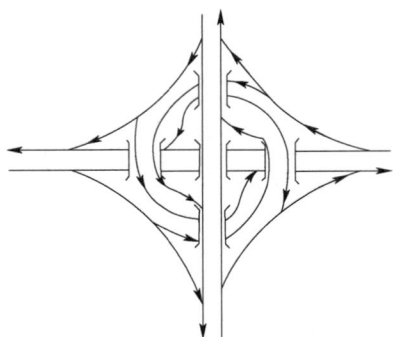

图6-14 五桥分散布置的两层式定向型立交    图6-15 半定向型立交

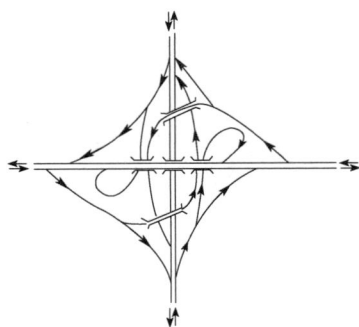

⑥环形立交。

环形立交是用公用环形匝道来实现各方向转弯的立交方式。其特点是环形匝道转弯半径较大,左转车行车路线绕行距离较小环道短,行车方向容易辨认,结构紧凑,占地较少。由于左转匝道公用,有交织路段,因而速度和通行能力较小,并且桥跨结构较前几种多,工程费用较高。按环道和立交桥布置的不同,分为两层式、三层式和四层式等。

两层式环形立交,适用于主要道路和次要道路的立交,由两桥加环道构成。主要道路的直行交通上跨或下穿,次要道路直行及所有转弯交通走环道。当左转弯交通较少时,采用长圆形环道,使短轴顺主要道路方向布置,以缩短直行车辆穿过交叉口的路程(图6-16)。

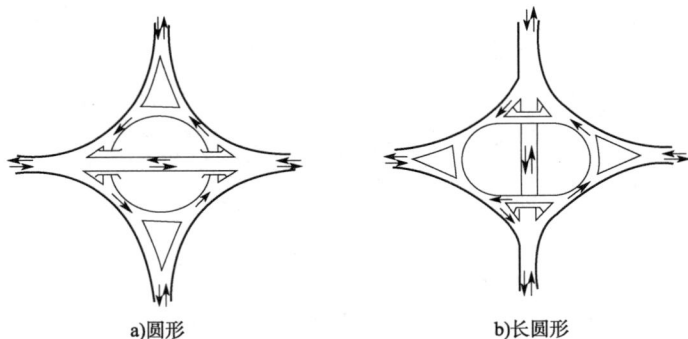

a)圆形    b)长圆形

图6-16 两层式环形立交

## 第三节 立体交叉的规划与设计

一、立体交叉设计资料的收集

在立体交叉设计之前,应通过实地勘测、调查收集以下必要的设计资料:

(1)自然资料:测绘立交范围的1:500~1:2 000地形图,详细标注建筑物的建筑线、种类、层高、地上及地下各种杆柱和管线;调查并收集用地发展规划,地质、土壤、气候资料,调查附近河道的河底高程和常水位、最高洪水位,附近地面排水情况,地下水的丰水位和枯水位;收集附近的国家控制点和水准点等。

（2）交通资料：收集各转弯及直行交通量，交通组成；推算远景交通量；绘制交通量流量流向图；调查非机动车和行人流量等。

（3）拆迁范围的情况：交叉处附近各种构造物（如房屋、地面和地下管线、人防工事等）拆迁的可能性和范围。

（4）道路资料的情况：调查相交道路的等级、平纵面线形、横断面形式和尺寸；相交角度、控制坐标和高程；路面类型及厚度；确定净空高度、设计荷载、计算行车速度及平纵横指标等。

（5）排水资料收集：收集立交所在区域的排水制度、现状和规划，各管渠位置、埋深和尺寸。

（6）文书资料的收集：收集设计任务书，上级主管部门的具体要求、意见及有关文件等。

（7）其他资料的调查：调查取土、弃土和材料来源；施工单位、季节、工期和交通组织与安全。

## 二、互通式立体交叉的布置规划

互通式立交是路网的一个组成部分，在路网中具有交通枢纽的作用。因此，在路网规划时必须考虑互通式立交的规划，对其修建的数目、间距以及具体位置按照路网总体规划要求做合理的布置。

### （一）互通式立交的数目和间距

互通式立交的数目和间距除满足相交道路使用性质和交通量需求外，还应从保证主线道路的通行能力和交通安全出发，考虑车辆交织的必要长度、驾驶员行车时对交通标志辨认的反应时间等因素，使能最好地发挥立交的运行作用。

（1）按相邻交叉口之间车辆行驶所必要的交织长度考虑最小间距。

车辆从立交的匝道入口合流点到下一个立交匝道出口的分流点之间产生的交织运行，所需的长度按车速大小而定，最小应为150～200m，如有可能应尽量采用与加速车道、减速车道之和相等的长度，即250～500m，再加上匝道分合流点至互通式立交中心之间距，总计最小间距应不小于1km。

（2）按驾驶员识别交通标志所需的最小间距。

为给驾驶员提供前方出口位置和距离的信息，要求在出口之前设出口预告标志，该标志在郊外公路最小为3km。互通式立交之前的预告标志与高速公路上的其他设施（如服务区、隧道）的距离有关，服务区的预告标志至少保持3km，公共汽车站预告标志为2km。对于隧道，由于洞内不能设置标志牌，驾驶员刚出隧道时视力不能一下子完全恢复，所以紧接隧道口不能设出口匝道，从隧道出口到互通式立交中心至少应保持2km的间距。

（3）为了充分发挥高速公路和一级公路的投资效益，除人烟稀少的山区和高原外，最大间距不宜大于30km。

（4）能均匀地分散交通。

相邻立交之间保持合适的间距，应与其担负的交通量均衡。间距过大会使交通联系不便；间距过小则又影响高速道路功能的发挥，且使建设投资增加。

### (二)互通式立交位置的选定

互通式立交位置的选定,应以现有道路网或已批准的规划为依据。在保证主线畅通的前提下,综合考虑立交对地区交通的分散和吸引作用,立交的设置条件,技术上的合理性、经济上的可行性以及拟选立交的形式等。一般应选择在地势平坦开阔、地质良好、拆迁较少及相交道路具有较高的平纵线形指标处。

通常,应根据下列条件选定立交的位置:

1. 相交道路的性质和任务

高速公路之间及与其他各级道路相交时,一级公路与交通繁忙的一般公路相交时,高速道路与通往大城市、重要政治、经济中心、重要港口、机场、车站和游览胜地的道路相交处应设置互通式立交。

2. 相交道路的交通量

城镇道路规定进入交叉口的交通量达 4 000~6 000 辆/h(小汽车),相交道路为四车道以上时,且对平面交叉改善措施和调整交通组织难以奏效时可采用立交。

3. 地形、地物条件

由于互通式立交占用土地面积较大(一般 3~10hm²),因此要按照周围的地形高差、坡度进行规划。要避开陡峻地形,软弱地基及采空区等不利地点。对于市区,周围的永久建筑物、地下管线、排水方向等是主要的分析因素。此外,对于地下有无埋藏古文物的存在,要进行调查并做出处理措施,以免将来出现必须变动立交位置的情况。

4. 周围环境条件

周围环境涉及互通式立交出入口对周围街区的干扰,交通噪声、废气对周围环境未来发展的污染。互通式立交在城市近郊和市区内往往具有景观效益,选定的位置要尽可能起到美化环境的作用。

5. 经济条件

修建立交的年平均投资费用应小于平面交叉口的年经济损失总额,否则是不合理的。

### 三、设计步骤

(1)调查:勘测并收集有关设计资料。

(2)初拟方案:一般是在地形图上绘出各种可能的立交方案。方案应能满足设计要求,符合现场条件及其有关规定。

(3)方案比较:初拟方案分析比较,选出可比方案再进一步比较。在地形图上,绘出各可比方案,完成初步的平纵面设计、桥跨方案和概略工程量计算,作出各方案比较表,全面评比选出最佳方案。为了便于比较,可根据需要作出方案模型或者绘制透视图,并征询有关方面意见。

(4)详细测量:按采用方案现场放线,进行详细测量和调查,收集平、纵、横设计和桥跨设计等所需资料。

(5)施工图设计:完成立交全部施工图表资料,并编制工程预算。

以(1)~(3)项为初步设计阶段的工作,(4)~(5)项为施工图设计阶段的工作。

## 第四节　立体交叉主要组成部分的设计

### 一、匝道设计

匝道是互通式立交必不可少的组成部分。匝道设计的合理与否,直接关系到立交枢纽的功能、营运及安全等,因此,匝道的合理布置及使用合理的线形非常重要。

#### (一)匝道分类

1. 交叉口动线布置的基本形式

(1)基本形式(图6-17)

交叉口动线间的相互位置关系可以归纳为如下四种基本形式:

①分流:指一个方向的交通流分为两个方向的交通流,通常用"D"表示。

②合流:指两个方向的交通流合为一个方向的交通流,通常用"M"表示。

③交织:两个方向的交通流合流又分流的组合情况,通常用"W"表示。

④交叉:两个不同方向的交通流以接近或大于90°相交的情况,通常用"C"表示。

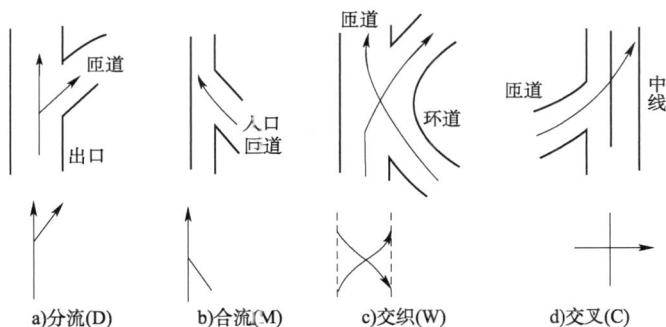

a)分流(D)　　b)合流(M)　　c)交织(W)　　d)交叉(C)

图6-17　动线布置的基本形式

(2)动线布置的组合情况

交叉口处动线的分流、合流可以是连续多次的,也可能出现其他组合情况。动线的基本组合可以有连续分流(DD),连续合流(MM)、合分流(MD)、分合流(DM)四种,如图6-18所示。在基本组合的基础上,进一步根据分、合流在主线的左、右侧位置的不同,又可有16种组合形式,如图6-19所示。

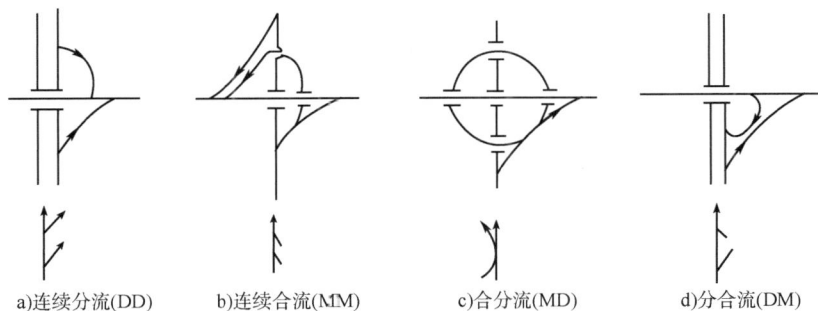

a)连续分流(DD)　　b)连续合流(MM)　　c)合分流(MD)　　d)分合流(DM)

图6-18　动线的基本组合情况

2. 匝道的分类

匝道的形式较多,按匝道的性质及其行驶状况分类,分为右转弯匝道和左转弯匝道两大类。

1)右转弯匝道

所谓右转弯匝道,即车辆按右侧通行时右转弯只需转 90°的角度,是最简单的匝道。图 6-20a)所示称为斜行式(对角线),如图 6-20b)式为平行式,是各种立交的基本组成部分,从右侧驶出,右转弯到相交路线的右侧驶入,行驶最为顺利。当右转弯匝道的内部还加有环圈式匝道或其他障碍物必须绕远时,如图 6-20c)所示,这种右转弯匝道有时专门称为外接匝道。右转弯匝道可以不用任何跨线构造物。

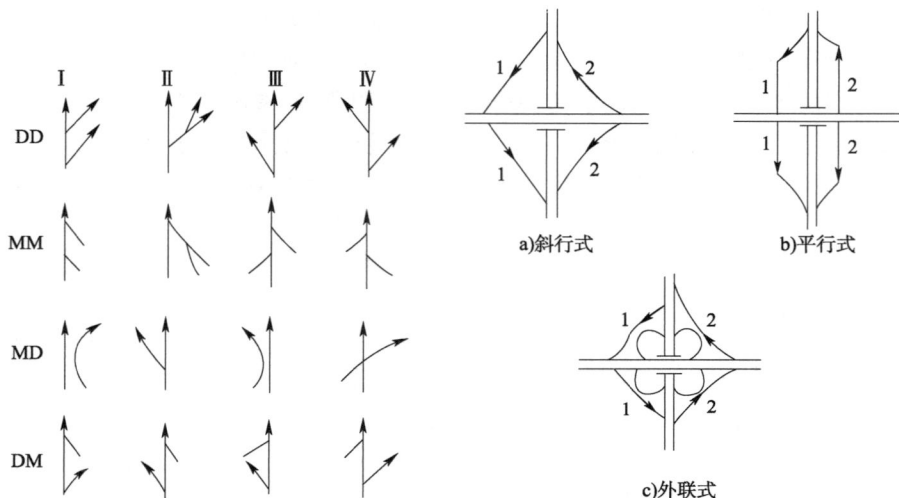

图 6-19  动线布置的各种组合情况

a)斜行式

b)平行式

c)外联式

图 6-20  右转弯匝道

2)左转弯匝道

当车辆按右侧通行时,左转弯须转 270°的角度,还要越过对面来车的车道,情况比较复杂,左转弯匝道可以有以下做法:

(1)直接连接型匝道——直接式

直接式又称定向式或左出左进式。直接从左侧驶出,左转弯,从左侧汇入相交车道,如图 6-21 所示。定向式匝道长度最为短捷,可降低营运费用,左转弯自左驶出,没有反向运行,最为自然顺当,不会在立交处引起错路运行。但是存在以下严重缺点:跨线构造物较多,单行跨线桥两层式两座或三层式一座。相交道路的双向行车之间需有足够间距,对重型车和慢速车左侧高速驶出困难,左侧高速驶入困难且不安全。

因定向式左转匝道存在左出和左进的问题,且与我国右侧行驶规则不相适应,所以除左转交通量很大外,一般不采用。

(2)半直接连接型匝道——半直接式

这种匝道称为半直接式,或称半定向式,可以有如下三种做法:

①左出右进式:如图 6-22 所示,左转车辆从左侧直接驶出后左转弯,到相交道路时由右侧驶入。与定向式匝道相比,右进改变了左进的缺点,但仍存在左出的问题。匝道略绕行,

驶出道路双向车道间需有足够间距。对应图示三种情况,需设两层式单行和双向跨线桥各一座,或三层式双向一座,或两层式单行一座。

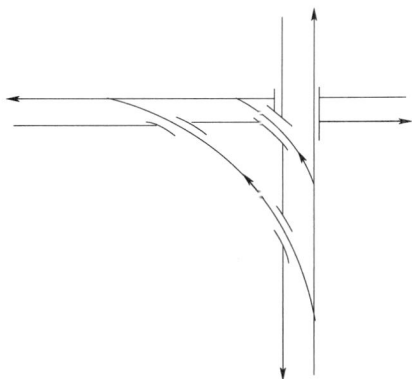

图 6-21　定向式(左进右出式)

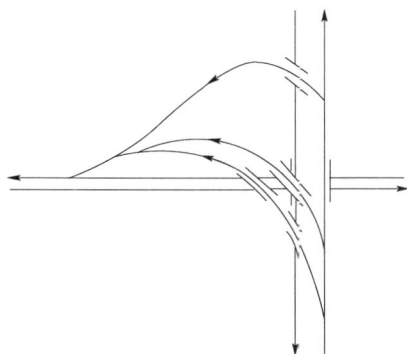

图 6-22　左出右进式

②右出左进式:如图 6-23 所示,左转车辆从右侧右转驶出,在匝道上左转,到相交道路后直接由左侧驶入。改善了左出的缺点,但左进仍然存在,驶入道路双向车道之间需有足够间距。

③右出右进式:如图 6-24 所示。这种形式运行距离最长,构造物也最多,但行驶最为安全。两条高等级公路相交,各条的上下行车道都有两条或两条以上,而该象限的转弯交通量又很大时,可以采用这种形式。

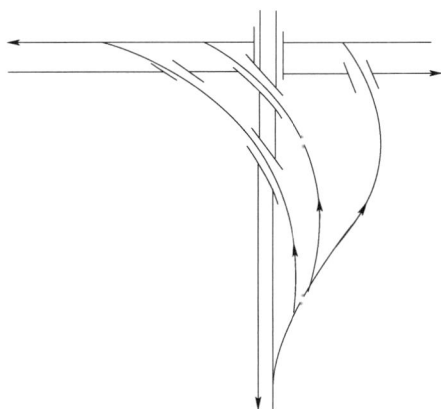

图 6-23　右出左进式

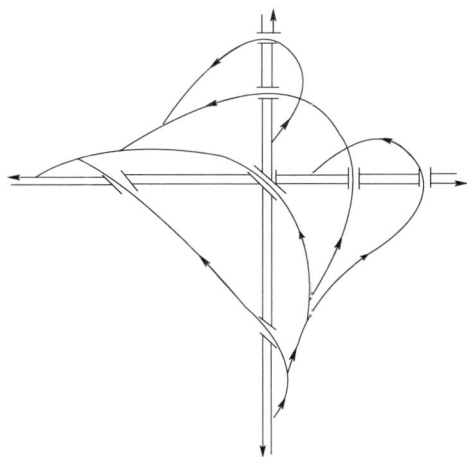

图 6-24　右出右进式

(3)环圈形匝道——间接式

左转弯不向左转,却反向向右转连续 270°达到左转目的,形成一个环圈,因而特称为环圈式或反向式,如图 6-25 所示。特点是右出右进,行车安全,不需设构造物,造价低,匝道线形指标差,占地较大,车速和通行能力低,左转绕行较长。

环圈式匝道为苜蓿叶和喇叭式立交的标准组成部分。图 6-25a)为常用基本形式,当苜蓿叶形立交为了改善交织而设置集散道路时,可用其余三种形式。

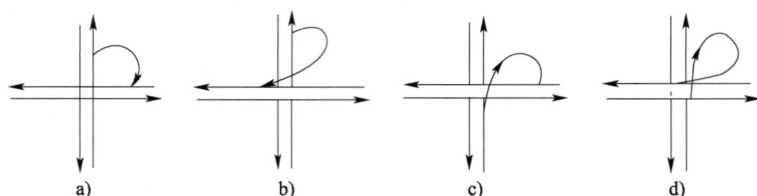

图 6-25　环圆式左转匝道

### （二）匝道的计算行车速度

匝道的计算行车速度值为相应路段计算行车速度的 0.5～0.6 倍。推荐值采用 0.6，标准相当于国外的中限值。规范规定见表 6-4。

匝道的计算行车速度　　　　　　　　　　　　　　　　　　表 6-4

| 相交道路的设计速度（km/h）<br>道路的设计速度（km/h） | 120 | 80 | 60 | 50 | 40 |
|---|---|---|---|---|---|
| 80 | 60～40 | 50～40 | — | — | — |
| 60 | 50～40 | 45～35 | 40～30 | — | — |
| 50 | — | 40～30 | 35～25 | 30～20 | — |
| 40 | — | — | 30～20 | 30～20 | 25～20 |

### （三）匝道的平面

匝道平曲线半径直接影响着匝道的形式、用地、规模、造价以及行车的安全性和舒适性。最小半径的大小取决于匝道的计算行车速度，同时应考虑经济性、安全性和舒适性。城镇道路为了适应城市用地紧张、拆迁困难的情况，一般都采取适当降低舒适程度的方式，如将横向力系数加大，城镇道路一般希望不设超高或尽可能采用超高小些。表 6-5 可供设计人员结合具体地形、地物等条件选用。

匝道的圆曲线最小半径　　　　　　　　　　　　　　　　　表 6-5

| 设计速度（km/h） | 60 | 50 | 45 | 40 | 35 | 30 | 25 | 20 |
|---|---|---|---|---|---|---|---|---|
| 横向力数 | 0.18 | | | | | | 0.16 | 0.14 |
| 超高 6% 最小半径（m） | 120 | 80 | 65 | 50 | 40 | 30 | 20 | 15 |
| 超高 4% 最小半径（m） | 130 | 90 | 75 | 60 | 45 | 35 | 25 | 20 |
| 超高 2% 最小半径（m） | 145 | 100 | 80 | 65 | 50 | 40 | 30 | 20 |
| 不设超高最小半径（m） | 180 | 125 | 100 | 80 | 60 | 45 | 35 | 30 |

匝道可能的最小圆曲线半径可由下式计算：

$$R_{min} = \frac{H}{5.71 i_{max}}$$

式中：$R_{min}$——匝道可能的最小转弯半径（m）；

　　　$H$——相交道路路基边缘的高差（m）；

　　　$i_{max}$——匝道曲线段上的最大纵坡（%）。

当匝道上的竖曲线与平曲线遇到一起时,坡度转折点和平曲线转角最好错开,若重合时,则要考虑坡度的折减。

### (四)匝道的最大纵坡

由于匝道的行驶条件差,易发生交通事故,因而其最大纵坡应较路段的标准高些。冰冻地区立交匝道的最大纵坡≤4%,非冰冻地区计算行车速度80km/h时为4%,小于或等于60km/h时为5%。机动车与非机动车在同一坡道上行驶时,最大纵坡按非机动车道的规定,即宜小于2.5%,大于或等于2.5%时应限制坡长,坡度为2.5%、3%、3.5%时,对自行车道限制的坡长分别为300m、200m、150m;对三轮车或板车坡度为2.5%、3%时,限制坡长分别为150m、100m。不应设计大于3.5%的坡度。规范规定立交范围内回头曲线处的纵坡度宜小于或等于2%,即平面线形较差的地方,纵断面线形要求适当提高标准。

### (五)匝道的横断面

匝道横断面由行车道、硬路肩(包括侧带)组成,行车道一般为单向单车道,个别为单向双车道。当对向使用的两条匝道并列时,匝道中间应当设置中央带,中央带由分隔带和两边的侧带组成。分隔带原则上应宽于1m(特殊情况下可采用0.5m),并高出行车道路面,侧带宽0.25~0.5m。单向行驶匝道的路面宽度要考虑车辆临时发生故障,停放在匝道路边时,尚能确保其他车辆从匝道通过,因此规范规定单向行驶的匝道路面宽度不应小于7m,其他同一般道路横断面。

### (六)匝道口最小净距

匝道口的间距取决于立交的类型、成对匝道(进口或出口)的功能和实际交织的有无等,但端部之间则需保持合理的长度、设置标志等。规范规定匝道口最小净距是根据驾驶员辨认标志、引起反映所需时间及汽车移向邻近车道所需时间的计算总和而得的。对于进口—出口型、进口—进口型及出口—出口型,当干道计算行车速度为80km/h、60km/h、50km/h和40km/h时,匝道口最小净距分别为110m、80m、70m和40m。由于出口—进口型行驶的车辆没有交织干扰,可以缩短以上匝道口间距的1/2,分别为55m、40m、35m和30m。对于进口—出口型还应计算交织长度,并与以上数值比较,取其大者。

## 二、变速车道设计

为了保证干道直行流不受进出匝道车辆的干扰,保持一定的车速,而设置变速车道。变速车道包括减速车道和加速车道。

### (一)变速车道的形式

变速车道一般分为直接式与平行式两种,如图6-26所示。直接式不设平行路段,由正线斜向渐变加宽,形成一条与匝道连接的附加车道。而平行式是在正线外侧平行增设的一条附加车道平行式车道适合做加速车道,但当加速车道不太长、交通量较小时加速车道可选用直接式。减速车道为利于行车顺适一般选用直接式,但减速车道交通量大时,也应采用平行式。

### (二)变速车道的横断面

变速车道横断面的组成与单车匝道基本相同,是由行车道、路肩和路缘带组成,宽度可与直行方向干道车道宽度相同,自干道路缘带外侧算起,变速车道外侧应另加路缘带。

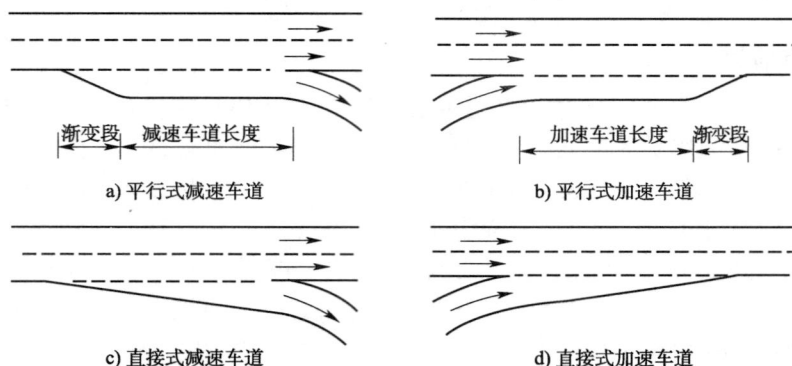

a) 平行式减速车道    b) 平行式加速车道

c) 直接式减速车道    d) 直接式加速车道

图6-26    变速车道的形式

### (三)变速车道的长度

1.加速车道长度

计算公式如下:

$$L_a = \frac{v_a - v_{ar}}{26a}$$

式中:$L_a$——加速车道长度(m);

$v_a$——干道计算行车速度(m/s);

$v_{ar}$——匝道计算行车速度(m/s);

$a$——加速度(m/s$^2$)。

规范规定加速车道长度不应小于表6-6值。

加速车道长度(m)                                                                              表6-6

| 匝道设计速度(km/h)<br><br>干道设计速度(km/h) | 60 | 50 | 45 | 40 | 35 | 30 | 25 | 20 |
|---|---|---|---|---|---|---|---|---|
| 120 | 240 | 270 | 300 | 330 | — | — | — | — |
| 80 | — | 180 | 200 | 210 | 220 | 230 | — | — |
| 60 | — | — | 150 | 180 | 190 | 200 | 210 | 220 |
| 50 | — | — | — | — | 80 | 100 | 110 | 120 |
| 40 | — | — | — | — | — | — | 50 | 60 |

2.减速车道长度

计算公式如下:

$$L_d = S_t + S_b$$

式中:$L_d$——减速车道长度(m);

$S_t$——用发动机制动器持续 $t_b$ 时间(s)的行驶距离(m);

$S_b$——开始踏制动器以后行驶的距离(m)。

$$S_t = v_i t_b + \frac{1}{2} d_e t_b^2$$

式中：$v_i$——初速度(m/s)；

$\quad t_b$——发动机制动器作用时间(s)，取3s；

$\quad d_e$——用发动机制动器的减速度(m/s²)，可由汽车制造厂提供的特征参数计算得到。

$$S_t = \frac{1}{2d_b}(v_d{}^2 - v_{ar}^2)$$

式中：$d_b$——用制动器的减速度(m/s²)；

$\quad v_d$——用制动器减速前发动机制动减速后的速度(m/s)；

$\quad v_{ar}$——匝道的计算行车速度(m/s)。

规范规定减速车道长度不应小于表6-7数值。

减速车道长度(m)　　　　　　　　　　　　　　　　表6-7

| 匝道设计速度(km/h) \ 干道设计速度(km/h) | 60 | 50 | 45 | 40 | 35 | 30 | 25 | 20 |
|---|---|---|---|---|---|---|---|---|
| 120 | 110 | 130 | 140 | 145 | — | — | — | — |
| 80 | — | 70 | 80 | 85 | 90 | 95 | — | — |
| 60 | — | — | 50 | 60 | 65 | 70 | 75 | 30 |
| 50 | — | — | — | — | 45 | 50 | 55 | 50 |
| 40 | — | — | — | — | — | — | 35 | 40 |

### 3. 变速车道长度修正系数

下坡大于2%时修正减速车道，即将减速车道加长；上坡大于2%时，修正加速车道长度，即将加速车道加长。修正系数可按表6-8修正。

变速车道长度修正系数　　　　　　　　　　　　　　表6-8

| 干道平均纵坡度(%) | $0 < i \leqslant 2$ | $2 < i \leqslant 3$ | $3 < i \leqslant 4$ | $4 < i \leqslant 6$ |
|---|---|---|---|---|
| 减速车道下坡长度修正系数 | 1 | 1.1 | 1.2 | 1.3 |
| 加速车道上坡长度修正系数 | 1 | 1.2 | 1.3 | 1.4 |

### 4. 平行式变速车道的过渡段长度

过渡段长度可分别采用两种计算方法。

(1)按横移一个车道所需的3s时间计算，公式如下：

$$L_t = \frac{1}{3.6}v_i t$$

式中：$L_t$——过渡段长度(m)；

$\quad v_i$——初速度(km/h)，采用表6-9的数值；

$\quad t$——行驶时间(s)，采用3s。

初　速　度　　　　　　　　　　　　　　　　　　表6-9

| 干道计算行车速度(km/h) | 120 | 80 | 60 | 50 | 40 |
|---|---|---|---|---|---|
| 初速度(km/h) | 90 | 70 | 60 | 50 | 40 |

（2）按 S 形行驶轨迹作为反向曲线计算过渡段长度,公式如下:

$$L_t = \sqrt{\omega(4r_i + \omega)}$$

式中:$\omega$——变速车道宽度,取 3.5m;

　　$r_i$——反向曲线半径(m),按下式计算:

$$r_i = \frac{v_a^2}{127(\mu + i)}$$

　　$v_a$——干道计算行车速度(km/h);

　　$\mu$——横向力系数,取 0.15;

　　$i$——超高横坡度,取 0。

平行式变速车道过渡段长度不应小于规范采用值,如表 6-10 所列。

变速车道过渡段长度 表 6-10

| 干道计算行车速度(km/h) | 120 | 80 | 60 | 50 | 40 |
|---|---|---|---|---|---|
| 变速车道过渡段长度(m) | 80 | 60 | 50 | 45 | 35 |

### 三、相交道路和匝道上车道数的设计

设计互通式立体交叉时,相交道路和匝道上所需的车道数,除按要求设计外,还应满足以下需求。

**(一)保持基本车道数**

所谓基本车道数是指某段干道上所必需的一定数量的车道数,而与交通量的变化和车道平衡的需要无关。基本车道数在相当长的路段内不应变动,不因通过互通式立交而改变基本车道数,目的是防止因修建立交而可能形成瓶颈或导致不必要的浪费。

**(二)车道平衡原则**

车流分流时,车流会从多变少,合流时,会从少变多。为了适应这种变化,并使分流点和合流外的车道充分发挥其理论通行能力的效果,达到预期的使用效率,则在分流和合流点外车道数应保持平衡。车道平衡的原则为:

（1）两条车流合流后正线上的车道数应不少于合流前交汇道路上所有车道数总和减 1。

（2）正线上车道数应不少于分流以后分岔道路的所有车道数总和减 1。

（3）正线上的车道数每次减少不应超过 1 条。

分、合流处应按车道数平衡公式检验车道数是否平衡,如图 6-27 所示。

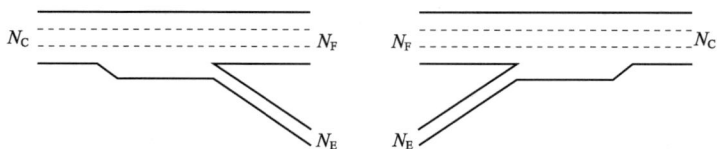

图 6-27　分、合流处车道数平衡

$$N_C = N_F + N_E$$

式中:$N_C$——分流前或合流后的正线车道数;

$N_\mathrm{F}$——分流后或合流前的正线车道数；

$N_\mathrm{E}$——匝道车道数。

（4）辅助车道。

在分、合流处，既要保持车道数平衡，又要保持基本车道数，为了解决两个要求之间的矛盾，可设计辅助车道。该辅助车道即是变速车道，未到分岔点以前的辅助车道为减速车道。超过汇合点以后的辅助车道为加速车道。增设辅助车道，既要保持基本车道数，也要保持车道数平衡（图6-28）。

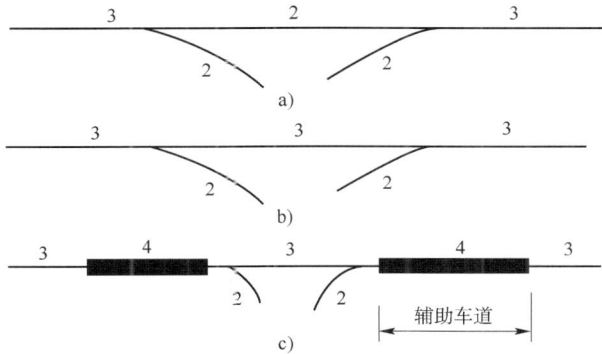

图6-28　辅助车道

### 四、立交桥洞的横断面设计和一般尺寸

立交桥洞的横断面形式和宽度，应根据道路等级、性质、交通量大小及快、慢车所占比重，并结合道路规划和远景交通发展的需要来确定。

#### （一）立交桥洞的横断面形式

在交通干道上采用机动车与非机动车分流的三孔的比较多，中孔走机动车，边孔走非机动车及行人，引道相应采用三幅路横断面形式，这种形式不但安全和减缓非机动车道的纵坡，而且挖土量和外侧挡土墙高度均可减小。如采用两孔形式，分上下行，引道也相应分上下行，采用双幅路形式，中心线设分车带并包围桥中墩以保安全。分车带长度不宜少于100m，在非机动车较多时也可采用机动车与非机动车分行的四幅路形式。在次要道路，交通量不大，同时桥梁的跨径也不大时，可采用单孔的单幅路形式。

道路上跨时，横断面形式仍为以上几种，只不过由于纵坡增加，对非机动车行驶不利，因而根据具体情况，可能采取一些特殊的处理办法，如引走非机动车等。

#### （二）立交桥洞的宽度

如三孔式桥洞，中孔车行道，在主干路上其净宽度应有四条机动车道，约15m，车道边距洞壁，每侧至少有0.25m的安全距离，则桥孔净宽为15.5m以上。如在次干路上，机动车今后发展不太多，也可采用双车道，则桥孔净宽为7.5m以上。边孔宽度包括非机动车道和人行道，非机动车道最好大于或等于5.0m，人行道至少宽1.5m，能供两人并行。分车带在桥洞内部分应包括桥墩在内，分车带在洞外部分包括挡土墙、灯杆、护栏等在内，其宽度约为1.5m。如采用顶进法施工，还应考虑包括施工偏差所占宽度在内，以便车道边仍能保持直顺。

道路上跨铁路时,桥面车行道宽度不应减窄,人行道宽度每侧最小不应小于1.5m,引道部分应设过渡段。

### 五、立交桥洞净高设计

为了保证各种车辆的顺利通行,机动车道桥洞净高至少为4.5m,如通行无轨电车,洞高至少为5m,通行有轨电车为5.5m,如有特殊车辆行驶的路线,可根据具体情况而定。非机动车道桥洞净高至少3m,以3.5m为宜。如果遭遇大暴雨排水不及,机动车桥洞内可能短时积水断道,则可考虑非机动车道边洞能允许一般公共汽车和货车临时通行,这样边洞净高至少要在3.3m以上,如能达到3.7~3.8m最好,人行道上净空至少要2.5m。

道路上跨时,桥下净空应符合《标准轨距铁路限界 第2部分:建筑限界》(GB 146.2—2020)要求。

### 六、引道设计

引道是交叉口前后道路上起坡点到终坡点的一段道路,其设计要点如下所示。

#### (一)引道中心线的定线

引道定线的位置和方向,一般应符合道路规划中心线位置,并与现有道路接顺,引道中心线应尽量直顺。道路在下的立交引道,在机动车和非机动车分流的地段(因此段有挡土墙)为避免影响行车视距应定为直线。如须设置弯道,其曲线半径一般不小于500m,如限于条件,弯道需部分插入分车带内,则弯道的切点须在凹形竖曲线切点以外,两切点间的距离不小于超高缓和段长度,此段即为直线段的最小长度。在这种情况下,最好在机动车道上设中央分车带,以免弯道上挡土墙妨碍视线而发生行车事故。相交的道路尽可能争取正交或接近正交,斜交的角度不应小于45°。

#### (二)道路在下的引道设计高程的控制条件

道路在下面穿过时,引道路拱的最高点距隧道的高差除应满足规定的净高外,还应预留路面补强加厚所需的高度,以及桥洞顶管施工出现的高程误差(以上均以路拱最高点为准)。

机动车道最低点应高于下列高程:雨水管出口的排水沟或河道的一般洪水位、地下水的丰水位、现有的雨水管的管顶,以免积水,并争取有0.5m以上的余高。

非机动车道的最低点,应高于雨水管出口的排水沟或河道的最高洪水位,以防中孔的机动车道万一淹水时尚可利用非机动车道维持通车。

#### (三)引道纵坡和竖曲线

机动车道的纵坡应不大于4%,在北方地区考虑冰冻制动的安全,纵坡最好不大于3%。非机动车道的纵坡度应考虑自行车上坡的能力,最大不宜超过3%,最好能控制在2%以下,如有大量的人力三轮货车通行时,以1%左右为宜。道路在下的立交引道的最低点不宜定在桥洞内,而应定在排水出路一方的洞口外附近,以便安装雨水口接出支管。洞内部分的路面做成0.3%左右的纵坡,以便将水引到洞外雨水口。

引道的竖曲线半径,凹形不小于1 000m,凸形不小于3 000m,争取达到4 000m。竖曲线的切点一般应定在洞口或桥头以外10m。

## (四)行车视距

立交道路上机动车的行驶均应满足行车视距的要求。在无中央分车带时,原则上应满足会车视距的要求,在立交桥孔内还应有足够的通视距离和不小于相当于设计车速的错车视距。道路在上的立交引道还需要计算会车视距,并取其较大值。

## 七、排水设计

立交道路上的排水应考虑以下几点:

(1)应尽量利用雨水管自流排水,因此,当立交桥下机动车道路面的最低点高于雨水干管的设计洪水位 0.5m 时,则可采用雨水管排水。反之,需考虑泵站排水。

(2)根据车道的宽度、路面种类、道路纵坡长、降雨强度以及附近的地形,在立交的最低点布置足够的雨水口使桥下雨水得以迅速排除。为减小桥下汇水量,在下坡道路纵断面设计时,可在坡道的起点各设一分水点,使坡道以外的地面水不流入桥孔内,同时,在桥孔道路两侧也应考虑采用挡水、截水措施,以防匝道、绿地、非机动车道上的地面水流入桥下。

(3)立交桥孔下的路面应设有一定的纵坡,以利于地面水能淌流至最低点。在坡道太长、降水量又大的地区,为减少大量雨水冲刷路面,中途可采用无沙管等措施进行截流。

(4)桥下坡道低于地下常水位的地段,路面下应设盲沟接入泵站。

### 复习思考题

1. 城镇道路在什么情况下应采用立体交叉?
2. 简述立体交叉的类型及其特点。
3. 如何选定立体交叉的位置?
4. 简述立体交叉设计的基本步骤。
5. 立体交叉的主要组成部分有哪些?
6. 立体交叉道路上的排水应考虑哪些问题?

# 第七章 城镇道路的路基工程施工

## 学习目标

1. 熟悉路基施工的准备工作;
2. 掌握填方路基施工时应如何选择填料及填筑方法;
3. 掌握填石路基的施工、土石混填路基施工方法;
4. 掌握软土地基处理的基本方法;
5. 掌握挖方路基施工的基本方法。

## 本章重点和难点

1. 土方路基的施工方法要求及质量控制;
2. 土方路基压实的影响因素及怎样保证压实度;
3. 石方路基的施工方法及质量要求;
4. 软土地基处理的基本方法。

## 第一节 路基施工的一般要求

### 一、路基施工的基本要求

路基施工是以设计文件和施工技术规范为依据,以工程质量为中心,有组织、有计划地将设计图纸转化为工程实体的建筑活动。

道路路基是路面的基础,是支承路面的土工构筑物。路基在使用过程中除承受路基土体本身的自重和路面结构的重力外,主要承受由路面传递而来的行车荷载的作用。路基是道路承重的主体,因此要求路基必须具有足够的强度、良好的水温稳定性和耐久性。

在挖方路段,路基是开挖天然地层形成的路堑,在填方路段是用压实的土石填筑而成的路堤。其土石方工程数量大,一般分布不均匀,路基的施工不仅与路基相关的设施,如路基排水、防护、加固等相互制约,而且同道路工程的其他工程项目,如桥梁、涵洞、隧道、路面及附属设施相互交错。所以,路基施工,在质量标准、技术操作、施工管理等方面具有特殊性,必须做好工前研究,做好施工组织和管理。

道路施工是野外作业,路基工地分散,城镇道路路基施工存在地面拆迁多、地下管线多、配套工程多、施工干扰多,工作面狭窄,场地布置难、临时排水难、用地处置难、土基压实难等不利因素,因此路基施工条件比较复杂,要求施工方法多样化。

路基的隐蔽工程较多,质量不合标准时会给路面和路基自身留下隐患,路面的使用品质和使用寿命会因此降低,一旦产生病害时,不仅损坏道路使用品质,导致交通及造成经济损失,而且会后患无穷,难以根治,所以要求路基施工要有高标准的工程质量。

## 二、施工前的准备工作

路基施工需要消耗大量的人工、物资、机械和时间等资源,是一项历时长、技术要求高的工作。路基施工前,必须根据工程的实际情况做好准备工作,才能确保各项施工活动的正常进行。在施工过程中,所有的施工活动都必须严格按有关施工规范进行,以确保工程质量。施工准备工作内容较多,大致可归纳为以下几点。

### (一)组织准备

组织准备主要是建立健全工程管理机构和施工队伍,明确施工任务,制定施工必要的规章制度,确定工程应达到的目标等。组织准备是其他各项准备工作的前提。

### (二)技术准备

路基施工开工前应全面熟悉设计文件,进行现场勘查、核对,发现问题应及时与设计单位、业主、监理进行沟通,有必要的应由设计单位补充设计或变更设计。编制施工组织计划,确定施工方案;进行施工测量,恢复路线导线,施工放样;清理施工现场,对路基施工范围内的地质、地形、水文情况进行复查,做好临时工程的各项工作;铺筑试验路段,高等级道路或特殊地区或采用新技术、新工艺、新材料的路基,在正式施工前,应该用不同的施工方案和施工方法,铺筑试验路段并进行相关试验分析,从中选出最佳施工方案和施工方法以指导路基施工。

### (三)物资准备

路基施工的工程量大,施工期长,所需物资资源多,应按施工组织做好准备工作,包括各种材料、机具、设备的购置、采集、加工、调运与储存,以及生活后勤供应等。为使供应工作能适用施工活动的需要,物资准备必须制订具体计划,包括计划内容、供应时间、各期供应量、运输方式、储存及保管方法;制定详细的物资管理制度。

### (四)现场准备

做好现场清理工作。复核地下管线和地下隐蔽设施的位置和高程,对外露的检查井、雨水口、消防栓、人防通气孔等应予标明,以免埋没或堵塞。切实做好施工期间的排水措施和防汛措施,保证施工期间排水畅通。

按照施工组织要求修建便道、便桥,做好场地平整、硬化、用水、用电等准备工作。

### (五)安全保障

在施工前的准备工作中,要高度重视安全,施工技术人员对"管生产必须管安全"的原则必须要有深刻的认识,并应对生产工人进行安全教育,制订并落实安全保证措施。

要保证正常施工,施工前的准备工作极为重要,它是组织施工的第一步,无准备的施工或准备不充分的施工,均会导致路基施工难以顺利进行。

## 第二节 填方路基的施工

### 一、一般规定

为了保证路堤的强度和稳定性,在路基填筑时,要处理好基底,保证必需的压实度及正确选择填筑方案。要注意以下几个问题。

**(一)路堤基底的处理**

填方路基的基底是填料与原地面的接触部分,两者应该结合紧密,避免路堤沿基底滑动,或基底下沉变形等,需要根据基底的土质、水文、坡度和植被等情况以及填土高度采取相应的处理措施。

**(二)填料选择**

由于沿线土石的性质和状态不同,用其填筑的路基稳定性亦有很大的差异。在选择填料时,要考虑多方面的因素,如填料的性状、来源、经济性等,要节约投资,少占耕地良田。

**(三)填土压实**

路基的压实工作,是路基施工过程中一项重要的工序。路堤填筑所用的土或者路堑开挖形成路基表面的土,由于开挖扰动破坏了土体原来紧密的状态,致使结构松散,颗粒间需要重新密实组合。为了使路基具有足够的强度与稳定性,必须予以压实,以提高其密实程度。

### 二、路基填筑施工的工艺流程图

路基的设计高程高于天然地面时,需要填筑,这种路基称为填方路基。路基填筑的工艺流程见图 7-1。

### 三、路基填筑施工的主要工序

路基填筑施工的主要工序有料场选择、基底处理、填筑和碾压。

**(一)料场选择**

填筑路堤的材料(以下简称填料)以采用强度高,水稳定性好,压缩变形小,便于施工压实以及运距短的土、石为宜。在选择填料时,一方面要考虑料源和经济性,另一方面要顾及填料的性质是否合适。

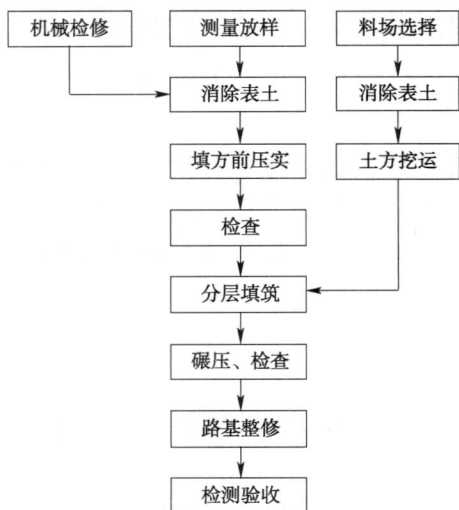

图 7-1 路基填筑施工的工艺流程

为了节约投资和少占耕地良田,一般应利用附近路堑或附属工程(如排水沟等)的弃方作为填料,或者将取土坑布置在荒地、空地或劣地上。

**(二)基底处理**

路堤基底的处理是保证路堤稳定与坚固极为重要的措施。在路堤填筑前进行基底处理,能使填土与原来的表土密切结合;能使初期填土作业顺利进行;能使地基保持稳定,增加承载能力;能防止因草皮、树根腐烂而引起的路堤沉陷。对于一般的路堤基底处理,应按下列规定执行:

(1)基底土密实且地面横坡不陡于1:10时,经碾压符合要求后,可直接在地面上修筑路堤(但在不填不挖或路堤高度小于1m的地段,应清除草皮、树根等杂物)。在稳定的斜坡上,横坡为1:10~1:5时,基底应清除草皮。横坡陡于1:5时,原地面应挖成台阶,台阶宽度不小于1m,高度不小于0.5m(图7-2)。若地面横坡超过1:2.5时,外坡角应进行特殊处理,如修筑护墙和护脚等。

(2)当路基受到地下水影响时,应设置地下排水设施予以拦截或排除,引地下水至路堤基础之外,再进行填方压实。

(3)路堤基底为耕地土或松土时,应先清除种植有机土,平整后按规定要求压实。在深耕地段,必要时应将松土翻挖,土块打碎,然后回填、整平、压实。经过水田、池塘或洼地时,应根据具体情况采取排水疏干、挖除淤泥、打砂桩、抛填片石、砂砾石或石灰(水泥)处理二等措施,以保持基底的稳固。

(4)路堤修筑范围内,原地面的坑、洞、墓穴等应用原地的土或砂性土回填,并按规定进行压实。

**(三)填筑**

路堤填筑必须考虑不同的土质,从原地面逐层填起并分层压实,每层厚度随压实方法而定,土方路基一般压实厚度为20~30cm。

**1.填筑方式**

(1)水平分层填筑:填筑时按照横断面全宽分成水平层次,逐层向上填筑。如原地面凹凸不平,应由最低处分层填起,每填一层,经压实合格后再填上一层。此法施工操作方便、安全、压实质量容易保证,是最常用的一种填筑方式。

(2)纵向分层填筑:依纵坡方向分层、逐层推土填筑。原地面纵坡小于20°的地段可用此法施工。适用于推土机或铲运机从路堑取土填筑较短的路堤,如图7-3所示。

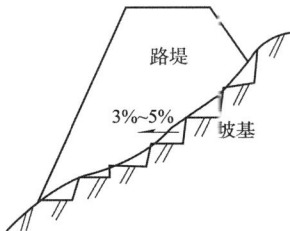

图7-2　横坡较大时的台阶基底

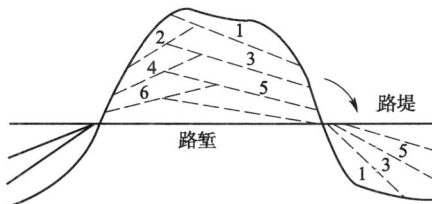

图7-3　纵向分层填筑法
注:1~6表示填挖顺序。

(3)竖向填筑:从路基一端按各横断面的全部高度,逐步推进填筑。适用于无法自下而上、分层填土的陡坡、断岩或泥沼地区,如图7-4所示。此法不易压实,且还有沉陷不均匀的缺点。为此,应采用必要的技术措施,如选用高效能的压实机械(振动压路机)碾压;采用沉陷量较小的砂性土或废石方作填料等。

(4)混合填筑:当高等级道路路线穿过深谷陡坡,尤其是要求上部的压实度标准较高时,施工时下层采用竖向填筑,上层采用水平分层填筑,此种方法称为混合填筑法,如图7-5所示。

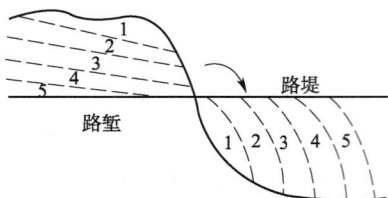

图7-4 竖向填筑法

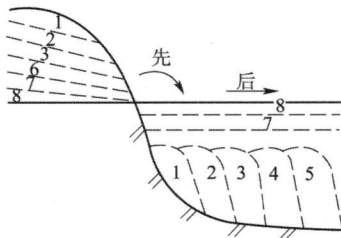

图7-5 混合填筑法
注:1~8表示填挖顺序。

2. 沿横断面一侧填筑的方法

旧路拓宽改造需要加宽路堤时,所用填土应与原路堤用土尽量接近或为透水性好的土,并将原边坡挖成向内倾斜的台阶,分层填筑,碾压到规定的密实度。严禁将薄层新填土贴在原边坡的表面。

高等级路处于横坡陡峻地段的半填半挖路基,必须沿山坡填方坡脚向里连续挖成向内倾斜的台阶,台阶宽度不应小于1m。其中沿横断面挖方的一侧,在行车范围之内的即填筑宽度不足一个行车道宽度时,应挖够一个行车道宽度,其上路床深度范围之内的原地面土应予以挖除换填,并按上路床填方的要求施工。

3. 不同土质混填时的方法

对于不同性质的土混合填筑时,应视土的透水能力的大小,进行分类分层填筑压实,并采取有利于排水和路基稳定的方式。填筑时一般应遵循以下原则:

(1)以透水性较小的土填筑路堤下层时,其顶面应做成4%的双向横坡。如用以填筑上层时,除干旱地区外,不应覆盖在透水性较大的土所填的下层边坡上。

(2)不同性质的土应分别填筑,不得混填。每种填料累计总厚度不宜小于0.5m。

(3)凡不因潮湿及冻融而改变其体积的优良土应填在上层,强度(或形变模量)较小的土应填在下层。不同土质填筑路堤的正确与错误填筑方式如图7-6和图7-7所示。

(4)填石路堤的填筑方法:填石路堤的填筑,其基底处理同填土路堤。石料的强度应不小于15MPa(用于护坡的不小于20MPa)。石料的最大粒径不宜超过层厚的2/3。层厚按照压实工艺控制。一般情况下路堤均应分层填筑,分层压实。

快速路、主干路填石路堤路床顶面以下50cm范围内应填筑符合路床要求的土并分层压实,填料最大粒径不得大于10cm。其他道路路床顶面以下30cm范围内应填筑符合路床要求的土并压实,填料最大粒径不应大于15cm。

(5)土石路堤的混填方法:土石路堤的填筑,其基底处理同填土路堤。土石混合料中石料强度大于20MPa时,石块最大尺寸不得超过压实层厚的2/3,否则应予剔除。当石料强度小于15MPa时,石块最大尺寸不得超过压实层厚,超过的应打碎。

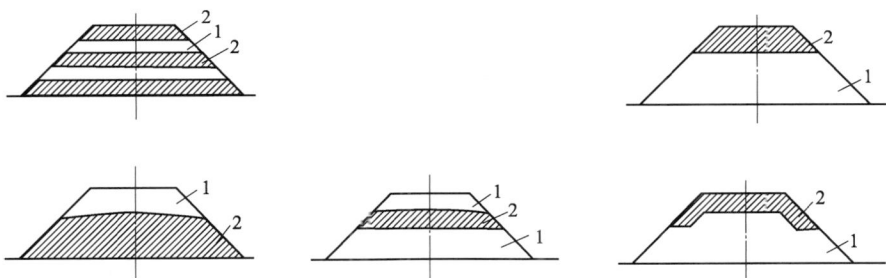

图 7-6　路堤内不同土质的填筑方式(正确方式)
1-透水性较大的土质;2-透水性较小的土质

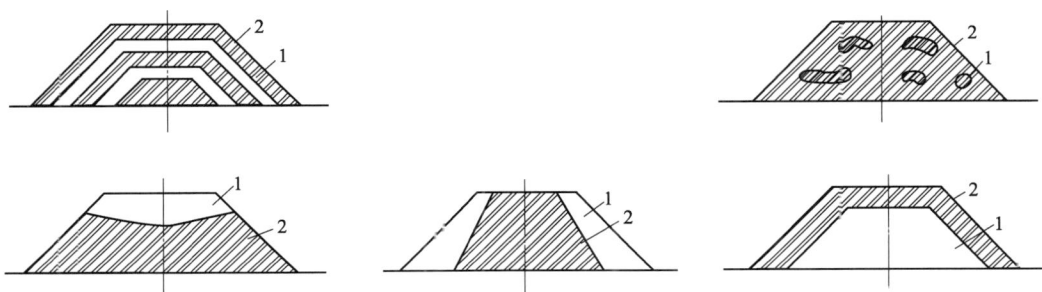

图 7-7　路堤内不同土质的填筑方式(错误方式)
1-透水性较大的土质;2-透水性较小的土质

土石路堤必须分层填筑,分层压实。每层铺砌厚度应根据压实机械的类型和规格确定,且不宜超过 40cm。

混合料中石料的含量大小将影响压实效果。因此,当石料含量大于 70% 时,应先铺大块石料,且大面向下安放平稳,然后铺小块石料、石屑等嵌缝找平,再碾压密实。当石料含量小于 70% 时,土石可混合铺填,但应消除硬质石块集中的现象。

土石混合料填筑高等级道路时,其路床顶面以下 30～50cm 范围内仍应填筑符合路床要求的土并分层压实,填料最大粒径不大于 10cm。其他道路在路床顶面以下填筑 30cm 的砂类土,最大粒径不大于 15cm。

**(四)碾压**

碾压是路基填筑工程的一个关键工序,有效地压实路基填筑土,才能保证路基工程的施工质量。

### 第三节　挖方路基的施工

路基设计高程低于天然地面时,需要开挖,这种路基称为挖方路基,也称路堑。

土质路堑施工就是按设计要求进行挖掘,并将挖掘的土方沿路线纵向运到路堤需土地段作为填料,或者运往弃土堆处。路堑由天然地层构成,开挖后由于受到扰动和地面水及地下水集中影响,边坡和开挖后的基底易发生变形和破坏,在路堑挖方地段常发生路基的一些病害,如滑坡、崩塌、路基翻浆等,因此,施工方法与路堑的边坡及基底的稳定有着密切关系。

开挖方式应根据路堑的深度、纵向长度、地形、土质、土方调配情况以及机械设备条件等因素而确定,以保证工程质量,加快施工进度,提高工作效率。

土质路堑可根据路堑深度、纵向长度及所处的地形选择不同的开挖方式。目前常用的开挖方法可分为全断面横挖法、纵挖法及混合开挖法三种。

**(一)全断面横挖法**

对路堑整个横断面的宽度和深度从一端或两端逐渐向前开挖的方法称为全断面法。此方法适用于较短的路堑。如图7-8a)所示的为一层全断面横挖法,其适用于开挖深度小的路堑。图7-8b)所示为多层全断面横挖法,适用于开挖深且土方量大的路堑。施工时各层纵向前后拉开,多层出土,可安排较多的劳动力和机械,以加快施工进度。每层挖掘台阶深度:人工施工时,一般为1.5~2.0m;机械施工时,可达到3~4m,同时各层要有独立的临时排水沟。

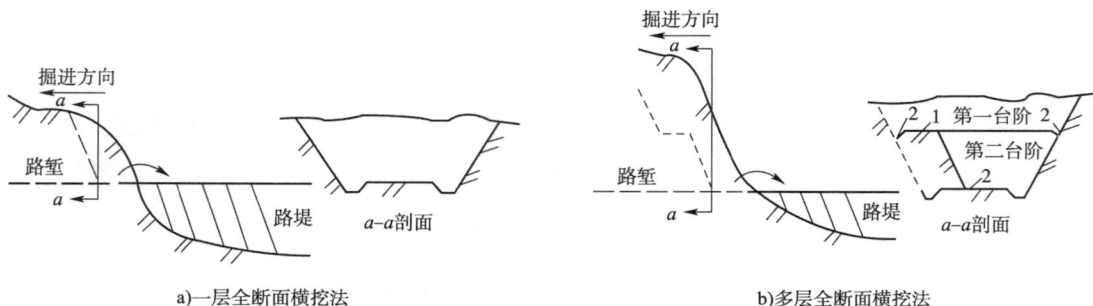

a)一层全断面横挖法        b)多层全断面横挖法

图7-8 全断面横挖法
1-第一台阶纵向运土道;2-临时排水沟

**(二)纵挖法**

此方法适用于较长的路堑,如图7-9所示。纵挖法可分为分层纵挖法和分段纵挖法两种方法:前者适用于施工机械能够到达路线上方的堑顶,并在堑顶能够展开推土施工;后者适用于施工机械无法到达堑顶,但通过先修临时施工便道,能够到达与路线设计高程基本一致,并且离路线一侧不远的(即向路线打横向通道增加挖方量不大)若干处,便于水平作业施工。

1. 分层纵挖法[图7-9a)]

施工机械到达路线上方的堑顶后,沿路堑全宽以深度不大的纵向分层挖掘前进的作业方法称为分层纵挖法。当路堑长度不超过100m,开挖深度不大于3m,地面横坡度较陡时,宜采用推土机作业;当地面横坡度较缓时,表面宜横向铲土,下层的土宜纵向推运。当路堑横向宽度较大时,宜采用两台或多台推土机横向联合作业。当路堑前傍陡峻山坡时,宜采用斜铲推土。

2. 分段纵挖法[图7-9b)]

沿路堑纵向选择若干处,在山体较薄一侧横向朝着路线先挖穿(俗称打"马口"),提供通道便于横向出土,这样将路堑沿纵向分成若干段,待机械到达路线位置时,各段再纵向开挖,此种作业方法称为分段纵挖法。此法适用于路堑过长、纵向弃土运距过远的傍山路堑。

这种方法由于增加了许多工作面,使得施工进度大大加快。具体方案选择时,应把山体一侧堑壁不厚的横向出土通道,与附近的弃土场及有利于废弃土方调配等条件综合考虑而定。

3.混合开挖法(亦称通道纵挖法)

先在路堑的中央沿路线纵向挖成通道,然后在堑内改为横向挖成若干个通道,使许多挖掘机械各自到达横向通道内的工作面后,再沿路线纵向进行全断面开挖,此种纵挖法与全断面横挖法结合的作业方法称为混合开挖法,如图7-10所示。由图可见,当路堑较深时,还可以结合机械的功能进行分层施工作业。此法适用于工程量很大,但工期又紧的重点快速工程,并以铲式挖掘机和运输自卸车配合使用为宜。混合开挖法具体实施时,对各种机械尤其是运土车辆的进出,必须统一调度、相互协调、运行流畅。

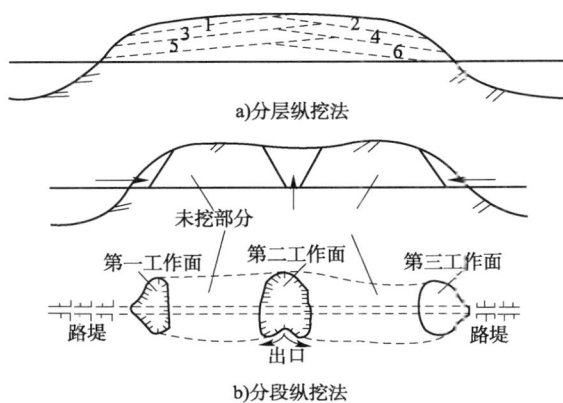

图 7-9　纵挖法

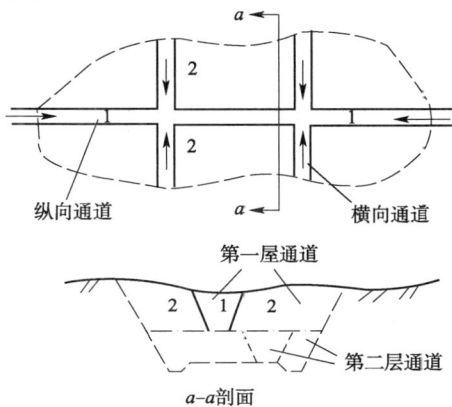

图 7-10　混合开挖法

注:图中 1、2 为开挖顺序。

## 第四节　路基的压实

### 一、路基压实的目的

路堤填筑所用的土或者路堑开挖形成路基表面的土,由于开挖扰动破坏了土体原来紧密的状态,致使结构松散,颗粒间需要重新密实组合。为了使路基具有足够的强度与稳定性,必须予以压实,以提高其密实程度。因此路基的压实工作,是路基施工过程中一项重要的工序。

土是三相体,土粒为骨架,颗粒之间的孔隙为水分和气体所占据。压实的目的在于使土粒重新组合,彼此挤紧,孔隙缩小,土的密度提高,形成密实整体,最终导致强度增加,稳定性提高。

大量的试验和工程实践已经证明:土基压实后,路基的塑性变形、渗透系数、毛细水上升及隔温性能等,均有明显改善。

### 二、影响压实效果的因素

对于细粒土的路基,影响压实效果的因素有内因和外因两个方面。内因指土质和湿度,外因指压实功能(如机械性能、压实时间与速度、土层厚度)及压实时外界自然和人为的其他因素等。下面就影响压实效果的主要因素进行讨论。

**（一）含水率对压实的影响**

以同一种土在同一贯入击实标准试验下，各个土样配以不同的含水率度 $w$，测定各个干重度 $\gamma$，作干重度 $\gamma$ 随含水率 $w$ 而变的规律性曲线，得图 7-11 中曲线 1 的驼峰曲线。图中表明同等条件下，在一定含水率之前，$\gamma$ 随 $w$ 增加而提高，主要原因在于水起润滑作用，土粒间阻力减小，施加外力后，孔隙减小，土粒易于被挤紧，$\gamma$ 得以提高。$\gamma$ 值至最大值后，$w$ 再继续增大，土粒孔隙被水分占据，而水一般不为外力所压缩，水分互挤转移，因而 $w$ 增大，$\gamma$ 随之降低。通常在一定压实条件下干重度的最大值，称为最大干重度 $\gamma_0$（驼峰曲线的最高点），相应的含水率称为最佳含水率 $w_0$。由此可见，压实时若能控制土的最佳含水率 $w_0$，则压实效果为最好。

**（二）土质对压实效果的影响**

在同样压实条件下，不同的土质其压实效果是不一样的。一般规律是不同的土质有着不同的最佳含水率 $w_0$ 及最大干重度 $\gamma_0$，见图 7-12。颗粒分散性（液限、黏性）较高的土，其 $w_0$ 值较高，$\gamma_0$ 值较低。同时，通过对比可见，砂性土的压实效果优于黏性土。其机理在于土粒越细，比表面积越大，土粒表面水膜所需的含水率就越高，加之黏土中含有亲水性较高胶体物质所致。另外，至于砂土由于呈松散状态，水分极易散失，对其最佳含水率的概念就没有多大的实际意义。

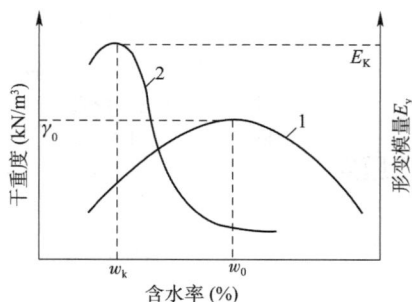

图 7-11　土基的 $E$、$\gamma$ 与 $w$ 的关系示意图
1-$\gamma$ 与 $w$ 的关系；2-$E$ 与 $w$ 的关系

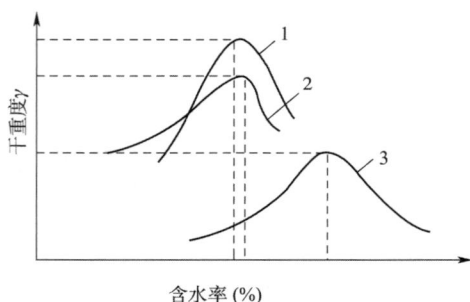

图 7-12　几种土质的压实曲线对照
1-亚砂土；2-亚黏土；3-黏土

**（三）压实功能对压实的影响**

压实功能（指压实工具的重量、碾压遍数、作用时间等）对压实效果的影响，是上述之外的又一重要因素。图 7-13 是同一种土的不同压实条件下，压实功能与压实效果的关系曲线。通过几条曲线的对比表明：同一种土的最佳含水率 $w_0$ 随压实功能的增大而减小，最大干重度 $\gamma_0$ 则随压实功能的增大而提高；在相同含水率条件下，压实功能越高，土基密实度（即 $\gamma$）越高。据此规律，工程实践中可以增加压实功能（如选用重碾，增加碾压遍数或延长作用时间等），以提高路基土的干重度或降低最佳含水率。但必须指出，用增加压实功能的办法，赖以提高土基强度的效果，有一定的限度。压实功能增加到一定限度以上，其效果的提高就会越为缓慢，这样在经济效益和施工组织上不尽合理。当压实功能超过限度过大时，一是超过土的极限强度，造成土基结构的破坏；二是相对应压实时的含水率减小，获得的密实度经受不住水的影响，即水稳定性变差。相比之下，严格控制最佳含水率，要比增加压实

功能收效大得多。当含水率不足,洒水有困难时,适当增加压实功能可以见效;但如果土的含水率过大,此时再增大压实功能,必将出现"弹簧"现象,即压实效果很差,造成返工浪费。

**(四)压实厚度对压实效果的影响**

相同压实条件下(土质、含水率与压实功能不变),根据实测土层不同深度的密实度($\gamma$ 或压实度)可得知,密实度随深度递减,表层 5cm 为最高。不同压实工具的有效压实深度有所差异,根据压实工具类型、土质及压实的基本要求,路基分层压实的厚度有具体的规定数值。一般情况下,夯实不宜超过 20cm;12 ~ 15t 光面压路机,不宜超过 25cm;振动压路机或夯击机,宜以 50cm 为限。确定了实际施工时的压实厚度之后,还应通过现场试验确定合适的摊铺厚度。

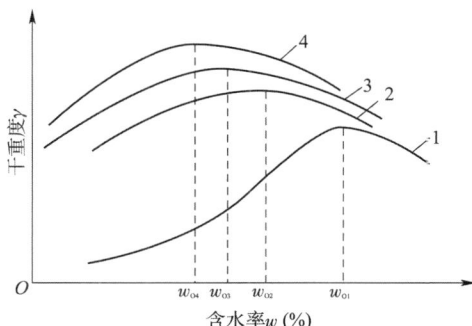

图 7-13　不同压实功能的压实曲线对照

注:曲线 1、2、3、4 的功能分别为 600、1 500、2 500、3 400(kN·m)。

三、压实机具的选择

土基压实机具的类型较多,大致上分为碾压式、夯击式和振动式三大类型。碾压式(又称静力碾压式),包括光面碾(普通的两轮和三轮压路机)、羊足碾和气胎碾等几种。夯击式中除了人工使用的人工夯、大夯外,机动设备中有夯锤、夯板、风动夯及蛙式夯机等。振动式中有振动器、振动压路机等。此外,运土工具中的汽车、拖拉机以及土方机械等,也可用于路基压实。

不同的压实机具,适用于不同土质及不同土层厚度等条件,这些都是压实机具的主要依据,表 7-1 所列的是几种常用机具的一般技术特性。正常条件下,对于砂性土的压实效果,振动式较好,夯击式次之,碾压式较差。对于黏性土,则宜选用碾压式或夯击式,振动式较差甚至无效。不同的压实机具采用通常的压实遍数,在最佳含水率条件下,适应于一定的最佳压实厚度。表 7-2 是各种土质适宜的碾压机械的建议。

**压实机具的技术性能**　　　　　　　　　　　　　　　　　　　　　表 7-1

| 机具名称 | 最大有效压实厚度（m） | 碾压行程遍数 | | | | 适宜的土类 |
|---|---|---|---|---|---|---|
| | | 黏性土 | 亚黏土 | 粉砂土 | 砂黏土 | |
| 人工夯实 | 0.10 | 3 ~ 4 | 3 ~ 4 | 2 ~ 3 | 2 ~ 3 | 黏性土与砂性土 |
| 牵引式光面碾 | 0.15 | | | 7 | 5 | 黏性土与砂性土 |
| 羊足碾(2 个) | 0.20 | 10 | 8 | 6 | | 黏性土 |
| 自动式光面碾 5t | 0.15 | 12 | 10 | 7 | | 黏性土与砂性土 |
| 自动式光面碾 10t | 0.25 | 10 | 8 | 6 | | 黏性土与砂性土 |
| 气胎路碾 25t | 0.45 | 5 ~ 6 | 4 ~ 5 | 3 ~ 4 | 2 ~ 3 | 黏性土与砂性土 |
| 气胎路碾 50t | 0.70 | 5 ~ 6 | 4 ~ 5 | 3 ~ 4 | 2 ~ 3 | 黏性土与砂性土 |
| 夯击机 0.5t | 0.40 | 4 | 3 | 2 | 1 | 砂性土 |
| 夯击机 1.0t | 0.60 | 5 | 4 | 3 | 2 | 砂性土 |
| 夯板 1.5t,落高 2m | 0.65 | 6 | 5 | 2 | 1 | 砂性土 |
| 履带式 | 0.25 | 6 ~ 8 | | 6 ~ 8 | | 黏性土与砂性土 |
| 振动式 | 0.40 | 2 ~ 3 | | | | 砂性土 |

**各种土质适宜的碾压机械**　　　　　　　　　　表 7-2

| 土的分类<br>机械名称 | 细粒土 | 粗粒土 | | 粒土 | 备　注 |
| --- | --- | --- | --- | --- | --- |
| | | 砂类土 | 砾类土 | | |
| 6~8t 两轮光轮压路机 | A | A | A | A | 用于预压整平 |
| 12~18t 两轮光轮压路机 | A | A | A | B | 最常使用 |
| 25~50t 两轮光轮压路机 | A | A | A | A | 最常使用 |
| 羊足碾 | A | C 或 B | C | C | 粉、黏土质砂可用 |
| 振动压路机 | B | A | A | A | 最常使用 |
| 凸块式振动压路机 | A | A | A | A | 最宜使用含水率较高的细粒土 |
| 手扶式振动压路机 | B | A | A | C | 用于狭窄地点 |
| 振动平板夯 | B | A | A | B 或 C | 用于狭窄地点,机械重量 8 000kN 的可用于巨粒土 |
| 夯锤(板) | A | A | A | B | 用于狭窄地点 |
| 推土机,铲运机 | A | A | A | A | 夯击影响深度最大 |
| | A | A | A | A | 仅用于摊平土层和预压 |

注:1. 表中符号:A 代表适用;B 代表无适当机械时可用;C 代表不适用。

　　2. 土的类别按《公路土工试验规程》(JTG 3430—2020)的规定划分。

　　3. 对特殊土和黄土(CLY)、膨胀土(CHE)、盐渍土等的压实机械选择可按细粒土考虑。

　　4. 自行式压路机宜用于一般路堤、路堑基底的换填等的压实,宜采用直线式进退运行。

　　5. 羊足碾(包括凸块碾、条形碾)应有光轮压路机配合使用。

压实机具对土施加的外力,应有所控制,以防压实功能太大,压实过度,不仅失效、浪费甚至有害。一般认为,压实时的单位压力不应超过土的强度极限。不同土的强度极限,还与压实机具的质量、相互接触的面积、施荷速度及作用时间(遍数)等因素有关。表 7-3 所列的是在最佳含水率条件下,土质由几类压实机具作用时的强度,可供选择机具和压实功能时参考。

**压实时土的强度极限**　　　　　　　　　　表 7-3

| 土　类 | 土的极限强度(MPa) | | |
| --- | --- | --- | --- |
| | 光面碾 | 气胎碾 | 夯板(直径 70~100cm) |
| 低黏性土(砂土、亚砂土粉土) | 0.3~0.6 | 0.3~0.4 | 0.3~0.7 |
| 中等黏性土(亚黏土) | 0.6~1.0 | 0.4~0.6 | 0.7~1.2 |
| 高黏性土(重亚黏土) | 1.0~1.5 | 0.6~0.8 | 1.2~2.0 |
| 极黏土(黏土) | 1.5~1.8 | 0.8~1.0 | 2.0~2.3 |

实践经验证明:土基压实时,在机具类型、土层厚度及行程遍数已经选定的条件下,压实操作时宜先轻后重、先慢后快、先边缘后中间(匝道及弯道的超高路段需要时,则从内侧至外侧宜先低后高)。压实时,相邻两次的轮迹应重叠轮宽的 1/3,保持压实均匀,不漏压,对于压不到的边角,应辅以人力或小型机具夯实。压实全过程中,经常检查含水率和密实度,以

符合规定压实度的要求。

四、土基压实标准

土基野外施工,受到种种条件限制,不能达到室内标准击实试验所得到的最大干重度,应予以适当降低。令工地实测干重度为 $\gamma$,它与室内标准击实试验得到的 $\gamma_0$ 值之比的相对值,称为压实度 $K$。

$$\bar{K} = \frac{\gamma}{\gamma_0} \times 100\% \tag{7-1}$$

压实度 $K$ 就是现行规范规定的路基压实标准。表 7-4 所列的压实度是以交通运输部颁发的《公路土工试验规程》(JTG 3430—2020)重型击实试验法为准。

**土质路堤压实度标准** 表 7-4

| 项目分类 | 路基顶面以下深度(m) | 压实度(%) | | | |
|---|---|---|---|---|---|
| | | 快速路 | 主干路 | 次干路 | 支路 |
| 填方路基 | 0~0.8 | 96 | 95 | 94 | 92 |
| | 0.8~1.5 | 94 | 93 | 92 | 91 |
| | >1.5 | 93 | 92 | 91 | 90 |
| 零填及挖方路基 | 0~0.3 | 96 | 95 | 94 | 92 |
| | 0.3~0.8 | 94 | 93 | — | — |

注:此表引用于《城市道路路基设计规范》(CJJ 194—2013)。

填石路堤包括分层填筑和倾填爆破石块的路堤,不能用土质路基的压实度来判定路基的密实程度。其判定方法目前国内外各国规范尚无统一规定。我国《城市道路路基设计规范》(CJJ 194—2013)规定,填石路堤需用重型压路机或振动压路机分层碾压,表面不得有波浪、松动现象,压实沉降差为采用施工碾压时的重型振动压路机(建议 14t 以上)按规定碾压参数(强振,4km/h 以下速度)碾压两遍后各测点的高程差。建议的压实沉降差标准为平均值不大于 5mm,标准差不大于 3mm。国外填石路堤有采用在振动压路机驾驶台上装设的压实计反映的数值,来判定是否达到要求的紧密程度。但无定量值的规定,且只限于有此种装置的压路机。

五、碾压工序的控制

为了有效地压实路基填筑土,必须对碾压工序作以下的控制:

(1)确定工地施工要求的密实度。路基要求的压实度根据填挖类型和道路等级及路堤填筑的高度而定,见表 7-4。通常根据表中的规定,用标准击实试验,得出最大干密度和相应的最佳含水率。

(2)对于各种压实机具碾压不同土类的适宜厚度,所需压实遍数与填土的实际含水率(最佳含水率 ±2% 以内)等,均应根据要求的压实度,通过做试验路段时加以确定。路基填土压实宜采用振动压路机或 35~50t 轮胎压路机进行。采用振动压路机碾压时,第一遍应静压,第二遍开始用振动压实。

压实过程中应严格控制填土的含水率。含水率过大时,应将土翻晒至要求的含水率再碾压;含水率过小时,需均匀洒水后再进行碾压。通常天然土的含水率接近最佳含水率时,在填土后应随即压实。

(3)填石路堤在压实前,应先用大型推土机推铺平整,个别不平处,应用人工配合,用细石屑找平。压路机宜选用12t以上的重型振动压路机、2.5t以上的夯锤或25t以上的轮胎压路机。碾压时要求均匀压实,不得漏压。每层的填铺厚度在0.4m左右,当采用重型振动压路机或夯锤压实时,可加厚至1.0m。

填石路堤所要求的密实度、所需的碾压遍数(或夯压遍数)应经过试验确定。以12t以上的振动压路机进行压实试验,当压实层顶面稳定,不再下沉(无轮迹)时,可判为密实状态,即压实度合格。

(4)土石混填路堤的压实要根据混合料中巨粒土含量的多少来确定。当巨粒土含量较少时,应按填土路堤的压实方法进行压实;当巨粒土含量较多时,应按填石路堤的压实方法压实。

不论何种路堤,碾压都必须确保均匀密实。

(5)压实度的检测方法有环刀法、灌砂法、灌水法(水袋法)和核子密度湿度仪法。在使用核子密度仪时,事先应与规定试验方法做对比试验而进行标定。

## 第五节 路基的质量要求

### 一、土方路基

(1)路基必须分层填筑压实,表面平整坚实,无软弹和翻浆现象,路拱合适,排水良好,压实度、土壤强度和路床的整体强度符合设计要求。

(2)不得采用设计或规范规定的不适用土料作为路基填料。路基填料强度(CBR)应符合规范和设计规定。

(3)填方地段应在填土前排除地面积水和其他杂物、草皮、淤泥、腐殖土和冰块并平整压实。路堤边坡应修整密实、直顺、平整稳定、曲线圆滑,填料及路堤的整体强度必须符合设计要求。

(4)挖方地段遇有树根、洞穴等必须进行处理,上边坡要平整稳定。路床土质强度及压实度必须符合规定。

(5)取土坑、弃土堆的位置适当、整齐,无水土流失和淤塞河道情况。

(6)土方路基允许偏差见表7-5。

**土方路基允许偏差** 表7-5

| 项 目 | | 允许偏差 | 检验频率 | | | 检验方法 |
|---|---|---|---|---|---|---|
| | | | 范围(m) | 点数 | | |
| 路床纵断高程(mm) | | −20 +10 | 20 | 1 | | 用水准仪测量 |
| 路床中线偏位(mm) | | ≤30 | 100 | 2 | | 用经纬仪、钢尺量取最大值 |
| 平整度 | 路基各压实层 | ≤20 | 20 | 路宽(m) | <9 / 1 | 用3m直尺和塞尺连续量两尺取较大值 |
| | | | | | 9~15 / 2 | |
| | 路床 | ≤15 | | | >15 / 3 | |

续上表

| 项　目 | 允许偏差 | 检验频率 | | | 检验方法 |
|---|---|---|---|---|---|
| | | 范围(m) | 点数 | | |
| 路床宽度(mm) | 不小于设计值 + B | 40 | 1 | | 用钢尺量 |
| 路床横坡 | ±0.3% 且不反坡 | 20 | 路宽(m) | <9　　2 | 用水准仪测量 |
| | | | | 9~15　4 | |
| | | | | >15　　6 | |
| 边坡 | 不陡于设计值 | 20 | 2 | | 用坡度尺量,每侧1点 |

注:B 是施工时必要的附加宽度。

## 二、石方路基

(1)石方路堑的开挖宜采用光面爆破,开炸石方应避免超量爆破,爆破后坡面的松石、危石必须清除干净,确保上边坡安全、稳定。

(2)路基表面应整修平整,边线直顺,曲线圆滑。

(3)填方路基表面不得露有直径大于15cm的石块。

(4)修筑填石路堤应认真进行地表清理,逐层水平填筑石块,摆放平稳。填筑层厚度及石块尺寸应符合设计和施工规范规定,填石空隙用石渣或石屑嵌压稳定。采用振动压路机分层碾压,压至填筑层顶面石块稳定,振压两遍无明显高程差异。上、下路床填料和石料最大尺寸应符合规范规定。

(5)石方路基允许偏差见表7-6。

**石方路基允许偏差** 表 7-6

| 项　目 | 允许偏差 | 检验频率 | | 检验方法 |
|---|---|---|---|---|
| | | 范围(m) | 点数 | |
| 路床纵断高程(mm) | +50 −100 | 20 | 1 | 用水准仪测量 |
| 路床中线偏位(mm) | ≤30 | 100 | 2 | 用经纬仪、钢尺量取最大值 |
| 路床宽(mm) | 不小于设计规定 + B | 40 | 1 | 用钢尺量 |
| 边坡(%) | 不陡于设计规定 | 20 | 2 | 用坡度尺量,每侧1点 |

注:B 是施工时必要的附加宽度。

## 三、路肩

(1)路肩必须表面平整密实,不积水。

(2)路肩边缘直顺,曲线圆滑。

(3)路肩允许偏差见表7-7。

路肩允许偏差 表 7-7

| 项 目 | 允许偏差 | 检 验 频 率 | | 检 验 方 法 |
|---|---|---|---|---|
| | | 范围（m） | 点数 | |
| 压实度（%） | ≥90 | 100 | 2 | 用环刀法检验，每侧 1 组（1 点） |
| 宽度（mm） | 不小于设计规定 | 40 | 2 | 用钢尺量，每侧 1 点 |
| 横坡 | ±1% 且不反坡 | 40 | 2 | 用水准仪具测量，每侧 1 点 |

### 四、软土地基处治

（1）换填：换填地基的填筑压实要求同土方路基。

（2）砂垫层：砂的规格和质量必须符合设计要求和规范规定；适当加水，分层压实；砂垫层宽度应宽出路基边脚 0.5～1.0m，两侧端以片石护砌；砂垫层厚度及其上铺设的反滤层应符合设计要求。

（3）反压护道：填筑材料、护道高度、宽度应符合设计要求，压实度不低于 90%。

（4）袋装砂井、塑料排水板：砂的规格、质量、砂袋织物质量和塑料排水板质量必须符合设计要求；砂袋和塑料排水板下沉时不得出现扭结、断裂等现象；井（板）底高程必须符合设计要求，其顶端必须按规范要求伸入砂垫层。

（5）碎石桩：碎石材料应符合规范要求；设置碎石桩时，应严格按试桩结果控制水压、电流和振冲器的留振时间；分批加入碎石，切实注意振密挤实效果，防止发生"断桩"或"颈缩桩"。

（6）砂桩：砂料应符合规定要求；砂的含水率应根据成桩方法合理确定；桩体应确保连续、密实。

（7）粉喷桩：水泥强度等级应符合设计要求；根据成桩试验确定的技术参数进行施工；严格控制喷粉时间、停粉时间和水泥喷入量，不得中断喷粉，确保喷粉桩长度；桩身上部（1/3桩身）范围内必须进行二次搅拌，确保桩身质量；发现喷粉量不足时，应整桩复打；喷粉中断时，复打重叠孔段应大于 1m。

（8）土工合成材料处治：土工合成材料质量应符合设计要求，外观无破损、无老化、无污染现象；在平整的下承层上按设计要求铺设、固定，土工合成材料应按设计要求张拉，紧贴下承层，锚固端施工应符合设计要求；接缝搭接黏结强度符合要求，上、下层土工合成材料搭接缝应交替错开。

软土地基上的路堤，应在施工过程中进行沉降观测和稳定性观测，并根据观测结果对路堤填筑速率和预压期作必要调整。

### 复习思考题

1. 路基施工的准备工作有哪些？

2. 填方路基施工时应如何选择填料？

3. 如何做好料场的选择与基底的处理工作？

4. 简述路基填筑的基本方法及要求。

5. 不同土质混填时应注意哪些问题？

6. 简述路基填筑的基本方法及步骤。

7. 如何进行填石路基的施工？

8. 如何进行土石混合路基的施工？

9. 简述挖方路基施工的基本方法。

10. 如何进行路基的压实工作？影响压实的因素有哪些？

11. 如何进行填石路基的压实？

12. 什么是压实度？其检测方法有哪些？

13. 如何控制土方路基的施工质量？

14. 如何控制石方路基的施工质量？

15. 路肩的施工质量如何检查？

16. 简述软土地基处理的基本方法。

# 第八章 城镇道路的路面工程施工

🔑 学习目标

1. 了解碎砾石基层施工方法;
2. 掌握半刚性基层路面基层施工要求及方法;
3. 熟悉沥青混凝土(混合料)结构组成,熟悉沥青混凝土对材料的要求;
4. 掌握热拌沥青混合料面层施工方法;
5. 掌握水泥混凝土路面的构造特点,掌握水泥混凝土面层施工;
6. 熟悉块料路面施工。

🔑 本章重点和难点

1. 半刚性基层路面基层施工;
2. 常用的沥青混合料摊铺设备及铺筑方法;
3. 热拌沥青混合料面层的施工方法及质量控制;
4. 水泥混凝土路面的施工方法及质量要求;
5. 砌石路面的施工方法及质量控制要求。

## 第一节 路面基层施工

基层是指设在面层以下的结构层,主要承受由面层传递的车辆荷载,并将荷载分布到垫层或土基上,当基层分为多层时,其最下面的一层称底基层。基层(底基层)按组成材料分为碎(砾)石基层、稳定土基层、石灰工业废渣基层三大类,后两类基层的刚度介于柔性路面材料和刚性路面材料之间,因此,也称半刚性基层。

一、碎(砾)石基层

级配碎(砾)石基层是指按密实级配原理选配的碎(砾)石集料和适量黏性土,经拌和、摊铺、压实而成的结构层。

**(一)级配碎石基层**

级配砂砾及级配砾石基层属于柔性基层,可用作城市次干路及其以下道路基层。为防止冻胀和湿软,天然砂砾应质地坚硬,含泥量不应大于砂质量(粒径小于 5mm)的 10%,砾石颗粒中细长及扁平颗粒的含量不应超过 20%。级配砾石用作次干路及其以下道路底基层时,级配中最大粒径宜小于 53mm,用作基层时最大粒径不应大于 37.5mm。

级配碎石或砾石用作基层时,高速公路和一级公路公称最大粒径应不大于 26.5mm,二级及二级以下公路公称最大粒径应不大于 31.5mm;用作底基层时,公称最大粒径应不大于 7.5mm。粗集料中针片状颗粒压碎值、针片状、0.075mm 以下粉尘含量、软石含量等指标符合规范要求。用作级配碎石或砾石的粗集料应采用具有一定级配的硬质石料,且不应含有结土块、有机物等。

细集料应洁净、干燥、无风化、无杂质,并有适当的颗粒级配。石屑或其他细集料可以使用一般碎石场的细筛余料,也可以利用轧制沥青表面处治和贯入式用石料时的细筛余料,或专门轧制的细碎石集料。也可以用天然砂砾或粗砂代替石屑。天然砂砾的颗粒尺寸应符合要求,必要时应筛除其中的超尺寸颗粒。天然砂砾或粗砂应有较好的级配。

级配碎石或砾石的级配范围宜符合下列规定:

(1)用于高速公路和一级公路基层时,级配宜符合表 8-1 中 G-A-4 或 G-A-5 的规定。

(2)用于高速公路和一级公路底基层时,级配宜符合表 8-1 中 G-A-3 或 G-A-4 的规定。

(3)用于二级及二级以下公路的基层、底基层时,级配宜符合表 8-1 中 G-A-1 或 G-A-2 的规定。

级配碎石或级配砾石的颗粒组成范围　　　　　　　　　　表 8-1

| 筛孔尺寸(mm) | G-A-1 | G-A-2 | G-A-3 | G-A-4 | G-A-5 |
| --- | --- | --- | --- | --- | --- |
| 37.5 | 100 | — | | | |
| 31.5 | 100 ~ 90 | 100 | 100 | — | — |
| 26.5 | 93 ~ 80 | 100 ~ 90 | 95 ~ 90 | 100 | 100 |
| 19 | 81 ~ 64 | 86 ~ 72 | 84 ~ 72 | 88 ~ 79 | 100 ~ 95 |
| 16 | 75 ~ 57 | 79 ~ 62 | 79 ~ 65 | 82 ~ 70 | 89 ~ 82 |
| 13.2 | 69 ~ 50 | 72 ~ 54 | 72 ~ 57 | 76 ~ 61 | 79 ~ 70 |
| 9.5 | 60 ~ 40 | 62 ~ 42 | 62 ~ 47 | 64 ~ 49 | 63 ~ 53 |
| 4.75 | 45 ~ 25 | 45 ~ 25 | 40 ~ 30 | 40 ~ 30 | 40 ~ 30 |
| 2.36 | 31 ~ 16 | 31 ~ 16 | 28 ~ 19 | 28 ~ 19 | 28 ~ 19 |
| 1.18 | 22 ~ 11 | 22 ~ 11 | 20 ~ 12 | 20 ~ 12 | 20 ~ 12 |
| 0.6 | 15 ~ 7 | 15 ~ 7 | 15 ~ 7 | 14 ~ 8 | 14 ~ 8 |
| 0.3 | — | — | 10 ~ 5 | 10 ~ 5 | 10 ~ 5 |
| 0.15 | — | — | 7 ~ 3 | 7 ~ 3 | 7 ~ 3 |
| 0.075[a] | 5 ~ 2 | 5 ~ 2 | 5 ~ 2 | 5 ~ 2 | 5 ~ 2 |

注:[a]对于对无塑性的混合料,小于 0.075mm 的颗粒含量宜取高限。

二级及二级以下公路基层采用未筛分砾石、碎石时采用表 8-2 推荐级配范围。

未筛分碎石底基层颗粒组成范围

表8-2

| 筛孔尺寸(mm) | G－B－1 | G－B－2 | 筛孔尺寸(mm) | G－B－1 | G－B－2 |
|---|---|---|---|---|---|
| 53 | 100 | | 4.75 | 10～30 | 17～45 |
| 37.5 | 85～100 | 100 | 2.36 | 8～25 | 11～35 |
| 31.5 | 69～88 | 83～100 | 0.6 | 6～18 | 6～21 |
| 19.0 | 40～65 | 54～84 | 0.075 | 0～10 | 0～10 |
| 9.5 | 19～43 | 29～59 | | | |

级配碎石或砾石、未筛分碎石、天然砾石和砾石土等材料应符合下列规定:

(1)液限宜不大于28%。

(2)在潮湿多雨地区,塑性指数宜小于6,其他地区宜小于9。

级配碎石层施工有以下两种方法。

**1. 路拌法施工**

级配碎石路拌法施工的工艺流程见图8-1。

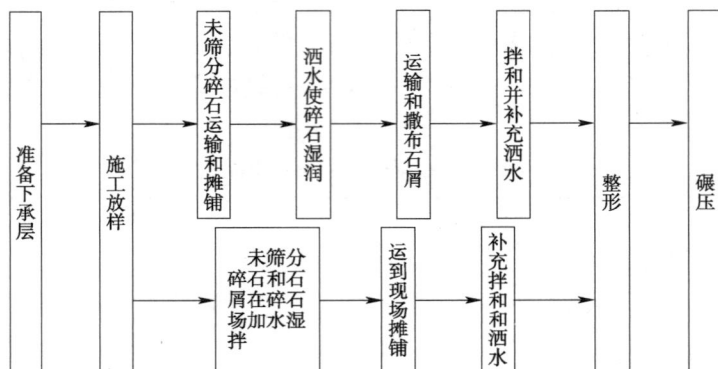

图8-1 级配碎石路拌法施工工艺流程图

(1)下承层准备

按下承层的有关检验标准进行复检,凡不合格的路段应进行整修,使其达到标准,下承层表面应平整、坚实,具有规定的路拱,没有任何松散和软弱地点。

(2)施工放样

在底基层或老路面及土基上恢复中线,直线段应每15～20m设一桩,平曲线段每10～15m设一桩,并在两侧路肩边缘外设指示桩。在两侧指示桩上用明显标记标出级配碎石层层边缘的设计高程。

(3)备料

根据各路段基层或底基层的宽度、厚度及规定的压实干密度,按确定的配合比分别计算各段需要的未筛分碎石和石屑的数量或不同粒级碎石和石屑的数量,并计算每车料的堆放距离。未筛分碎石的含水率较最佳水率宜大1%左右。未筛分碎石和石屑可按预定比例在料场混合,同时洒水加湿;使混合料的含水率超过最佳含水率约1%。

(4)运输和摊铺集料

集料装车时,应控制每车料的数量基本相等。在同一料场供料的路段内,宜由远到近卸置集料。卸料距离应严格掌握,避免集料不够或过多。未筛分碎石和石屑分别运送时,应先运送碎石。料堆每隔一定距离应留一缺口。集料在下承层上的堆置时间不应过长。运送集料较摊铺集料工序宜只提前数天。

应事先通过试验确定集料的松铺系数并确定松铺厚度。人工摊铺混合料时,其松铺系数为 1.40～1.50;平地机摊铺混合料时,其松铺系数为 1.25～1.35。

用平地机或其他合适的机具将混合料均匀地摊铺在预定的宽度上,表面应力求平整,并具有规定的路拱。应同时摊铺路肩用料。

检查松铺材料层的厚度,必要时,应进行减料或补料。

采用不同粒级的碎石和石屑时,应将大碎石铺在下层,中碎石铺在中层,小碎石铺在上层。洒水使碎石湿润后,再摊铺石屑。

(5)拌和及整形

对于二级及二级以上公路,应采用稳定土拌和机拌和级配碎石。对于二级以下的公路,在无稳定土拌和机的情况下,可采用平地机或多铧犁与缺口圆盘耙相配合进行拌和。在拌和时,应用稳定土拌和机拌和两遍以上,拌和深度至级配碎石层底,在进行最后一遍拌和之前,必要时先用多铧犁紧贴底面翻拌一遍。

用平地机进行拌和,宜翻拌 5～6 遍,使石屑均匀分布于碎石料中。平地机拌和的作业长度,每段宜为 300～500m。

拌和结束时,混合料的含水率应均匀,并较最佳含水率大 1% 左右,同时应没有粗细颗粒离析现象。

用缺口圆盘耙与多铧犁相配合拌和级配碎石时,应采用多铧犁在前面翻拌,圆盘耙紧跟在后面拌和,即采用边翻边耙的方法,共翻耙 4～6 遍,并应随时检查调整翻耙的深度。用多铧犁翻拌时,第一遍由路中心开始,将混合料向中间翻,同时机械应慢速前进。第二遍从两边开始,将混合料向外翻。拌和过程中,应保持足够的水分。拌和结束时,混合料的含水率和均匀性应符合要求。

使用在料场已拌和的级配碎石混合料时,摊铺后混合料如有粗细颗粒离析现象,应用平地机进行补充拌和。

用平地机将拌和均匀的混合料按规定的路拱进行整平和整形,在整形过程中,应注意消除粗细集料离析现象。

用拖拉机、平地机或轮胎压路机在已初平的路段上快速碾压一遍,以暴露潜在的不平整,再用平地机进行整平和整形。

(6)碾压

整形后,当混合料的含水率等于或略大于最佳含水率时,立即用 12t 以上三轮压路机碾压,每层的压实厚度不应超过 13cm。振动压路机或轮胎压路机进行碾压,每层的压实厚度不应超过 20cm。

直线和不设超高的平曲线段,由两侧路肩开始向路中心碾压;在设超高的平曲线段,由内侧路肩向外侧路肩进行碾压。碾压时,后轮应重叠 1/2 轮宽;后轮必须超过两段的接缝处。后轮压完路面全宽时,即为一遍。碾压一直进行到要求的密实度为止。一般需碾压 6～8 遍,应使表面无明显轮迹。压路机的碾压速度,前两遍以采用 1.5～1.7km/h 为宜,以后用

2.0~2.5km/h。

路面的两侧应多压2~3遍。严禁压路机在已完成或正在碾压的路段上掉头或紧急制动。

凡含土的级配碎石层,都应进行滚浆碾压,一直压到碎石层中无多余细土泛到表面为止。滚到表面的泥浆(或事后变干的薄土层)应清除干净。

(7)横缝的处理

两作业段的衔接处,应搭接拌和。第一段拌和后,留5~8m不进行碾压,第二段施工时,前段留下未压部分与第二段一起拌和整平后进行碾压。

(8)纵缝的处理

应避免纵向接缝。在必须分两幅铺筑时,纵缝应搭接拌和。前一幅全宽碾压密实,在后一幅拌和时,应将相邻的前幅边部约30cm搭接拌和,整平后一起碾压密实。

2.中心站集中厂拌法施工

级配碎石用作半刚性路面的中间层以及用作二级以上公路的基层时,应采用集中厂拌法拌制混合料,并用摊铺机摊铺混合料。

级配碎石混合料可以在中心站采用多种机械进行集中拌和,如强制式拌和机、卧式双转轴桨叶式拌和机、普通水泥混凝土拌和机等。

对用于高速公路和一级公路的级配碎石基层和中间层,宜采用不同粒级的单一尺寸碎石和石屑,按预定配合比在拌和机内拌制级配碎石混合料。

不同粒级的碎石和石屑等细集料应隔离,分别堆放。细集料应有覆盖,防止雨淋。

在正式拌制级配碎石混合料之前,必须先调试所用的厂拌设备,使混合料的颗粒组成和含水率都能达到规定的要求。在采用未筛分碎石和石屑时,如未筛分碎石或石屑的颗粒组成发生明显变化,应重新调试设备。

将级配碎石用于高速公路和一级公路时,应用沥青混凝土摊铺机或其他碎石摊铺机摊铺碎石混合料。摊铺机后面应设专人消除粗细集料离析现象。

用振动压路机、三轮压路机进行碾压,碾压方法同路拌法。

级配碎石用于二级和二级以下公路时,如没有摊铺机,也可用自动平地机(或摊铺箱)摊铺混合料。

级配碎石基层未洒透层沥青或未铺封层时,禁止开放交通,以保护表层不受破坏。

**(二)级配砾石**

天然砂砾符合规定的级配要求,而且塑性指数在6或9以下时,可以直接用作基层。

塑性指数偏大的砂砾,可加少量石灰降低其塑性指数,也可以用无塑性的砂或石屑进行掺配,使其塑性指数降低到符合要求,或塑性指数与细土(粒径小于0.5mm的颗粒)含量的乘积符合要求。

可在天然砂砾中掺加部分碎石或轧碎砾石,以提高混合料的强度和稳定性。天然砂砾掺加部分未筛分碎石组成的混合料的强度和稳定性介于级配碎石和级配砾石之间。

级配砾石可适用于轻交通的二级和二级以下公路的基层以及各级公路的底基层。级配砾石用作基层时,砾石的最大粒径不应超过37.5mm;用作底基层时,砾石的最大粒径不应超过53mm。砾石颗粒中细长及扁平颗粒的含量不应超过20%。

在塑性指数偏大的情况下,塑性指数与 0.5mm 以下细土含量的乘积应符合下列规定:

(1)在年降雨量小于 600mm 的中干和干旱地区,地下水位对土基没有影响时,乘积不应大于 120。

(2)在潮湿多雨地区,乘积不应大于 100。

(3)当用于基层的在最佳含水率下制备的级配砾石试件的干密度与工地规定达到的压实干密度相同时,浸水 4d 的承载比值应不小于 160%。

(4)用作底基层的砂砾、砂砾土或其他粒状材料的级配,应在表 8-3 推荐的范围内。液限应小于 28%,塑性指数应小于 9。

**天然砾石、砾石土的推荐级配范围**　　　　　　　表 8-3

| 筛孔尺寸(mm) | 53 | 37.5 | 9.5 | 4.75 | 0.6 | 0.075 |
|---|---|---|---|---|---|---|
| 质量通过百分率(%) | 100 | 80～100 | 40～100 | 25～85 | 8～45 | 0～15 |

级配砾石的施工可参考级配碎石,工艺流程按图 8-2 的顺序进行。

图 8-2　级配砾石施工工艺流程

### (三)填隙碎石

用单一粒径的粗碎石和石屑组成的填隙碎石可用干法施工,也可用湿法施工。干法施工的填隙碎石特别适宜于干旱缺水地区。

填隙碎石可用于各等级公路的底基层和二级以下公路的基层。填隙碎石用作基层时,集料的公称最大粒径应不大于 53mm;用作底基层时,应不大于 63mm。

单层填隙碎石的压实厚度宜为公称最大粒径的 1.5～2.0 倍。集料可用具有一定强度的各种岩石或漂石轧制,宜采用石灰岩。采用漂石时,其粒径应大于集料公称最大粒径的 3 倍。

用作基层时集料的压碎值应不大于 26%,用作底基层时应不大于 30%。集料中针片状颗粒和软弱颗粒的含量应不大于 15%。集料也可以用稳定的矿渣轧制。矿渣的干密度和质量应均匀,且干密度应不小于 960kg/m³。

填隙碎石用集料的颗粒组成应符合表 8-4 的规定。

**填隙碎石用集料的颗粒组成**　　　　　　　表 8-4

| 项次 | 工程粒径(mm) | 筛孔尺寸(mm) | | | | | | | |
|---|---|---|---|---|---|---|---|---|---|
| | | 63 | 53 | 37.5 | 31.5 | 26.5 | 19 | 16 | 9.5 |
| 1 | 30～60 | 100 | 25～60 | — | 0～15 | — | 0～5 | — | — |
| 2 | 25～50 | — | 100 | — | 25～50 | 0～15 | — | 0～5 | — |
| 3 | 20～40 | — | — | 100 | 35～37 | — | 0～15 | — | 0～5 |

采用表 8-4 中的 1 号集料时,填隙料的公称最大粒径宜为 9.5mm,2、3 号集料的填隙料宜具有表 8-5 的颗粒组成。缺乏石屑时,可以添加细砾砂或粗砂等细集料,但其技术性能不如石屑。

| 筛孔尺寸(mm) | 9.5 | 4.75 | 2.36 | 0.6 | 0.075 | 塑性指数 |
|---|---|---|---|---|---|---|
| 质量通过百分率(%) | 100 | 85~100 | 50~70 | 30~50 | 0~10 | <6 |

**填隙料的颗粒组成** 表8-5

填隙碎石的施工:填隙料应干燥;宜采用振动压路机碾压,碾压后,表面集料间的空隙应填满,但表面应看得见集料。填隙碎石层上为薄沥青面层时:宜使集料的棱角外露3~5mm;碾压后基层的固体体积率宜不小于85%,底基层的固体体积率宜不小于83%;填隙碎石基层未洒透层沥青或未铺封层时,不得开放交通。

应根据各路段基层或底基层的宽度、厚度及松铺系数,计算各段需要的集料数量,并应根据运料车辆的车厢体积,计算每车料的堆放距离。填隙料的用量宜为集料质量的30%~40%。应由远到近将集料按计算的距离卸置于下承层上,应严格控制卸料距离。用平地机或其他合适的机具将集料均匀地摊铺在预定的范围内,表面应平整,并有规定的路拱。应同时摊铺路肩用料。工艺流程见图8-3。

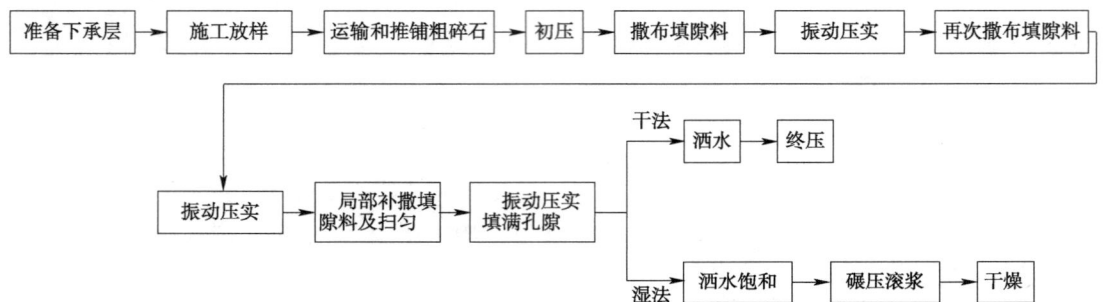

图8-3 填隙碎石工艺流程

**1. 干法施工工序**

(1)初压宜用两轮压路机碾压3~4遍,使集料稳定就位,初压结束时,表面应平整,并具有规定的路拱和纵坡。

(2)填隙料应采用石屑撒布机或类似的设备均匀地撒铺在已压稳的集料层上,松铺厚度宜为25~30mm;必要时,可用人工或机械扫匀。

(3)应采用振动压路机慢速碾压将全部填隙料振入集料间的空隙中。无振动压路机时,可采用重型振动板。路面两侧宜多压2~3遍。

(4)再次撒布填隙料,松铺厚度控制到20~25cm,用人工或机械扫匀。

(5)再次振动碾压,局部多余的填隙料应扫除。

(6)碾压后,应对局部填隙料不足之处进行找补,并用振动压路机继续碾压,直到全部空隙被填满,多余的填隙料扫除。

(7)填隙碎石表面空隙全部填满后,宜再用重型压路碾压1~2遍。在碾压过程中,不应有任何蠕动现象,在碾压前宜在表面洒少量水,洒水量宜不少于3kg/m³。

(8)需分层铺铺筑时,应将已压成型的填隙碎石层表面骨料外外露5~10mm,然后在其上摊铺第二层集料,并按前述要求施工。

**2. 湿法施工工序**

(1)开始工序与干法施工要求相同。

（2）集料层表面空隙全部填满后，立即用洒水车洒水，直到饱和，但应注意避免多余水浸泡下承层。

（3）宜用重型压路机跟在洒水车后进行碾压。在碾压过程中，将湿填隙料继续扫入所出现的孔隙中。需要时，再添加新的填隙料。洒水和碾压应一直进行到填隙料和水形成粉砂浆为止。粉砂浆应填塞全部孔隙，并在压路机轮前形成微波纹状。

（4）干燥：碾压完成的路段应让水分蒸发一段时间，待结构层变干后，表面多余的细料以及细料覆盖层都应扫除干净。

（5）当需分层铺筑时，应待结构层变干后，将已压成的填隙碎石层表面的填隙料扫除一些，使表面粗碎石外露 5~10mm，然后在上摊铺第二层粗碎石，并按上述要求施工。

二、半刚性基层

在粉碎或原状松散的土中按照配合比试验，掺入一定量的无机结合料（包括水泥、石灰或工业废渣等）和水，经拌和得到的混合料在压实与养护后，其抗压强度符合规定要求的材料称为无机结合料稳定材料，以此修筑的路面基层称为无机结合料稳定基层。

粉碎或原状松散的土按照土中单个颗粒（指碎石、砾石、砂和土颗粒）的粒径的大小和组成，将土分成细粒土、中粒土和粗粒土。不同的土与无机结合料拌和得到不同的稳定材料，例如石灰土、水泥土、水泥砂砾、石灰粉煤灰碎石等。

无机结合料稳定材料种类较多，其物理、力学性质各有特点，使用时应根据结构要求、掺加剂和原材料的供应情况及施工条件进行综合技术、经济比较后选定。

**（一）水泥稳定类材料**

以水泥为结合通过加水与被稳定材料共同拌和形成，形成的混合料，包括水泥稳定级配碎石、水泥稳定级配砾石、水泥稳定石屑、水泥稳定土、水泥稳定砂等。

水泥是水硬性结合料，绝大多数的土类（高塑性黏土和有机质较多的土除外）都可以用水泥来稳定，改善其物理力学性质，提高力学强度、抗水性和耐冻性。其初期强度较高，且随龄期增长而增长，所以应用范围很广。水泥稳定土可适用于各级公路的基层和底基层，但水泥土不得用作二级和二级以上公路路面的基层。

1. 强度形成原理

在利用水泥来稳定土的过程中，水泥、土和水之间发生了多种非常复杂的作用，从而使土的性能发生了明显的变化。这些作用可以分为：化学作用、物理—化学作用、物理作用等。

2. 影响强度的因素

（1）土质

土的类别和性质是影响水泥稳定土强度的重要因素，试验和生产实践证明，用水泥稳定级配良好的碎（砾）石和砂，效果最好，不但强度高，而且水泥用量少；其次是砂性土；再次之是粉性土和黏性土。重黏土难于粉碎和拌和，不宜单独用水泥来稳定，因此，一般要求土的塑性指数不大于 17。

（2）水泥的成分和剂量

对于同一种土，通常情况下硅酸盐水泥的稳定效果好，而铝酸盐水泥较差。

在水泥硬化条件相似，矿物成分相同时，随着水泥分散度的增加，其活性程度和硬化能力也有所增大,从而水泥土的强度及其均匀性也大大提高。

水泥剂量是以水泥质量占全部粗细土颗粒(砾石、砂粒、粉粒和黏粒)干质量的百分率表示,即水泥剂量 = 水泥质量/干土质量。

水泥土的强度随水泥剂量的增加而增长,但过多的水泥用量,虽获得强度的增加,在经济上却不一定合理,在效果上也不一定显著,且容易开裂。水泥稳定中粒土和粗粒土用作基层时,水泥剂量不宜超过6%。必要时,应首先改善集料的级配,然后用水泥稳定。在只能使用水泥稳定细粒土做基层时或水泥稳定集料的强度要求明显大于规定时,水泥剂量不受此限制。

(3)含水率

含水率对水泥稳定土强度影响很大,当含水率不足时,水泥不能在混合料中完全水化,发挥不了水泥对土的稳定作用,影响强度形成。同时,含水率小,达不到最佳含水率也影响水泥稳定土的压实度。因此,使含水率达到最佳含水率的同时,也要满足水泥完全水化作用的需要。

水泥正常水化所需的水量约为水泥质量的20%。应注意:对于砂性土,完全水化达到最高强度的含水率较最佳密度的含水率为小;而对于黏性土则相反。

(4)施工工艺过程

水泥、土和水拌和应均匀,且在最佳含水率下充分压实,并一般要在6h以内完成,使之干密度最大,则其强度和稳定性就高。在水泥终凝时间达不到规定要求时,可以使用一定剂量的缓凝剂,但缓凝剂的品种和具体数量应根据试验确定。

水泥稳定土需湿法养护,以满足水泥水化形成强度的需要。养护温度越高,强度增长得越快,因此,要保证水泥稳定土养护的温度和湿度条件。

3. 水泥稳定粒料施工

1)路拌法施工

路拌法施工的工艺流程宜按图8-4的顺序进行。

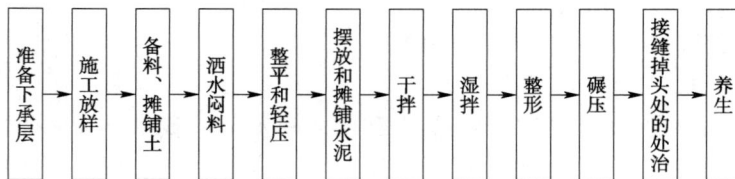

图8-4 路拌法施工的水泥稳定土工艺流程

(1)下承层准备

按下承层的有关检验标准进行复检,凡不合格的路段应进行整修,使其达到标准,下承层表面应平整、坚实、具有规定的路拱,没有任何松散和软弱地点。

(2)施工放样

在底基层、老路面或土基上恢复中线,直线段每15 ~ 20m 设一桩,平曲线段每10 ~ 15m 设一桩,并在两侧路肩边缘外设指示桩。在两侧指示桩上用明显标记标出水泥稳定土层边缘的设计高程。

（3）备料

根据各路段水泥稳定土层的宽度、厚度及预定的干密度,计算各路段需要的干燥土数量。根据料场土的含水率和所用运料车辆的吨位,计算每车料的堆放距离。

根据水泥稳定土层的厚度和预定的干密度及水泥剂量,计算每一平方米水泥稳定土需要的水泥用量,并确定水泥摆放的纵横间距。在预定堆料的下承层上,在堆料前应先洒水,使其表面湿润,但不应过分潮湿而造成泥泞。土料装车时,应控制每车料的数量基本相等。

在同一料场供料的路段内,由远到近将混合料按上述计算距离卸置于下承层表面的中间或上侧。卸料距离应严格掌握,避免某些路段混合料不够或过多。

料堆每隔一定距离应留一缺口。土在下承层上的堆置时间不应过长,运送土只宜比摊铺土工序提前 1～2d。并应有相应的防雨水措施。

（4）摊铺土

应事先通过试验确定土的松铺系数,然后将土均匀地摊铺在预定的宽度上,表面应力求平整,并有规定的路拱。

（5）洒水闷料

如已整平的土(含粉碎的老路面)含水率过小,应在土层上洒水闷料。洒水应均匀,防止出现局部水分过多的现象。细粒土应经一夜闷料,中粒土和粗粒土,视其中细土含量的多少,可缩短闷料时间。

（6）整平和轻压

用人工对摊铺的土层进行整平后,压 6～8t 两轮压路机碾压 1～2 遍,使其表面平整,并有一定的压实度。

（7）摆放和摊铺水泥

按计算出的每袋水泥的纵横间距,在土层上做好安放标记,将水泥当日直接送到摊铺路段,倒卸在标记的地点,用刮板将水泥均匀摊开,并注意使每袋水泥的摊铺面积相等。水泥摊铺完后,表面应没有空白位置,也没有水泥过分集中的地方。

（8）拌和(干拌)

对二级及二级以上公路,应采用稳定土拌和机进行拌和,对于三、四级公路,在没有专用拌和机械的情况下,可用农用旋转耕作机与多铧犁或平地机相配合进行拌和,随时检查拌和深度,拌和深度应达稳定层底并宜侵入下承层 5～10mm,以利上下层黏结,严禁在拌和层底部留有素土夹层。通常应拌和 2 遍以上。

（9）加水并湿拌

在上述拌和过程结束时,如果混合料的含水率不足,应用喷管式洒水车(普通洒水车不适宜用作路面施工)补充洒水。洒水后,应再次进行拌和,拌和机械应紧跟在洒水车后面进行拌和,以减少水分流失。洒水及拌和过程中,应及时检查混合料的含水率,含水率宜略大于最佳值。混合料拌和均匀后应色泽一致,没有灰条、灰团和花面,即无明显粗细集料离析现象,且水分应合适和均匀。

（10）整形

混合料拌和均匀后,应立即用平地机初步整形。在直线段,平地机由两侧向路中心进行刮平;在平曲线段,平地机由内则向外侧进行刮平。

（11）碾压

整形后，当混合料的含水率为最佳含水率（±1%～±2%）时，立即用轻型压路机并配合12t以上压路机在全宽范围内碾压，在碾压过程结束之前，用平地机再终平一次，使其纵向顺适，路拱和高程符合规定要求。

（12）接缝处理

当天两工作段的衔接处应搭接拌和，即先施工的前一段尾部留5～8m不进行碾压，待第二段施工时，对前段留下未压部分要再加部分水泥重新拌和，并与第二段一起碾压。应十分注意每天最后一段末端缝（即工作缝）的处理，工作缝应成直线，而且上下垂直。经过摊铺整型的水泥稳定碎石当天应全部压实。第二天铺筑时，为了使已压成型的稳定边缘不致遭受破坏，应用方木（厚度与其压实后厚度相同）对其进行保护，碾压前将方木提出，用混合料回填并整平。

（13）养护及交通管制

每一段碾压完成后并经压实度检查合格后，应立即开始养护。在整个养护期间都应使水泥稳定碎石层保持潮湿状态，养护结束后，必须将覆盖物清除干净。养护期不宜少于7d。养护期满验收合格后立即浇透层油。

2）厂拌法施工

水泥稳定土可以在中心站用厂拌设备进行集中拌和，对于高速和一级公路，应采用专用稳定土集中厂拌机械拌制混合料，集中拌和时应符合下列要求：

（1）土块应粉碎，最大尺寸不得大于15mm；

（2）配料应准确，拌和应均匀；

（3）含水率宜略大于最佳值，使混合料运到现场摊铺后碾压时的含水率不小于最佳值；

（4）不同粒级的碎石或砾石以及细集料（如石屑和砂）应隔离，分别堆放。

**（二）石灰稳定类基层**

以石灰为结合料，通过加水与被稳定材料共同拌和形成的混合料，包括石灰碎石土、石灰土等。石灰稳定土适用于各级公路的底基层，以及二级以下公路的基层，但石灰土不得用作二级公路的基层和二级以下公路高级路面的基层。

1.石灰稳定土强度形成原理

在土中掺入适量的石灰，并在最佳含水率下拌匀压实，使石灰与土发生一系列的物理、化学作用，从而使土的性质发生根本的变化。一般分四个方面：第一是离子交换作用，第二是结晶硬化作用，第三是火山灰作用，第四是碳酸化作用。

由于石灰与土发生了一系列的相互作用，从而使土的性质发生根本的改变。在初期，主要表现为土的结团、塑性降低、最佳含水率增加和最大密实度减小等，后期主要表现为结晶结构的形成，从而提高其板体性、强度和稳定性。

2.影响强度的因素

（1）土质

各种成因的土都可以用石灰来稳定，但效果却不尽相同。生产实践表明，黏性土较好，其稳定的效果显著，强度也高。当采用高液限黏土时，施工不易粉碎；采用粉性土的石灰土早期强度较低，但后期强度也可满足行车要求；采用低液限土质时易拌和，但难以碾压成型，稳定的效果不显著。因此,采用的土质,既要考虑其强度,还要考虑到施工时易于粉碎更于碾压成型。塑性指数为 15~20 的黏性土以及含有一定数量黏性土的中粒土和粗粒土均适宜于用石灰稳定。塑性指数偏大的黏性土,要加强粉碎,粉碎后,土块的最大尺寸不应大于 15mm。塑性指数在 10 以下的亚砂土和砂土用石灰稳定时,应采取适当的措施或采用水泥稳定。硫酸盐含量超过 0.8% 或有机质含量超过 10% 的土,不宜用石灰稳定。石灰稳定土用作高速公路和一级公路的底基层时,颗粒的最大粒径不应超过 37.5mm;用作其他等级公路的底基层时,颗粒的最大粒径不应超过 53mm;石灰稳定土用作基层时,颗粒的最大粒径不应超过 37.5mm。

(2)灰质

石灰技术指标应符合表 8-6 的规定。应尽量缩短石灰的存放时间。石灰在野外堆放时间较长时,应覆盖防潮。对于高速公路和一级公路,宜采用磨细生石灰粉。

石灰的技术指标　　　　表 8-6

| 指　标 | | 钙质生石灰 | | | 镁质生石灰 | | |
|---|---|---|---|---|---|---|---|
| | | Ⅰ | Ⅱ | Ⅲ | Ⅰ | Ⅱ | Ⅲ |
| 有效氧化钙加氧化镁含量(%) | | ≥85 | ≥80 | ≥70 | ≥80 | ≥75 | ≥65 |
| 未消化残渣含量(%) | | ≤7 | ≤11 | ≤17 | ≤10 | ≤14 | ≤20 |
| 钙镁石灰的分类界限,氧化镁含量(%) | | ≤5 | | | >5 | | |
| 有效氧化钙加氧化镁含量(%) | | ≥65 | ≥60 | ≥55 | ≥60 | ≥55 | ≥50 |
| 含水率(%) | | ≤4 | ≤4 | ≤4 | ≤4 | ≤4 | ≤4 |
| 细度 | 0.60mm 方孔筛的筛余(%) | 0 | ≤1 | ≤1 | 0 | ≤1 | ≤1 |
| | 0.15mm 方孔筛的筛余(%) | ≤13 | ≤20 | — | ≤13 | ≤20 | — |
| 钙镁石灰的分类界限,氧化镁含量(%) | | ≤4 | | | >4 | | |

(3)石灰剂量

石灰剂量是石灰质量占全部土颗粒的干质量的百分率,即石灰剂量 = 石灰质量/干土质量。石灰剂量对石灰土强度影响显著,石灰剂量较低(小于 4%)时,石灰主要起稳定作用,土的塑性、膨胀、吸水量减小,使土的密实度、强度得到改善。随着剂量的增加,强度和稳定性均提高,但剂量超过一定范围时,强度反而降低。生产实践中常用的最佳剂量范围,对于黏性土及粉性土为 8%~14%,对砂性土则为 9%~16%。剂量的确定应根据结构层技术要求进行混合料组成设计。

(4)含水率

水是石灰土的重要组成部分。它促使石灰土发生物理化学变化,形成强度;便于土的粉碎、拌和与压实,并且有利于养护。不同土质的石灰土有不同的最佳含水率,需通过标准击实试验确定,并以此控制施工中的实际用水量。凡饮用水(含牲畜饮用水)均可用于石灰土施工。

(5)密实度

石灰土的强度随密实度的增加而增长。实践证明,石灰土的密实度每增减 1%,强度约增减 4%。而密实的石灰土,其抗冻性、水稳定性也较好,缩裂现象也少。

(6)石灰土的龄期

石灰土强度具有随龄期增大而增长的特点。一般石灰土初期强度低,前期(1~2个月)增长速率较后期为快。

(7)养护条件

养护条件主要指温度与湿度。养护条件不同,其强度也有差异。当温度高时,物理化学反应、硬化、强度增长快,反之强度增长慢,在负温条件下甚至不增长。因此,要求施工期的最低温度应在5℃以上,并在第一次重冰冻(−3~−5℃)到来之前一个月至一个半月完成。

多年的施工经验证明,热季施工的灰土强度高,质量可以保证,一般在使用中很少损坏。养护的湿度条件对石灰土的强度也有很大影响。实践证明,在一定潮湿条件下养护强度的形成比在一般空气中养护要好。

3.石灰稳定土基层缩裂防治

(1)控制压实含水率:石灰稳定土因含水率过大产生的干缩裂缝显著,因而压实时含水率一定不要大于最佳含水率,其含水率应略小于最佳含水率。

(2)严格控制压实标准:实践证明,压实度小时产生的干缩要比压实度大时严重,因此应尽可能达到最大压实度。

(3)温缩的最不利季节是材料处于最佳含水率附近,而且温度在0~−10℃时。因此施工要在当地气温进入0℃前一个月结束,以防在不利季节产生严重温缩。

(4)干缩的最不利情况是石灰稳定土成型初期,因此,要重视石灰稳定土初期养护,保证石灰土表面处于潮湿状况,严防干晒。

(5)石灰稳定土施工结束后要及早铺筑面层,使石灰土基层含水率不发生较大变化,可减轻干缩裂隙。

(6)在石灰稳定土中掺加集料(砂砾、碎石等),使其集料含量为60%~70%,使混合料满足最佳组成要求,不但提高强度和稳定性,而且具有较好的抗裂性。

(7)基层的缩裂会反射到面层,为了防止基层裂缝的反射,国内外常采取以下措施:

①设置联结层。设置沥青碎石或沥青贯入式联结层,是防止反射裂缝的有效措施之一。

②铺筑碎石隔离过渡层。在石灰土与沥青面层间铺筑厚10~20cm的碎石层或玻璃纤维网格,可减轻反射裂缝出现。

4.石灰土底基层的施工

生石灰应在使用前7~10d进行充分消解成熟石灰粉,并过10mm筛进行筛分。熟石灰粉应尽快使用,不宜存放过久。进场的生石灰块应妥善保管,加棚盖或覆土储存,应尽量缩短生石灰的存放时间。其余可参考水泥稳定土的施工。

**(三)石灰工业废渣稳定基层**

近年来,我国利用工业废渣铺筑路面基层,取得显著成效,不但提高了路面使用品质,而且降低了工程造价,变废为宝,具有重要的经济意义。

公路上常用的工业废渣有火力发电厂的粉煤灰和煤渣、钢铁厂的高炉渣和钢渣(已经过崩解达到稳定)、其他冶金矿渣,以及煤矿的煤矸石等。由于温度较高时,材料强度增长快,因此,石灰稳定工业废渣最好在热季施工,并加强保湿养护。

石灰工业废渣材料主要由工业废渣和石灰组成,分石灰粉煤灰类及石灰其他废渣类。

石灰稳定工业废渣基层具有水硬性、缓凝性、强度高、稳定性好、板体性强且强度随龄期不断增加,抗水、抗冻、抗裂而且收缩性小,适应各种气候环境和水文地质条件等特点。石灰工业废渣稳定土可适用于各级公路的基层和底基层,但二灰、二灰土和二灰砂不应用作二级和二级以上公路路面的基层。

1. 对材料要求

石灰工业废渣混合料采用质量配合比计算,以石灰:粉煤灰:集料(或土)的质量比表示。石灰工业废渣稳定土所用石灰质量应符合表8-6规定的Ⅲ级消石灰或Ⅲ级生石灰的技术指标,应尽量缩短石灰的存放时间,如存放时间较长,应采取覆盖封存措施,妥善保管。有效钙含量在20%以上的等外石灰、贝壳石灰、珊瑚石灰、电石渣等,当其混合料的强度通过试验符合标准时可以应用。

(1)废渣材料

粉煤灰是火力发电厂燃烧煤粉后产生的粉状灰渣,其化学成分主要是$SiO_2$(45% ~ 65%)、$Al_2O_3$(20% ~ 35%)、$Fe_2O_3$(5% ~ 10%)和$CaO$(5%)等,其中$SiO_2$(45% ~ 65%)、$Al_2O_3$(20% ~ 35%)及$Fe_2O_3$总量宜大于70%。在温度为700℃时,烧失量宜小于或等于10%;当烧失量大于10%时,应经试验确认混合料强度符合要求时,方可采用。细度应满足90%粒料通过0.3mm筛孔。70%通过0.075mm筛孔。比表面积宜大于2500$cm^2$/g。

(2)砂砾

级配碎石、砂砾、未筛分碎石、碎石土、砾石和煤矸石、粒状矿渣等材料均可做粒料原材。当作基层时,粒料最大粒径不宜超过37.5mm;当作底基层时,粒料最大粒径:城市快速路、主干路,不应超过37.5mm;次干路及以下道路,不应超过53mm。碎石、砾石、煤矸石等的压碎值,城市快速路、主干路基层与底基层不应大于30%;其他道路基层不应大于30%。底基层不应大于35%。集料中有机质含量不应超过2%;集料中硫酸盐含量不应超过0.25%。砂砾应经破碎、筛分,级配宜符合表8-7砂砾、碎石级配的规定。

砂砾、碎石级配       表8-7

| 筛孔尺寸 (mm) | 通过质量百分比(%) | | | |
| --- | --- | --- | --- | --- |
| | 级配砂砾 | | 级配碎石 | |
| | 次干路及以下道路 | 城市快速路、主干路 | 次干路及以下道路 | 城市快速路、主干路 |
| 37.5 | 100 | — | 100 | — |
| 31.5 | 85 ~ 100 | 100 | 90 ~ 100 | 100 |
| 19.00 | 65 ~ 85 | 85 ~ 100 | 75 ~ 90 | 81 ~ 98 |
| 9.50 | 50 ~ 70 | 55 ~ 75 | 48 ~ 68 | 52 ~ 70 |
| 4.75 | 35 ~ 55 | 39 ~ 59 | 30 ~ 50 | 30 ~ 50 |
| 2.36 | 25 ~ 45 | 27 ~ 47 | 18 ~ 38 | 18 ~ 38 |
| 1.18 | 17 ~ 35 | 17 ~ 35 | 10 ~ 27 | 10 ~ 27 |
| 0.60 | 10 ~ 27 | 10 ~ 25 | 6 ~ 20 | 8 ~ 20 |
| 0.075 | 0 ~ 15 | 0 ~ 10 | 0 ~ 7 | 0 ~ 7 |

2. 石灰粉煤灰类基层

石灰粉煤灰(简称二灰)基层是用石灰和粉煤灰按一定配比,加水拌和、摊铺、碾压及养护而成型的基层。在二灰中掺入一定量的土,经加水拌和、摊铺、碾压及养护成型的基层,称二灰土基层。混合料的配合比组成可根据当地的实践经验并参照下面配比选用:

(1)采用二灰土作基层或底基层时,石灰与粉煤灰的比为1:2～1:4(对于粉土以1:2为宜)。石灰粉煤灰与细粒土的比例为30:70～90:10。

(2)采用石灰粉煤灰与级配的中粒土和粗粒土时,石灰与粉煤灰的比为1:2～1:4,石灰粉煤灰与粒料的比常采用20:80～15:85。

**3.石灰煤渣类基层**

石灰煤渣(简称二渣)基层是用石灰和煤渣按一定配合比,加水拌和、摊铺、碾压、养护而成型的基层。二渣中如掺入一定量的粗集料便称三渣;掺入一定量的土,便成为石灰煤渣土。各地可根据当地气候、水文地质条件,道路等级及实践经验参照如下配比选用:

(1)采用石灰煤渣土作基层或底基层时,石灰与煤渣的比可为20:80～15:85。

(2)采用石灰煤渣土作基层或底基层时,石灰与煤渣的比例可选用1:1～1:4,石灰煤渣与细粒土的比例可以是1:1～1:4。混合料中石灰不应少于10%,或通过试验选取强度较高的配合比。

(3)采用石灰煤渣集料作基层或底基层时,石灰:煤渣:集料=(7～9):(26～33):(67～58)。

(4)为提高石灰工业废渣的早期强度,可外加1%～2%的水泥。

石灰煤渣、石灰煤渣土和三渣皆具有水硬性,物理力学性质基本上与石灰土相似,但其强度与水稳性都比石灰土好。石灰煤渣的28d强度可达1.5～3.0MPa,并随龄期增长而增长。初期强度增长慢,尚有一定的塑性,但达到一定龄期后,处于弹性工作状态,板体性强,当冷缩和干缩时,易产生裂缝。研究表明,当采用石灰煤渣粒料时,抗缩裂能力有所改善。施工程序和方法基本上与石灰土基层相同。但要加强养护,重视提高初期强度,防止早期重交通量下出现早期破坏现象。

**三、试验路的铺筑**

道路施工中需做试验路段检验的工程项目通常有路基填方及路面底基层、基层及面层。路面基层施工之前应先向监理工程师上报试验路段开工报告。

在底基层和基层正式开工之前,应铺筑试验段。通过铺筑无机结合料的集料基层试验段,确定以下主要项目:

(1)用于施工的集料配合比例。

(2)材料的松铺系数。

(3)确定标准施工方法:

①集料数量的控制;

②集料摊铺方法和适用机具;

③合适的拌和机械、拌和方法、拌和深度与拌和遍数;

④集料含水率的增加和控制方法;

⑤整平和整形的合适机具和方法;

⑥压实机械的选择和组合,压实的顺序、速度和遍数;

⑦拌和、运输、摊铺和碾压机械的协调和配合;

⑧密实度的检查方法,初定每一作业段的最小检查数量。

(4)确定每一作业段的合适长度。

(5)确定一次铺筑的合适厚度。

通过铺筑水泥稳定土、石灰稳定土和石灰粉煤灰稳定土(石灰工业废渣稳定土)基层试验段,除确定上述所列项目外,还应确定控制结合料数量与拌和均匀性的方法。

对于水泥稳定土基层,还包括严密组织拌和、洒水、整形、碾压等工序,缩短延迟时间。

## 第二节　沥青路面施工

沥青路面是指用沥青作结合料铺筑面层的路面的总称。

由于使用了黏结力较强的沥青材料,使集料间的黏结力大大增强,因而提高了沥青混合料的强度和稳定性,使路面的行驶质量和耐久性都得到提高。与水泥路面相比,沥青路面具有表面平整、无接缝、行车平稳、振动小、噪声低、施工期短、养护方便等优点,比较适宜分期修建。而且,由于沥青材料的掺入,使得混合料较为致密,尤其是密实沥青混凝土,其透水性更小,能大大防止雨水等路表水进入基层和路基,提高了路面结构的整体强度和稳定性。但由于施工和设计等原因,水分进入基层和路基后亦很难排出去,如采用了水稳性较差的基层材料或遇上对含水率比较敏感的路基并处理不当时,将会导致路面的破坏。在温度较低的地区,为了防止土基的不均匀冻胀而使沥青路面产生损坏,需考虑设置防冻层的要求。沥青路面适宜于机械化施工,厂拌沥青混合料的质量易得到保证,而且施工速度较快,无论是新建或维修沥青路面,其开放交通都较快。但沥青路面也有一些缺点,如对温度敏感性较强,夏季容易发软,冬季容易开裂,而且在低温季节和雨季,热拌沥青混合料路面基本不能施工。

一、沥青路面的材料要求

### (一)沥青

根据交通量、气候条件、施工方法、沥青面层类型和材料的来源等,沥青材料可以选择道路石油沥青、煤沥青、乳化石油沥青、液体石油沥青等种类。

### (二)粗集料

可以选用的沥青路面的粗集料包括碎石、破碎砾石、筛选砾石和矿渣等。粗集料应该洁净、干燥、无风化、无杂质,并具有足够的强度。

### (三)细集料

组成沥青面层的细集料有天然砂、机制砂和石屑。细集料应洁净、干燥、无风化、无杂质,并由适当的颗粒组成。

### (四)填料

沥青混合料的矿粉必须采用石灰岩或岩浆岩中的强基性岩石等憎水性石料经磨细得到矿粉,对于原石料中的泥土杂质应清除干净,矿粉要求干燥、洁净。粉煤灰作为填料时,烧失量应小于12%,与矿粉混合后的塑性指数应小于4%,粉煤灰的用量不宜超过填料总量的50%,并与沥青有良好的黏结力,满足沥青混凝土水稳定性要求。

### （五）纤维稳定剂

在沥青混合料中可以掺加木质素纤维、聚酯纤维和矿物纤维等纤维稳定剂，形成具有一定特性的沥青混合料（如 SMA 混合料等）。

所用纤维需在 250℃的干拌温度下不变质、不发脆，并且能够保证混合料在拌和过程中分散均匀。

纤维稳定剂的掺加比例以沥青混合料总量的质量百分率计算。一般情况下，SMA 混合料中的木质素纤维不应低于 0.3%，使用矿物纤维时要大于 0.4%，聚酯纤维一般为 1%，纤维掺加量的允许误差需控制在 ±5% 以内。

### 二、沥青路面的施工准备

热拌沥青混合料配合比设计方法可见高职高专统编教材《道路建筑材料》，关于 SMA、OGFC、冷拌沥青混合料的配合比设计方法请参阅《公路沥青路面施工技术规范》（JTG F40—2004）。沥青混合料必须在对同类公路配合比设计和使用情况调查研究的基础上，充分借鉴成功的经验，选择符合上节要求的材料，进行配合比设计。

铺筑沥青混合料面层前，应在基层表面喷洒透层油，在透层油完全深入基层后方可铺筑面层。施工中应根据基层类型选择渗透性好的液体沥青、乳化沥青作透层油。沥青路面透油层材料的规格、用量和洒布养护应符合《城镇道路工程施工与质量验收规范》（CJJ 1—2008）的有关规定。

双层式或多层式热拌热铺沥青混合料面层之间应喷洒黏层油，或在水泥混凝土路面、沥青稳定碎石基层、旧沥青路面上加铺沥青混合料时，应在既有结构、路缘石和检查井等构筑物与沥青混合料层连接面喷洒黏层油。宜采用快裂或中裂乳化沥青、改性乳化沥青，也可采用快凝或中凝液体石油作黏层油。黏层油材料的规格、用量和洒布养护应符合《城镇道路工程施工与质量验收规范》（CJJ 1—2008）的有关规定。

沥青混合料面层不得在雨、雪天气及环境最高温度低于 5℃时施工。

### 三、沥青路面的施工机械

#### （一）沥青的储存、运输与加热设备

1. 沥青储存

沥青储存装置是存放大量沥青的专用设备，它主要有下列用途：

（1）储存各种不同标号的沥青，便于沥青的装入和输出；

（2）避免沥青发生污染，以防影响沥青的使用；

（3）防止沥青外溢或渗漏，造成环境污染。

按其结构形式，沥青储存装置分为池式沥青储存装置、箱式沥青储存装置、罐式沥青储存装置，其中罐式沥青储存装置也称为沥青罐，为圆柱形或椭圆形金属结构，有制作简单、密封性好、输入输出方便等优点，在国内外普遍采用。沥青罐一般由罐体、罐盖、保温层、外壳、输送系统、加热系统及其他附属设备组成。按其包装方式，又可分为散装沥青、桶装沥青和袋装沥青等。加热系统是沥青库的重要组成部分，由热源、热能输送、加热管路和控制操作等部分组成，大中型固定式沥青库大都采用蒸气、中压水或导热油等介质进行加热，而小型

沥青库则多采用火力、电力、太阳能加热或导热的介质进行加热。其中导热油加热是较为先进的沥青加热设备,在我国广泛使用。

为了减少沥青热量的散失,节省能源和保证沥青工作温度,通常在罐壁外侧设置保温层。

2.沥青运输

我国现在主要采用罐装沥青运输。沥青罐车是运输液态沥青、乳化沥青、煤焦油的专用设备,可采用汽车运输和铁路运输两种方式。目前,国内罐装沥青汽车运输的装载重量为5~20t,主要用于液态沥青的短途运输。其中半挂式液态沥青运输罐车具有容量大、运输效益高等特点,因此被广泛应用,它主要由半挂汽车牵引车、沥青罐车和加热装置等组成。

采用罐装沥青运输的优点主要有:

(1)简化沥青运输和使用程序,避免对沥青的再次加热造成的老化,从而保证了沥青材料的使用品质。

(2)保护环境,防止沥青的再次加热造成的污染。

(3)节省了运输固态沥青使用的包装和加热沥青使用的燃料。

(4)改善了工人的工作环境,提高了效率。

3.沥青加热

导热油加热属于间接加热方式,是通过导热油这个传热介质来实现沥青的预热、脱水并加热到使用温度,导热油加热方式在国内外普遍使用。除此以外,还有以太阳能为热源的沥青加热装置等。

**(二)沥青混合料的搅拌设备**

沥青混合料搅拌设备主要完成如下工作:

(1)对冷集料烘干、加热和计量。

(2)沥青的保温、加热和计量。

(3)按照设计的混合料配合比,把热集料、矿粉、沥青集中拌和成所需材料。

沥青混合料的搅拌设备主要包括强制间歇式搅拌设备和滚筒式搅拌设备两类。从我国近几年道路施工方面来看,主要以第一种为主。其工艺流程见图8-5。

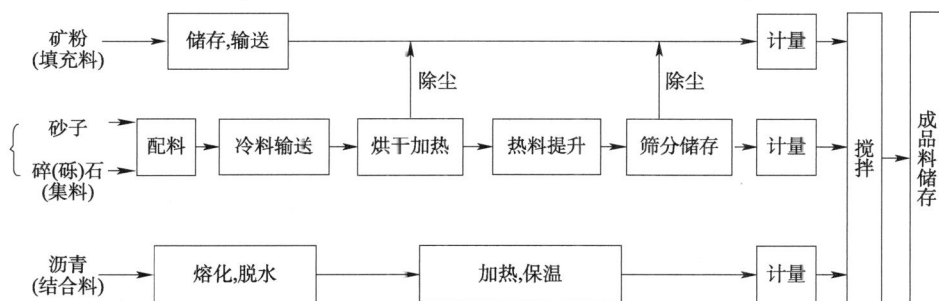

图 8-5　强制间歇式搅拌设备工艺流程

强制间歇式沥青混合料搅拌设备的特点是集料的烘干和加热与热沥青的拌和是先后在不同设备中进行。把初步计量后的各种规格冷集料在干燥滚筒内烘干、加热,再通过二次筛分、储存和计量后,在搅拌器内,与单独计量的矿粉和单独计量的热沥青按照施工配合比进行强制搅拌,成品料从出料斗卸出。

强制间歇式沥青混合料搅拌设备构造见图 8-6。目前，国际上这种设备品种比较齐全，从生产规模来看，有 30~45t/h、60~80t/h、90~120t/h 等中小型搅拌设备，也有 160t/h、240t/h 乃至 450t/h 的较大型搅拌设备。在我国，已经有 30~45t/h、60~80t/h、90~120t/h、160~180t/h 等设备，最大可达 240t/h，强制间歇式沥青混合料搅拌设备一直朝着降低能耗、减少公害、便于操作、实现完全自动化方向发展。

图 8-6 强制间歇式沥青混合料搅拌设备

1-排风机；2-沥青保温罐；3-鼓风机；4-燃烧器；5-导热油加热装置；6-沥青输送泵；7-沥青称量桶；8-热矿料称量斗；9-矿粉称量斗；10-搅拌器；11-操纵控制室；12-矿粉筒仓；13-矿粉提升机；14-矿粉输送机；15-热矿料储料仓；16-振动筛；17-热矿料提升机；18-集尘器；19-烟囱；20-冷矿料储存及配料装置；21-冷矿料输送机；22-干燥滚筒

滚筒式沥青搅拌设备，其工艺流程见图 8-7。该种设备的工艺特点是：集料烘干、加热及同沥青的搅拌是在同一个滚筒内完成的，即集料烘干与加热后未出滚筒就被沥青裹覆，从而避免了粉尘的飞扬和逸出，其设备构造见图 8-8。这种设备具有结构简单、投资小、能耗低和污染少等优点。

图 8-7 滚筒式搅拌设备工艺流程图

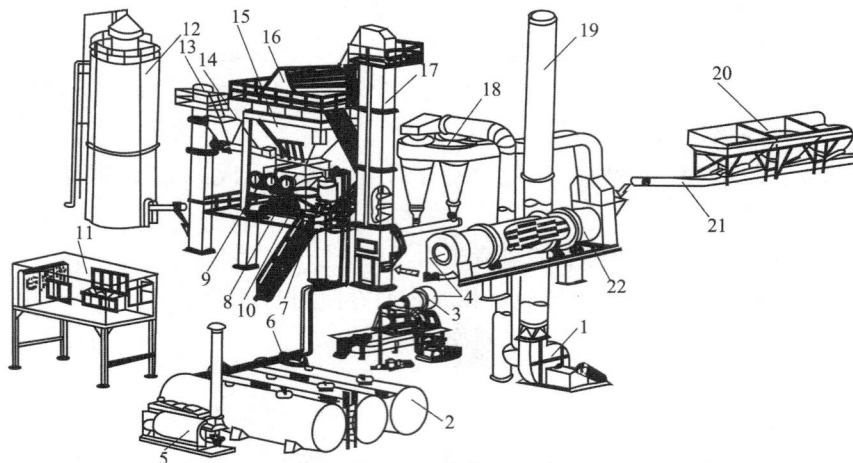

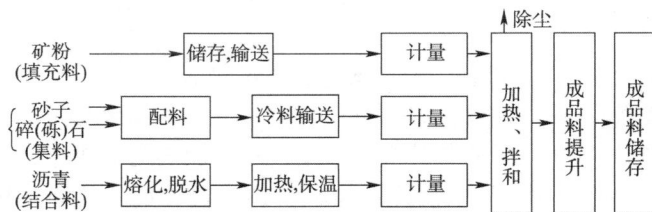

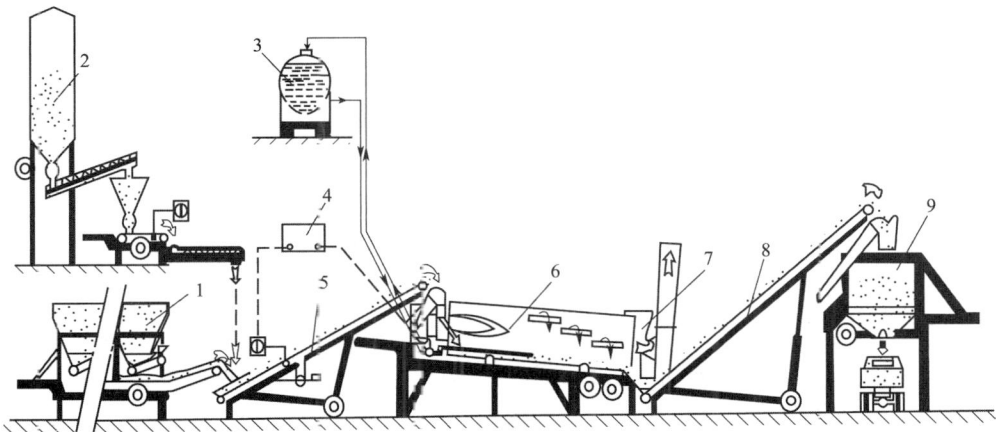

图 8-8　滚筒式搅拌设备简图

1-冷矿料储存和配料装置;2-矿料供给系统;3-沥青供给系统;4-操作、控制中心;5-冷矿料称重皮带输送机;6-烘干—拌和滚筒;7-集尘装置;8-成品料输送机;9-成品料储存仓

### (三)沥青混合料的摊铺设备

沥青混合料摊铺机是用来摊铺沥青混合料、碾压混凝土材料(RCC)、基层稳定土材料、级配碎石等筑路材料的专用机械,它是将拌制好的各种沥青混合料、稳定土材料等均匀地摊铺在已修建好的路基或基层上,并对其进行一定程度预压和整形的专用机械,其结构见图 8-9。按行走方式,摊铺机分为自行式和拖式两种,其中拖式较少采用;自行式摊铺机又可分为履带式、轮胎式、复合式三种。在我国常用的是履带式摊铺机。

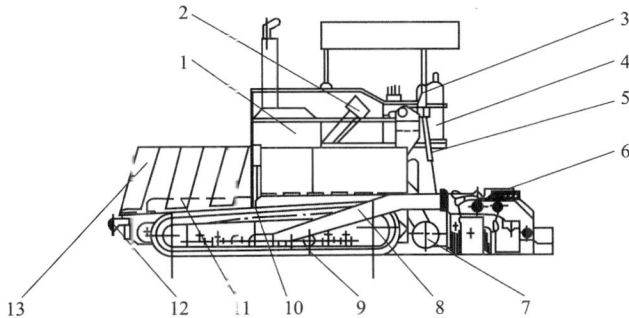

图 8-9　沥青混合料摊铺机基本结构示意图(履带式)

1-柴油机及其动力传动系统;2-驾驶控制台;3-坐椅;4-加热丙烷气罐;5-大臂液压油缸;6-熨平装置;7-螺旋摊铺器;8-大臂;9-行走机构;10-调平系统液压油缸;11-刮板输送器;12-顶推辊;13-接收料斗

摊铺机的工作装置主要由螺旋摊铺器、振捣梁、熨平装置组成。熨平装置由熨平板、厚度调节器、路拱调节器、加热器几部分组成。厚度调节器为一手摇调节螺杆,用来调整熨平板底面的纵向仰角,以改变铺装厚度。路拱调节器是一种位于熨平板中部的螺旋调节装置,用来改变熨平板底面左右两半部分的横向倾角,以保证摊铺出符合给定路拱的铺层。加热器用来加热熨平板的底板,使之不与沥青混合料相粘,保证铺层平整,以便在较低温度时也能施工。

作业前,首先要把摊铺机调整好,按所铺路段的宽度、厚度、拱度等调整好摊铺机的各有关机构和装置,装有拌和好沥青混合料的运输车把混合料卸入摊铺机的收料斗,位于收料斗底部的刮板输送器在动力传动系统的驱动下,以一定的转速运转,将料斗内的沥青混合料连续均匀地向后输送到螺旋摊铺器前通道内的路基或基层上,螺旋摊铺器将这些混合料沿摊铺机的整个摊铺宽度向左右横向输送,摊铺在路基或基层上,初步摊铺好的沥青混合料经熨平装置的振动梁初步捣实、振动熨平板的再次振动预压、整形和熨平而成为一条平整的有一定密实度的铺层,最后经过压路机终压而成为合格的基层和面层。

现在在摊铺机上大量使用的自动调平装置,其主要功能是使熨平板不受外界条件变化的干扰,始终保持平行于纵、横基准面运动,而与机械本身的垂直运动无关。到目前为止,已有"电—机"式、"电—液"式、"液压"式、"激光"式四种,其中"电—液"式应用最为广泛。

我国高等级公路沥青路面大多是采用履带式摊铺机铺筑,而且其熨平装置采用高密实度机械加长的形式,这样的组合可保证机械摊铺后具有足够的压实度,从而提高平整度和压路机压实的效果。有时根据路面的宽度,可采用一次性摊铺的方式,但路面过宽时,可以考虑两次摊铺,即使用两台摊铺机一前一后呈梯状式摊铺,两台摊铺机的间距从理论上讲越近越好,可以减缓或消除纵向接缝,提高沥青路面的使用性能。摊铺机的速度要根据机械性能、摊铺厚度、搅拌设备的工作能力、运输车的数量等综合确定。一般尽量保证摊铺机以匀速、不间断地进行摊铺,减少中间停顿或在运行中的速度变化,保证摊铺质量。沥青混合料摊铺过程中出现的离析等现象有时是难以控制的,离析可分为温度离析和材料离析,为了减小离析并提高生产效率,美国的一些生产商研制出专用的摊铺作业转运车,它将自卸车运来的混合料倒入转运车的车斗内,然后再由皮带输送机均匀、连续地输送到摊铺机接收料斗内,专用的转运车应与摊铺机同步行驶。

摊铺机每天工作完毕后,应对其进行清洗和整理工作。尤其是与摊铺材料有接触的部件,如刮板输送器、螺旋摊铺器、振捣梁、料斗等,对于摊铺沥青混合料,需采用柴油等方式清理。开工前,应对熨平板底部、振捣梁等部位进行预热,在环境温度许可的情况下,也可采用热沥青混合料对有关部件进行预热。

**(四)沥青表面处治设备**

沥青洒布车与石屑撒布机等都是沥青表面处治所需的主要设备。

1. 沥青洒布车

沥青洒布车是沥青路面施工和养护的机械。在沥青贯入式和沥青表面处治施工和养护中,可用来运输和洒布液态沥青(包括热态沥青、乳化沥青、渣油等)。沥青洒布车按用途分为筑路用和养路用两种,筑路用的洒布车沥青装容量要大些;按运行方式,可分为自行式和拖式;按喷洒方式,可分为气压洒布式和泵压洒布式等。根据路面施工之要求,对沥青洒布车主要有下列要求：

(1)能够把储存装置中的沥青吸入洒布车上的沥青箱中，并保持其工作温度(150~170℃)迅速送往工地，而且有加热装置。

(2)洒布时要有一定的喷洒压力(300~500kPa)，洒布均匀，洒布量可调节，洒布结束时，要抽尽管路中的残余沥青。要做好均匀洒布，保证施工质量，首先要确保沥青在其工作要求的温度范围喷洒，并调整好喷嘴槽口与喷管中心线的夹角(200°~300°)和离地高度(25cm左右)，保证洒布宽度和相邻喷嘴喷射的重叠量(三层重叠洒布)；其次由于喷嘴喷洒锥角是靠一定压力来维持的，洒布时要保证沥青泵的转速恒定。在工作中，还要注意环境保护和施工安全。

**2. 石屑撒布机**

石屑撒布机是一种可撒布石料直径在40mm以下的专用机械，为沥青表面处治施工的一种主要配套机械。它的主要功能是把石料均匀、定量、连续地撒布在已喷洒好的沥青层上。石屑撒布机按其不同的结构形式分为自行式、悬挂式、拖式三种，其中自行式石屑撒布机结构复杂、造价高，但操作和施工性能效果良好，是大规模施工的理想机械；其他两种石屑撒布机构造简单、易于操作和维修，而且造价低，一般用于小规模的路面修筑和养护工程中。

石屑撒布机在正式施工前，要进行试撒，以确定撒布各种规格石料时应控制的供料量和撒布料门间隙。要改变撒布石料的规格时，需对撒布机的料斗、皮带输送机、撒布装置等进行清理，不得留有残余剩料。

### 四、沥青混合料路面的施工

#### (一)层铺法沥青路面面层的施工

层铺法沥青路面面层主要包括沥青表面处治、封层和沥青贯入式路面。

**1. 沥青表面处治与封层**

根据洒布沥青和撒布集料的次数，沥青表面处治可分为单层、双层、三层式表面处治路面。沥青表面处治主要适用于三级、三级以下公路、各级公路施工便道、旧沥青面层上加铺罩面层或磨耗层。宜选择在干燥和较热的季节施工，并应在雨季前和日最高温度低于15℃到来前半个月结束，这样便于通过开放交通压实、成型稳定。

沥青表面处治所采用的集料最大粒径应与处治层的厚度相等，当采用乳化沥青时，为减少乳液流失，可在主层集料中掺加20%以上的较小粒径的集料。

沥青表面处治层的施工一般采用的"先油后料"原则，现以三层式沥青表面处治为例，介绍其施工程序及要求。

(1)施工准备

主要包括机械准备和基层准备。

施工前，先检查沥青洒布车的油泵系统、输油管道、油量表、保温设备等，并将一定数量的沥青装入油罐，进行试洒，确定施工所需的喷洒速度和油量。每次喷洒前要保持喷油嘴干净，管道畅通，喷油嘴的角度一致，并与洒油管成15°~25°的夹角，洒油管的高度应保证同一地点接收两个或三个喷油嘴喷洒的沥青，不得出现花白条。集料撒布机在使用前先检查传动和液压调整系统，并进行试撒布，来确定撒布各种规格集料时应控制的下料间隙和行驶速度。

沥青表面处治应在安装路缘石后进行,基层表面预先清理干净,不得含有泥土等杂质污染基层。除阳离子乳化沥青外,不得在潮湿的集料或基层和旧路上浇洒沥青。

(2)洒布沥青

当透层沥青充分渗透,或清扫干净已作完透层或封层的基层后,就可按试洒沥青速度浇洒第一层沥青。

石油沥青的洒布温度需控制在 130~170℃,使用煤沥青时控制在 80~120℃ 之间,乳化沥青需在适宜的温度下施工,但乳液的加热温度最高不得超过 60%。沥青的浇洒速度应与石料撒布机的能力相匹配。当洒布沥青后发现空白、缺边时,要立即进行人工补洒,沥青积聚时应予刮除。

对于前后两车喷洒的接茬搭接处要处理好。在每段接茬处,可用铁板或建筑纸等横铺在本段起洒点前及终点后,长度为 1~1.5m。如需分数幅浇洒时,纵向搭接宽度宜为 10~15cm,浇洒第二、三层沥青的搭接缝应错开。

(3)撒布集料

洒布沥青后要尽快趁热及时撒布集料。集料的撒布要均匀、不重叠、不得使沥青露出,当局部集料过多或过少时,应采用人工方法,清扫多余集料或适当找补。使用乳化沥青时,集料的撒布应在乳液破乳前完成。

在两幅搭接处,第一幅浇洒沥青后需暂留 10~15cm 宽度不撒石料,待第二幅浇洒沥青后一起撒布集料。

(4)碾压

撒布第一层集料后应立即用 6~8t 钢筒双轮压路机碾压,碾压时轮迹重叠约 30cm,从路边逐渐移至路中心,然后再从另一边开始移向路中心,完成即为一遍,宜碾压 3~4 遍,碾压刚开始时速度应稍慢,一般不超过 2km/h,以后可适当增加。铺完第二、三层时,可以采用 8~10t 压路机进行碾压。

(5)初期养护

除乳化沥青表面处治要等破乳水分蒸发并基本成型后方可通车外,沥青表面处治在碾压结束后即可开放交通。但应限制行车速度不超过 20km/h,需设专人指挥交通,使路面全宽均匀碾压。如发现局部有泛油现象时,可在泛油处补撒与最后撒布集料相同的缝料并打扫均匀。

沥青表面处治施工后,需在路侧另备 S12(5~10mm)碎石或 S14(3~5mm)石屑、粗砂或小砾石 $2~3m^3/1\ 000m^2$ 作为初期养护用料。

单层或双层沥青表面处治的施工方法与三层施工方法类似,只是次数减少。封层是指为封闭表面空隙、防止水分浸入面层或基层而铺筑的沥青混合料薄层,称为封层。其中铺筑在面层表面的为上封层,铺筑在面层下面的为下封层。微表处是指采用适当级配的石屑或砂、填料(水泥、石灰、粉煤灰、石粉等)与聚合物改性乳化沥青、外掺剂和水按一定比例拌和而成的流动状态的沥青混合料,将其均匀地摊铺在路面上形成的沥青封层。稀浆封层是指用适当级配的石屑或砂、填料(水泥、石灰、粉煤灰、石粉等)与乳化沥青、外掺剂和水,按一定比例拌和而成的流动状态的沥青混合料,将其均匀地摊铺在路面上形成的沥青封层。上封层根据情况可以选择乳化沥青稀浆封层、微表处、改性沥青集料封层、薄层磨耗层或其他适宜的材料,主要根据使用目的和路面的破损程度选用。下封层可以采用层铺法表面处治或乳化沥青、改性乳化沥青作结合料的稀浆封层法,使用沥青表面处治时通常为单层式。

除新建的高速公路、一级公路的沥青路面上不宜采用稀浆封层铺筑上封层外,其他情况的上、下封层均可采用单层式沥青表面处治或乳化沥青稀浆封层。稀浆封层和微表处的最低施工温度需大于 10℃ ,严禁在雨天施工。在施工前,应清除干净原路表面,修补其中的坑槽、裂缝等病害,在水泥路面上铺筑微表处时还应洒布黏层油,过于光滑的表面要做拉毛处理,以增加新旧路面间的结合力。

稀浆封层和微表处两幅纵缝搭接的宽度要小于 8cm,横向宜做成对接缝。分两层摊铺时,第一层摊铺后至少需在开放交通 24h 后方可进行第二层的摊铺。铺后的表面不得有超粒径颗粒的严重拖痕。

2.沥青贯入式路面

沥青贯入式路面是在初步压实的碎石上,分层浇洒沥青、撒布缝料,或再在上部铺筑热拌沥青混合料封层,经压实而成的沥青面层。它主要适用于二级及二级以下的公路,也可作为沥青混凝土路面的连接层。沥青贯入式路面的厚度宜为 4~8cm,对于乳化沥青贯入式路面的厚度不宜超过 5cm,当其上部铺筑拌和的沥青混合料面层时,总厚度为 6~10cm,其中拌和层的厚度宜为 2~4cm。沥青贯入式路面的最上层应撒布封层料或加铺拌和层,乳化沥青贯入式路面铺筑在半刚性基层上时,应铺筑下封层,沥青贯入层作为连接层使用时,可不撒表面封层料。其比较适宜的施工季节与沥青表面处治相同。

沥青贯入式路面的施工程序及要求如下:

(1)施工准备

施工机械和基层准备与表面处治基本相同。对于主层集料的施工可采用碎石摊铺机,使用钢筒式压路机碾压。乳化沥青贯入式路面必须浇洒透层或黏层沥青。当沥青贯入式路面厚度小于或等于 5cm 时,也应浇洒透层或黏层沥青。

(2)主层集料撒布和碾压

先撒布主层集料,撒布后严禁车辆在铺好的层上通行。使用与沥青表面处治相同的机械和方法碾压,碾压一遍后,检验路拱和纵向坡度,如不符合要求,先调整找平再压,至集料无显著推移为止。然后再用重型的钢筒压路机(如 10~12t 压路机)进行碾压,每次轮迹重叠 1/2 左右,需 4~6 遍,直至主层集料稳定并无显著轮迹为止。

(3)洒布沥青并撒缝料

主层集料完成后即洒第一层沥青,施工方法与沥青表面处治基本相同。当主层沥青浇洒后,应立即均匀撒布第一层缝料,不足处应找补;然后立即用 8~12t 钢筒式压路机进行碾压,轮迹重叠 1/2 左右,碾压 4~6 遍,直至稳定为止。如因气温过高使碾压过程中发生较大推移现象时,要立即停止碾压,待气温稍低时再继续碾压。

(4)第二、三层施工

第二、三层沥青与填缝料的施工基本与第一层类似。当撒布完封层材料后,最后碾压,宜采用 6~8t 压路机碾压 2~4 遍,然后开放交通。其他施工程序和要求基本与表面处治相同,要协调和处理好各道工序,当天已开工的路段当天完成,并应注意保持施工现场的整洁和干净。

**(二)热拌沥青混合料路面的施工**

热拌沥青混合料路面是指沥青与矿料在热拌状态下施工的沥青路面,它适用于各种等级公路的沥青面层。对于高速公路、一级公路沥青面层的上、中、下面层和其他等级公路的沥青面层的上面层宜采用沥青混凝土混合料铺筑,沥青碎石混合料仅适用于过渡层和整平层。

1. 施工准备

对于施工机械的性能及数量等要有规划,并符合上节机械施工的要求。

路基和基层的平整度与沥青面层的紧密相关,因此,对于基层的准备工作要严格,并符合有关规定。正式摊铺前,要清扫干净基层,泥块等杂质和松散的路面材料不得留在基层表面,不得进行薄层找平。此外,应保持基层的干燥和清洁。

热拌沥青混合料的施工过程中,要根据沥青品种、标号、黏度、气候条件及铺筑层的厚度选择沥青加热温度和沥青混合料施工温度,并应符合表8-8和表8-9的要求。

2. 沥青混合料的拌制与运输

从国家有关环境保护、消防、安全、施工质量等要求出发,沥青混合料必须在沥青拌和厂采用拌和机械拌制。拌和机械可以采用间歇式或连续式拌和机拌制,按照《中华人民共和国环境保护法》和公路施工相关规范的要求,各类拌和机均应有防止矿粉飞扬散失的密封性能及除尘设备。为了保证施工质量与施工和易性,拌和机械还需有检测拌和温度的装置。对于高速公路和一级公路的沥青混凝土,宜采用间歇式拌和机拌制。

**热拌沥青混合料的施工温度(℃)**　　　　　　　　　　　表8-8

| 施工工序 | | 石油沥青的标号 | | | |
|---|---|---|---|---|---|
| | | 50 号 | 70 号 | 90 号 | 110 号 |
| 沥青加热温度 | | 160~170 | 155~165 | 150~160 | 145~155 |
| 矿料加热温度 | 间隙式拌和机 | 集料加热温度比沥青温度高 10~30 | | | |
| | 连续式拌和机 | 矿料加热温度比沥青温度高 5~10 | | | |
| 沥青混合料出料温度 | | 150~170 | 145~165 | 140~160 | 135~155 |
| 混合料储料仓储存温度 | | 储料过程中温度降低不超过 10 | | | |
| 混合料废弃温度,高于 | | 200 | 195 | 190 | 185 |
| 运输到现场温度,不低于 | | 150 | 145 | 140 | 135 |
| 混合料摊铺温度,不低于 | 正常施工 | 140 | 135 | 130 | 125 |
| | 低温施工 | 160 | 150 | 140 | 135 |
| 开始碾压的混合料内部温度,不低于 | 正常温度 | 135 | 130 | 125 | 120 |
| | 低温施工 | 150 | 145 | 135 | 130 |
| 碾压终了的表面温度,不低于 | 钢轮压路机 | 80 | 70 | 65 | 60 |
| | 轮胎压路机 | 85 | 80 | 75 | 70 |
| | 振动压路机 | 75 | 70 | 60 | 55 |
| 开放交通的路表温度,不高于 | | 50 | 50 | 50 | 45 |

注:1. 沥青混合料的施工温度采用具有金属探测针的插入式数显温度计测量。表面温度可采用表面接触式温度计测定。当采用红外线温度计测量表面温度时,应进行标定。

2. 表中未列入的 130 号、160 号及 30 号沥青的施工温度由试验确定。

聚合物改性沥青混合料的正常施工温度范围(℃)　　　　　表 8-9

| 工　序 | 聚合物改性沥青品种 | | |
| --- | --- | --- | --- |
| | SBS 类 | SBR 胶乳类 | EVA、PE 类 |
| 沥青加热温度 | 160～165 | | |
| 改性沥青现场制作温度 | 165～170 | | 165～170 |
| 成品改性沥青加热温度,不高于 | 175 | | 175 |
| 集料加热温度 | 190～220 | 200～210 | 185～195 |
| 改性沥青 SMA 混合料出厂温度 | 170～185 | 160～180 | 165～180 |
| 混合料最高温度(废弃温度) | 195 | | |
| 混合料储存温度 | 拌和出料后降低不超过10 | | |
| 摊铺温度,不低于 | 160 | | |
| 初压开始温度,不低于 | 150 | | |
| 碾压终了的表面温度,不低于 | 90 | | |
| 开放交通时的路表温度,不高于 | 50 | | |

注:当采用表列以外的聚合物或天然沥青改性沥青时,施工温度由试验确定。

　　在正式拌制沥青混合料之前,还需根据确定的配合比进行试拌,也就是确定施工配合比,由于我国材料供应的不均匀性较大,因此试拌工序十分重要,而且每隔一定的时间需重新试拌来确定由于材料规格等变化而需改变的新配合比。试拌时,对所有的冷料(包括粗、细集料等)和沥青应严格计量,通过试拌及实验确定每盘热拌的配合比及其总质量(间歇时拌和机),或各种矿料进料口开启的大小及沥青和矿料进料的速度(连续式拌和机)、适宜的沥青用量、平均拌和时间、矿料和沥青加热温度、沥青混合料的出场温度等各项施工指标。混合料的拌和时间直接影响到路面的施工效率,对于混合料的拌制要求,以其拌和均匀,所有矿料颗粒全部裹覆沥青结合料为度。一般而言,在正常的拌和情况下,间歇式拌和机每锅拌和时间宜为 30～50s(其中干拌时间不得少于 5s),连续式拌和机的拌和时间需根据上料速度及拌和温度试拌确定。改性沥青和 SMA 混合料的拌和时间应适当延长。

　　拌和好的沥青混合料需符合出厂温度要求,混合料应均匀一致、无花白料、无结团成块或严重的粗细料分离现象。当混合料出厂温度过高,已影响沥青与集料的黏结力时,混合料不得使用,已铺筑的沥青路面应予铲除,并及时调整。如施工等原因,不能立即使用的沥青混合料,可采取保温措施或放入成品储料仓储存。间隙式拌和机宜备有保温性能好的成品储料仓,储存过程中混合料温降不得大于 10℃,且不能有沥青滴漏,普通沥青混合料的储存时间不得超过 72h,改性沥青混合料的储存时间不宜超过 24h,SMA 混合料只限当天使用,OGFC 混合料宜随拌随用。

　　热拌沥青混合料的运输一般采用自卸汽车。为防止沥青混合料黏结运料车车厢板,装料前应喷洒一薄层隔离剂或防黏结剂。运输中沥青混合料上宜用篷布遮盖保温、防雨和防污染。运料车轮胎上不得沾有泥土等可能污染路面的脏物,施工时发现沥青混合料不符合施工温度要求或结团成块、已遭雨淋现象不得使用。应按施工方案安排运输和布料,摊铺机前应有足够的运料车等候;对高等级道路,开始摊铺前等候的运料车宜在 5 辆以上。运料车应在摊铺机前100～300mm处空挡等候,被摊铺机缓缓顶推前进并逐步卸料,避免撞击摊铺机。每次卸料必须倒净,如有余料应及时清除。

SMA混合料的拌制和运输与上面所介绍的常规方式有所不同。这是由于SMA为间断级配,粗集料较多,矿粉多,而细集料较少,还需掺加纤维,故在拌和过程中,特别要注意冷料仓的搭配和纤维投入的均匀性,防止粗集料、矿粉供应不足,而细集料又过剩的现象发生。从原则上说,SMA是不能使用回收粉尘的,而且SMA拌和后不能储存太长时间,当天拌和的需当天使用完。

由于SMA混合料中的沥青玛蹄脂黏性较大,故运料车需涂刷较多的油水混合物。同时为了防止SMA混合料表面结成硬壳,在运输过程中,车辆顶面需加盖篷布,而且同等情况下,使用SMA的还需增加车辆。其施工温度通过试验路铺筑确定。

表8-10为SMA路面的施工温度范围建议值,可供参考。

SMA 路面施工温度控制表（℃） 表8-10

| 施工阶段 | 不使用改性沥青 | 使用改性沥青 | | | 测温部位 |
|---|---|---|---|---|---|
| | | SBS 类 | SBR 类 | EVA、PE 类 | |
| 沥青加热温度 | 150～160 | 160～165 | 160～165 | 150～160 | 沥青加热罐 |
| 集料加热温度 | 185～195 | 190～200 | 200～210 | 180～190 | 热料提升斗 |
| SMA 出厂温度 | 160～170 | 175～185 | 175～185 | 170～180 | 运料车 |
| 混合料最高温度 | 195 | 不高于195 | | | 运料车 |
| 混合料储存温度 | 降低不超过10 | | | | 储料仓及运料车 |
| 摊铺温度 | 不低于150 | 不低于160 | | | 摊铺机 |
| 初压温度 | 不低于140 | 不低于150 | | | 碾压层内部 |
| 复压温度 | 不低于120 | 不低于130 | | | 碾压层内部 |
| 终压温度 | 不低于110 | 不低于120 | | | 碾压层内部 |
| 开放交通温度 | 不高于50 | 不高于60 | | | 路面内部或表面 |

3. 铺筑

（1）摊铺

在按有关要求检查基层、透层、黏层、封层合格后,才可进行沥青混合料的铺筑。摊铺机在开始受料前需在料斗内涂刷少量防止粘料用的柴油。对于高速公路和一级公路,根据摊铺宽度,宜采用两台以上的摊铺机成梯队作业进行联合摊铺,相邻两幅的重叠摊铺宽度为3～6cm,并躲开车道轮迹带,上、下层的搭接位置需错开20cm左右。为了减小温度差等原因造成的材料离析和碾压质量等问题,摊铺机间距应以不造成前面摊铺的混合料冷却为准,如条件允许,也可使用全宽度摊铺机一幅摊铺。沥青混合料摊铺操作如图8-10所示。

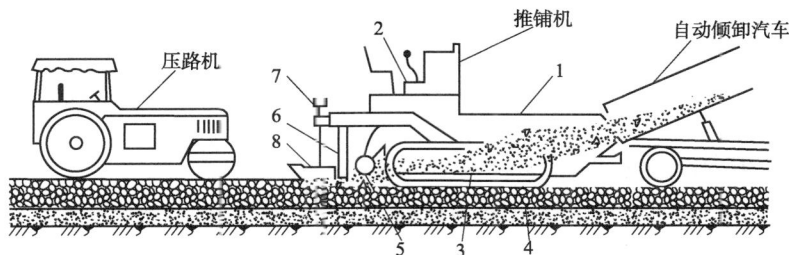

图 8-10　沥青混合料摊铺机操作意图

1-料斗;2-驾驶台;3-送料器;4-履带;5-螺旋摊铺器;6-振捣器;7-厚度调节螺杆;8-摊平板

　　摊铺机开工前应使熨平板的预热温度不低于100℃,摊铺过程中需选择好熨平板的振捣或夯锤压实装置,以提高路面的初始压实度,并仔细调节熨平板加宽连接致使摊铺后混合料没有明显的离析现象。

　　为了提高沥青路面的施工质量,摊铺机应具有自动找平的装置,中、下面层需采用一侧钢丝绳引导的高程控制方式,表面层宜采用摊铺层前后保持相同高差的雪撬式或平衡梁摊铺厚度控制方式,以保证摊铺机初步压实的摊铺层符合平整度、横坡的规定要求。

　　摊铺机必须缓慢、均匀、连续不间断地摊铺,摊铺速度需控制在 2 ～6m/min 的范围内,对于改性沥青混合料及 SMA 混合料需放慢至 1 ～3m/min。并按计算结果综合确定。

　　热拌沥青混合料应在较高气温时施工。高速公路和一级公路施工气温低于 10℃、其他等级公路施工气温低于 5℃时,不宜摊铺热拌沥青混合料,如因其他原因必须摊铺时,应采取相应的保温和压实措施,确保施工质量。

　　沥青混合料的松铺系数应根据试验路的情况综合确定,表 8-11 可供参考。在摊铺过程中,应随时检查摊铺层厚及路拱、横坡,并按式(8-1)由使用的混合料总量与面积校验平均厚度,不符合要求时,应根据铺筑情况及时调整。

沥青混合料的松铺系数参考值　　　　　　　　　　表 8-11

| 种　　类 | 机 械 摊 铺 | 人 工 摊 铺 |
|---|---|---|
| 沥青混凝土混合料 | 1.15 ～1.35 | 1.25 ～1.50 |
| 沥青碎石混合料 | 1.15 ～1.30 | 1.20 ～1.45 |

　　摊铺层压实成型的平均厚度按式(8-1)确定:

$$T = \frac{100M}{D \cdot L \cdot W} \tag{8-1}$$

式中:$T$——摊铺层压实成型后的平均厚度(cm);

　　　$D$——压实成型后沥青混合料的密度(t/m$^3$);

　　　$M$——摊铺的沥青混合料总质量(t);

　　　$L$——摊铺段长度(m);

　　　$W$——摊铺宽度(m)。

　　摊铺机的摊铺速度影响着沥青路面的施工质量和效率。因此,沥青混合料必须缓慢、均匀、连续不间断地进行摊铺,如无特殊原因,施工过程中不得随意变换摊铺速度或中途停顿。摊铺机的螺旋送料器应不停顿地转动,两侧要保持有不少于送料器高度 2/3 的混合料,并保证在摊铺机全宽度断面上不发生离析。摊铺速度要根据拌和机能力、运输车运量、压路机配套情况及摊铺层厚度、宽度按式(8-2)确定:

$$V = \frac{100Q}{60D \cdot W \cdot T} \times C \tag{8-2}$$

式中:$V$——摊铺机摊铺速度(m/min);

    $D$——压实成型后沥青混合料的密度($t/m^3$);

    $Q$——拌和机产量($t/h$);

    $W$——摊铺宽度(m);

    $T$——摊铺层压实成形后的平均厚度(cm);

    $C$——效率系数,根据材料供应、运输能力等配套情况确定,宜为 0.6 ~ 0.8。

机械摊铺时,尽量少用人工反复修整。当遇下列情况时,可人工局部找补或更换混合料:

①如发现摊铺后的路面横断面不符合要求、表面明显不平整、局部混合料明显离析、摊铺机后有明显的拖痕、构造物接头部位或摊铺带边缘局部缺料等情况,可采用人工做局部找补或更换混合料,缺陷较严重时,应予铲除,并调整摊铺机或改进摊铺工艺。

②路面狭窄部分、平曲线半径过小的匝道或加宽部分、小规模工程等可用人工摊铺。半幅施工时,路中一侧宜事先设置挡板,沥青混合料卸在铁板上,撒料用的铁锹等工具可加热使用,也可沾轻柴油或油水混合液,以防黏结混合料,摊铺时扣锹摊铺,不能扬锹远甩。摊铺要连续进行,摊铺好的混合料应紧跟碾压,对于混合料温度低于施工要求或受雨淋湿的,要坚决铲除,以保证施工质量。

(2)碾压

根据试验路的情况,确定钢筒式静态压路机与轮胎压路机或振动压路机的合理组合方式及碾压步骤,压路机的数量要根据摊铺的速度而定,沥青混凝土的分层压实厚度不得大于10cm,沥青稳定碎石层的压实厚度不得大于12cm。压路机应以慢而均匀的速度碾压,沥青混合料的压实分为初压、复压、终压三个阶段,各个阶段的碾压速度需符合表 8-12 的要求。

压路机碾压速度(km/h) 表 8-12

| 压路机类型 | 初 压 | | 复 压 | | 终 压 | |
|---|---|---|---|---|---|---|
| | 适宜 | 最大 | 适宜 | 最大 | 适宜 | 最大 |
| 钢筒式压路机 | 2 ~ 3 | 4 | 3 ~ 5 | 6 | 3 ~ 6 | 6 |
| 轮胎压路机 | 2 ~ 3 | 4 | 3 ~ 5 | 6 | 4 ~ 6 | 8 |
| 振动压路机 | 2 ~ 3<br>(静压或振动) | 3<br>(静压或振动) | 3 ~ 4.5<br>(振动) | 5<br>(振动) | 3 ~ 6<br>(静压) | 6<br>(静压) |

摊铺好的沥青混合料要及时碾压。初压一般在混合料处于较高温度下进行,应选用轻型钢筒式压路机或关闭振动装置的振动压路机碾压两遍。压路机应从外侧向中心碾压,相邻碾压带需重叠 1/3 ~ 1/2 轮宽,最后碾压路中心部分。当边缘有挡板、路缘石、路肩等支挡时,压路机应紧靠支挡碾压;当边缘无支挡时,可把边缘混合料稍稍耙高,然后将压路机的外侧轮伸出边缘10cm以上碾压,也可在边缘先空出宽30 ~ 40cm,待压完第一遍后,将压路机

大部分重量位于已压实过的混合料面上再压边缘,以减少沥青混合料向外推移或发裂。压路机在起动、停止时必须减速缓慢进行,碾压时应将驱动轮面向摊铺机碾压,碾压路线和方向不得突然改变。初压结束时,应检查平整度和路拱,必要时予以适当修整。复压紧跟在初压后进行,要组合好压路机并使每台都能全幅碾压,以保证压实的均匀性。

对于密级配沥青混凝土,优先选择重型的轮胎压路机进行搓揉碾压,以增加密水性,其总质量要大于25t,每个轮胎的压力不小于15kN,冷态时轮胎充气压力不小于0.55MPa,轮胎发热后不小于0.6MPa。对于粗集料为主的较大粒径混合料,尤其是大粒径沥青稳定碎石基层,优先选用振动压路机复压,振动频率宜为35~50Hz,振幅宜为0.3~0.8mm,相邻碾压带重叠宽度为10~20cm。当采用三轮钢筒式压路机时,总重量不小于12t,重叠宽度为1/2,并不少于20cm。

复压结束后要立即进行终压。终压时可选用双轮钢筒式压路机或关闭振动的振动压路机碾压。一般需两遍以上,并无轮迹。路面混合料的摊铺温度及路面压实成型的终了表面温度应符合规定。

在碾压过程中,压路机每次应由两端折回的位置阶梯形地随摊铺机向前推进,使折回处不在同一横断面上。在摊铺机连续摊铺的过程中,压路机不得随意停顿。当沥青混合料粘轮时,可向碾压轮洒少量水或加洗衣粉的水,严禁洒柴油。压路机不得在未碾压成型并冷却的路段上转向、掉头或停车等候。振动压路机在已成型的路面上行驶时需关闭振动。

对于压路机无法压实的拐弯、死角或各种检查井的边缘等,可采用振动夯板或人工夯锤压实。在尚未冷却的沥青混合料路面上,不得行驶或停放任何机械或车辆。

由于SMA混合料拌和效率较低,因此摊铺机供料不足的问题比较突出,所以摊铺的速度需放慢。同时,对于SMA混合料可压实余地也不大,松铺系数要比传统的沥青混合料小得多,例如,对于德国的ABG摊铺机摊铺,松铺系数有时竟不超过1.05,因此需试验路总结确定。

由于轮胎式压路机的搓揉使沥青玛蹄脂产生上浮,极易使路面抗滑能力下降,有时甚至造成泛油,故SMA路面的碾压必须采用钢轮碾压,不得使用轮胎式压路机。实践经验证明,SMA路面的碾压可以使用振动压路机,但要避免粗集料的碾碎和泛油现象发生。一些试验路情况表明,使用高频率低振幅方式碾压尤其重要,一般初压用10t钢轮紧跟摊铺机后碾压1~2遍,复压再静碾3~4遍或振动碾压2~3遍,最后用较宽的钢轮终压1遍即可,切忌过碾。

(3)接缝处理

沥青路面的各种施工缝(包括纵缝、横缝、与结构物或新旧路面的接缝等)处,往往压实不足,容易产生台阶、裂缝、松散等病害,影响路面的平整度和耐久性,也常常是沥青路面产生早期破坏的一个主要因素。接缝处理的总原则是使相邻沥青混合料均匀、无离析、密实和平顺。它可分为纵向接缝和横向接缝两种。

沥青路面的施工必须接缝紧密、连接平顺,不得产生明显的接缝离析。上下层的纵缝应错开150mm(热接缝)或300~400mm(冷接缝)。相邻两幅及上下层的横向接缝均应错位1m以上。接缝施工应用3m直尺检查,确保平整度符合要求。

纵向接缝部位的施工应符合下列要求:摊铺时采用梯队作业的纵缝应采用热接缝,将已铺部分留下 100~200mm 宽暂不碾压,作为后续部分的基准面,然后作跨缝碾压以消除缝迹。当半幅施工或因特殊原因而产生纵向冷接缝时,宜加设挡板或加设切刀切齐,也可在混合料尚未完全冷却前用镐刨除边缘留下毛茬的方式,但不宜在冷却后采用切割机作纵向切缝。加铺另半幅前应涂洒少量沥青,重叠在已铺层上 50~100mm,再铲走铺在前半幅上面的混合料,碾压时由边向中碾压留下 100~150mm,再跨缝挤紧压实。或者先在已压实路面上行走碾压新铺层 150mm 左右,然后压实新铺部分。

高速公路和一级公路的表面层横向接缝应采用垂直的平接缝,以下各层可采用自然碾压的斜接缝,沥青层较厚时也可作阶梯形接缝。其他等级公路的各层均可采用斜接缝。斜接缝的搭接长度与层厚有关,宜为 0.4~0.8m。搭接处应洒少量沥青,混合料中的粗集料颗粒应予剔除,并补上细料,搭接平整,充分压实。阶梯形接缝的台阶经铣刨而成,并洒黏层沥青,搭接长度不宜小于 3m。平接缝宜趁尚未冷透时用凿岩机或人工垂直刨除端部层厚不足的部分,使工作缝成直角连接。当采用切割机制作平接缝时,宜在铺设当天混合料冷却但尚未结硬时进行。刨除或切割不得损伤下层路面。切割时留下的泥水必须冲洗干净,待干燥后涂刷黏层油。铺筑新混合料接头应使接茬软化,压路机先进行横向碾压,再纵向碾压成为一体,充分压实,连接平顺。

热拌沥青混合料摊铺后待摊铺层完全自然冷却,混合料表面温度低于50℃后,可以开放交通。

**(三)冷拌沥青混合料路面的施工**

冷拌沥青混合料可采用乳化沥青或液体沥青拌制,适用于三级及三级以下的公路沥青面层、二级公路的罩面层以及各级公路的基层、连接层或整平层。其中,施工中常用的是乳化沥青冷拌混合料。

乳化沥青碎石混合料是采用乳化沥青与矿料在常温状态下拌和而成,压实后剩余空隙率在10%以上的常温沥青混合料,适用于三级和三级以下公路的沥青面层、二级公路的罩面层施工以及各级公路沥青路面的连接层或整平层。乳化沥青碎石混合料路面的沥青面层需采用双层式:上层使用中粒式或细粒式沥青碎石混合料,下层使用粗粒式沥青碎石混合料。在少雨干燥地区或半刚性基层上也可使用单层式,为了减少雨水对于路面结构层的浸蚀,在多雨潮湿地区必须做上封层或下封层。

使用阳离子乳化沥青时,混合料可在下层潮湿的情况下施工,但应防止雨水的冲刷。在与乳液拌和前需用水湿润集料,使集料总含水率达到5%左右。混合料的拌和时间应保证乳液与集料的拌和均匀,一般情况下,机械拌和不宜超过30s(自矿料中加进乳液的时间算起);人工拌和不宜超过60s。混合料应具有充分的施工和易性,其拌和、运输、摊铺都应在乳液破乳前结束,在施工过程中如遇破乳的沥青混合料,应予废弃。如条件允许,拌制好的沥青混合料应尽量使用摊铺机摊铺,乳化沥青碎石混合料的碾压可以按照热拌沥青混合料的要求执行,混合料摊铺后,可采用6t左右的轻型压路机初压,碾压1~2遍,再用轮胎压路机或轻型钢筒式压路机碾压1~2遍。当乳化沥青开始破乳,混合料由褐色转为黑色时,可用较重的12~15t轮胎压路机或10~12t钢筒式压路机复压,一般2~3遍后立即停止,待晾晒一段时间,水分蒸发后,再补充复压至密实为止。对于局部松散或开裂的混合料,应予挖除并补换新料,整平压至密实。

压实成型好的路面需做好早期养护,封闭交通 2～6h。初期开放交通时,车速不得超过 20km/h。

### (四)透层、黏层

透层、黏层与封层一样虽不参与路面结构厚度的计算,但亦起着重要的功能性作用。设计合理且正确施工的透层、黏层对沥青路面的使用质量非常重要。

#### 1. 透层

为使沥青面层与非沥青材料基层结合良好,宜在基层上浇洒慢裂的洒布型乳化沥青、煤沥青或中慢凝液体石油沥青而形成的透入基层表面的薄层,称为透层。良好的层间接触,可以减少沥青面层在外荷载作用下产生剪切等破坏。

沥青路面的级配砂砾、级配碎石基层及水泥、石灰、粉煤灰等无机结合料稳定土或粒料的半刚性基层上必须浇洒透层沥青。待基层完工后即可浇洒透层沥青,沥青的洒布尽可能使用沥青洒布车喷洒,浇洒透层沥青时,应均匀、不遗漏、不多余,并应防止周围的路缘石及人工构造物被污染。在无机结合料稳定半刚性基层上浇洒透层沥青后,需立即撒布用量为 $2～3m^3/1\ 000m^2$ 的石屑或粗砂。在无结合料粒料基层上洒布沥青后,如不能及时铺筑面层而且需通车时,也应撒铺适量的石屑或粗砂,此时透层沥青的用量可增加 10%。待撒布完后,可使用 6～8t 的钢筒式压路机稳压一遍,通行车辆时,需控制车速。

透层沥青洒布后应尽早铺筑沥青面层。使用乳化沥青时,应待其充分渗透、水分蒸发后方可铺筑沥青面层,一般不小于 24h。

#### 2. 黏层

为加强在路面的沥青层与沥青层之间、沥青层与水泥混凝土路面之间的黏结而洒布的沥青材料薄层,称之为黏层,是加强层间结合的一种措施。黏层的沥青材料可使用快裂的洒布型乳化沥青、快中凝液体石油沥青或煤沥青。其施工程序和要求与透层基本相同,但可不撒布石屑或粗砂等集料。其材料的规格与用量见表 8-13。

**沥青路面透层及黏层材料的规格与用量**　　　　　　　　　表 8-13

| 用　途 | | 乳 化 沥 青 | | 液 体 石 油 沥 青 | | 煤 沥 青 | |
|---|---|---|---|---|---|---|---|
| | | 规格 | 用量(L/m²) | 规格 | 用量(L/m²) | 规格 | 用量(L/m²) |
| 透层 | 无结合料粒料基层 | PC-2 PA-2 | 1.0～2.0 | AL(M)-1、2 或 3 AL(S)-1、2 或 3 | 1.0～2.3 | T-1 T-2 | 1.0～1.5 |
| | 半刚性基层 | PC-2 PA-2 | 0.7～1.5 | AL(M)-1 或 2 AL(S)-1 或 2 | 0.6～1.5 | T-1 T-2 | 0.7～1.0 |
| 黏层 | 下卧层为沥青层 | PC-3 PA-3 | 0.3～0.6 | AL(R)-3～AL(R)-6 AL(M)-3～AL(M)-6 | 0.3～0.5 | | |
| | 下卧层为水泥混凝土 | PC-3 PA-3 | 0.3～0.5 | AL(M)-3～AL(M)-6 AL(S)-3～AL(S)-6 | 0.2～0.4 | | |

注:表中用量是指包括稀释剂和水分等在内的液体沥青、乳化沥青的总量。乳化沥青中的残留物含量以 50% 为基准。

### (五)其他工程的施工

其他工程主要包括行人道路、重型车停车场、公共汽车站、水泥混凝土桥面的沥青铺装层、钢桥面铺装、公路隧道沥青路面、路缘石与拦水带等项目。

行人道路主要供行人、自行车、非机动车等轻型交通使用。其沥青面层的材料要求应与车行道的相同，人行道、自行车道、园林公路等可铺筑单层细粒式或砂粒式沥青混凝土混合料面层、沥青表面处治或空隙率大的沥青碎石混合料透水性面层；三幅道以上公路的非机动车道、行人广场采用拌和的沥青混合料宜分双层铺筑，上面层应采用Ⅰ型的细粒式或砂粒式沥青混凝土混合料。铺筑贯入式路面时宜加铺拌和层。有时为了景观等需要，也可采用彩色沥青混凝土铺筑。对于此类路面的碾压，不得损坏其他公共设施，压实有困难时，可使用小型振动压路机或振动夯板压实，必要时，也可采用人工夯实。

重型车停车场、公共汽车站等，由于车辆启动、制动频繁，因此要求沥青混合料具有较高的抗剪切强度，以抵抗车辆水平力的作用。

水泥混凝土桥面的沥青铺装非常重要。若处理不当的话，往往造成沥青混合料从桥面剥落，在水、泥土、车辆荷载等作用下，桥面铺装很容易被破坏，使行车极不安全。沥青铺装一般由黏层、防水层、保护层、沥青层组成，厚度为 6~10cm 为宜。在多雨、纵坡大、设计车速过高的高架桥、立交桥桥面上还需铺设抗滑表层。黏层的施工方法可按前面介绍的规定执行。防水层的厚度取 1~1.5mm，防水层必须全桥面铺装，用于防水层的材料较多，归纳起来主要有：

（1）分两次洒布总用量为 0.4~0.5kg/m² 的沥青或改性沥青黏层，再撒布一层中砂，碾压形成的沥青涂胶类下封层。

（2）涂刷聚氨酯胶泥、环氧树脂、阳离子乳化沥青等高分子聚合物涂胶。采用上述材料作防水层时，涂料必须均匀，并用 1.18mm 筛过滤后使用。

（3）铺设沥青或改性沥青防水卷材，或浸渗沥青的无纺布，通过沥青黏层与桥面黏结。在铺设沥青卷材时，除预制梁拼缝两侧 5~10cm 范围内不粘贴外，均应用黏结剂或防水涂料将卷材与基面密贴，并用滚筒碾平压实。应沿水流方向将上层卷材压住下层卷材，上下层的搭接缝应错开半幅，纵缝搭接 8~10cm，横缝搭接不少于 10cm。

为保护防水层，需在其上铺设保护层。保护层的材料主要采用 AC-10 或 AC-5 型沥青混凝土或单层式沥青表面处治，厚度为 1cm。保护层一般使用人工铺筑，6~8t 轻型压路机以较慢的速度碾压。

为了提高沥青面层的高温稳定性，桥面铺装的面层可使用 AC-16 或 AC-20 型中粒式热拌热铺沥青混凝土混合料铺筑，厚度采用 4~10cm。双层式面层的表面层厚度不小于 2.5cm，施工碾压可使用轮胎压路机复压和轻型钢筒式压路机终压的方式，不得采用有可能损坏桥梁的大型振动压路机或重型钢筒式压路机。

钢桥面铺装结构一般分为防锈层、防水黏结层、沥青面层等。防水黏结层需采用高黏度的改性沥青、环氧沥青、防水卷材等，并紧跟在防锈层后涂刷。

公路隧道沥青路面的施工要特别注意安全。尤其是隧道有可能的漏水、冒水、隧道防火等安全特点。同时要做好隧道底部的地下水疏导和隧道内的通风工作。

沥青路面路缘石的材料主要有水泥混凝土预制块和沥青混凝土两种。铺筑沥青混凝土路缘石时，应采用路缘石成型机在沥青面层铺筑后连续铺设。沥青混凝土混合料的矿料级配要符合表 8-14 中的要求，沥青用量需较马歇尔试验配合比设计的最佳用量增加 0.5%~

1%，双面击实 50 次的设计空隙率为 1%～3%，基底应洒布 0.25～0.5kg/m² 的黏层沥青。埋置式路缘石宜在沥青层施工全部结束后安装，严禁在两层沥青层施工间隙中因开挖、埋设路缘石导致沥青层污染。

沥青混凝土拦水带矿料级配范围　　　　　　　　表 8-14

| 筛孔(mm) | 16 | 13.2 | 4.75 | 2.36 | 0.3 | 0.075 |
|---|---|---|---|---|---|---|
| 质量通过百分率(%) | 100 | 85～100 | 65～80 | 50～65 | 18～30 | 5～15 |

## 第三节　水泥混凝土路面施工

### 一、水泥混凝土路面的构造要求

#### (一)路基及基层

(1)水泥混凝土路面的路基应稳定、密实、均质，对路面结构提供均匀的支承，能满足以下要求：

①高液限黏土及含有机质细粒土，不能用作高速公路、一级公路的路床填料或二级及以下公路的上路床填料。

高液限粉土及塑性指数大于 16 或膨胀率大于 3% 的低液限黏土，不能作高速公路、一级公路的上路床填料。必须采用上述土作填料时，应掺入石灰或水泥等结合料进行改善。

②地下水位高时，宜提高路堤设计高程，高程受限，未达中湿状态临界高度应选用粗粒土或低剂量石灰、水泥稳定细粒土作路床或上路床填料；未达潮湿临界高度时，还应采取在边沟下设置盲沟等措施，降低地下水位。

③路基压实度应符合要求。

④填石路床顶面应铺设整平层。整平层可采用未筛分碎石和石屑或低剂量水泥稳定粒料，其厚度视路床顶面不平整程度而定，一般为 10～15cm。

(2)水泥混凝土路面在下述情况下需在基层下设置垫层：

①季节性冰冻地区，路面总厚度小于最小防冻厚度时，差值以垫层厚度补足；

②水文地质条件不良的土质路堑，路床土湿度较大时，宜设置排水垫层；

③路基可能产生不均匀沉降时，可设半刚性垫层。

垫层宽度应与路基同宽，最小厚度为 15cm。

水泥路面的基层应具有足够的抗冲刷能力和一定的刚度，宜依照交通等级按表 8-15 选用。

适宜各交通等级的基层类型　　　　　　　　表 8-15

| 交 通 等 级 | 基 层 类 型 |
|---|---|
| 特重交通 | 贫混凝土、碾压混凝土或沥青混凝土基层 |
| 重交通 | 水泥稳定粒料或沥青碎石 |
| 中等或轻交通 | 水泥稳定粒料、石灰粉煤灰稳定粒料或级配粒料 |

湿润和多雨地区路基为低透水性细粒土的高速公路、一级公路或者承受特重或重交通的二级公路，宜采用排水基层。排水基层可选用多孔隙的开级配水泥稳定碎石、沥青稳定碎石或碎石，孔隙率约为 20%。

基层的宽度应比混凝土面层每侧至少宽出 300mm（小型机具施工）或 500mm（轨道式摊铺机施工）或 650mm（滑模式摊铺机施工）。

路肩采用混凝土面层，其厚度与行车道面层相同时，基层宽度宜与路基同宽。级配粒料基层的宽度也与路基同宽。

各类基层的适宜厚度见表 8-16。

各类基层厚度的适宜范围 表 8-16

| 类　　型 | 适宜厚度（cm） | 类　　型 | 适宜厚度（cm） |
|---|---|---|---|
| 贫混凝土或碾压混凝土 | 12 ~ 20 | 级配粒料 | 15 ~ 20 |
| 水泥或二灰稳定粒料 | 15 ~ 25 | 多孔隙水泥稳定碎石排水 | 10 ~ 14 |
| 沥青混凝土 | 4 ~ 6 | 沥青稳定碎石排水 | 8 ~ 10 |
| 沥青碎石 | 8 ~ 10 | | |

注：基层下未设垫层，上路床为细粒土、黏土质砂或级配不良砂（承受特重或重交通时），或者为细粒土（承受中等交通时）时，应在基层下设置底基层。

底基层可采用级配粒料、水泥稳定粒料或二灰粒料，厚度为 20cm。排水基层下应设置由水泥稳定粒料或者密级配粒料组成的不透水底基层，厚 20cm。底基层顶面宜铺设沥青封层或防水土工织物。

## （二）面层

水泥混凝土面层应具有足够的强度和耐久性，表面应抗滑、耐磨、平整。面层一般采用设接缝的普通混凝土。当面层板的平面尺寸较大或形状不规则，路面结构下埋有地下设施，高填方、软土地基、填挖交界段的路基等有可能产生不均匀沉降时，应采用设接缝的钢筋混凝土面层。

其他面层类型可根据适用条件按表 8-17 选用。

其他面层类型选择 表 8-17

| 面层类型 | 适用条件 |
|---|---|
| 连续配筋混凝土面层 | 高速公路 |
| 沥青上面层与连续配筋混凝土或横缝设传力杆的普通混凝土下面层组成的复合式路面 | 特重交通的高速公路 |
| 碾压混凝土面层 | 二级及二级以下公路、服务区停车场 |
| 钢纤维混凝土面层 | 高程受限路段、收费站、混凝土加铺层和桥面铺装 |
| 矩形或异形混凝土预制块面层 | 服务区停车场、二级及二级以下公路桥头引道沉降未稳定段 |

水泥混凝土面板的抗滑标准以构造深度为指标。表面构造应采用刻槽、压槽、拉槽或拉毛等方法制作。构造深度在使用初期应满足表 8-18 的要求。

各级公路水泥混凝土面层的表面构造深度（mm）要求 表 8-18

| 公路等级 | 高速公路、一级公路 | 二、三、四级公路 |
|---|---|---|
| 一般路段 | 0.7 ~ 1.1 | 0.5 ~ 0.9 |
| 特殊路段 | 0.8 ~ 1.2 | 0.6 ~ 1.0 |

注：1. 特殊路段：高速公路、一级公路指立交、平交或变速车道；其他道路指急弯、陡坡、交叉口或集镇附近。
　　2. 年降水量 600mm 以下地区，深度要求可适当降低。

**（三）接缝构造**

混凝土面层是由一定厚度的混凝土板所组成，它具有热胀冷缩的性质。由于一年四季气温的变化，混凝土板会产生不同程度的膨胀和收缩。而在一昼夜中，白天气温升高，混凝土板顶面温度较底面为高，这种温度差会形成板的中部隆起的趋势。夜间气温降低，板顶面温度较底面为低，会使板的周边和角隅发生翘起的趋势［图 8-11a)］。这些变形会受到板与基础之间的摩阻力和黏结力，以及板的自重车轮荷载等的约束，致使板内产生过大的应力，造成板的断裂［图 8-11b)］或拱胀等破坏。从图 8-11 可见，由于翘曲而引起的裂缝，则在裂缝发生后被分割的两块板体尚不致完全分离，倘若板体温度均匀下降引起收缩，则将使两块板体被拉开［图 8-11c)］，从而失去荷载传递作用。

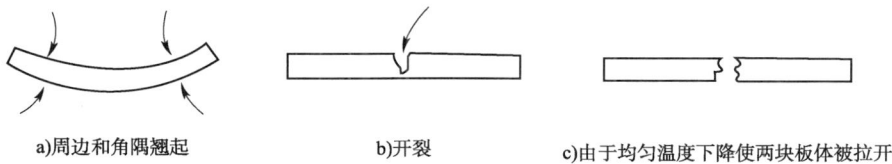

a)周边和角隅翘起　　　　b)开裂　　　　c)由于均匀温度下降使两块板体被拉开

图 8-11　混凝土由于温度坡差引起的变形

为避免这些缺陷，普通混凝土、钢筋混凝土、碾压混凝土或钢纤维混凝土面层板不得在纵横两个方向设置许多接缝，把整个路面分割成许多矩形板块。按接缝与行车方向之间的关系，可把接缝分为纵缝与横缝两大类。

1. 纵向接缝

一次铺筑宽度小于面层加硬路肩总宽度时，应按设计设置纵向施工缝。纵向施工缝宜采用平缝加拉杆型。纵缝包括施工缝和缩缝。纵缝应与路线中线平行，在路面等宽的路段内或路面变宽路段的等宽部分，纵缝的间距和形式应保持一致。路面变宽段的加宽部分与等宽部分之间，以纵向施工缝隔开。加宽板在变宽段起终点处的宽度不应小于 1m。纵向接缝的布设应视路面宽度和施工铺筑宽度而定，具体如下：

（1）一次铺筑宽度小于路面宽度时，应设置纵向施工缝。纵向上部应锯切槽口，深度为 30～40mm，宽度为 3～8mm，槽内灌塞填缝料，构造如图 8-12a)所示。

（2）一次铺筑宽度大于 4.5m 时，应设置纵向缩缝。纵向缩缝采用假缝形式，宽度为 3～8mm，锯切的槽口深度视基层材料而异。

（3）采用粒料基层时，槽口深度应为板厚的 1/3；采用半刚性基层时，槽口深度应为板厚的 2/5。其构造如图 8-12b)所示。

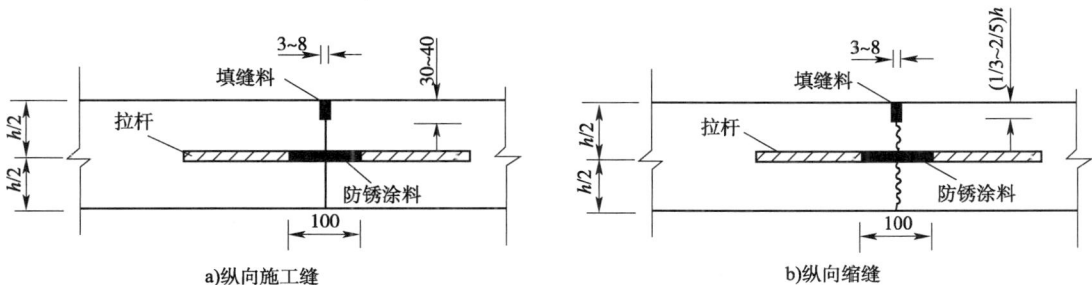

a)纵向施工缝　　　　　　　b)纵向缩缝

图 8-12　纵缝构造(尺寸单位：mm)

(4)纵向接缝在板厚中央设置拉杆,拉杆应采用螺纹钢筋,并应对拉杆中部100mm范围内进行防锈处理。拉杆的直径、长度和间距,可参照表8-19选用。施工布设时,拉杆间距应按横向接缝的实际位置予以调整,最外侧的拉杆距横向接缝的距离不得小于100mm。

拉杆直径、长度和间距(mm) 表8-19

| 面层厚度 (mm) | 拉 杆 | 到自由边或未设拉杆纵缝的距离(m) | | | | | |
|---|---|---|---|---|---|---|---|
| | | 3.00 | 3.50 | 3.75 | 4.50 | 6.00 | 7.5 |
| 180~250 | 直径(mm) | 14 | 14 | 14 | 14 | 14 | 14 |
| | 长度(mm) | 700 | 700 | 700 | 700 | 700 | 700 |
| | 间距(mm) | 900 | 800 | 700 | 600 | 500 | 400 |
| 260~300 | 直径(mm) | 16 | 16 | 16 | 16 | 16 | 16 |
| | 长度(mm) | 800 | 800 | 800 | 800 | 800 | 800 |
| | 间距(mm) | 900 | 800 | 700 | 600 | 500 | 400 |

2. 横向接缝

横向接缝包括缩缝、胀缝和施工缝。横向接缝和纵向接缝应垂直相交,纵缝两侧的横缝不得相互错位,具体内容如下:

(1)横向缩缝可等间距或变间距布置,采用假缝形式。特重和重交通公路、收费广场以及邻近胀缝或自由端部的3条缩缝,应采用设传力杆假缝形式,其构造如图8-13a)所示。其他情况可采用不设传力杆假缝形式,其构造如图8-13b)所示。

(2)横向缩缝顶部应锯切槽口,深度为面层厚度的1/5~1/4,宽度为3~8mm,槽内填塞填缝料。高速公路的横向缩缝槽口宜增设深20mm、宽6~10mm的浅槽口,其构造如图8-14所示。

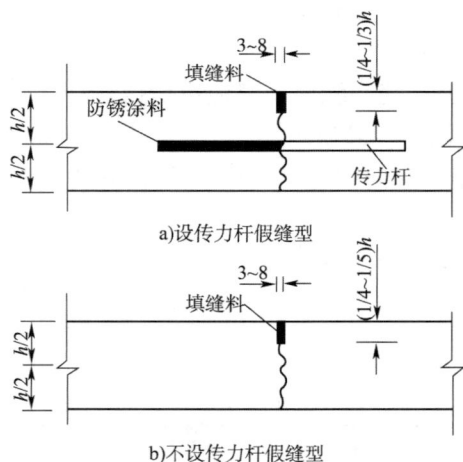

图 8-13 横向缩缝构造(尺寸单位:mm)

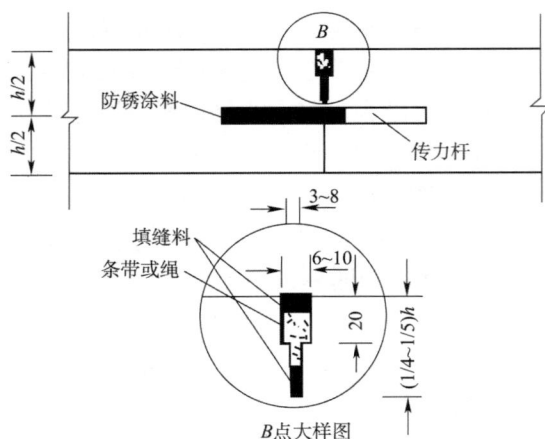

图 8-14 浅槽口构造(尺寸单位:mm)

在邻近桥梁或其他固定构造物处或与其他道路相交处应设置横向胀缝。设置的胀缝条数,视膨胀量大小而定。低温浇筑混凝土面层或选用膨胀性高的集料时,宜酌情确定是否设置胀缝。胀缝宽20mm,缝内设置填缝板和可滑动的传力杆。胀缝的构造如图8-15所示。

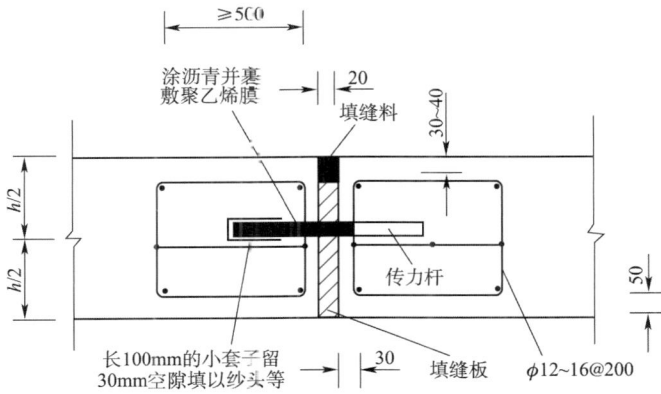

图 8-15　胀缝的构造(尺寸单位:mm)

每日施工结束或因临时原因中断施工时,必须设置横向施工缝,其位置应尽可能选在缩缝或胀缝处。设在缩缝处的施工缝,应采用加传力杆的平缝形式,其构造如图 8-16a)所示;设在胀缝处的施工缝,其构造与胀缝相同。遇有困难需设在缩缝之间时,施工缝采用设拉杆的企口缝形式,其构造如图 8-16b)所示。

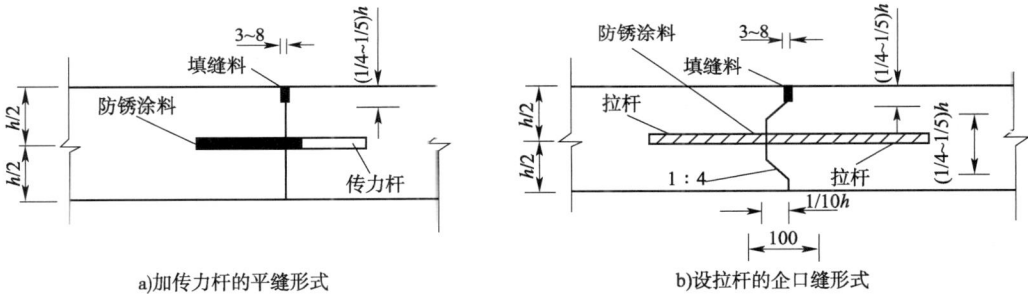

a)加传力杆的平缝形式　　　　　b)设拉杆的企口缝形式

图 8-16　横向施工缝构造(尺寸单位:mm)

传力杆应采用光面钢筋。其尺寸和间距可按表 8-20 选用。最外侧传力杆距纵向接缝或自由边的距离为 150~250mm。

传力杆尺寸和间距(mm)　　　　　　　　　　　表 8-20

| 面层厚度(mm) | 传力杆直径 | 传力杆最小长度 | 传力杆最大间距 |
|---|---|---|---|
| 180~220 | 28 | 400 | 300 |
| 230~240 | 30 | 400 | 300 |
| 250~260 | 32 | 450 | 300 |
| 270~280 | 35 | 450 | 300 |
| 290~300 | 38 | 500 | 300 |

3. 交叉口接缝布设

两条道路正交时,各条道路的直道部分均保持本身纵缝的连贯,而相交路段内各条道路的横缝位置应按相对道路的纵缝间距作相应变动,保证两条道路的纵横缝垂直相交,互不错位。两条道路斜交时,主要道路的直道部分保持纵缝的连贯,而相交路段内的横缝位置应按次要道路的纵缝间距作相应变动,保证与次要道路的纵缝相连接。相交道路弯道加宽部分的接缝布置,应不出现或少出现错缝和锐角板。在次要道路弯道加宽段起终点断面处的横向接缝,应采用胀缝形式。膨胀量大时,应在直线段连续布置 2 ~ 3 条胀缝。

**4. 接缝填封材料**

胀缝接缝板应选用能适应混凝土板膨胀收缩、施工时不变形、复原率高和耐久性好的材料。高速公路和一级公路宜选用泡沫橡胶板、沥青纤维板;其他等级公路也可选用木材类或纤维类板。

接缝填缝料应选用与混凝土接缝槽壁黏结力强、回弹性好、适应混凝土板收缩、不溶于水、不渗水、高温时不流淌、低温时不脆裂、耐老化的材料。常用的填缝材料有聚氨酯焦油类、氯丁橡胶类、乳化沥青类、聚氯乙烯胶泥、沥青橡胶类、沥青玛蹄脂及橡胶嵌缝条等。高速公路、一级公路应优选使用树脂类、橡胶类或改沥青类填缝材料,并宜在填缝料中加入耐老化剂。

**(四)配筋布置**

混凝土面层自由边缘下基础薄弱或接缝为未设传力杆的平缝时,可在面层边缘的下部配置边缘钢筋。边缘钢筋通常选用两根直径为 12 ~ 16mm 的螺纹钢筋,置于面层底面之上 1/4 厚度处并不小于 50mm,间距为 100mm,钢筋两端向上弯起,如图 8-17 所示。

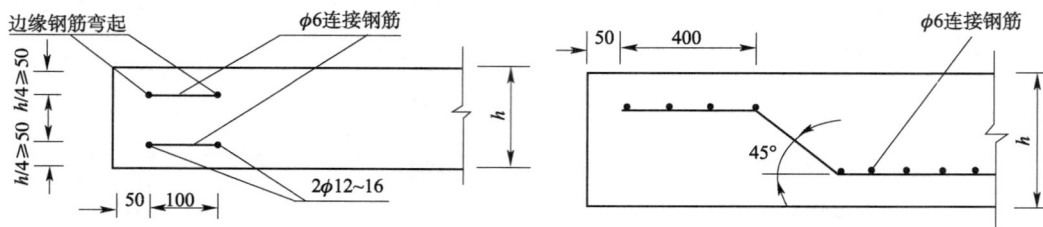

图 8-17 边缘钢筋布置(尺寸单位:mm)

承受特重交通的胀缝、施工缝和自由边的面层角隅及锐角面层角隅,宜配置角隅钢筋。通常选用 2 根直径为 12 ~ 16mm 的螺纹钢筋,置于面层上部,距顶面不小于 50mm,距边缘为 100mm,如图 8-18 所示。

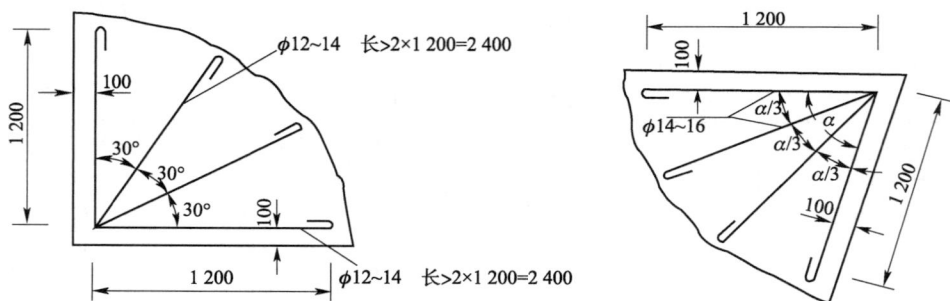

图 8-18 角隅钢筋布置(尺寸单位:mm)

混凝土面层下有箱形构造物横向穿越,其顶面至面层底面的距离小于 400mm 或嵌入基层时,在构造物顶宽及两侧各 $(H+1)$ m 且不小于 4m 的范围内,混凝土面层内应布设双层钢筋网,上下层钢筋网各距面层顶面和底面 $(1/4 ~ 1/3)$ 厚度处,如图 8-19 所示。构造物顶面至面层底面的距离在 400 ~ 1 200mm 时,则在上述长度范围内的混凝土面层中应布设单层钢筋网。钢筋网设在距顶面 $(1/4 ~ 1/3)$ 厚度处,如图 8-20 所示。钢筋直径 12mm,纵向钢筋间距 100mm,横向钢筋间距 200mm。配筋混凝土面层与相邻混凝土面层之间设置传力杆缩缝。

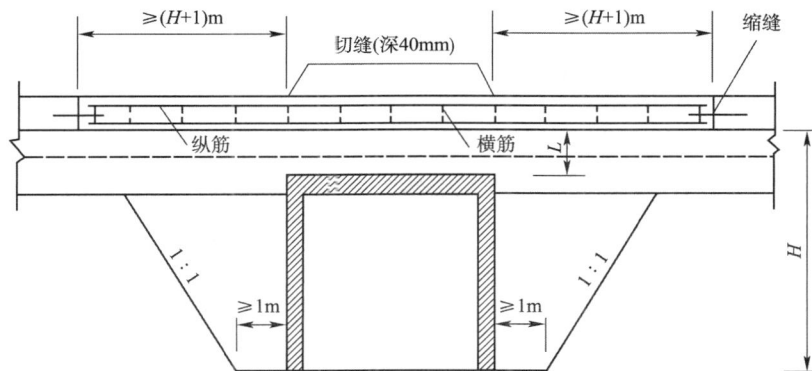

图 8-19 箱形构造物横穿公路处的面层配筋($L$ 小于 400mm 或嵌入基层)

注:$H$ 为面层到构造物底面的距离;$L$ 为面层到构造物顶面的距离。

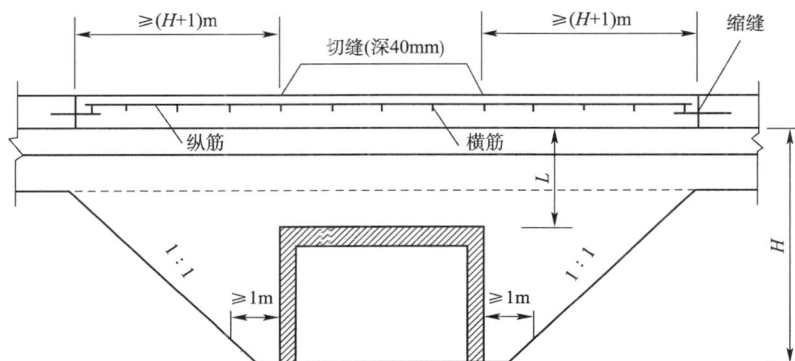

图 8-20 箱形构造物横穿公路处的面层配筋($L$ 小于 400 ~ 1 200mm 或嵌入基层)

混凝土面层下有圆形管状构造物横向穿越,其顶面至面层底面的距离小于 1 200mm 时,在构造物两侧各$(H+1)$m 且不小于 4m 的范围内,混凝土面层内应布设单层钢筋网,钢筋网设在距面层顶面$(1/4 ~ 1/3)$厚度处,如图 8-21 所示。

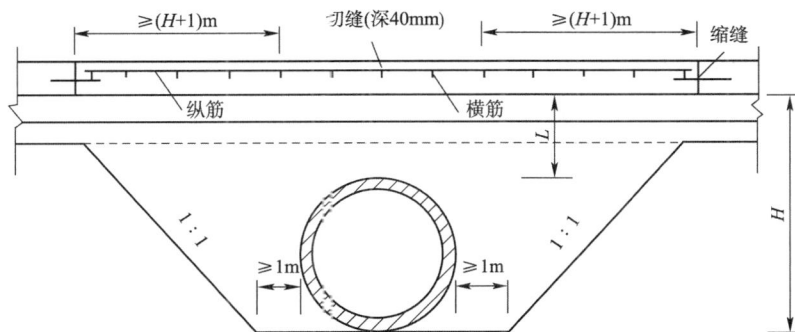

图 8-21 圆形管状构造物横穿公路处的面层配筋($L$ 小于 1 200mm)

## 二、水泥混凝土路面对材料组成的要求

### (一) 垫层材料

用作防冻垫层的材料有砂、砂砾、碎石、炉渣等。路基可能产生不均匀沉降时,可采用水泥、石灰、粉煤灰等胶凝材料作半刚性垫层。

**(二)基层材料**

按照《公路水泥混凝土路面设计规范》(JTG D40—2011)的规定,基层类型宜按交通等级选用。

特重交通宜采用水泥用量7% ~8%的贫混凝土、碾压混凝土或沥青混合料基层。贫混凝土或碾压混凝土基层厚度适宜范围为120~200mm;沥青混合料基层为40~60mm。

重交通宜采用水泥用量约5%的水泥稳定粒料或沥青稳定碎石基层及其排水基层。水泥稳定粒料基层厚度适宜范围为150~250mm;沥青稳定碎石基层为80~100mm;多孔隙水泥稳定排水基层为100~140mm;沥青稳定碎石排水基层为80~100mm。

中等或轻交通宜采用水泥用量约4%的水泥稳定粒料基层、石灰粉煤灰稳定粒料基层或级配粒料基层。水泥或石灰粉煤灰稳定粒料基层厚度适宜范围为150~250mm;级配粒料基层为150~200mm。

**(三)面层材料**

1. 水泥

水泥是水泥混凝土路面中最重要的胶凝材料,常用的路用水泥有道路硅酸盐水泥、硅酸盐水泥、普通硅酸盐水泥、矿渣硅酸盐水泥等。

特重、重交通路面宜使用旋窑道路硅酸盐水泥,也可采用旋窑硅酸盐水泥或普通硅酸盐水泥;中轻交通也可采用矿渣硅酸盐水泥;正常施工条件下,宜使用普通型水泥,不宜使用R型水泥。

2. 粗集料

集料是混凝土中分量最大的组成材料,粒径5mm以上者,称为粗集料;粒径5mm以下者,称为细集料。粗细集料在混凝土中占有4/5的比例,可见其重要性。

为获得密实、高强、耐久性好、耐磨耗的混凝土,粗集料(碎石、碎卵石或卵石)必须质地坚硬、耐久、洁净,有良好的级配。

3. 细集料

细集料应采用质地坚硬、耐久、洁净的天然砂、机制砂或混合砂。高速公路、一级公路、二级公路及有抗盐(冻)要求的三、四级公路混凝土路面使用的砂应不低于Ⅱ级,无抗盐(冻)要求的三、四级公路混凝土路面、碾压混凝土及贫混凝土基层可使用Ⅲ级砂。特重、重交通混凝土路面宜使用河砂,砂的硅质含量不应低于25%。

4. 水

清洗集料、拌和混凝土及养护所用的水,不应含有影响混凝土质量的油、酸、碱、盐类、有机物等。饮用水一般均适用于混凝土。

三、常用的水泥混凝土路面施工机械

**(一)拌和设备**

拌和设备按拌和过程的生产方式可以分为间歇式拌和设备和连续式拌和设备。间歇楼是每锅单独称料的,搅拌精确度高于连续楼,弃料少,因此宜优先选配间歇楼。实践证明,连续式搅拌楼亦能够达到滑模摊铺高速公路水泥混凝土路面的要求,也可用于工程建设。连续搅拌楼应配备两个搅拌锅或一个长度足以搅拌均匀的搅拌锅,并应在搅拌锅上配备电视监控设备。前者是为了保证拌和物匀质性和熟化程度,后者是为了保障安全。

**(二)摊铺成型设备**

常见的水泥混凝土路面的摊铺机械有滑模摊铺机、三辊轴机组、小型机具、碾压混凝土摊铺机械等,各种摊铺机械的选用宜符合表 8-21 的要求。

与公路等级相适应的机械装备　　　　　　　　　　　　　表 8-21

| 摊铺机械装备 | 高速公路 | 一级公路 | 二级公路 | 三级公路 | 四级公路 |
|---|---|---|---|---|---|
| 滑模摊铺机 | ★ | ★ | ★ | ▲ | ● |
| 三辊轴机组 | ● | ▲ | ★ | ★ | ★ |
| 小型机具 | × | ● | ▲ | ★ | ★ |
| 碾压混凝土摊铺机 | × | ● | ★ | ★ | ▲ |

注:1.★应使用;▲有条件使用;●不宜月;×不得使用。

2.碾压混凝土亦可用于高速公路、一级公路复合式路面的下面层和贫混凝土基层。

1.滑模摊铺机

滑模摊铺机铺筑是指采用滑模摊铺机铺筑水泥混凝土路面的施工工艺。其特征是不架设边缘固定模板,能够一次完成布料摊铺、振捣密实、挤压成型、抹面修饰等混凝土路面摊铺功能。

高速公路、一级公路推荐整幅滑模摊铺机,宜选配能一次摊铺 2 ~ 3 个车道宽度(7.5 ~ 12.5m)的滑模摊铺机,尽量使用整幅 12.5m 宽度的大型滑模摊铺机,以减少纵向连接纵缝部位的不平整及存水现象。

二级公路推荐 9m 整宽滑模摊铺机,二级及以下公路路面的最小摊铺宽度不得小于单车道设计宽度,在二级公路上有条件时,推荐采用中央设路拱的 8 ~ 9m 宽滑模摊铺机。在多数情况下,二级公路无运输便道,必须预留一半宽度的路面,用作混凝土运输通道。一般情况下,在三、四级公路水泥混凝土路面上,由于软路肩宽度不足,履带行走宽度及设置基准线位置不够,不适宜使用滑模摊铺机施工。滑模摊铺机械与技术,在我国仅适用于二级以上高等级公路水泥混凝土路面的施工。

滑模摊铺机可按特大、大、中、小四个级别的基本技术参数选择。无论选用哪种设备,首先必须满足施工路面、路肩、路缘石和护栏等的基本施工要求;其次摊铺机本身的工作配置件要齐全,应配备螺旋或刮板布料器、松方高度控制板、振动排气仓、夯实杆或振动搓平梁、自动抹平板、侧向打拉杆及同时摊铺双车道的中部打拉杆装置等。

硬路肩推荐与路缘石连体摊铺,硬路肩的摊铺宜选配中、小型多功能滑模摊铺机,并宜连体一次摊铺路缘石。

2.轨道摊铺机

轨道式摊铺机铺筑水泥混凝土路面应采用轨道与模板合一的专用钢制轨模,长度为 3m。

轨道式摊铺机按布料方式不同,可选用刮板式、箱式和螺旋式,最小摊铺宽度不得小于单车道 3.75m。我国目前不再使用轨道摊铺机铺筑、真空吸水工艺等技术。

3.三辊轴机组铺筑

三辊轴机组铺筑是采用振捣机、三辊轴整平机等机组铺筑混凝土路面的施工工艺。

三辊轴摊铺整平机以轴的直径划分型号,以轴的长度划分规格,因此应根据摊铺宽度确定规格。从摊平拌和物考虑,轴的直径大比较有利;从有效密实深度考虑,轴的直径较小比较有利。目前市场上的三辊轴摊铺整平机,轴的直径有 168mm、219mm 和 240mm 几种。采用较大的轴径施工效率较高,平整度较好,但表面浆体比较容易离析,浆较薄。采用较小的轴径,提浆效果较好,但轴易变形,应注意校正。因此,板厚 200mm 以上宜采用直径 168mm 的辊轴;桥面铺装或厚度较小的路面可采用直径 219mm 的辊轴。轴长宜比路面宽度长出 600～1 200mm。振动轴的转速有 300r/min 和 380r/min 两种,宜采用较小的转速,以保证有效振实和提浆。振动轴的转速不宜大于 380r/min。

振动功率宜大于 7.5kW;驱动轴的最大行驶速度不大于 13.5m/min,驱动功率不小于 6kW。保证振轴和驱动轴有足够大的功率,以克服混合料和模板的阻力,实现摊铺、振动密实及整平功能。

三辊轴机组铺筑混凝土面板时,必须同时配备一台安装有插入式振捣棒组的排式振捣机,尽量使用同时安装有辅助摊铺的螺旋布料器和松方控制刮板形式,并使之具有自动行走功能。

4. 小型机具铺筑

小型机具铺筑是指采用固定模板、人工布料、手持振捣棒、振动板或振捣梁振实、棍杠、修整尺、抹平刀整平的混凝土路面施工工艺。

小型机具施工中、轻交通等级水泥混凝土路面时可使用。它技术简单成熟、施工便捷,不需要大型设备,主要靠人工操作。但劳动强度最大,使用的劳动力数量最多,是劳动力密集型的水泥混凝土路面施工方式。

5. 碾压混凝土路面铺筑

碾压混凝土路面铺筑是指采用特干硬性水泥混凝土拌和物、使用沥青摊铺机摊铺、压路机械碾压密实成型的混凝土路面施工工艺。

碾压混凝土路面施工最好选择带自动找平系统和高密实度烫平板的大型沥青摊铺机,最大摊铺厚度可达到 30cm,摊铺预压密实度可达到不小于 85% 以上。根据路面摊铺宽度可选用 1～2 台摊铺机。压实机械采用自重 10～12t 的振动压路机 1～2 台;15～25t 的轮胎压路机 1 台,用于路面碾压。1～2t 的小型振动压路机 1 台,用于边缘压实。

四、水泥混凝土路面的施工

(一)施工准备

1. 选择施工机械

目前,我国在水泥混凝土路面工程建设中,高速公路、一级公路基本上使用滑模摊铺装备和工艺,二级及其以下公路水泥混凝土路面的施工,大多采用三辊轴机组施工设备与工艺,小型机具施工工艺多用于三、四级公路。

2. 施工组织

施工单位应根据设计图纸、合同文件、标准规范等,确定混凝土路面施工工艺流程、施工方案,编制详细的切实可行的施工组织设计;对平面和高程进行复测和恢复性测量;建立满足资质要求的现场实验室;铺设必要的施工便道及对相关的技术人员进行培训。

3.选择混凝土拌和场地

根据施工路线的长短和所采用的运输工具,混凝土可集中在一个场地拌制,也可以在沿线选择几个场地,随工程进展情况迁移。拌和场地的选择首先要考虑使运送混合料的运距最短;同时拌和场还要接近水源和电源。此外,拌和场应有足够的面积,以供堆放砂石材料和搭建水泥库房。

4.进行材料试验和混凝土配合比设计

根据技术设计要求与当地材料供应情况,做好混凝土各组成材料的试验,进行混凝土各组成材料的配合比设计。配合比设计以抗折强度为控制指标。

5.基层的检查与整修

基层的宽度、路拱与高程、表面平整度和压实度,均应检查其是否符合要求。如有不符之处,应予整修,否则,将使面层的厚度变化过大,而增加其造价或减少其使用寿命。半刚性基层的整修时机很重要,过迟难以修整且很费工。当在旧砂石路面上铺筑混凝土路面时,所有旧路面的坑洞、松散等损坏,以及路拱横坡或宽度不符合要求之处,均应事先翻修调整压实。混凝土摊铺前,基层表面应洒水润湿,以免混凝土底部的水分被干燥的基层吸去,变得疏松以致产生细裂缝。也可在基层和混凝土之间铺设薄层沥青混合料或塑料薄膜。

**(二)混凝土搅拌与运输**

1.拌和

(1)组成材料计量与进料顺序

进行拌和时,掌握好混凝土施工配合比,严格控制加水量,应根据砂、石料的实测含水量,调整拌和时的实际用水量。混合料组成材料的计量允许误差为:水泥 ±1%;粗细集料为 ±5%;水为 ±1%;外加剂为 ±2%。

(2)拌和时间

从控制拌和物的黏聚性、匀质性及强度稳定性的角度出发,规定不同搅拌楼的总拌和时间及纯拌和时间。由于负载大小不同,叶片行程也不同,因此,时间控制只有在额定容量时才正确,所以也可控制叶片总行程即叶片搅拌总周长。

拌和时间的确定应同时考虑质量和产量。拌和时间确定是要在提高拌和物质量要求延长时间与提高拌和物产量和拌和效率这对矛盾中取得最佳的平衡。我国高速公路水泥混凝土路面滑模摊铺时的拌和时间在铺筑初期,一般以质量控制为主,总拌和时间与纯拌和时间均比规范规定的时间要长。纯拌和时间一般不小于45s,施工正常时,在确保质量的前提下提高产量,再调整到35~40s。不得小于规范给出的总拌和时间60s与纯拌和时间35s。

2.运输

混合料宜采用翻斗车或自卸车运输,当运距较远时,宜采用水泥混凝土搅拌运输车运输。运送混凝土的车辆装料前,应清净箱罐,洒水润壁,排干积水。装料时,自卸车应挪动车位,防止离析。搅拌楼卸料落差不应大于2m。混凝土运输过程中应防止漏浆、漏料和污染路面,途中不得随意耽搁。自卸车运输应减小颠簸,防止拌和物离析。车辆起步和停车应平稳。

运输到现场的拌和物必须具有适宜摊铺的工作性。不同摊铺工艺的混凝土拌和物从搅拌机出料到运输、铺筑完毕的允许最长时间可根据水泥初凝时间及施工气温确定,且应符合

表 8-22 的规定。不满足时应通过试验、加大缓凝剂或保塑剂的剂量。超过表 8-22 规定摊铺允许最长时间的混凝土不得用于路面摊铺。混凝土一旦在车内停留超过初凝时间,应采取紧急措施处置,严禁混凝土在车厢(罐)内硬化。使用自卸车运输混凝土最远运输距离不宜超过 20km。

混凝土拌和物出料到运输、铺筑完毕允许最长时间　　　　表 8-22

| 施工温度(℃) | 到运输完毕允许最长时间(h) | | 到铺筑完毕允许最长时间(h) | |
|---|---|---|---|---|
| | 滑模 | 三轴、小机具 | 滑模 | 三轴、小机具 |
| 5~9 | 2.0 | 1.5 | 2.5 | 2,0 |
| 10~19 | 1.5 | 1.0 | 2.0 | 1.5 |
| 20~29 | 1.0 | 0.75 | 1.5 | 1.25 |
| 30~35 | 0.75 | 0.50 | 1.25 | 1.0 |

烈日、大风、雨天和低温天远距离运输时,自卸车应遮盖混凝土,罐车宜加保温隔热套。运输车辆在模板或导线区调头或错车时,严禁碰撞模板或基准线,一旦碰撞,应告知测量工重新测量纠偏。车辆倒车及卸料时,应有专人指挥。卸料应到位,严禁碰撞摊铺机和前场施工设备及测量仪器,卸料完毕,车辆应迅速离开。

**(三)面层铺筑**

1. 安装模板

(1)边侧模板

定模摊铺,使用量最大、最多的是边缘侧向模板。公路混凝土路面板、桥面板和加铺层的施工模板应采用刚度足够的槽钢、轨模或钢制边侧模板,不应使用木模板、塑料模板等其他易变形的模板。原因是木模的刚度偏小,其平整度的表面基准(3m 直尺 5mm)不能满足高速公路、一级公路平整度要求(3m 直尺不大于 3mm)。另外,木模吸水易于变形,周转率低。

模板的高度为面板设计厚度。模板顶面用水准仪检查高程,不符合要求时予以调整。施工时,要经常检查模板平面和高程,并严加控制。模板长度以人工便于架设为准,一般为 3~5m,且不宜短于 3m。在小半径弯道为了渐变弯道,可使用较短的模板。横向连接摊铺需设置拉杆时应按设计要求的拉杆距离,在模板上预留拉杆插入孔。为了提高模板的架设稳固性,要求每米模板应设置 1 处支撑固定装置进行水平固定,见图 8-22。固定的作用主要是防止振捣机、三辊轴、振捣梁、滚杠振动和重力作用下向外水平位移。模板垂直度用垫木楔方法调整。模板底部的空隙,宜使用砂浆垫实或铺垫塑料薄膜,以防止振捣漏浆。立好的模板在浇筑混凝土之前,其表面应涂刷肥皂液、废机油等防黏剂,以便拆模。

(2)端头模板

横向施工缝端模板应为焊接钢制或槽钢模板,并按设计规定的传力杆直径和间距设置传力杆插入孔和定位套管。横向施工缝端头模板上的传力杆设置精确度要求较高,施工定位精确度不足时,传力杆将顶坏水泥路面。两边缘传力杆到自由边距离不宜小于 150mm。每米设置 1 个垂直固定孔套。工作缝端模侧立面见图 8-23。

(3)模板的数量

模板或轨模数量应根据施工进度和施工气温确定,并应满足拆模周期内周转需要。一般情况下,模板或轨模总量不宜少于 3~5d 摊铺的需要。

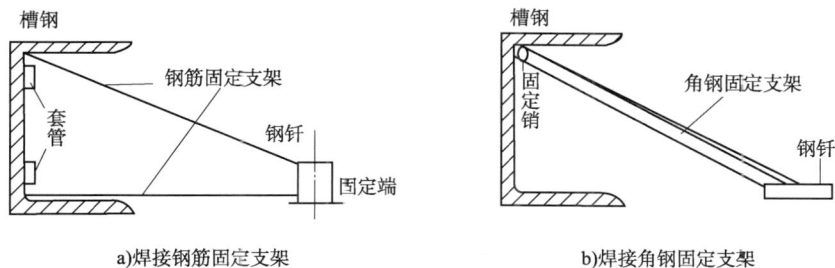

a)焊接钢筋固定支架　　　　　b)焊接角钢固定支架

图 8-22　（槽）钢模板焊接钢筋或角隅固定示意图

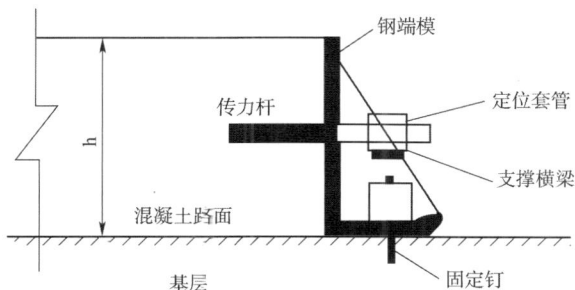

图 8-23　工作缝端模侧立面

（4）模板架设与安装

支模前在基层上应进行模板安装及摊铺位置的测量放样,每 20m 应设中心桩;每 100m 宜布设临时水准点;核对路面高程、面板分块、胀缝和构造物位置。测量放样的质量要求和允许偏差应符合相应测量规范的规定。纵横曲线路段应采用短模板。每块模板中点应安装在曲线切点上,以便较圆滑顺畅过渡曲线,并使混凝土用量最省。

模板安装检验合格后,与混凝土拌和物接触的表面应涂脱模剂、隔离剂或粘贴塑料薄膜;接头应粘贴胶带或塑料薄膜等密封。目的是便于拆模,且防止漏浆、跑料。

（5）模板拆除及矫正

当混凝土抗压强度不小于 8.0MPa 时方可拆模。适宜的拆模时间与施工时当地的昼夜平均气温和所用的水泥品种有关。气温高,水泥中掺加的混合材料少者,则拆模时间短;反之拆模时间长。要注意的是路面混凝土中掺加粉煤灰时,正常气温下,一般应延长 1~2d 拆模,低温条件下应延长 3~5d 拆模。

拆模不得损坏板边、板角和传力杆、拉杆周围的混凝土,也不得造成传力杆和拉杆松动或变形。模板拆卸宜使用专用拔楔工具,严禁使用大锤强击拆卸模板。主要目的是在拆模时,不得损伤或撬坏路面,同时不得敲打和损坏模板。拆下的模板应将黏附的砂浆清除干净,并矫正变形或局部损坏。不符合要求的模板应废弃,不得再使用。

2.摊铺、振实与整平

1）摊铺

混凝土拌和物摊铺前,应对模板的位置及支撑稳固情况,传力杆、拉杆的安设等进行全面检查。修复破损基层,并洒水润湿。用厚度标尺板全面检测板厚与设计值相符,方可开始摊铺。卸料时需专人指挥自卸车,尽量准确卸料。人工布料应用铁锹反扣,严禁抛掷和搂耙。人工摊铺混凝土拌和物的坍落度应控制在 5~20mm 之间,拌和物松铺系数 $k$ 宜控制在

1.10~1.25之间。料偏干,取较高值;反之,取较低值。松铺系数控制的实际目的是估计布料高度超出边缘模板多少是合适的,小型机具施工与其他定模摊铺的方式一样,均要求布料高度应高出边模一定高度,以便振捣梁和辊杠能够起到挤压、振动及密实饰面的作用。

2)振实

(1)插入式振捣棒振实

在待振横断面上,每车道路面应使用两根振捣棒,组成横向振捣棒组,沿横断面连续振捣密实,并应注意路面板底、内部和边角处不得欠振或漏振。振捣棒应轻插慢提,不得猛插快拔,严禁在拌和物中推行和拖拉振捣棒振捣。振捣时,应辅以人工补料,应随时检查振实效果、模板、拉杆、传力杆和钢筋网的移位、变形、松动、漏浆等情况,并及时纠正。

(2)振动板振实

在振捣棒已完成振实的部位,可开始振动板纵横交错两遍全面提浆振实,每车道路面应配备1块振动板。振动板须由两人提拉振捣和移位,不得自由放置或长时间持续振动。移位控制以振动板底部和边缘泛浆厚度(3±1)mm为限。缺料的部位,应辅以人工补料找平。

(3)振动梁振实

每车道路面宜使用1根振动梁。振动梁应具有足够刚度和质量,底部应焊接或安装深度4mm左右的粗集料压实齿,保证(4±1)mm的表面砂浆厚度。振动梁应垂直路面中线沿纵向拖行,往返2~3遍,使表面泛浆均匀平整。在振动梁拖振整平过程中,缺料处应使用混凝土拌和物填补,不得用纯砂浆填补;料多的部位应铲除。

3)整平饰面

整平包括滚杠提浆整平、抹面机压浆整平、精整饰面三道工序,此三道整平工序缺一不可。

(1)滚杠提浆整平

每车道路面应配备1根滚杠。振动梁振实后,应拖动滚杠往返2~3遍提浆整平。第一遍应短距离缓慢推滚或拖滚,以后应较长距离匀速拖滚,并将水泥浆始终赶在滚杠前方。多余水泥浆应铲除。

(2)压实整平

拖滚后的表面宜采用3m刮尺,纵横各1遍整平饰面,或采用叶片式或圆盘式抹面机往返2~3遍压实整平饰面。抹面机配备每车道路面不宜少于1台。

(3)精平饰面

在抹面机完成作业后,应进行清边整缝,清除黏浆,修补缺边、掉角。应使用抹刀将抹面机留下的痕迹抹平,当烈日曝晒或风大时,应加快表面的修整速度,或在防雨篷遮阴下进行。精平饰面后的面板表面应无抹面印痕,致密均匀,无露骨,平整度应达到规定要求。

**(四)接缝施工与养护**

1.纵缝施工

(1)纵向施工缝施工

企口纵缝在滑模或模板上很容易制作,采用滑模施工时,纵向施工缝的中间拉杆可用摊铺机自动拉杆装置插入;侧向拉杆可使用边缘装置插入。采用固定模板施工方式时,应在振实过程中,从侧模预留孔中插入拉杆。

（2）纵向缩缝

纵向缩缝可在摊铺过程中以专用的拉杆插入装置插入拉杆,并用切缝法施工假纵缝。

插入的侧向拉杆应牢固,不得松动、碰撞或拔出。若发现拉杆松脱或漏插,应在横向相邻路面摊铺前,钻孔重新置入。置入拉杆前,在钻好的孔中填入锚固剂,然后打入拉杆,保证锚固牢固。当发现拉杆可能被拔出时,宜进行拉杆拔出力(握裹力)检验。

2. 横缝施工

（1）设传力杆缩缝

在特重和重交通公路、收费广场,邻近胀缝或路面自由端的 3 条缩缝应采用假缝加传力杆型。传力杆设置方式有两种:一是用滑模摊铺机配备的传力杆自动插入装置(DBI)在摊铺时置入;二是使用前置钢筋支架法施工。后者传力杆设置精确度有保证,但设有布料机的情况下,影响摊铺速度,且投资增大。使用传力杆自动插入装置时,传力杆插入造成的上部破损缺陷应由振动搓平梁进行彻底修复。支架法的构造中的双 U 形钢筋支架与梯形钢筋支架有所不同。双 U 形钢筋支架是两侧可独立位移的脱离体;而梯形支架有跨越接缝的连接钢筋,使用中几条缩缝仅拉开一条较宽的缩缝,开口位移量较大的宽缝难于防水密封,但梯形支架节省钢筋,并便于加工安装。

钢筋支架应具有足够的刚度,传力杆应准确定位。摊铺之前应在基层表面放样,并用钢钎锚固,最好使用手持振捣棒振实传力杆高度以下的混凝土,然后机械摊铺。传力杆无防黏涂层一侧应焊接,有涂料一侧应绑扎。当采用的摊铺机装备有传力杆插入装置(DBI)法置入传力杆时,应在路侧缩缝切割位置作标记,保证切缝位于传力杆中部。

（2）胀缝施工

胀缝应采用前置钢筋支架法施工,也可采用预留一块面板,高温时再铺封。前置法施工,应预先加工、安装和固定胀缝钢筋支架,并在使用手持振捣棒振实胀缝板两侧的混凝土后再摊铺。胀缝板应连续贯通整个路面板宽度。胀缝施工的关键技术有两条:一是保证钢筋支架和胀缝板准确定位,使机械或人工摊铺时不产生推移、支架不弯曲、胀缝板不倾斜,要求支架和胀缝板较有力地固定。二是胀缝板上部软嵌入临时木条,胀缝板顶部会提前开裂,来不及硬切(双)缝,已经弯曲断开,缝宽不一致,很难处理。解决办法是临时软嵌入(20 ~ 25)mm ×20mm 的木条,保持均匀缝宽和边角完好性,直到填缝时剔除木条(施工车辆通行期间不剔除),再填入胀缝专用多孔橡胶条或其他填缝料。

（3）横向施工缝

每天摊铺结束或摊铺中断时间超过 30min 时,混凝土已经初凝、中断或结束摊铺应使用端头钢模板设横向施工缝。其位置宜与胀缝或缩缝重合,确有困难不能重合时,施工缝应采用设螺纹拉杆的企口缝形式。这样做的目的是在横向施工缝中不仅保证良好的荷载传递,而且拉成整体板。这种板中施工缝也会由于面板混凝土干缩形成微细裂缝,所以也需要切缝和灌缝。横向施工缝应与路中心线垂直。

3. 切缝

贫混凝土基层、各种混凝土面层、加铺层、桥面和搭板的纵、横向缩缝均应采用切缝法施工。

（1）横向缩缝切缝

水泥混凝土路面切缝,设备有软切缝机、普通切缝机、支架切缝机等;切缝方式有全部硬切缝、软硬结合切缝和全部软切缝三种。切缝方式的选用,应由施工期间该地区路面摊铺完毕到切缝时的昼夜温差确定。根据我国南北方各地的施工经验观察,给出了在当地日温差条件下适宜的切缝方法和深度。

对分幅摊铺的路面应在先摊铺的混凝土板横缩缝已断开的部位做标记,在后摊铺的路面上应对齐已断开的横缩缝提前软切缝。分幅横向连接摊铺纵缝有拉杆的水泥混凝土路面,对先铺路面已经断开的缩缝,由于拉杆会传递拉应变,导致后铺路面在硬切缝之前就断板了,应特别注意提前软切缝防止断板。

纵向带拉杆假缩缝及横向带传力杆缩缝的切缝应受到高度重视。采用滑模摊铺机和三辊轴机组一次摊铺两个车道不小于7.5m宽的路面,由于假纵缝和传力杆缩缝切缝深度过浅和切缝时间太迟,引起了一些拉杆和传力杆端部的纵向开裂现象,因此规定已设置拉杆的假纵缝和设有传力杆的缩缝,切缝深度不应小于(1/3～1/4)板厚,最浅不小于70mm;无传力杆缩缝的切缝深度应为(1/4～1/5)板厚,最浅不得小于60mm。最迟切缝时间不宜超过24h。

横向缩缝顶部应锯切槽口,深度宜为面层厚度的1/5～1/4,宽度宜为3～8mm,槽内应填塞填缝料。快速路的横向缩缝槽口宜增设深20mm,宽6～10mm的浅槽口,缝内设置可滑动的传力杆。

(2)施工纵缝处置

各级公路填方高度不小于10m的路段、软基路段、填挖方交界路段、桥面、桥头搭板部位的纵向施工缝在涂沥青的基础上,还应硬切缝后灌缝,这是对特殊路段的双重防水保护措施。其目的是要防止水从这些部位的纵缝渗到桥面、易沉降变形的高填方、桥头等基层中去。

(3)切纵缝

当一次铺筑宽度小于路面宽度时,应设置纵向施工缝;当一次铺筑宽度大于4.5m时,应设置纵向缩缝。纵向缩缝宜采用假缝形式,锯切的槽口深度应大于施工缝的槽口深度。当采用粒料基层时,槽口深度应为板厚的1/3;当采用半刚性基层时,槽口深度应为板厚的2/5。

(4)切缝宽度

纵向施工缝宜采用平缝形式,上部应锯切槽口,深度宜为30～40mm,宽度宜为3～8mm,槽内应灌塞填缝料。

切缝宽度应控制在4～6mm,锯片厚度不宜小于4mm,切缝时锯片晃度不应大于2mm。当切缝宽度小于6mm,可采用6～8mm厚锯片二次扩填缝槽或台阶锯片切缝,这有利于将填缝料形状系数控制在2左右。接缝断开后适宜的填缝槽宽度宜为7～10mm,最宽不宜大于10mm,填缝槽深度宜为25～30mm。这样,既保证了接缝不因嵌入较大粒径的坚硬石子而崩碎边角,又兼顾了填缝材料不致因拉应变过大而过早拉裂失去密封防水效果。施工中应注意区分切缝、断开缝与填缝槽的宽度与深度,见图8-24。

(5)变宽路段切缝

在变宽度路面上,宜先切缝划分板宽。匝道上的纵缝宜避开轮迹位置,横缝应垂直于每块面板的中心线。变宽度路面缩缝,允许切割成小转角的折线,相邻板的横向缩缝切口必须对齐,允许偏差不得大于5mm。在弯道加宽段、渐变段、平面交叉口和匝道进出口横向加宽或变宽路面上,横向缩缝切缝必须缝对缝,无法对齐时,可采用小转角折线缩缝。其原因是纵缝有拉杆传递拉开变形,将未对缝的面板拉断。若不对缝,又不允许拉断,变宽路面纵缝两侧应采用钢筋混凝土或配边缘补强钢筋。

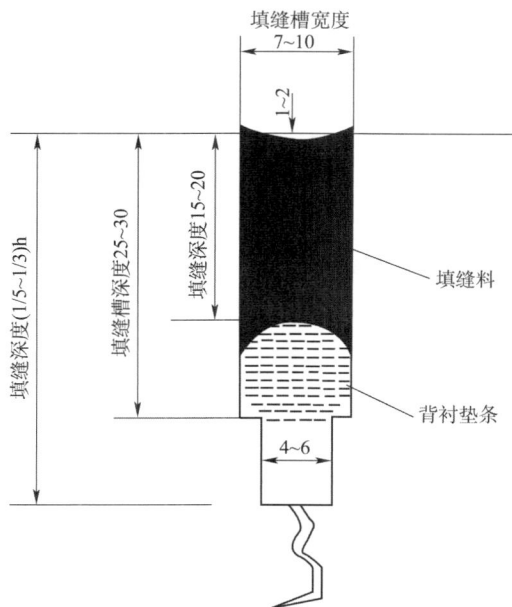

图 8-24　缩缝切缝、填缝(槽)、垫条细部尺寸(尺寸单位:mm)

4.灌缝

(1)灌缝技术要求

采用 0.50MPa 压力水流或压缩空气清除接缝中砂石杂物和清洗缝槽,确保缝壁及内部清洁、干燥。具体要求是缝壁检验以擦不出灰尘为灌缝标准。

使用常温聚氨酯和硅树脂等填缝料时,应按规定比例将两组分材料按 1h 灌缝量混拌均匀后使用;使用加热填缝料时应将填缝料加热至规定温度。加热过程中应将填缝料彻底融化,搅拌均匀,并保温使用。

灌缝深度宜为 15 ~ 20mm,最浅不得小于 15mm,见图 8-24。先挤压嵌入直径 9 ~ 12mm 多孔泡沫塑料背衬条,再灌缝。灌缝顶面高温天应与板面齐平;低温天应填为凹液面,中心低于板面 1 ~ 2mm。填缝必须饱满、均匀、厚度一致并连续贯通,填缝料不得缺失、开裂和渗水。高速公路、一级公路推荐使用树脂、橡胶和改性沥青类填缝材料;二、三级公路可用热灌沥青和胶泥类填缝材料。

常温施工式填缝料的养护期,低温天宜为 24h,高温天宜为 12h。加热施工式填缝料的养护期,低温天宜为 2h,高温天宜为 6h。在灌缝料养护期间应封闭交通,常温反应固化型及加热施工填缝料均需要封闭交通养护。

(2)胀缝填缝

路面胀缝和桥台隔离缝等应在填缝前,凿去接缝板顶部嵌入的木条,涂黏结剂后,嵌入胀缝专用多孔橡胶条或灌进适宜的填缝料。当胀缝的宽度不一致或有啃边、掉角等现象时,必须灌缝,不得嵌缝,因为只要有一侧边角破损时,是无法进行嵌缝的。

从胀缝很大的变形量来看,胀缝中的填缝料不宜使用各种密实型填缝材料,因为填料在夏季容易被挤出、带走或磨掉,而冬季则会收缩成槽,所以推荐上表面较厚、有重防护的多孔橡胶条。桥面伸缩缝应按伸缩缝厂商提供的配套填缝材料(一般为特种橡胶带)和要求填缝。

**5.抗滑构造施工**

(1)拉毛处理

人工修整表面时,宜使用木抹。用钢抹修整过的光面,必须再进行拉毛处理,以恢复细观抗滑构造。

(2)塑性拉槽

当工程量较小时,可使用人工拉槽施工。当工程量较大,施工速度较快时,宜采用拉毛机施工。即日施工进度超过500m,抗滑沟槽制作宜选用拉毛机械施工。没有拉毛机时,可采用人工拉槽方式。在混凝土表面泌水完毕20~30min内应及时进行拉槽。拉槽深度应为2~4mm,槽宽3~5mm,槽间距15~25mm,槽深基本均匀。

(3)硬刻槽

特重和重交通混凝土路面宜采用硬刻槽,凡使用圆盘、叶片式抹面机整平后的混凝土路面、钢纤维混凝土路面必须采用硬刻槽方式制作抗滑沟槽。可采用等间距刻槽,其几何尺寸同上;为降低噪声宜采用非等间距刻槽,尺寸宜为:槽深3~5mm,槽宽3mm,槽间距在12~24mm之间随机调整。对路面结冰地区,硬刻槽的形状宜使用上宽(6mm)下窄(3mm)的梯形槽。

硬刻槽机重量宜重不宜轻,一次刻槽最小宽度不应小于500mm,硬刻槽时不应掉边角,亦不得中途抬起或改变方向,并保证硬刻槽刻到面板边缘。抗压强度达到40%后可开始硬刻槽,并宜在两周内完成。硬刻槽后应随即冲洗干净路面,并恢复路面的养护。

(4)抗滑构造的恢复

新建路面或旧路面抗滑构造不满足要求时,可使用磨平后,再采用硬刻槽或喷砂打毛等方法加以恢复。

**6.混凝土路面养护**

混凝土路面铺筑完成或抗滑构造施工完毕后应立即开始养护。机械摊铺的各种混凝土路面、桥面及搭板宜采用喷洒养护剂同时保湿覆盖的方式养护。在雨天或养护用水充足的情况下,也可采用覆盖保湿膜、土工毡、土工布、麻袋、草袋、草帘等洒水保湿养护方式,不宜使用围水养护方式。

养生时间应根据混凝土弯拉强度增长情况而定,不宜小于设计弯拉强度的80%,应特别注重前7d的保湿(温)养护。一般养护天数宜为14~21d,高温天不宜少于14d,低温天不宜少于21d。掺粉煤灰的混凝土路面,最短养护时间不宜少于28d,低温天应适当延长。

混凝土板养护初期,严禁人、畜、车辆通行,在达到设计强度40%后,行人方可通行。在路面养护期间,平交道口应搭建临时便桥。面板达到设计弯拉强度后,方可开放交通。

不同路面摊铺方式混凝土坍落度及最大单位用水量见表8-23。混凝土满足耐久性要求最大水灰(胶)比和最小单位水泥用量见表8-24。

不同路面摊铺方式混凝土坍落度及最大单位用水量 表8-23

| 摊铺方式 | 轨道摊铺机摊铺 | | 三辊轴机组摊铺 | | 小型机具摊铺 | |
|---|---|---|---|---|---|---|
| 出机坍落度(mm) | 40~60 | | 30~50 | | 10~40 | |
| 摊铺坍落度(mm) | 20~40 | | 10~30 | | 0~20 | |
| 最大单位用水量(kg/m³) | 碎石 | 卵石 | 碎石 | 卵石 | 碎石 | 卵石 |
| | 156 | 153 | 153 | 148 | 150 | 145 |

混凝土满足耐久性要求时的最大水灰(胶)比和最小单位水泥用量　　表 8-24

| 公路技术等级 | | 高速公路、一级公路 | 二级公路 | 三、四级公路 |
|---|---|---|---|---|
| 最大水灰(胶)比 | | 0.44 | 0.46 | 0.48 |
| 抗冰冻要求最大水灰(胶)比 | | 0.42 | 0.44 | 0.46 |
| 抗盐冻要求最大水灰(胶)比 | | 0.40 | 0.42 | 0.44 |
| 最小单位水泥用量(kg/m³) | 42.5 级 | 300 | 300 | 290 |
| | 32.5 级 | 310 | 310 | 305 |
| 抗冰(盐)冻时最小单位水泥用量(kg/m³) | 42.5 级 | 320 | 320 | 315 |
| | 32.5 级 | 330 | 330 | 325 |
| 掺粉煤灰时最小单位水泥用量(kg/m³) | 42.5 级 | 260 | 260 | 255 |
| | 32.5 级 | 280 | 270 | 265 |
| 抗冰(盐)冻掺粉煤灰最小单位水泥用量(kg/m³) | 42.5 级 | 280 | 270 | 265 |

注:1. 掺粉煤灰,并有抗冰(盐)冻性要求时,不得使用 32.5 级水泥。

2. 水灰(胶)比计算以砂石料的自然风干状态计(砂含水量不大于 1.0%;石子含水率不大于 0.5%)。

3. 处在除冰盐、海风、酸雨或硫酸盐等腐蚀性环境中,或在大纵坡等加减速车道上的混凝土,最大水灰(胶)比可比表中数值降低 0.01 ~ 0.02。

## 五、其他混凝土路面与桥面铺筑

### (一)钢筋混凝土路面铺筑

#### 1. 钢筋网安装

钢筋网应采用预先架设安装方式。单层钢筋网的安装,在确保精度的条件下,可采用两次摊铺,中间摆设钢筋网的安装方式。

单层钢筋网的安装高度应在面板下 $(1/3 ~ 1/2)h$ 处,外侧钢筋中心至接缝或自由边的距离不宜小于 100mm,并应配置 4 ~ 6 个/m² 焊接支架或三角形架立钢筋支座,保证在拌和物堆压下钢筋网基本不下陷、不移位。单层钢筋网不得使用砂浆或混凝土垫块架立。

钢筋网的主受力钢筋应设置在弯拉应力最大的位置。单层钢筋网纵筋应安装在底部,双层钢筋网纵筋应分别安装在上层顶部、下层底部。双层钢筋网上、下层之间不应少于 4 个/m² 焊接支架或环形绑扎箍筋。双层钢筋网底部可采用焊接架立钢筋或用 30mm 厚的混凝土垫块支撑,数量不少于 4 ~ 6 个/m²。

双层钢筋网底部到基层表面应有不小于 30mm 的保护层,顶部离面板表面应有不小于 50mm 的耐磨保护层。

横向连接摊铺的钢筋混凝土路面之间的拉杆数量应比普通混凝土路面加密 1 倍。双车道整体摊铺的路面板钢筋网应整体连续,可不设纵缝。

采用滑模摊铺机、三辊轴机组摊铺时,钢筋混凝土路面可采用两次布料,以便在其中摆放间断钢筋网。连续配筋混凝土路面应采用钢筋网预设安装,整体一次布料。

#### 2. 布料要求

混凝土应卸在料斗或料箱内。再由机械从侧边运送到摊铺位置。钢筋网上的拌和物堆放不宜过分集中,应尽快摊铺均匀。坍落度相同时的布料松铺高度,宜比相应机械施工方式普通混凝土路面大 10mm 左右。

3. 钢筋混凝土路面摊铺作业

钢筋混凝土路面摊铺作业除应符合普通混凝土路面中相应铺筑方式有关规定外,尚应符合下列要求:

(1)摊铺坍落度

拌和物的坍落度可比相应铺筑方式普通混凝土路面大 10~20mm。钢筋网对振实有一定影响,为了保证振捣密实度而采取的减小稠度措施,坍落度小幅增大后,由于有钢筋网约束,即使没有模板的滑模摊铺,也不会发生塌边现象。

(2)振捣要求

振捣棒组横向间距宜比普通混凝土路面适当加密。采用插入振捣时,振捣棒组不应碰撞和扰动钢筋。插入振捣时不得拖行振捣棒组,应依次逐条分别振捣。振捣棒组应轻插慢提,不得猛插急提。振捣的核心问题是在保证振捣密实效果前提下,不使路表面遗留下易于收缩开裂的砂浆暗槽。

(3)延长振捣时间

滑模摊铺机摊铺钢筋混凝土路面时应适当增大振捣频率或减速摊铺。拌和物坍落度相同时,钢筋混凝土路面的振捣密实持续时间应比普通混凝土路面的规定时间延长 5~10s。

(4)防止摊铺中断

在一块钢筋网连续面板内,应防止摊铺中断,每块板内不应留施工缝,必须摊铺至横缝位置或钢筋网片的端部,方可停止。应加强对机械装备的维修保养,将故障率降到最低。连续配筋和钢筋混凝土路面应防止摊铺过程中断,否则将会造成冷接头位置产生宽度较大的裂缝。

(5)横向施工缝设置

摊铺被迫中断时,必须设置横向施工缝,纵向钢筋应保持连续穿过接缝;且接缝处应用长度不小于 2m 的纵向钢筋加密一倍,横向施工缝距最近横缝的距离不应小于 5m。这是施工中因不可抗拒因素中断摊铺时,不得不采取的加强配筋措施。

4. 切缝与防锈

设接缝的钢筋混凝土路面在摊铺面板时,每张钢筋网片边缘 100mm 须做标记,以便准确对位切纵、横缩缝。纵、横向接缝部位的传力杆、拉杆、钢筋网表面应涂防锈涂层或包裹防锈塑料套管。这是对切缝部位的钢筋采取的必要的防锈措施。切缝后的槽口,必须及时填缝。

## (二)钢筋混凝土桥面铺装

桥面水泥混凝土铺装(不含整平层和垫层)的厚度不宜小于 80mm,混凝土强度等级不应低于 C40,铺装面层内应配置钢筋网,钢筋直径不应小于 8mm,间距不宜大于 100mm。

1. 桥面和搭板钢筋网的加工、焊接和安装

桥面和搭板钢筋网的加工、焊接和安装的质量要求除应符合规范的各项要求外,尚应符合下列规定:

(1)所有桥梁、通道钢筋混凝土桥面铺装层均应在梁板混凝土顶面安装锚固架立钢筋,

再将钢筋网与锚固架立钢筋相焊接,锚固架立钢筋应有 4～8 根/m²。在梁端或支座部位剪应力较大处取大值,反之可取小值。桥面铺装层钢筋网应使用焊接网或预制冷轧带肋钢筋网,不宜使用绑扎钢筋网。

首先是要求将裸梁之间的后浇带钢筋横向连接成整体,其次是按桥梁剪应力分布和大小,加强层间抗剪钢筋的锚固。如果不设抗剪锚固钢筋,会造成铺装层与翼缘板脱离,形成两层独立结构,达不到规定要求。

(2)钢筋混凝土桥面极限最薄厚度不得小于 90mm。桥面铺装层钢筋网不得紧贴梁板顶面,也不得使用非锚固钢筋网支架和砂浆垫块。

(3)采用双层钢筋网一次铺装时,除底层钢筋网应与梁板锚固焊接外,上下层钢筋网亦应焊接。分双层铺装的钢筋混凝土桥面,防水找平层中应设置一层钢筋网,横向钢筋位于纵向钢筋之下,横向钢筋直径、数量和间距不宜小于纵向,并应与梁板锚固筋相焊接。上层钢筋网可不与下层钢筋网焊接,但应与锚固在找平层混凝土中的架立钢筋相焊接。这是两层之间的抗剪要求。

下层钢筋网应以主梁肋为横向支点,将荷载分担到主梁上,并增强横向刚度。因此,下层防水找平层钢筋网横向为主筋,纵向为次配筋。横向配筋宜强不宜弱,钢筋宜粗密不宜细疏,位置宜低不宜高。纵向钢筋除非加强受拉区,在正弯矩受压区,主要应由主梁承担拉应力,受压区增加纵向配筋不仅不必要,而且钢筋自重和压应变比混凝土大得多,有增大挠度的可能。

上层钢筋网的配筋目的是为了防止混凝土表面开裂,因此,上层钢筋网的纵横钢筋均宜细不宜粗,间距宜密不宜疏。

(4)桥面板应在梁端或负弯矩欲切缝部位,按设计要求使用接缝钢筋补强。桥面接缝补强钢筋的直径不宜小于 12mm;长度不宜短于 1.2m 或按负弯矩影响范围确定。梁端或负弯矩部位一定要切缝,此处需要增加接缝补强钢筋,对张开型缩缝进行补强,目的是限制接缝的张开位移量,保持接缝的长期使用性能,并减缓破损。

(5)桥面钢筋网应在整个桥面内纵、横方向连成整体。即使不能整体全宽铺装,也应将钢筋网焊接成全桥面宽度内整体连续,不得中断或切断纵、横钢筋网。这是保证钢筋混凝土桥面的整体受力、刚度和耐久性对桥面铺装提出的技术要求。

(6)双层钢筋混凝土搭板与过渡板,过渡板与路面应采用胀缝相连接。胀缝补强支架与钢筋网应焊接成整体,焊接点不应少于 4 个/m,或直接利用双层钢筋网,但钢筋数量不得少于胀缝支架钢筋。这样即可在双层钢筋混凝土搭板一侧取消胀缝支架,直接利用双层钢筋网,并增加箍筋,箍筋数量不得少于胀缝钢筋支架。

**2.桥面及搭板的机械铺装**

(1)铺装前的准备工作

高速公路、一级公路双层钢筋混凝土搭板与普通水泥路面相接时,应设置最短长度不小于 10m 的单层钢筋混凝土过渡板。

桥头搭板有双层钢筋混凝土平厚搭板,厚度一般为 300～450mm。设枕梁和加强肋梁的单层钢筋混凝土薄搭板,薄搭板厚度一般与路面相同,但其厚度不宜薄于上基层。枕梁和肋梁一般与上基层等深,但枕梁和加强肋均应按设计计算配置受力钢筋,搭板加枕(肋)梁总厚度一般为 450mm 左右。

桥面铺装层和搭板混凝土强度不应低于主梁翼缘板,路面混凝土抗压强度满足要求时,可直接采用,连续摊铺。不符合此要求时,应使用符合桥面要求的配合比。桥面与主梁在荷载作用下共同联合作用产生挠度时,桥面位于受压区最上缘,其拉、压应力最大,因此,当桥面混凝土强度等级低于主梁翼缘板时,桥面将首先被压碎或拉裂。用于桥面铺装的混凝土中不宜掺粉煤灰,但应掺高效减水剂,有抗冰(盐)冻要求时应掺引气(缓凝)高效减水剂。腐蚀环境下宜掺硅灰或磨细矿渣。

待铺装的裸梁表面应清洗干净,并具有足够的粗糙度;防水找平层的表面应进行凿毛或表面缓凝粗糙处理。

用滑模摊铺机连续铺装桥面前,应验算桥板、翼缘承载能力和桥梁挠度是否满足摊铺机上桥铺装作业的要求。大吨位摊铺机上桥铺装的挠度及下桥反弹量不宜大于 3mm。

桥梁护栏宜在滑模摊铺机铺装桥面后施工。履带行走或轨道架设在分幅桥梁中空部位、通信井口或裸梁板上时,应采用可靠加固保护措施,可将滑模摊铺机的履带延伸至另一幅桥面上行走。

滑模摊铺机履带上下桥的台阶部位应提前 2～3d 铺设混凝土坡道,长度不宜短于钢筋混凝土搭板。

桥面上的基准线桩可与桥梁上的锚固钢筋暂时焊接固定,间距不大于 10m。滑模连续铺装路面、搭板和桥面时,基准线应连接顺直,精确度应满足规定。

三辊轴机组或小型机具铺装桥面时,轨模或模板应采用特制的低矮(轨)模板。不能整幅铺装桥面时,接续摊铺一侧的模板宜使用半高型或中空型,以利钢筋穿过,不得用模板将钢筋网压贴到梁板上。搭板的模板可采用路面模板,高程不足时,可提前铺设混凝土底座。

(2)连续机械铺装

滑模摊铺机应缓慢、匀速、连续不间断地摊铺路面、胀缝、搭板、桥面,保证所铺装桥面混凝土的均匀密实、平整连续。设钢筋网的通道与涵洞顶面层的摊铺,应与相应钢筋混凝土路面相同。滑模摊铺机上、下桥面,应及时调整侧模高度,使边缘尽量少振动漏料。三辊轴机组铺装桥面时,与钢筋混凝土路面摊铺要求相同,宜采用间歇插入振捣。

钢筋混凝土桥面铺装层的铺装厚度应采取双控措施,厚度代表值应满足设计厚度,极限最薄厚度不应薄于设计厚度 20mm。

整体摊铺钢筋混凝土搭板(加枕梁或肋梁)的总厚度不得大于 400mm。厚度超过 400mm 时,必须先用人工浇筑、振实厚搭板、枕梁和加强肋梁,再摊铺搭板上部。

应精确放样桥台接缝和伸缩缝位置。铺装前宜在伸缩缝、桥台接缝底部设隔离层,应在桥台接缝处安装稳固的胀缝板。待桥面铺装后,剔除伸缩缝位置未硬化混凝土,然后按规定安装伸缩缝。用事先隔离、事后软剔除或硬凿除的方法施工桥梁伸缩缝和台背接缝。

浇筑伸缩缝的混凝土中应加入不少于体积掺量 0.8% 的钢纤维。伸缩缝部位钢纤维混凝土强度等级不宜低于 C40,应采用机械强制拌和,并掺加高效减水剂。

斜交桥涵异形混凝土板应全部在桥头搭板内调整。正交和斜交搭板最短边长不宜小于10m。搭板应切缝防开裂,纵、横向切缝距离不宜大于 6m。横缝位置应按搭板长短边均分,纵缝宜按路面板宽划分。桥涵与路面斜交时,应全部在双层钢筋混凝土搭板内解决斜交板问题,路面上不出现斜交异形面板。这样既方便路面摊铺,延长其使用寿命,又将斜交异形板置于配筋最强的双层钢筋混凝土搭板。因此,此处是整个线路面层中钢筋用量最大,补强最充分的部位。搭板的最短长度为10m,目的是为了在桥头沉降时减缓桥头跳车。桥头搭板纵横向最大边长不大于6m时,可不切缩缝;边长大于6m时,应切缝。斜交搭板应均分短边长达,在两边的中间点画线,并切缝、填缝。

支座和桥面负弯矩部位必须切缝,桥面横向缩缝应以支座或桥台为界,在每跨内均分缩缝间距,最大长度不宜大于6m,最短长度不宜小于4.5m;桥面除停车带外,纵缝宜按路面板宽划分。其目的是将连续配筋混凝土桥面的裂缝由任意裂缝转变为可控、可灌填的接缝,延长其使用寿命。桥面和搭板钢筋防锈及填缝要求与钢筋混凝土路面相同。

### (三)钢纤维混凝土路面和桥面铺筑

钢纤维混凝土路面的布料与摊铺除应满足滑模、轨道和三辊轴机组摊铺普通混凝土路面的规定外,所采用的各种布料机械与摊铺方式,应保证面板内钢纤维分布的均匀性及结构连续性,在一块板内不得中断浇筑和摊铺。

布料松铺高度应通过试铺确定。拌和物坍落度相同时,宜比相同机械施工方式的普通混凝土路面松铺高度高10mm左右。

钢纤维混凝土拌和物应与所选定的摊铺方式相适应,钢纤维混凝土拌和物宜使用坍落度较低的拌和物,不得使用钢纤维"结团"的拌和物。

所采用的振捣机械和振捣方式除应保证钢纤维混凝土密实性外,尚应保证钢纤维在混凝土中分布的均匀性。从钢纤维混凝土路面匀质性和抗裂性考虑,要求已振实的钢纤维混凝土面板中,不得遗留下振捣棒插振后局部无钢纤维的暗空洞、坑穴或沟槽。

除应满足各交通等级路面平整度要求外,从钢纤维混凝土路面运营安全性和可靠性考虑,规定钢纤维混凝土路面整平后的面板表面10~30mm深度内还应保证钢纤维不直立、不翘头,保证路面磨损后裸露的钢纤维不扎轮胎,以保证运营安全性。

采用滑模摊铺机铺筑钢纤维混凝土路面时,振捣棒组的振捣频率不宜低于10 000r/min,振捣棒组底缘应严格控制在面板表面位置,不得将振捣棒组插入路面钢纤维混凝土内部振捣。或在面板内拖行振捣,滑模摊铺机振捣棒底缘应严格控制在面板表面位置;三辊轴机组摊铺仅允许采用大功率平板式振捣器和振动梁振捣密实及整平。精平后的表面不得裸露钢纤维,也不应留浮浆。

采用三辊轴机组摊铺钢纤维混凝土路面时,不得将振捣棒组插入路面钢纤维混凝土内部振捣,也不得使用人工插捣。可采用大功率平板式振捣器振捣密实,再采用振动梁压实整平。

振动梁底面应设凸棱以利表层钢纤维和粗集料压入。然后用三辊轴整平机将表面滚压平整。再用3m以上刮尺、刮板或抹刀纵横向精平表面。

由于钢纤维混凝土的凝结时间短、硬化快,因此,钢纤维混凝土拌和物从出料到运输、铺筑完毕的允许最长时间不宜超过表8-25的规定。在浇筑和摊铺过程中,严禁因拌和物干涩而加水,但可用喷雾防止表面水分蒸发。钢纤维混凝土必须尽量加快施工速度,否则,会因凝结导致难以摊铺。

钢纤维混凝土拌和物从出料到运输、铺筑完毕允许最长时间 表 8-25

| 施工气温*（℃） | 到运输完毕允许最长时间（h） | | 到铺筑完毕允许最长时间（h） | |
|---|---|---|---|---|
| | 滑模、轨道 | 三辊轴机组 | 滑模、轨道 | 三辊轴机组 |
| 5～9 | 1.25 | 1.0 | 1.5 | 1.25 |
| 10～19 | 0.75 | 0.5 | 1.0 | 0.75 |
| 20～29 | 0.5 | 0.35 | 0.75 | 0.5 |
| 30～35 | 0.35 | 0.25 | 0.50 | 0.35 |

注：*指施工时间的日间平均气温，使用缓凝剂延长凝结时间后，本表数值可增加 0.20～0.35h。

钢纤维混凝土路面抗滑构造的制作必须使用硬刻槽方式，不得使用粗麻袋、刷子和扫帚制作细观抗滑构造。这是保证抗滑构造施工不对表面造成损伤及钢纤维拖出所采取的措施。

钢纤维混凝土路面的板长，即缩缝切缝间距宜在 6～10m 之间，最大面板尺寸不宜超过 8m×12m。钢纤维掺量较大，可用大值；掺量较小，取小值。面板长宽比应符合设计要求。钢纤维路面应先试切缝，在钢纤维不刮坏边缘时，才允许开始切缝。

## 第四节 砌块路面施工

### 一、概述

用块状石料或混凝土预制块等块状材料铺筑的路面称为砌块路面。砌块种类包括：天然石材、水泥混凝土预制砌块、地面砖、装饰用建筑砖和其他砌块材料。砌块路面的主要优点是坚固耐久、清洁少尘，养护修理方便。由于这种路面易于翻修，因而特别适用于土基不够稳定的桥头高填土路段、铁路交叉口以及有地下管线的城镇道路上。又由于它的粗糙度较好，故可在山区急弯、陡坡路段上采用，以提高抗滑能力。

块料路面的主要缺点是用手工铺筑，难以实现机械化施工，块料之间容易出现松动，铺筑进度慢，建筑费用高。块料路面的构造特点是必须设置整平层，块料之间还需用填缝料嵌填，使块料满足强度和稳定性的要求。

整平层是用来垫平基础表面及块石底面，以保持块石顶面平整及缓和车辆行驶时的冲击、振动作用。整平层的厚度，视路面等级、块料规格、基层材料性质而异，一般路面整平层厚度为 2～3cm。整平层材料一般采用级配良好、清洁的粗砂或中砂，它具有施工简便、成本低的优点，但稳定性较差。有时采用煤渣或石屑以及水泥砂或沥青砂作整平层。

砌块路面的填缝料，主要用来填充块料间缝隙，嵌紧块料，加强路面的整体性，并起着保护块料边角与防止路面水下渗的作用。一般采用砂作填缝料，但有时应用水泥砂浆或沥青玛蹄脂。水泥砂浆具有良好防水和保护块料边角的作用，但翻修困难。有时每隔 15～20m 还需设置胀缩缝。

### 二、天然砌块路面

由石料经修琢成块状材料而铺筑的路面称天然砌块路面。

天然砌块路面的整齐石块和条石，宜采用 I 级石料，其形状近似正方体或长方体，顶面与底面大致平行,底面积不小于顶面积的75%。半整齐石块路面用坚硬石料经修琢成立方体(俗称"方石"或"方头弹街石")或长方体(俗称"条石"),石料品质应符合Ⅰ~Ⅱ级标准,要求顶底两面大致平行(如图8-25所示)。不整齐石块路面(即拳石路面和片弹街路面)是天然石料经过粗琢以后铺成,符合Ⅰ~Ⅲ级标准的石料皆能用。

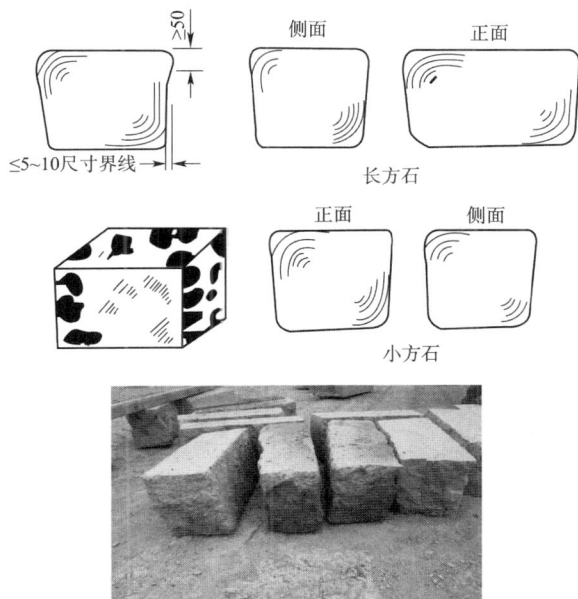

图8-25　条石及小方石形状图(尺寸单位:mm)

各类块石参考尺寸与类别见表8-26。

块石参考尺寸与类别　　　　　　表8-26

| 类 别 名 称 | | 高度(m) | 长度(cm) | 宽度(cm) |
|---|---|---|---|---|
| 整齐石块 | 大型花岗岩块石 | 25 | 100 | 50 |
| | 大方石块 | 12~15 | 30 | 30 |
| | 小方(条)石 | 25(12) | 12(25) | 12 |
| 半整齐石块 | 矮条石 | 9~10 | 15~30 | 12~15 |
| | 中条石 | 11~13 | 15~30 | 12~15 |
| | 高条石 | 14~16 | 15~30 | 12~15 |
| | 矮方石 | 8~9 | 7~10 | 7~10 |
| | 高方石 | 9~10 | 8~11 | 8~11 |
| | 方头弹街石 | 10~13 或11~13 | 8.10 或9.5~10.5 | 6.8 或9.5~10.5 |
| 类 别 名 称 | | 高度(m) | 顶部直径(cm) | |
| 不整产石块 | 矮的 | 12~14 | 10~16 | |
| | 中的 | 15~16 | 12~18 | |
| | 高的 | 20~22 | 12~20 | |
| | 特高的 | 22.25 | 12~25 | |
| | 弹街石 | 10~13 | 10~13(长)×5~8(宽) | |

拳石和粗琢块石路面可直接铺砌在厚 10～20cm 的砂或炉渣层上,也可用碎砖、碎石、级配砾石作基层。

条石、小方石路面,根据需要可铺设在贫水泥混凝土、碎石或稳定土基层上。

整齐石块和条石路面,要求有质量较高的基层和整平层,一般基层采用 C20 水泥混凝土,整平层为 M10 水泥砂混合物。天然砌块路面构造示意如图 8-26 所示。

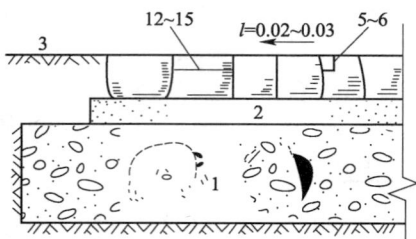

图 8-26　天然块料路面横断面示意图(尺寸单位:cm)

1-级配砾石(厚 15～25cm)或水泥混凝土(C15)

(厚 16cm);2-砂或水泥砂混合物;3-路肩

天然砌块路面的施工方法如下:

1. 拳石和粗琢块石路面

在已修建好的基层上,铺砌拳石与粗琢块石路面的施工过程,大致可分为摊铺整平层、排砌块石及嵌缝压实等工序。

(1)摊铺整平层

在基层上按规定厚度及压实系数,均匀摊铺具有最佳湿度的砂或煤渣,用轻型压路机略加滚压。摊铺应与排砌进度配合,一般应保持在石块铺砌工作前 8～10m 为宜。

(2)排砌块石

排砌块石前应先根据道路中线、边线及路形状,设置纵、横向间距分别为 1～1.5m 与 1～2.5m 的方格块石铺砌带(即先铺纵向路缘石及横向导石)。

排砌工作在路面全宽上进行。较大块石先铺在路边缘上,然后用适当尺寸的块石排砌中间段落。边部纵向排砌进度应超出中间部分 5～10m,排砌的块石应小头向下,垂直嵌入整平层一定深度,块石相互之间必须嵌紧、错缝、表面平整,且石料长边应与行车方向垂直。在陡坡和弯道超高路段,应由低处向高处铺砌。

铺砌石块的方法,有逆铺法("从砂上"铺砌)与顺铺法("从石上"铺砌)两种。顺铺法是工人站在已砌好的块石路面上,面向整平层边砌边进,此法较难保证路面纵、横坡度和平整度的质量要求,且取石料不方便,但便于使块石相靠紧密和保持砂整平层平整。逆铺法是工人站在整平层上,面向已铺好的路面边砌边退,其优点是操作中能看到已铺好的路段,从而易于保证路面质量。

(3)嵌缝压实

块石铺砌完成后,可用废石渣及土加固路肩,并予以夯实,再进行路面夯打,并铺撒 5～15mm 石屑嵌缝,然后用压路机压实,直至稳定无显著变形为止。

2. 条石及小方石路面

条石和小方石路面施工过程大体与拳石相似,但排砌与填缝工作有所不同。

铺砌条石路面时,在整平层上先沿路边纵向排 2～3 行块石(长边与路中线平行)。条石的铺砌方法有横向排列、纵向排列及斜向排列(图 8-27)三种。

采用横向排列时,应在垂直路线方向每隔 1.5～2m 拉好横向导线,以保证横缝平直。一般同一排的条石应具有同等宽度,条石与条石之间纵缝相错长度在条石长边的 1/3～1/2 范围之内。因此,每隔一排的靠边石块,应用半块条石镶砌。

采用 45° 的斜向排砌法,可以减轻行车对块石的磨圆程度,但边部一行斜向排列块石需加工成梯形,费工多,因而国内采用较少。

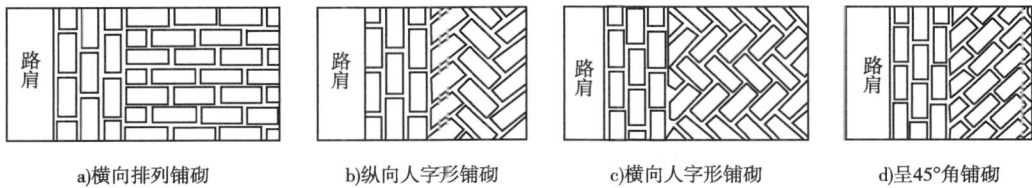

| a)横向排列铺砌 | b)纵向人字形铺砌 | c)横向人字形铺砌 | d)呈45°角铺砌 |

图 8-27　条石铺砌的平面形式

铺砌小方石路面,除一般的横向排列法外,也有以弧形或扇形的嵌花式来铺砌的(图8-28)。但这种方法更加费工,仅用于铺砌具有高度艺术要求的道路和广场,以及坡度较大的桥头引道。

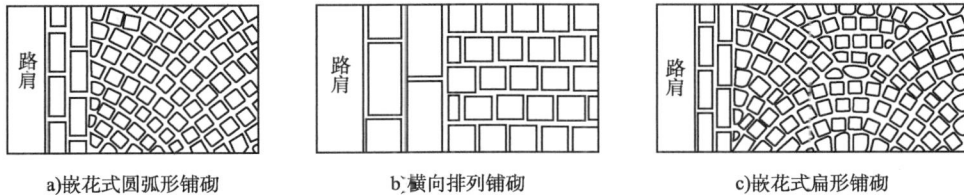

| a)嵌花式圆弧形铺砌 | b)横向排列铺砌 | c)嵌花式扇形铺砌 |

图 8-28　小方石铺砌的平面形式

嵌花式铺砌需用特制的样板在路面的全宽上进行,并应注意较大块石用于弧形的顶部,较小的用于边部。圆弧或扇形应凸向行车方向和上坡方向,以抵抗车轮的水平力。

块石铺好并经用路拱板检验合格后,即用填缝料填缝,填缝深度应与块石厚度相同,然后加以夯打或碾压,达到坚实稳定为止。如需要,可用水泥砂混合物或沥青玛蹄脂填缝隙上部 1/3 深度,而下部 2/3 深度应以砂填缝。当用水泥砂混合料填缝时,每隔 15 ~ 20m 需设伸缩缝,且需洒水保湿养护 7d 左右,方可开放交通。

### 三、机制砌块路面

由预制的混凝土小块铺筑的路面称机制砌块路面。

预制块料可以采用不同的形状及不同颜色,以使路面更加美观。

预制砌块路面的厚度可取 8 ~ 20cm。块料平面尺寸可用(15 ~ 30cm) × (12 ~ 15cm)的矩形块,也可用 15 ~ 30cm 的六角形块,目前联锁式混凝土砌块路面也已广泛使用。根据基层材料类型的不同,有如图 8-29 所示的典型结构,可供工程参考使用。

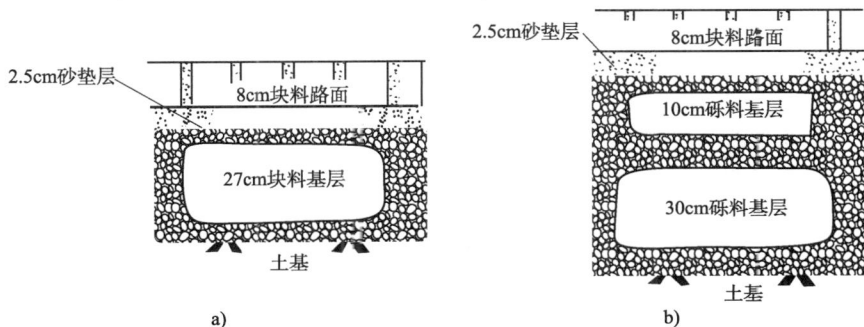

图　8-29

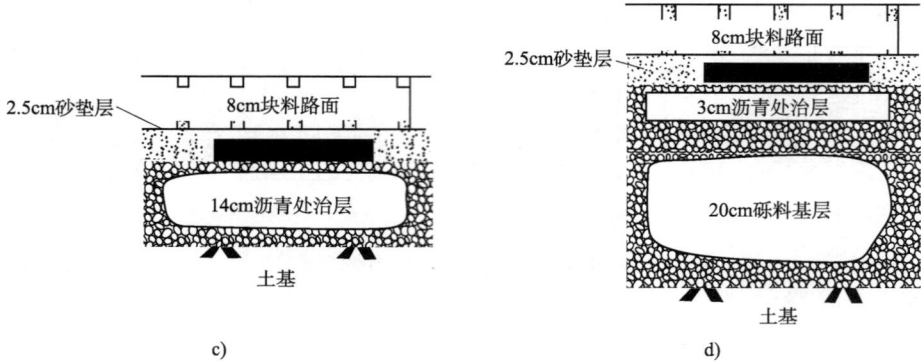

图 8-29　机制块料路面典型结构

机制砌块路面的受力机理、施工与天然块料基本一致,但其能实现工厂化制块,且路面平整度较易保证。

## 复习思考题

1. 城镇道路的路面基层及其施工方法有哪些?

2. 何为半刚性基层? 常用的种类有哪些?

3. 试述水泥稳定基层的强度机理、材料要求及施工方法。

4. 试述石灰稳定基层的强度机理、材料要求及施工方法。

5. 试述石灰工业废渣稳定基层的材料要求及施工方法。

6. 简述路面基层试验路段铺筑的基本要求。

7. 简述沥青混合料面层材料的基本要求。

8. 如何进行沥青的储存、运输与加热?

9. 如何进行沥青混合料的拌和?

10. 简述常用的沥青混合料摊铺设备及铺筑方法。

11. 简述层铺法沥青路面面层的施工方法及质量控制。

12. 简述热拌沥青混合料面层的施工方法及质量控制。

13. 简述冷拌沥青混合料路面的施工方法及质量控制。

14. 何为透层、黏层? 其作用是什么?

15. 简述水泥混凝土路面的构造及基本要求。

16. 简述水泥混凝土路面对材料组成的要求。

17. 简述水泥混凝土路面的施工方法及质量要求。

18. 何为砌石路面? 其优缺点是什么?

19. 简述砌石路面的材料要求。

20. 简述砌块路面的施工方法及质量控制要求。

# 第九章 城镇道路排水工程施工

🔑 学习目标

1. 了解排水工程的作用；
2. 熟悉排水系统的体制和构成；
3. 掌握排水管道的构造；
4. 熟悉排水管道系统上的附属构造物；
5. 熟悉排水管道工程图的识读；
6. 掌握排水管道工程开槽施工的施工方法；
7. 了解排水管道不开槽施工的方法。

🔑 本章重点和难点

1. 排水管道系统的体制和组成；
2. 排水管道工程开槽施工人工降水的方法；
3. 开槽施工排水管道的接口及严密性检验；
4. 开槽施工沟槽支固的要求及支固方法；
5. 排水管道工程图识读。

## 第一节 概 述

一、排水工程的作用

在城市，从居住区、公共建筑和工业企业中，不断地排出各种各样的生活污水和工业废水。随着城市居民生活水平的不断提高和工业企业的飞速发展，污水量日益增多，其污染成分也日趋复杂，如不加控制任其随意排放，大量有毒有害的物质就会随着污水排放到环境中，造成环境污染。同时，雨水和冰雪融化水如不及时排除，将会积水为害，妨碍交通，甚至危及城市居民的生命财产安全和日常生活。因此，现代化的城市就需要建设一整套的工程设施来收集、输送、处理和利用污水，此工程设施就称为排水工程。

排水工程具有以下几方面的作用：

（1）兴建完善的排水工程,将城市污水收集输送到污水处理厂经处理后再排放,可以起到改善和保护环境,消除污水危害的作用。

（2）保护环境是社会主义市场经济建设的先决条件,排水工程在我国经济建设中具有非常重要的作用。

（3）消除了污水危害,对预防和控制各种传染病和"公害病",保障人民健康和造福子孙后代具有深远意义。

（4）污水经处理后可回用于城市,这是节约用水和解决水资源短缺的重要手段。

排水工程的建议,在我国有悠久的历史,随着社会主义市场经济的飞速发展和经济体制的不断完善,排水工程的建设将出现一个新的飞跃。

## 二、排水系统的体制和组成

### (一)排水系统的体制

排水系统是指收集、输送、处理、利用污水和雨水的工程设施以一定的方式组合而成的整体。城市污水是城市中排放的各种污水和废水的统称,通常包括综合生活污水、工业废水和径流的雨水。城市污水一般都由市政排水管理进行收集和输送,在一个地区内收集和输送城市污水的方式称为排水制度(也称排水体制),它有合流制和分流制两种基本形式。

1. 合流制

合流制是指用同一管渠系统收集和输送城市污水的排水方式。根据污水汇集后处置方式的不同,可把合流制分为以下三种情况:

（1）直排式合流制

如图9-1所示,管道系统就近坡向水体布置,管道中混合的污水未经处理就直接排入受纳水体,我国许多老城市的旧城区大多采用这种排水体制。这是因为以前工业尚不发达,城市人口不多,生活污水和工业废水量不大,直接排入水体后对环境造成的污染还不明显。但随着城市和工业的发展,人们生活水平的不断提高,污水量不断增加且水质日趋复杂,造成的污染将日益严重。因此这种方式目前不宜采用。

（2）截流式合流制

如图9-2所示,在沿河岸边铺设一条截流干管,同时在截流干管和合流干管交汇处的适当位置上设置溢流井,并在截流干管的下游设置污水处理厂,它是直排式发展的结果。

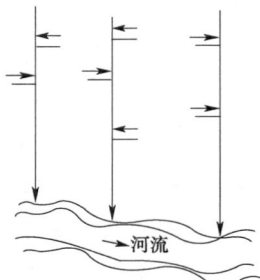

图9-1　直排式合流制

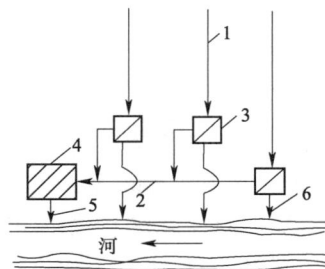

图9-2　截流式合流制
1-合流干管;2-截流干管;3-溢流井;
4-污水厂;5-出水口;6-溢流出水口

晴天时,管道中只输送旱流污水,并将其在污水处理厂中进行处理后再排放,雨天时降雨初晴,旱流污水和初降雨水被输送到污水处理厂经处理后排放,随着降雨量的不断增大,生活污水、工业废水和雨水的混合液也在不断增加,当该混合液的流量超过截流干管的截流能力后,多余混合液就经溢流井溢流排放。该溢流排放的混合污水同样会对受纳水体造成污染(有时污染更甚),因此只有在下述情况下才考虑采用截流式合流制:

①排水区域内有一处或多处水源充沛的水体,其流量和流速都足够大,一定量的混合污水排入后对水体造成的污染危害程度在允许的范围内;

②街道建设比较完善,必须采用暗管(渠)排除雨水,而街道横断面又比较窄,管渠的设置受到限制;

③地面有一定的坡度倾向水体,当水体高水位时岸边不被淹没,污水在中途不需要泵汲。

(3)完全合流制

将污水和雨水合流于一条管渠内,全部送往污水处理厂进行处理后再排放。此时,污水处理厂的设计负荷大,要容纳降雨的全部径流量,这就给污水厂的运行管理带来很大的困难,其水量和水质的经常变化也不利于污水的生物处理;同时,处理构筑物过大,平时也很难全部发挥作用,造成一定程度的浪费,工程中很少采用。

2.分流制

指用不同管渠分别收集和输送各种城市污水的排水方式。排除综合生活污水和工业废水的管渠系统称为污水排水系统;排除雨水的管渠系统称为雨水排水系统。根据排除雨水方式的不同,分流制分为以下两种情况:

(1)完全分流制

完全分流制是将城市的综合生活污水和工业废水用一条管道排除,而雨水用另一条管道来排除的排水方式,如图9-3所示。完全分流制中有一条完整的污水管道系统和一条完整的雨水管道系统。这样可将城市的综合生活污水和工业废水送至污水厂进行处理,克服了完全合流制的缺点,同时减小了污水管道的管径。但完全分流制的管道总长度大,且雨水管道只在雨季才发挥作用,因此完全分流制造价高,初期投资大。

(2)不完全分流制

受经济条件的限制,在城市中只建设完整的污水排水系统,不建雨水排水系统,雨水沿道路边沟排除,或为了补充原有渠道系统输水能力的不足只建一部分雨水管道,待城市发展后再将其改造成完全分流制,如图9-4所示。

在进行城市排水系统的规划时,要妥善处理好工业废水能否直接排入城市排水系统与城市综合生活污水一并排除和处理的问题。

①当工业企业位于市内或近郊时,如果工业废水的水质符合《污水排入城市下水道水质标准》(CJ 343—2010)和《污水综合排放标准》(GB 8978—1996)的规定,具体而言就是工业废水不阻塞、不损坏排水管渠,不产生易燃、易爆和有害气体,不传播致病病菌和病原体,不危害养护工作人员,不妨碍污水的生物处理和污泥的厌氧消化,不影响处理后的出水和污泥的排放利用,就可直接排入城市下水道与城市综合生活污水一并排除和处理。如果工业废水的水质不符合上述两标准的规定,就应在工业企业内部进行预处理,处理到其水质符合上

述两标准的规定时,才可排入城市水道与城市综合生活污水一并排除和处理。

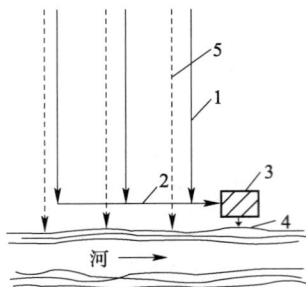

图9-3  完全分流制

1-污水干管;2-污水主干管;

3-污水厂;4-出水口;5-雨水干管

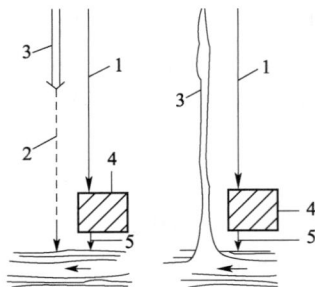

图9-4  不完全分流制

1-污水管道;2-雨水管渠;3-原

有渠道;4-污水厂;5-出水口

②当工业企业位于城市远郊时,符合上述两标准的工业废水,是直接排入城市下水道与城市综合生活污水一并排除和处理还是单独设置排水系统,应通过技术经济比较确定。不符合上述两标准规定的工业废水,应在工业企业内部进行预处理,处理到其水质符合上述两标准的规定时,再通过技术经济比较确定其排除方式。

排水体制的选择,应根据城市和工业企业规划、当地降雨情况、排放标准、原有排水设施、污水处理和利用情况、地形和水体等条件,在满足环境保护要求的前提下,通过技术经济比较,综合考虑确定。一般情况下,新建的城市和城市的新建区宜采用分流制和不完全分流制;老城区的合流制宜改造成截流式合流制;在干旱和少雨地区也可采用完全合流制。

**(二)排水系统的组成**

排水系统通常由排水管道系统和污水处理系统组成。

排水管道系统的作用是收集、输送污(废)水,由管渠、检查井、泵站等设施组成。在分流制排水系统中包括污水管道系统和雨水管道系统;在合流制排水系统中只有合流制管道系统。

污水管道系统是收集、输送综合生活污水和工业废水的管道及附属构建物;雨水管道系统是收集、输送、排放雨水的管道及其附属构建物;合流制管道系统是收集、输送综合生活污水、工业废水合雨水的管道及其附属构建物。

污水处理系统的作用是对污水进行处理和利用,包括各种水处理构筑物,本教材不作介绍。

**1.污水管道系统的组成**

城市污水管道系统包括小区污水管道系统和市政污水管道系统两部分。

小区污水管道系统主要是收集小区内各建筑物排除的污水,并将其输送到市政污水管道系统中。一般由接户管、小区支管、小区干管、小区主干管和检查井、泵站等附属构建筑物组成,如图9-5所示,与控制井相连的管道为小区主干管,与小区主干管相连的管道为小区干管,其余管道为小区支管。

接户管承接某一建筑物出户管排出的污水,并将其输送到小区支管;小区支管承接若干接户管的污水,并将其输送到小区干管;小区干管承接若干个小区支管的污水,并将其输送到小区主干管;小区主干管承接若干个小区干管的污水,并将其输送到市政污水管道系统中。市政污水管道系统主要承接城市内各小区的污水,并将其输送到污水处理系统,经处理后再排放利用。一般由支管、干管、主干管和检查井、泵站、出水口及事故排出口等附属构筑物组成,如图9-6所示。

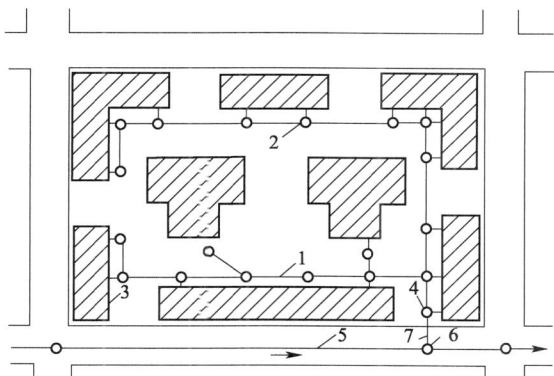

图9-5　小区污水管道系统

1-小区污水管;2-检查井;3-接户管;4-控制井;5-市政污水管;6-市政污水检查井;7-连接管

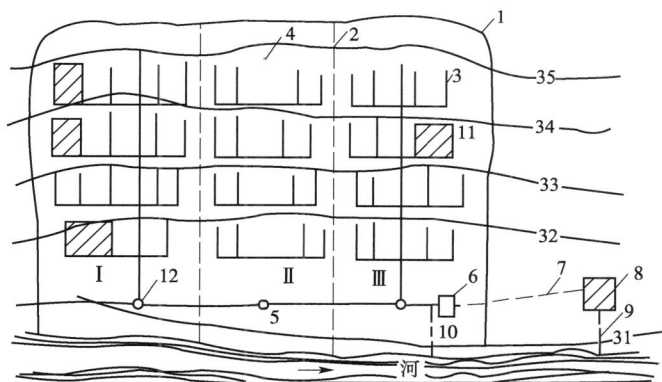

图9-6　市政污水管道系统

1-城市边界;2-排水流域分界线;3-支管;4-干管;5-主干管;6-总泵站;7-压力管道;8-城市污水厂;9-出水口;10-事故排出口;11-工厂;12-检查井;Ⅰ、Ⅱ、Ⅲ-排水流域

支管承接若干小区主干管的污水,并将其输送到干管中;干管承接若干支管中的污水,并将其输送到主干管中;主干管承接若干干管中的污水,并将其输送到城市污水处理厂进行处理。

**2.雨水管道系统的组成**

降落在屋面上的雨水由天沟和雨水斗收集,通过落水管输送到地面,与降落在地面上的雨水一起形成地表径流,然后通过雨水口收集,流入小区的雨水管道系统,经过小区的雨水管道系统流入市政雨水管道系统,然后通过出水口排放。因此雨水管道系统包括小区雨水管道系统和市政雨水管道系统两部分,如图9-7所示。

小区雨水管道系统是收集、输送小区地表径流的管道及其附属构筑物,包括雨水口、市政雨水管道系统是收集小区和城镇道路路面上的地表径流的管道及其附属构筑物。包括雨水支管、雨水干管、雨水口、检查井、雨水泵站、出水口等附属构筑物。

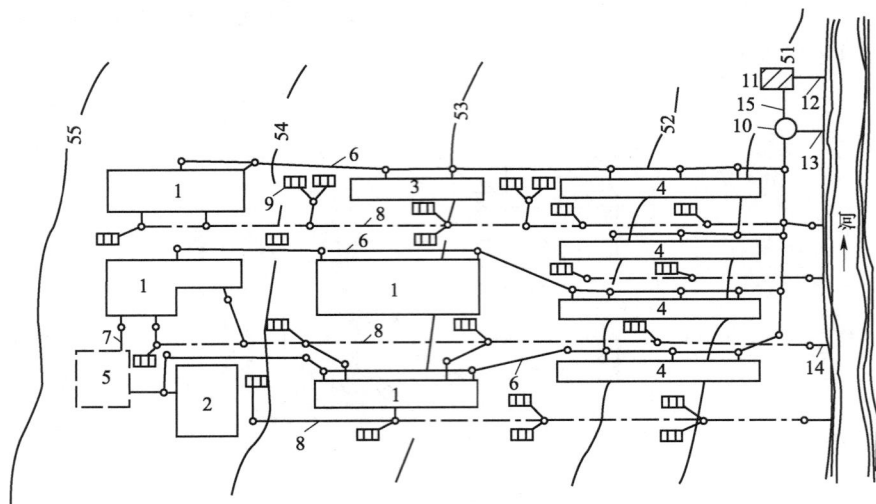

图9-7 雨水管道系统

1~5-建筑物;6-生活污水管道;7-生产污水管道;8-生产废水与雨水管道;9-雨水口;10-污水泵站;11-废水处理站;12-出水口;13-事故排出口;14-雨水出水口;15-压力管道小区雨水支管、小区雨水干管、雨水检查井等

雨水支管承接若干小区雨水干管中的雨水和所在道路的地表径流,并将其输送到雨水干管;雨水干管承接若干雨水支管中的雨水和所在道路的地表径流,并将其就近排放。

3．合流制管道系统

合流管道系统是收集输送城市综合生活污水、工业废水和雨水的管道及其附属构筑物,包括小区合流管道系统和市政合流管道系统两部分,由污水管道系统和雨水口构成。雨水经雨水口进入合流管道,与污水混合后一同经市政合流支管、合流干管、截流主干管进入污水处理厂,或通过溢流井溢流排放。

## 第二节 排水管道系统的布置及构造

一、排水管道系统的布置形式

**(一)布置原则和要求**

排水管道系统布置时应遵循的原则是:尽可能在管线较短和埋深较小的情况下,让最大区域的污水能自流排出。

管道布置时,一般按主干管、干管、支管的顺序进行。其方法是首先确定污水厂或出水口的位置,然后再依次确定主干管、干管和支管的位置。

污水厂一般布置在城市夏季主导风向的下风向、城市水体的下游、并与城市或农村居民点至少有 500m 以上的卫生防护距离。污水主干管一般布置在排水流域内较低的地带,沿集水线敷设,以便干管的污水能自流接入。污水干管一般沿城市的主要道路布置,通常敷设在污水量较大、地下管线较少一侧的道路下。污水支管一般布置在城市的次要道路下。当小区污水通过小区主干管集中排出时,应敷设在小区较低处的道路下;当小区面积较大且地形平坦时,应敷设在小区四周的道路下。

雨水管道应尽量利用自然地形坡度,以最短的距离靠重力流将雨水排入附近的受纳水体中。当地形坡度大时,雨水干管宜布置在地形低处的主要道路下;当地形平坦时,雨水干管宜布置在排水流域中间的主要道路下,雨水支管一般沿城市的次要道路敷设。

排水管道应尽量布置在人行道、绿化带或慢车道下。当道路红线宽度大于 50m 时,应双侧布置,这样可减少过街管道,便于施工和养护管理。

为了保证排水管道在敷设和检修时互不影响、管道损坏时不影响附近建(构)筑物、不污染生活饮用水,排水管道与其他管线和建(构)筑物间还应有一定的水平距离和垂直距离。

### (二)布置形式

在城市中,市政排水管道系统的平面布置,应根据城市地形、城市规划、污水厂位置、河流位置及水流情况、污水种类和污染程度等因素确定。在这些影响因素中,地形是最关键的因素,按城市地形考虑可有以下六种布置形式,如图9-8所示。

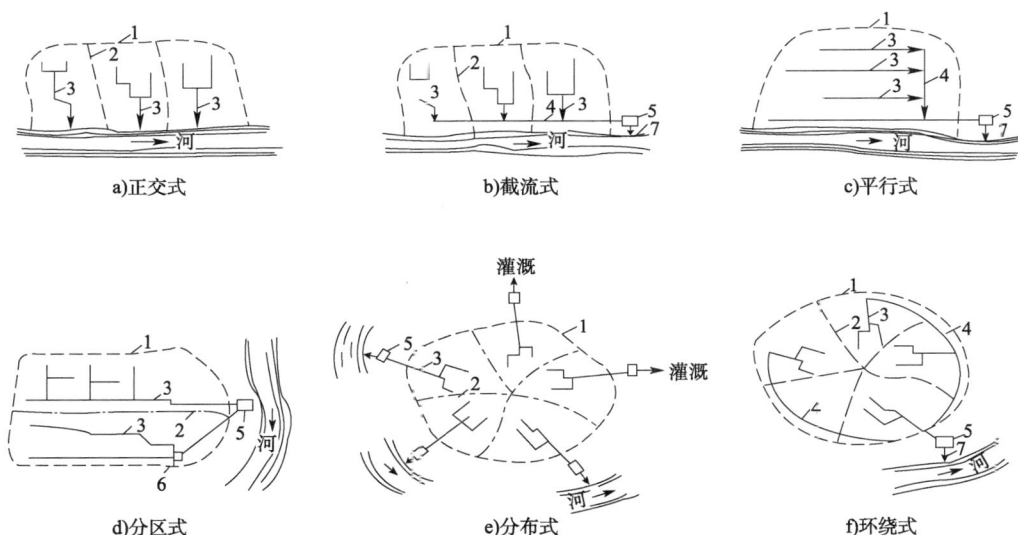

a)正交式　　　　　b)截流式　　　　　c)平行式

d)分区式　　　　　e)分布式　　　　　f)环绕式

图9-8　排水管道系统的布置形式

1-城市边界;2-排水流域分界线;3-干管;4-主干管;5-污水厂;6-污水泵站;7-出水口

(1)在地势向水体适当倾斜的地区,可采用正交式布置,使各排水流域的干管与水体垂直相交,这样可使干管的长度短、管径小、排水迅速、造价低。但污水未经处理就直接排放,容易造成受纳水体的污染。因此正交式布置仅适用于雨水管道系统。

(2)在正交式布置的基础上,若沿水体岸边敷设主干管,将各流域干管的污水截流送至污水厂,就形成了截流式布置。截流式布置减轻了水体的污染,保护和改善了环境,适用于分流制中的污水管道系统。

(3)在地势向水体有较大倾斜的地区,可采用平行式布置,使排水流域的干管与水体或等高线基本平行,主干管与水体或等高线成一定斜角敷设。这样可避免干管坡度和管内水流速度过大,使干管受到严重的冲刷。

(4)在地势高差相差很大的地区,可采用分区式布置。即在高地区和低地区分别敷设独立的管道系统,高地区的污水靠重力直接流入污水厂,而低地区的污水则靠泵站提升至高地区的污水厂。也可将污水厂建在低处,低地区的污水靠重力直接流入污水厂,而高地区的污水则跌水至低地区的污水厂。其优点是充分利用地形,节省电力。

(5)当城市中央地势高,地势向周围倾斜,或城市周围有河流时,可采用分布式布置。即各排水流域具有独立的排水系统,其干管呈辐射状分布。其优点是干管长度短,管径小,埋深浅,但需建造多个污水厂。因此,适宜排除雨水。

(6)在分布式布置的基础上,敷设截流主干管,将各排水流域的污水截流至污水厂进行处理,便形成了环绕式布置,它是分布式发展的结果,适用于建造大型污水厂的城市。

二、排水管道材料

**(一)对排水管材的要求**

排水管材应满足以下要求:

(1)必须具有足够的强度,以承受外部的荷载和内部的水压,并保证在运输和施工过程中不致破裂。

(2)应具有抵抗污水中杂质的冲刷磨损和抗腐蚀的能力。

(3)必须密闭不透水,以防止污水渗出和地下水渗入。

(4)内壁应平整光滑,以尽量减小水流阻力。

(5)应就地取材,以降低施工费用。

**(二)常用排水管材**

1. 混凝土管和钢筋混凝土管

适用于排除雨水和污水,分混凝土管、轻型钢筋混凝土管和重型钢筋混凝土管三种,管口有承插式、平口式和企口式三种形式,如图9-9所示。

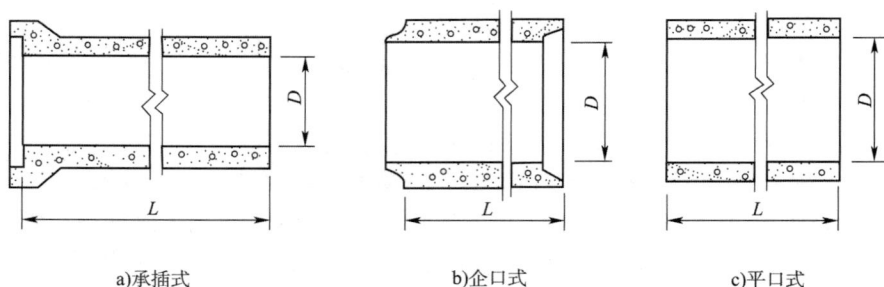

a)承插式　　　　　　　b)企口式　　　　　　　c)平口式

图9-9　混凝土管和钢筋混凝土管

混凝土管的管径一般小于450mm,长度多为1m,一般在工厂预制,也可现场浇制。

当管道埋深较大或敷设在土质不良地段,以及穿越铁路、城镇道路、河流、谷地时,通常采用钢筋混凝土管。钢筋混凝土管按照承受的荷载要求分轻型钢筋混凝土管和重型钢筋混凝土管两种。

混凝土管和钢筋混凝土管便于就地取材,制造方便,在排水管道工程中得到了广泛应用。其缺点是抵抗酸、碱侵蚀及抗渗性能差;管节短、接头多、施工麻烦;自重大、搬运不便。

**2. 陶土管**

陶土管由塑性黏土制成,为了防止在焙烧过程中产生裂缝,通常加入一定比例的耐火黏土和石英砂,经过研细、调和、制坯、烘干、焙烧等过程制成。根据需要可制成无釉、单面釉和双面釉的陶土管。若加入耐酸黏土和耐酸填充物,还可制成特种耐酸陶土管。

陶土管一般为圆形断面,有承插口和平口两种形式,如图9-10所示。

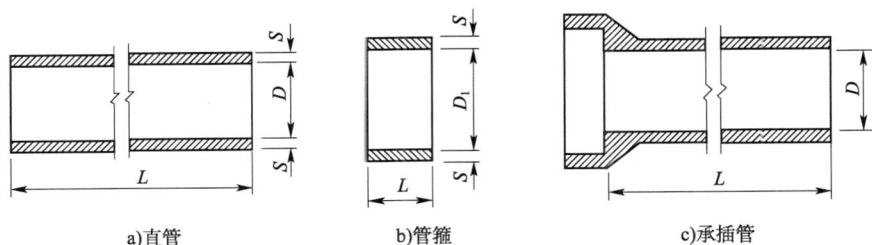

a)直管　　　　b)管箍　　　　c)承插管

图9-10　陶土管

普通陶土管的最大公称直径为300mm,有效长度为800mm,适用于小区室外排水管道。耐陶土管的最大公称直径为800mm,一般在400mm以内,管节长度有300mm、500mm、700mm、1 000mm四种,适用于排除酸性工业废水。

带釉的陶土管壁光滑,水流阻力小,密闭性好,耐磨损,抗腐蚀。

陶土管质脆易碎,不宜远运;抗弯、抗压、抗拉强度低;不宜敷设在松软土中或埋深较大的地段;此外,管节短、接头多、施工麻烦。

**3. 金属管**

金属管质地坚固,强度高,抗渗性能好,管壁光滑,水流阻力小,管节长、接口少,施工运输方便。但价格昂贵,抗腐蚀性差。因此,在市政排水管道工程中很少用。只有在抗震设防烈度大于8度或地下水位高、流砂严重的地区,或受高内压、高外压及对渗漏要求特别高的地段才采用金属管。

常用的金属管有铸铁管和钢管。排水铸铁管耐腐蚀性好,经久耐用;但质地较脆、不耐振动和弯折,自重较大。钢管耐高压、耐振动、重量比铸铁管轻,但抗腐蚀性差。

**4. 排水渠道**

在很多城市,除采用上述非水管道外,还采用排水渠道。排水渠道一般有砖砌、石砌、钢筋混凝土渠道,断面形式有圆形、矩形、半椭圆形等,如图9-11所示。

砖砌渠道应用普遍,在石料丰富的地区,可采用毛石或料石砌筑,也可以预制混凝土砌块砌筑,大型排水渠道,可采用钢筋混凝土现场浇筑。

**5. 新型管材**

随着新型建筑材料的不断研制,用于制作排水管道的材料也日益增多,新型排水管材不断涌现。在国内,口径在500mm以下的排水管道正日益被UPVC加筋管代替,口径在1 000mm以下的排水管道正日益被PVC管代替,口径在900~2 600mm的排水管道正在推广使用塑料螺旋管(HDPE管),口径在300~1 400mm的排水管道正在推广使用玻璃纤维缠绕增强热固性树脂夹砂压力管(玻璃钢夹砂管)。但新型排水管材价格昂贵,使用受到了一定程度的限制。

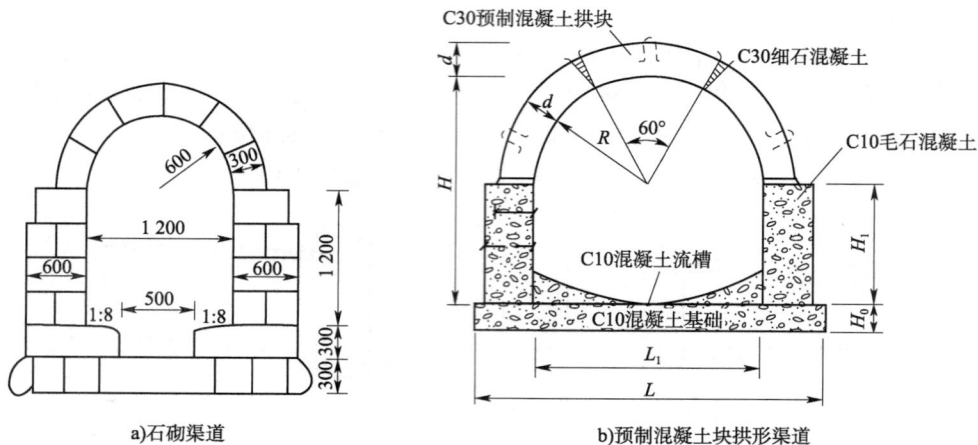

图 9-11　排水渠道(尺寸单位:mm)

### (三)排水管材的选择

选择排水管渠材料时,应在满足技术要求的前提下,尽可能就地取材,以降低施工费用。

根据排除的污水性质,一般情况下,当排除生活污水及中性或弱碱性(pH = 8 ~ 11)的工业废水时,上述各种管材都能使用。排除碱性(pH > 11)的工业废水时可用砖渠,或在钢筋混凝土渠内做塑料衬砌。排除弱酸性(pH = 5 ~ 6)的工业废水时可用陶土管或砖渠。排除强酸性(pH < 5)的工业废水时可用耐酸陶土管、耐酸水泥砌筑的砖渠或用塑料衬砌的钢筋混凝土渠。

根据管道受压情况、埋设地点及土质条件,压力管段一般采用金属管、玻璃钢夹砂管、钢筋混凝土管或预应力钢筋混凝土管。在地震区、施工条件较差的地区以及穿越铁路、城镇道路等地区,可采用金属管。

一般情况下,市政排水管道经常采用混凝土管、钢筋混凝土管。

### 三、排水管道的构造

排水管道为重力流,由上游至下游管道坡度逐渐增大,一般情况下管道埋深也会逐渐增加,除需在施工时保证管材及其接口强度满足要求外,还应保证在使用中不致因地面荷载引起损坏。排水管道的管径大、重量大、埋深大,这就要求排水管道的基础要牢固可靠,以免出现地基的不均匀沉陷,使管道的接口或管道本身损坏,造成漏水现象。因此,排水管道的构造一般包括基础、管道、覆土三部分。

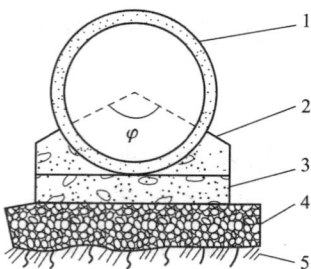

图 9-12　排水道基础
1-管道;2-管座;3-基础;4-垫层;5-地基

### (一)排水管道的基础

排水管道的基础包括地基、基础和管座三部分,如图 9-12 所示。地基是沟槽底的土层,它承受管道和基础的重量、管内水重、管上土压力和地面上的荷载。基础是地基与管道之间的设施,当地基的承载力不足以承受上面的压力时,要靠基础增加地基的受力面积,把压力均匀地传给地基。管座是管道底侧与基础顶面之间的部分,使管道与基础连成一个整体,以增加管道的刚度和稳定性。一般情况下,排水管道有三种基础。

1. 砂土基础

砂土基础又叫素土基础,包括弧形素土基础和砂垫层

基础两种,如图9-13所示。砂土基础适用于管道直径小于600m的混凝土管和钢筋混凝土管,管道覆土厚度在0.7～2.0m之间的小区污水管道、非车行道下的市政次要管道和临时性管道。

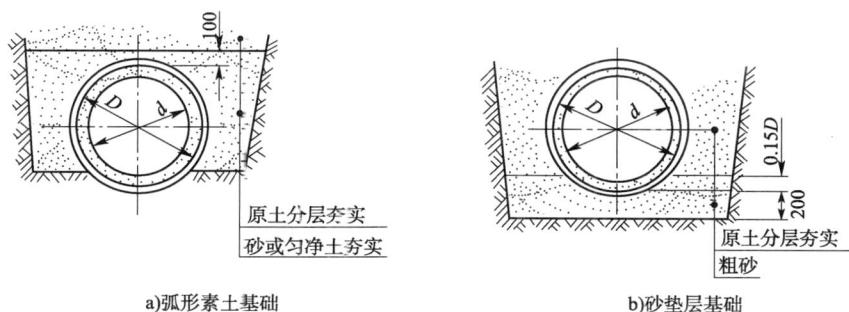

a)弧形素土基础　　　　　　　　b)砂垫层基础

图9-13　砂土基础(尺寸单位:mm)

弧形素土基础是在沟槽槽底原土上挖一个弧形管槽,管道敷设在弧形管槽里。这种基础适用于无地下水、原土能挖成弧形(通常采用90°弧)的干燥土层。

砂垫层基础是在挖好的弧形管槽里,填100～200mm厚的粗砂作为垫层。这种基础适用于无地下水的岩石或多石土层。

2. 混凝土枕基

混凝土枕基是只在管道接口处才设置的管道局部基础,如图9-14所示。通常在管道接口下用C10混凝土做成枕状垫块,垫块常采用90°或135°管座。这种基础适用于干燥土层中的雨水管道及不太重要的污水支管,常与砂土基础联合使用。

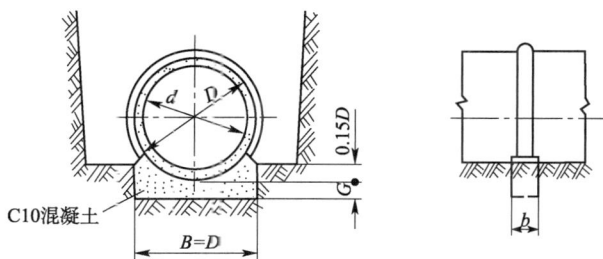

图9-14　混凝土枕基

3. 混凝土带形基础

混凝土带形基础是沿管道全长铺设的基础,分为90°、135°、180°三种管座形式,如图9-15所示。混凝土带形基础适用于各种潮湿土层及地基软硬不均匀的排水管道,管径为200～2 000mm。

无地下水时常在槽底原土上直接浇筑混凝土;有地下水时在槽底铺100～150mm厚的卵石或碎石垫层,然后在上面再浇筑混凝土。根据地基承载力的实际情况,可采用强度等级不低于C10的混凝土。当管道覆土厚度在0.7～2.5m时,采用90°管座;覆土厚度在2.6～

4.0m 时,采用 135°管座;覆土厚度在 4.1～6.0m 时,采用 180°管座。

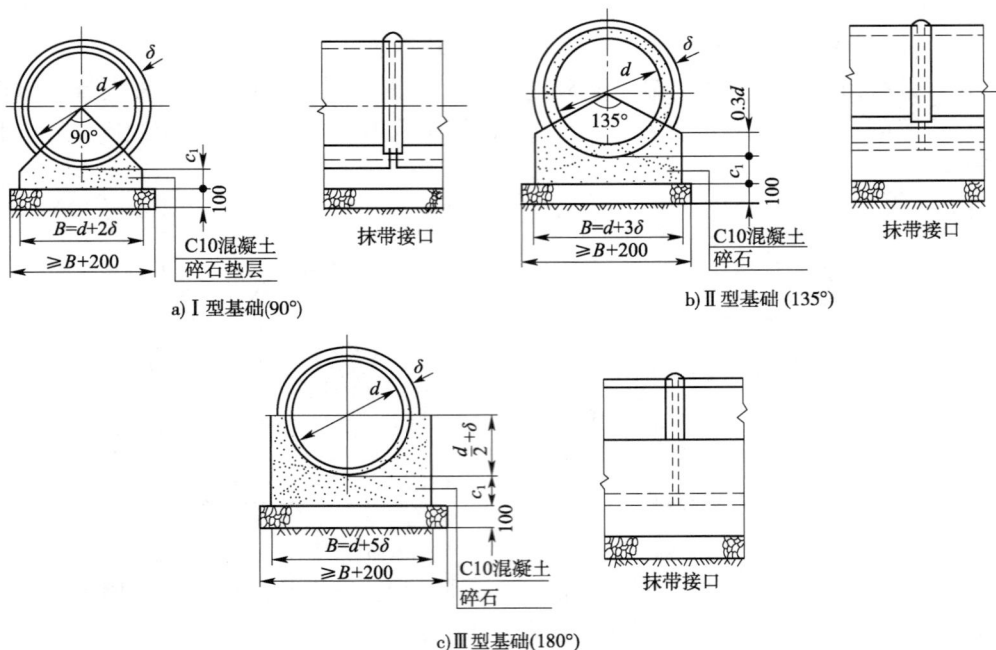

a) Ⅰ型基础(90°)　　　　b) Ⅱ型基础(135°)

c) Ⅲ型基础(180°)

图 9-15　混凝土带形基础

在地震区或土质特别松软和不均匀沉陷严重的地段,最好采用钢筋混凝土带形基础。

### (二)排水管道的覆土厚度

排水管道埋设在地面以下,其管顶以上应有一定厚度的覆土,以保证管道内的水在冬季不会因冰冻而结冰;在正常使用时管道不会因各种地面荷载作用而损坏;同时要满足管道衔接的要求,保证上游管道中的污水能够顺利排除。排水管道的覆土厚度,如图 9-16 所示。

在非冰冻地区,管道覆土厚度的大小主要取决于地面荷载、管材强度、管道衔接情况以及敷设位置等因素,以保证管道不受破坏为主要目的。一般情况下排水管道的最小覆土厚度在车行道下为 0.7m,在人行道下为 0.6m。

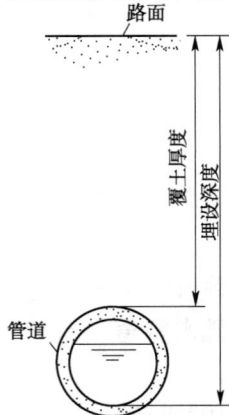

图 9-16　管道覆土厚度
和埋设深度

在冰冻地区,除考虑上述因素外,还要考虑土层的冰冻深度。一般污水管道内污水的温度不低于 4℃,污水以一定的流量和流速不断流动。因此,污水在管道内是不会冰冻的,管道周围的土层也不会冰冻,管道不必全部埋设在土层冰冻线以下。但如果将管道全部埋设在冰冻线以上,则可能会因土层冰冻膨胀损坏管道基础,进而损坏管道。一般在土层冰冻深度不太大的地区,可将管道全部埋设在冰冻线以下;在土层冰冻深度很大的地区,无保温措施的生活污水管道或水温与生活污水接近的工业废水管道,管底可埋设在冰冻线以上 0.15m;有保温措施或水温较高的管道,管底在冰冻线以上的距离可以加大,其数值应根据该地区或条件相似地区的经验确定,但要保证管道的覆土厚度不小于 0.7m。

## 四、排水管道系统上的附属构筑物

### (一)检查井

在排水管道系统上,为便于管渠的污接以及对管道进行定期检查和清通,必须设置检查井。检查井通常设在管道交汇、转弯、管渠尺寸或坡度改变、跌水等处以及相隔一定距离的直线管道段上。

根据检查井的平面形状,可将其分为圆形、方形、矩形或其他不同的形状。一般情况下均采用圆形检查井,方形和矩形检查井只在大直径管道上。检查井由井底(包括基础)、井身和井盖(包括盖座)三部分组成,如图9-17所示。

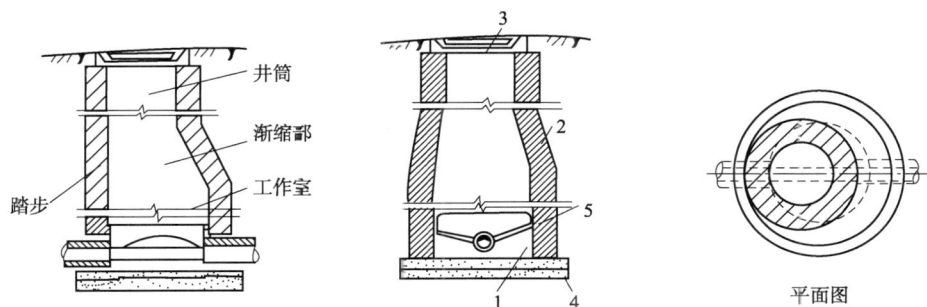

图9-17 检查井
1-井底;2-井身;3-井盖及盖座;4-井基;5-沟肩

井底一般采用低强度等级的混凝土,基础采用碎石、卵石、碎砖夯实或低强度等级混凝土。为使水流通过检查井时阻力较小,井底宜设半圆形或弧形流槽,流槽直壁向上升展。污水管道的检查井流槽顶与上、下游管道的管顶相平,或与0.85倍大管管径处相平;雨水管渠和合流管渠的检查井流槽顶可与0.5倍大管管径处相平。流槽两侧至检查井井壁间的底板(称为沟肩)应有一定宽度,一般不小于200mm,以便养护人员下井时立足,并应有2%~5%的坡度坡向流槽,以防检查井积水时淤泥沉积。在管渠转弯或几条管渠交汇处,为使水流畅通,流槽中心线的弯曲半径应按转角大小和管径大小确定,但不得小于大管的管径。

检查井井底各种流槽的平面形式,如图9-18所示。

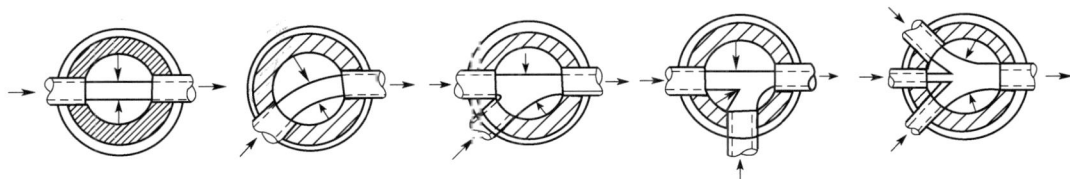

图9-18 检查井井底流槽形式

井身用砖、石砌筑,也可用混凝土或钢筋混凝土现场浇筑,其构造与是否需要工人下井有关系。不需要工人下井的浅检查井,井身为直壁圆筒形;需要工人下井的检查井,井身在构造上分为工作室、渐缩部和井筒三部分,如图9-17所示。工作室是养护人员下井进行临时操作的地方，不能过分狭小，其直径不能小于1m，其高度在埋深允许时一般采用1.8m。为降低检查井的造价，缩小井盖尺寸，井筒直径一般比工作室小，但为了工人检修时出入方便，其直径不应小于0.7m。井筒与工作室之间用锥形渐缩部连接，渐缩部的高度一般为0.6~0.8m，也可在工作室顶偏向出水管渠一侧加钢筋混凝土盖板梁。为便于养护人员上下，井身在偏向进水管渠的一边应保持一壁直立。

井盖可采用铸铁、钢筋混凝土、新型复合材料，为防止雨水流入，盖顶应略高出地面。盖座采用与井盖相同的材料。井盖和盖座均为厂家生产，施工前购买即可，其形式如图9-19所示。

检查井的构造和各部位的尺寸详见《市政工程设计施工系列图集》（给水排水工程册）或其他相关资料。

### （二）雨水口

雨水口是在雨水管渠或合流管渠上设置的用来收集地表径流的雨水的构筑物。地表径流的雨水通过雨水口连接管进入雨水管渠或合流管渠，使道路上的积水不至漫过路缘石，从而保证城镇道路在雨天时正常使用，因此雨水口俗称收水井。

道路雨水口的形式、设置间距和泄水能力应满足道路排水要求。雨水口的布置方式应确保有效收集雨水，雨水不应流入路口范围，不应横向流过车行道，不应由路面流入桥面或隧道。一般路段应按适当间距设置雨水口，路面低洼点应设置雨水口，易积水地段的雨水口宜适当加大泄水能力。雨水口的构造包括进水箅、井筒和连接管三部分，如图9-20所示。

进水箅可用铸铁、钢筋混凝土或其他材料做成，其箅条应为纵横交错的形式，以便收集从路面上不同方向上流来的雨水，如图9-21所示。

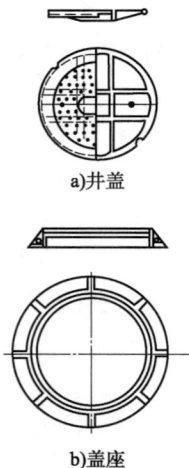

图9-19 轻型铸铁井盖和盖座　　　图9-20 雨水口　　　图9-21 进水箅
a)井盖　b)盖座　　　　1-进水箅;2-井筒;3-连接管

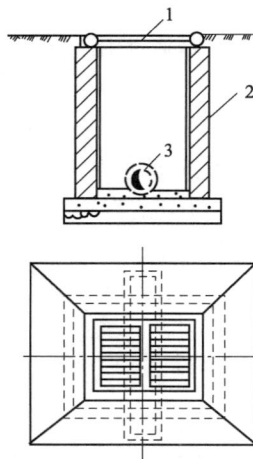

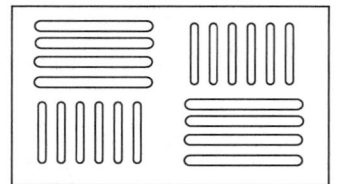

井筒一般用砖砌，深度不大于1m，在有冻胀影响的地区，可根据经验适当加大。

雨水口的构造和各部位的尺寸详见《市政工程设计施工系列图集》（给水排水工程册）或其他相关资料。

雨水口通过连接管与雨水管渠或合流管渠的检查井相连接。连接管的最小管径为200mm，坡度一般为0.01，长度不宜超过25m。

根据需要,在路面等级较低、积秽很多的街道或菜市场附近的雨水管道上,可将雨水口做成有沉泥槽的雨水口,以避免雨水中挟带的泥沙淤塞管渠,但需经常清掏,加大了养护工作量。

**(三)出水口**

市政排水管道出水口的位置形式,应根据污水的水质、受纳水体的水位、水流方向和下游用水情况等因素综合考虑确定。出水口与受纳水体的岸边应采取防冲和加固等措施。

常用的出水口有以下几种形式,如图9-22所示。

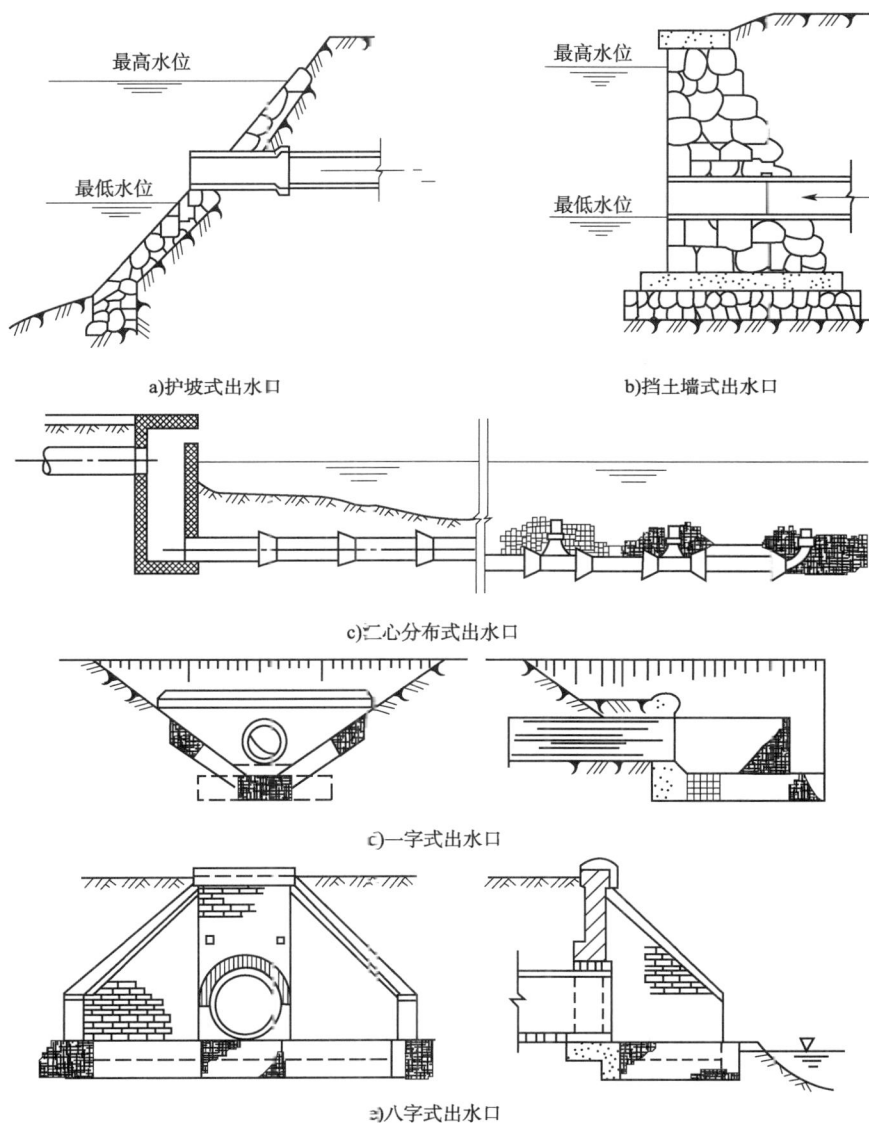

a)护坡式出水口　　b)挡土墙式出水口　　c)二心分布式出水口　　c)一字式出水口　　e)八字式出水口

图9-22　出水口形式

### 五、排水管道工程图识读

排水管道工程图主要表示排水管道的平面位置及高程布置情况,一般由平面图、纵断面图和构筑物详图组成。

**(一)平面图**

排水—管道工程平面图,如图9-23所示,表现的主要内容有:排水管道平面位置、管道直径、管道长度、管道坡度、检查井布置位置、编号及水流方向等内容。一般雨水管道采用粗点画线、污水管道采用粗虚线表示,也可在检查井边标注"Y"、"W"字样以分别表示雨水、污水检查井;排水管道平面图上的管道位置均为管道中心线,其平面定位即管道中心线的位置。

**(二)纵断面图**

排水管道工程纵断面图,如图9-24所示,主要表示:管道敷设的深度、管道管径及坡度、路面高程及与其他管道交叉情况等。纵断面图中水平方向表示管道的长度、垂直方向表示管道直径及高程,通常纵断面图中纵向比例比横向比例放大10倍;图中横向粗双实线表示管道、细单实线表示设计地面高程线、两根平行竖线表示检查井,若竖线延伸至管内底以下,则表示落底井;图中还可反映支管接入检查井情况以及与管道交叉的其他管道管径、管内底高程等。如支管标注中"SYD400"分别表示"方位(由南向接入)、代号(雨水)、管径(400)"。

下面以雨水管道纵断面图中Y54~Y55管段为例说明图中所示的内容:

(1)自然地面高程:指检查井盖处的原地面高程,Y54井自然地面高程为5.700m。

(2)设计路面高程:指检查井盖处的设计路面高程,Y54井设计路面高程为7.238m。

(3)设计管内底高程:指排水管在检查井处的管内底高程,Y54井的上游管内底高程为5.260m,下游管内底高程为5.160m,为管顶平接。

(4)管道覆土深度:指管顶至设计路面的土层厚度,Y54处管道覆土深度为1.678m。

(5)管径及坡度:指管道的管径大小及坡度,Y54~Y55管段管径为400mm,坡度为2‰。

(6)平面距离:指相邻检查井的中心间距,Y54~Y55平面距离为40m。

(7)道路桩号:指检查井中心对应的桩号,一般与道路桩号一致,Y54井道路桩号为8+180.000。

(8)检查井编号:Y54、Y55为检查井编号。

**(三)排水构筑物详图**

1.检查井详图

图9-25表示排水矩形检查井详图,其井室尺寸为1 100mm,壁厚为370mm;井筒为φ700mm,壁厚240mm。井盖座采用铸铁井盖、井座。图中检查井为落底井,落底深度为500mm。井室及井筒均为砖砌,并用水泥砂浆抹面,厚度为20mm。基础采用C20钢筋混凝土底板及C10素混凝土垫层。

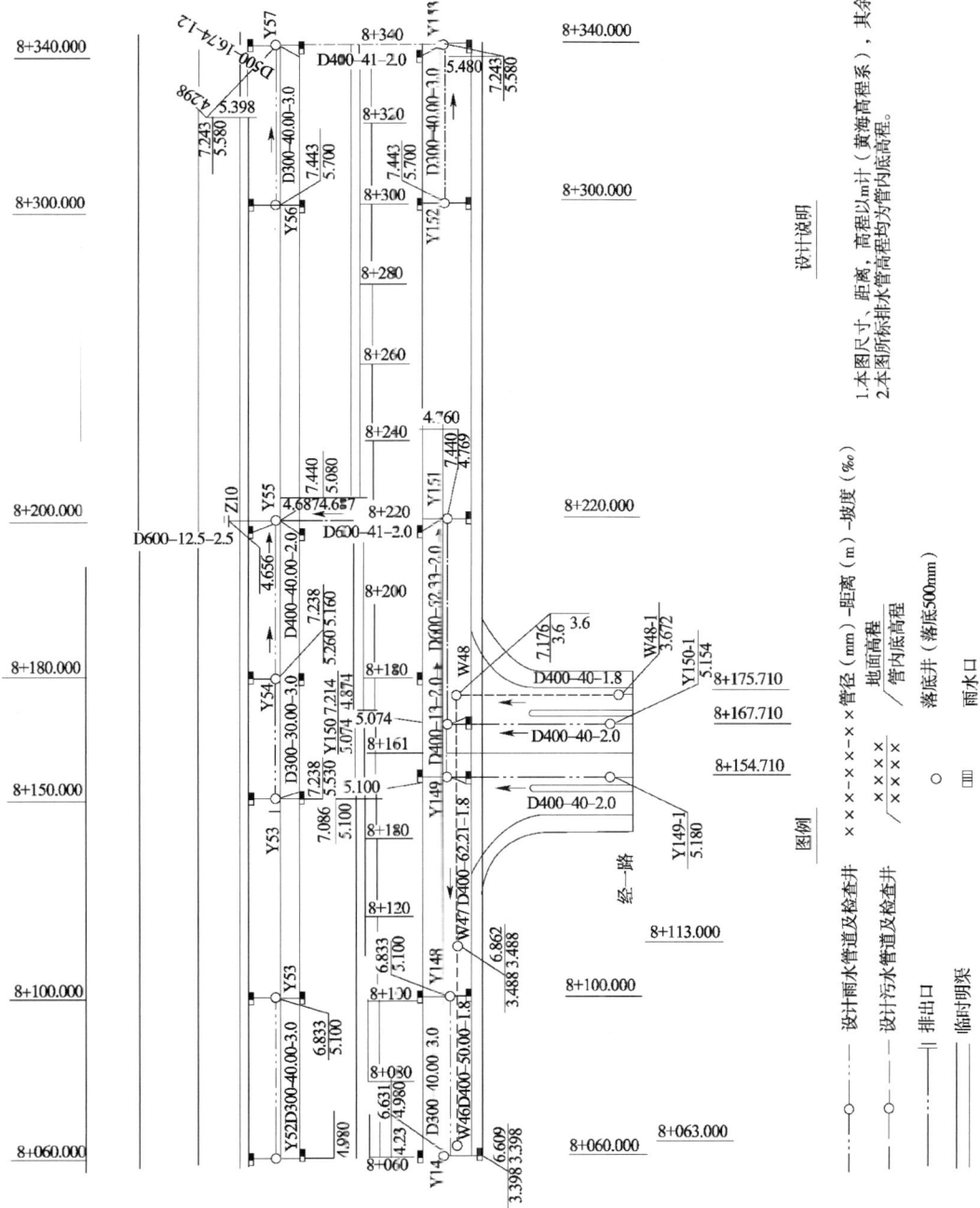

图9-23　排水管谁平面图

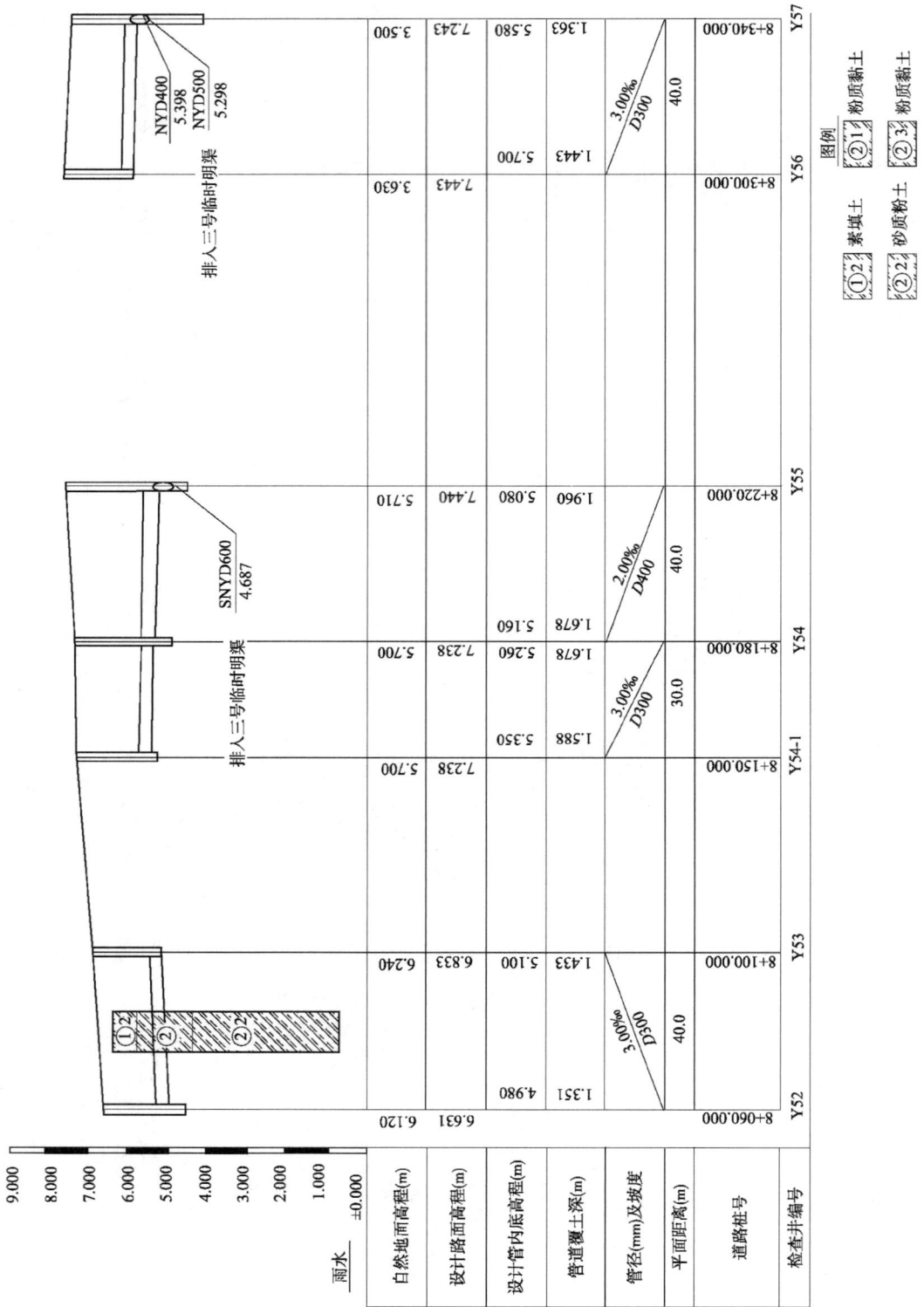

图 9-24　道路北侧雨水管道纵断面

| | Y52 | Y53 | Y54-1 | Y54 | Y55 | Y56 | Y57 |
|---|---|---|---|---|---|---|---|
| 自然地面高程(m) | 6.120 | 6.240 | 5.700 | 5.700 | 5.710 | 3.630 | 3.500 |
| 设计路面高程(m) | 6.631 | 6.833 | 7.238 | 7.238 | 7.440 | 7.443 | 7.243 |
| 设计管内底高程(m) | 4.980 | 5.100 | 5.350 | 5.260 | 5.160 | 5.080 | 5.700 | 5.580 |
| 管道覆土深(m) | 1.351 | 1.433 | 1.588 | 1.678 | 1.678 | 1.960 | 1.443 | 1.363 |
| 管径(mm)及坡度 | 3.00‰ D300 | | 3.00‰ D300 | 2.00‰ D400 | | | 3.00‰ D300 |
| 平面距离(m) | 40.0 | | 30.0 | 40.0 | | 40.0 | 40.0 |
| 道路桩号 | 8+060.000 | 8+100.000 | 8+150.000 | 8+180.000 | 8+220.000 | 8+300.000 | 8+340.000 |
| 检查井编号 | Y52 | Y53 | Y54-1 | Y54 | Y55 | Y56 | Y57 |

雨水

9.000
8.000
7.000
6.000
5.000
4.000
3.000
2.000
1.000
±0.000

排入三号临时明渠

SNYD600
4.687

NYD400
5.398
NYD500
5.298

图例

① 2 素填土　② 1 粉质黏土
② 2 砂质粉土　② 3 粉质黏土

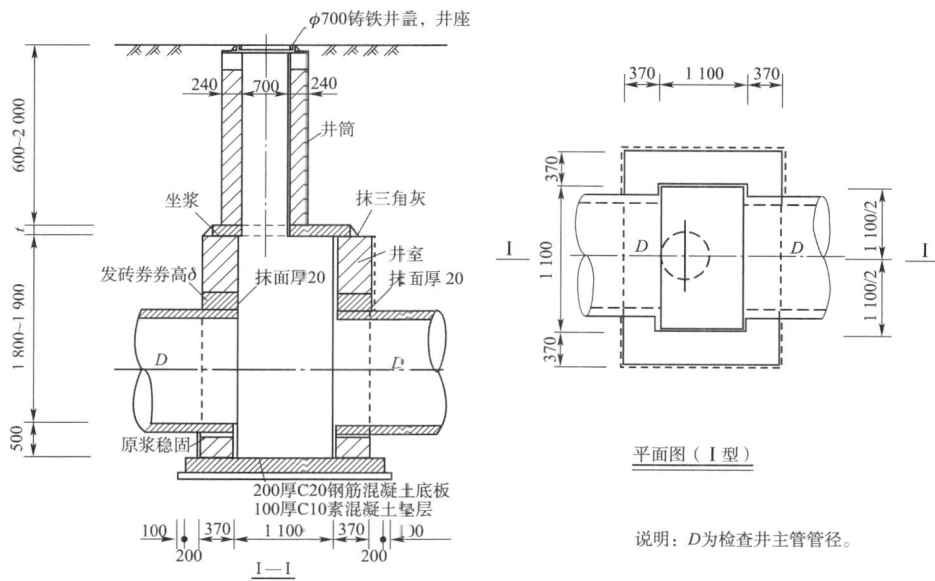

图9-25 矩形排水检查井(井筒总高度不大于2.0m,落底井)平面、剖面图

## 2.雨水口详图

图9-26为单箅式雨水口,内部尺寸510mm×390mm,井壁厚为240mm,为砖砌地构,采用铸铁成品雨水箅,雨水口连接管直径为20mm,管内底距底板30mm,并按规定设置一定坡度向雨水检查井,井底基础采用100mm厚C15素混凝土及100mm厚碎石垫层。

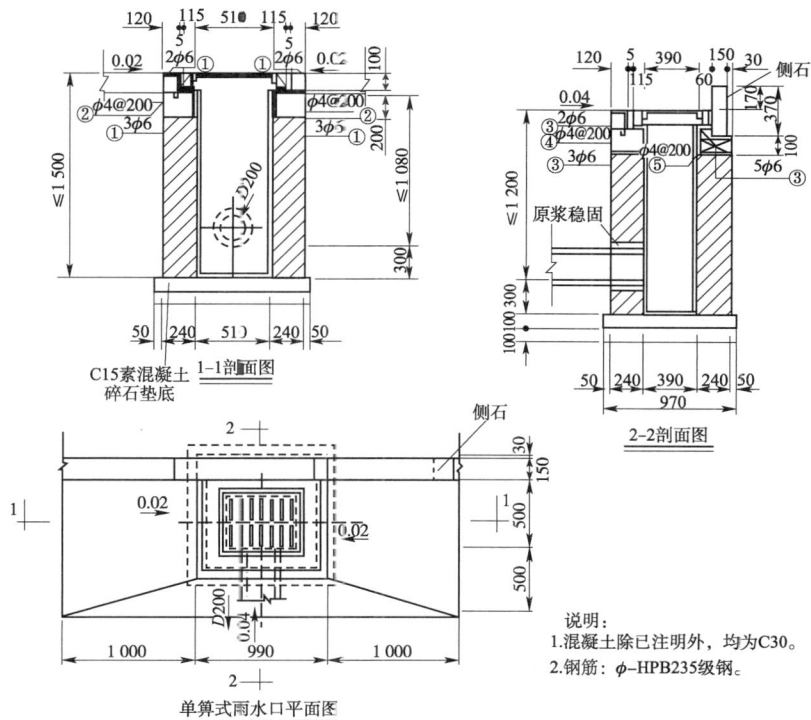

图9-26 单箅雨水口构造图

## 第三节  排水管道工程施工

### 一、准备工作

#### (一)工程交底

工程开工前,施工单位应组织有关人员认真研究施工图纸和有关文件,搞清设计意图和要求,编制施工组织设计并进行技术交底,使参与施工的人员对施工任务、工期、质量要求等都有一个明确的认识,并明确自己的任务。

#### (二)交接桩

工程开工前,建设单位应组织设计单位与施工单位进行现场交接桩工作。交接时,由设计单位备齐有关图表,并按图表逐个桩橛进行交点。交接桩完毕后,施工单位应立即组织人员进行复测,并根据实际情况设置护桩。

#### (三)设置临时水准点

工程开工前,施工单位应根据施工图纸和建设单位指定的水准点设置临时水准点,临时水准点应设置在不受施工影响的固定构筑物上,间距不大于200m,并应妥善保护,详细记录在测量手册上。

#### (四)工程复测

排水管道施工测量的主要工作是进行中心线测量和高程测量。中心线测量应以建设单位提供的中心控制桩或道路中心线为依据;高程测量应以施工单位自己设置的临时水准点为依据。因此,施工前应对各种桩点进行复测。

复测时,允许偏差为:

(1)高程闭合差在平地为 $\pm 20\sqrt{L}$($L$ 为水准测量闭合线路的长度,km);在山地为 $\pm 6\sqrt{n}$($n$ 为水准测量的测站数)。

(2)导线测量的方位角闭合差为 $\pm 40\sqrt{n}$($n$ 为导线测量的测站数)。

(3)导线测量的相对闭合差为 1/3 000。

(4)直线丈量测距两次校差为 1/5 000。

#### (五)管材的质量检查

施工前,必须对管材进行质量检验,保证其质量符合设计要求,确保不合格或已经损坏的管道不予使用。在排水管道工程施工中,管道的质量直接影响到工程的质量。因此,必须做好管道的质量检查工作,检查的内容主要有:

(1)管道必须有出厂质量合格证,其指标应符合国家或部委颁发的技术标准要求。

(2)应按设计要求认真核对管道的规格、型号、材质等。

(3)应进行外观质量检查。管道内外表面应平整、光洁,不得有裂纹、凹凸不平、露筋、残缺、蜂窝、空鼓、剥落、浮渣、露石碰伤等缺陷。承插口部分不得有黏砂及凸起,其他部分不得有大于2mm厚的黏砂和5mm高的凸起。承插口配合的环向间隙,应满足接口嵌缝的需要。

## 二、排水管道开槽施工

### (一)明沟排水

市政排水管道开槽施工时,经常遇到地下水,使施工条件恶化,影响沟槽内的施工。因此,在管道开槽施工时必须做好施工排水工作,将地下水位降到槽底以下一定深度,以改善槽底的施工条件,稳定边坡和槽底,为施工创造有利条件。

沟槽开挖时,排除渗入沟槽内的地下水和流入沟槽内的地表水、雨水,一般采用明沟排水的方法。

明沟排水是将从槽壁、槽底渗入沟槽内的地下水以及流入沟槽内的地表水和雨水,经沟槽内的排水沟汇集到集水井内,然后用水泵抽走的排水方法,如图9-27所示。

明沟排水通常是当沟槽开挖到接近地下水位时,修建集水井并安装排水泵,然后继续开挖沟槽至地下水位后,先在沟槽中心线处开挖排水沟,使地下水不断渗入排水沟后,再开挖排水沟两侧的土。如此一层一层地反复下挖,地下水便不断地由排水沟流至集水井,当挖深接近槽底设计高程时,将排水沟移至槽底两侧或一侧,如图9-28所示。

明沟排水是一种常用的降水方法,适用于槽内少量的地表水和雨水的排除。在软土、淤泥层或土层中含有砂土的地段以及地下水量较大的地段均不宜采用。

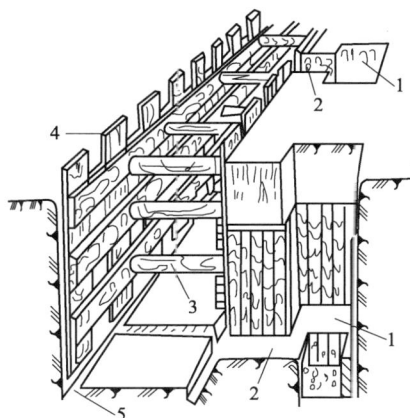

图9-27　明沟排水系统

1-集水井;2-进水口;3-撑杠;4-竖撑板 5-排水沟

### (二)人工降低地下水位

人工降低地下水位是在含水层中布设井点进行抽水,地下水位下降后形成降落漏斗。如果槽底高程位于降落漏斗以上,就基本消除了地下水对施工的影响。地下水位是在沟槽开挖前人为预先降落的,并维持到沟槽土方回填,因此这种方法称为人工降低地下水位,如图9-29所示。

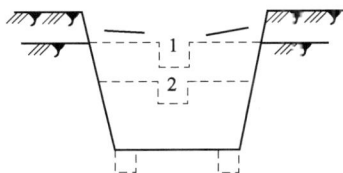

图9-28　排水沟开挖示意图

1、2-排水沟开挖顺序

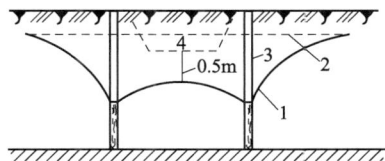

图9-29　人工降低下水位示意图

1-抽水时水位;2-原地下水位;3-井点管;4-沟槽

人工降低地下水位一般有轻型井点、喷射井点、电渗井点、管井井点、深井井点等方法。

1.轻型井点

轻型井点是目前广泛应用的降水系统。并有成套设备可选用,根据地下水位降深的不同,可分为单排轻型井点和多排轻型井点两种。在市政排水管道的施工降水时,一般采用单排轻型井点系统,有时可采用双排轻型井点系统,三排及三排以上的轻型井点系统则很少采用。

轻型井点系统适用于渗透系数为 0.1~50m/d,降深小于 6m 的砂土等土层。

1)轻型井点系统组成

轻型井点系统由井点管、弯联管、总管和抽水设备四部分组成。

(1)井点管

井点管包括滤水管和直管,如图 9-30 所示。

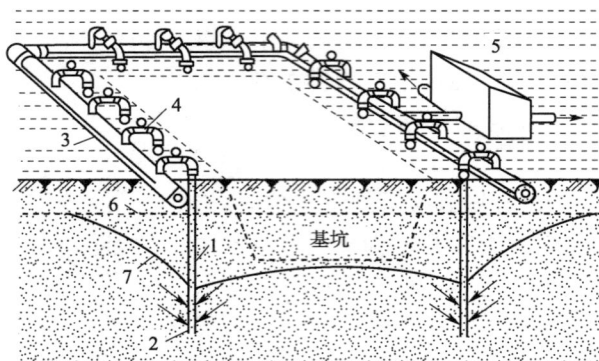

图 9-30 轻型井点系统组成

1-直管;2-滤水管;3-总管;4-弯联管;5-抽水设备;6-原地下水位线;7-降低后地下水位线

①滤水管。滤水管也称过滤管,是轻型井点的重要组成部分。一般采用直径 38~55mm,长 1~2m 的镀锌钢管制成,管壁上呈梅花状开设直径为 5.0mm 的孔眼,孔眼间距为 30~40mm,常用定型产品有 1.0m、1.2m、2.0m 三种规格。滤水管埋设在含水层中,地下水经孔眼涌入管内。滤水管外壁应包扎滤水网,以防止土颗粒进入滤水管内。滤水网的材料和网眼规格应根据含水层中土颗粒粒径和地下水水质而定。一般可用黄铜丝网、钢丝网、尼龙丝网、玻璃丝网等。滤水网一般包扎两层,内层滤网网眼为 30~50 个/cm,外层滤网网眼为 3~10 个/cm²。为使水流畅避免滤孔堵塞,在滤水与滤网之间用 10 号钢丝绕成螺旋形将其隔开,滤网外面再围一层 6 号钢丝。也可用棕皮代替滤水网包裹滤水管,以降低造价。

滤水管下端应用管堵封闭,也可安装沉砂管,使地下水中夹带的砂粒沉积在沉砂管内。滤水管的构造,如图 9-31 所示。

为了防止土颗粒涌入井内,提高滤水管的进水面积和土的竖向渗透性,可在滤水管周围建立直径为 400~500mm 的过滤层(也称为过滤砂圈),如图 9-32 所示。

②直管。直管一般也采用镀锌钢管制成,管壁上不设孔眼,直径与滤水管相同,其长度视含水层深度而定,一般为 5~7m,直管与滤水管间用管箍连接。

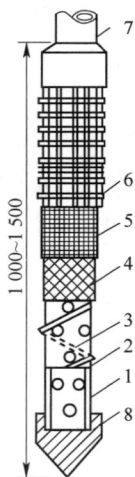

图 9-31 滤水管构造(尺寸单位:mm)

1-钢管;2-孔眼;3-缠绕的塑料管;4-细滤网;5-粗滤网;6-粗钢丝保护网;7-直管;8-铸铁堵头

（2）弯联管

弯联管用于连接井点管和总管，一般采用长度为 1.0m，内径 38~55mm 的加固橡胶管，内有钢丝，以防止井点管与总管不均匀沉陷时被拉断。弯联管安装和拆卸方便，允许偏差较大，套接长度应大于 100mm，套接后应用夹子箍紧。有时也可用透明的聚乙烯塑料管，以便观察井点管的工作情况。金属管件也可作为弯联管，虽然气密性较好，但安装不方便，施工中使用较少。

（3）总管

总管一般采用直径为 100~150mm 的钢管，每段长为 4~6m，总管之间用法兰盘连接。在总管的管壁上开设三通以连接弯联管，三通的间距应与井点布置间距相同。但由于不同的土质，不同的降水要求，所计算的井点间距与三通的间距可能不同。因此，应根据实际情况确定三通间距。总管上三通间距通常按井点间距的模数确定，一般为 1.0~1.5m。

（4）抽水设备

轻型井点通常采用射流式抽水设备，也可采用自引式抽水设备。

射流式抽水设备包括射流器和离心水泵，其设备组成简单，使用方便，工作安全可靠，便于设备的保养和维修。

射流式抽水设备的工作原理为：如图 9-33 所示，运行前将水箱加满水，离心水泵 2 从水箱抽水，水经水泵加压后，高压水在射流器 3 的喷口出流形成射流，产生真空，使地下水经井点管、弯联管和总管进入射流器 3 的喷口出流形成射流，产生真空，使地下水经井点管、弯联管和总管进入射流器，经过能量变换，将地下水提升到水箱内，一部分水经过水泵加压，使射流器工作，另一部分水经出水口排出。

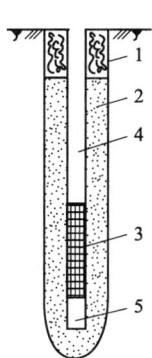

图 9-32　井点的过滤砂层
1-黏土；2-填料；3-滤水管；4-直管；5-沉砂管

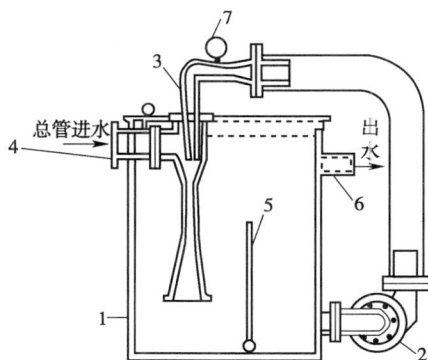

图 9-33　射流泵系统
1-水箱；2-离心水泵；3-射流器；4-总管；5-隔板；6-出水口；7-压力

自引式抽水设备是用离心水泵直接自总管抽水，地下水位降落深度仅为 2~4m，适用于降水深度较小的情况。

为了提高水位降落深度，保证抽水设备的正常工作，无论采用哪种抽水设备，除保证整个系统连接的严密性外，还要在井点管外地面下 1.0m 深度外填黏土密封，避免井点与大气相通，破坏系统的真空。

常用抽水设备为离心泵,应根据流量和扬程确定其型号。

2）轻型井点系统布置

沟槽降水时,井点系统一般为线状布置,通常应根据沟槽宽度、涌水量、施工方法,设备能力、降水深度等实际情况确定。一般当槽宽小于6m,水量不大且要求降深不大于6m时,布置单排井点,井点宜布置在地下水来水方向的一侧,如图9-34所示;当沟槽宽大于2.5m,且水量较大时,采用双排井点,如图9-35所示;当降水深度水深度在6～8m,时布置双排井点,如图9-36所示。

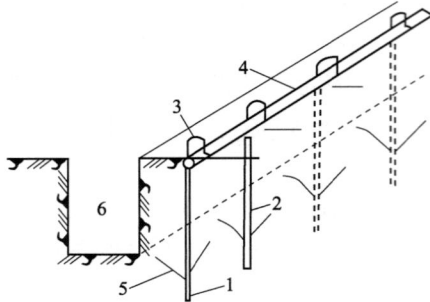

图9-34  单排井点系统
1-滤水管;2-直管;3-弯联管;4-总管;5-降水曲线;6-沟槽

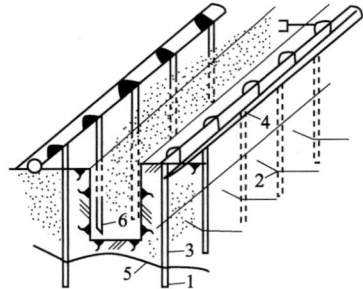

图9-35  双排井点系统
1-滤水管;2-直管;3-弯联管;4-总管;5-降水曲线;6-沟槽

（1）平面布置

①井点的布置。井点应布置在沟槽上口边缘外1.0～1.5m,布置过近,影响施工,而且可能使空气从槽壁进入井点系统,破坏抽水系统的真空,影响正常运行。井点布置时,应超出沟槽端部10～15m,以保证降水的可靠性。

②总管布置。为了增加井点系统的降水深度,总管的设置高程应尽可能接近原地下水位,并应有1‰～2‰的上倾坡度,最高点设在抽水机组的进水口处,高程与水泵高程相同。当采用多个抽水设备时,应在每个抽水设备所负担的总管长度分界处设阀门或断开,将总管分段,以便分组抽吸。

③抽水设备的布置。抽水设备通常布置在总管的一端或中部,水泵进水管的轴线尽量与地下水位接近,常与总管在同一高程上,使水泵轴心与总管齐平。

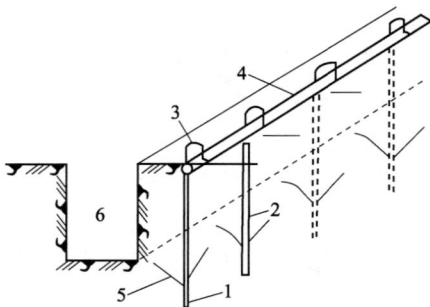

图9-36  双层轻型井点降水示意
1-第一层井点;2-第二层井点;3-集水总管;4-弯联管;5-水泵;6-沟槽

④观察井的布置。为了观测水位降落情况,应在降水范围内设置一定数量的观察井,观察井的位置及数量视现场的实际情况而定,一般设在总管末端、局部挖深等控制点处。观察井与井点管完全一致,只是不与总管连接。

⑤双排轻型井点的布置。双排轻型井点系统是由两个单层轻型井点系统组合而成的,下层井点系统应埋设在上层井点系统抽水稳定后的稳定水位以上,而且下层井点系统应在上层井点系统已把水位降落,

土方挖掘后才能埋设。埋设时的平台宽度一般为1.0~1.5m。

(2)高程布置

井点管的埋设深度是指滤水管底部到井点埋设地面的距离,应根据降水深度、含水层所在位置、集水总管的高程等因素确定。

轻型井点系统的施工顺序是测量定位、埋设井点管、敷设集水总管、用弯联管将井点管与集水总管相连、安装抽水设备、试抽后正式运行。

2.喷射井点

当沟槽开挖较深,降水深度大于6.0m时,单排轻型井点系统不能满足要求,此时可采用多排轻型井点系统,但多排轻型井点系统存在着设备多、施工复杂、工期长等缺点,此时宜采用喷射井点降水。喷射井点降水深度可达8~12m,在渗透系数为3~20m/d的砂土中最为有效;在渗透系数为0.1~3.0m/d的砂质粉土或黏土中效果也较显著。

根据工作介质的不同,喷射井点可分为喷气井点和喷水井点两种,目前多采用喷水井点。

喷射井点主要由井点管、高压水泵(或空气压缩机)和管路系统组成,如图9-37所示。

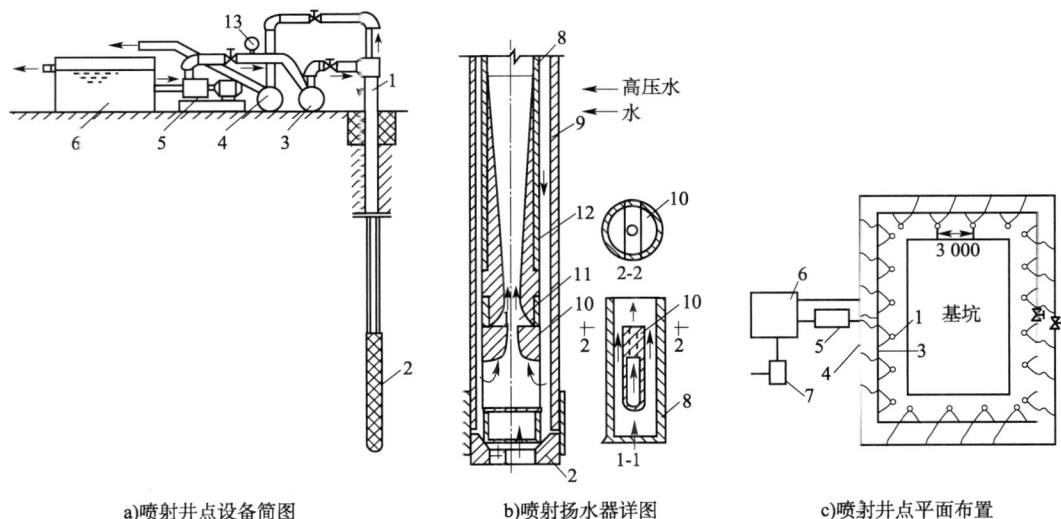

a)喷射井点设备简图　　　　b)喷射扬水器详图　　　　c)喷射井点平面布置

图9-37　喷射井点(尺寸单位:mm)

1-喷射井管;2-滤管;3-进水总管;4-排水总管;5-高压水泵;6-集水池;7-水泵;8-内管;9-外管;10-喷嘴;11-混合室;12-扩散室;13-压力表

喷射井管由内管和外管组成,内管下端装有喷射器,并与滤管相连。喷射器由喷嘴、混合室、扩散室等组成。如图9-37b)所示,喷水井点工作时,高压水经过内外管之间的环形空隙进入喷射器,由于喷嘴处截面突然缩小,高压水高速进入混合室,使混合室内压力降低,形成一定的真空,这时地下水被吸入混合室与高压水汇合,经扩散室由内管排出,流入集水池中,用水泵抽走一部分水,另一部分由高压水泵压入井管内循环使用。如此不断地供给高压水,地下水便不断地被抽出。

喷射井点的平面布置、高程布置、涌水量计算、确定井点管数量与间距、抽水设备选型等均与轻型井点相同。

### 3. 电渗井点

在饱和黏土或含有大量黏土颗粒的砂性土中,土分子引力很大,渗透性较差,采用轻型井点或喷射井点降水,效果很差。此时,宜采用电渗井点降水。电渗井点适用在渗透系数小于0.1m/d的黏土、粉质黏土等土质中降低地下水位,一般与轻型井点或喷射井点配合使用。降深也因选用的井点类型不同而异。使用轻型井点与之配套时,降深小于8m;用喷射井点时,降深大于8m。

电渗井点的工作原理缘于胶体化学的双电层理论。在含水的细土颗粒中,插入正负电极并通以直流电后,土颗粒即自负极向正极移动,水自正极向负极移动,这样把井点沿沟槽外围埋入含水层中,并作为负极,导致弱渗水层中的黏滞水移向井点中,然后用抽水设备将水排除,以使地下水位下降。电渗井点布置,如图9-38所示。

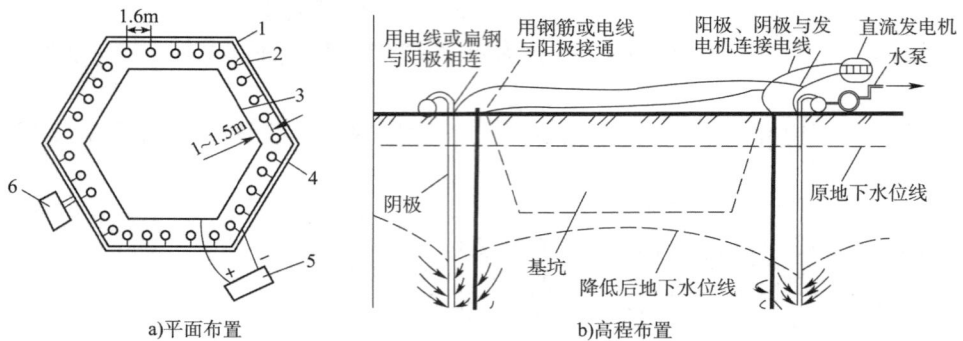

图9-38 电渗井点布置示意

正负极一般选用直径6~10mm的钢筋,用电线或钢筋连成电路,与电源相应电极相接,形成闭合回路。一般情况下,正负极的间距,采用轻型井点时,为0.8~1.0m;采用喷射井点时,为1.2~1.5m。

### 4. 管井井点

管井井点适用于在砂土、砾石等渗透系数大于200m/d,地下水含量丰富的土层中降低地下水位。

管井井点系统由井管、滤水管和抽水设备组成,如图9-39所示。

井管一般采用钢管、混凝土管或塑料管,其内径应比水泵的外径大50mm。滤水管长度为1~2m,管壁孔隙率为35%左右,用12号镀锌钢丝缠绕,丝距为1.5~2.5mm,缠丝前应垫筋使钢线与井管壁间有3mm以上的缝隙以利通水。滤管的下部装沉砂管。抽水设备多采用深井泵或深井潜水泵。

管井井点排水量大,降水深,可以沿沟槽的一侧或两侧作直线布置。井中心距沟槽边缘的距离为:采用冲击式钻孔用泥浆护壁时为0.5~1.0m;采用套管法时不小于3m。管井埋设的深度与间距,根据降水面积、深度及含水层的渗透系数而定,最大埋深可达10余米,间距为10~50m。

井管的埋设可采用冲击钻进或螺旋钻进,泥浆或套管护壁。钻孔直径应比井管管径大200mm以上。井管下沉前应进行清洗。并保持滤网的畅通,井管垂直居中放于孔中心,并用圆木堵塞临时封堵管口。孔壁与井管间用3~15mm砾石填充作过滤层,滤料填入高度应高出含水层 0.5~0.7m。地面下 0.5m 以内用黏土填充夯实,高度不小于 2m。洗井完毕后即可进行试抽和运行。

管井井点抽水过程中应经常对抽水设备的电机、传动轴、电流、电压等做检查,对管井内水位下降和流量进行观测和记录。

管井使用完毕,采用人工拔杆,用钢丝绳捯链将管口套紧慢慢拔出,洗净后供再次使用。所留孔洞用砂土回填夯实。

5. 深井井点

当土的渗透系数大于 20~200m/d,地下水比较丰富,要求地下水位降深较大时,宜采用深井井点。

深井井点构造,如图 9-40 所示。

深井井点系统的主要设备、布置、施工方法均与管井井点相同,只是比管井井点深,在此不作重述。

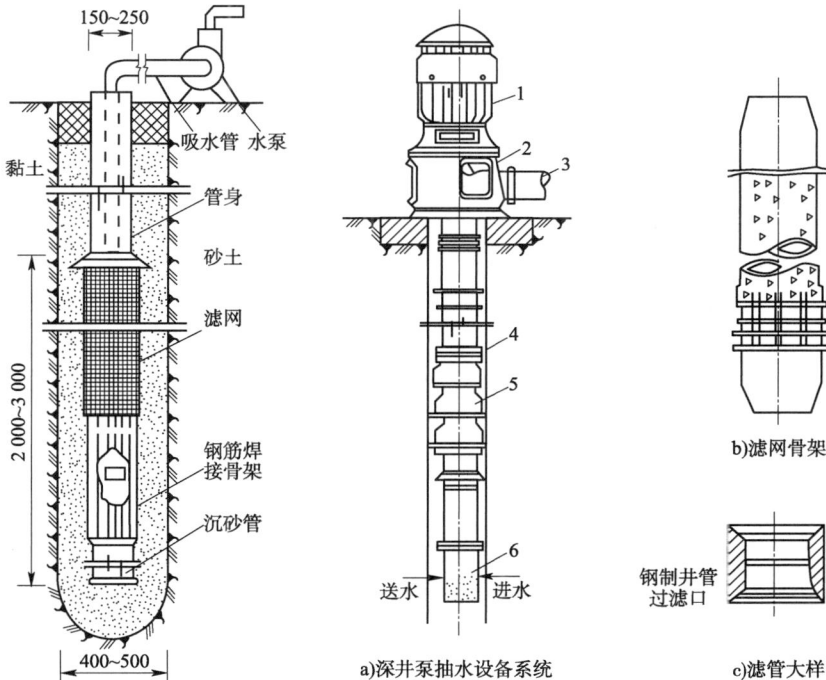

图 9-39　管井井点系统(尺寸单位:mm)

图 9-40　深井井点示意
1-电机;2-泵座;3-出水管;4-井管;5-泵体;6-滤管

### (三)沟槽开挖

沟槽降水进行一段时间,水位降低达到一定深度,为沟槽开挖创造了一定的便利条件后,即可进行沟槽开挖工作。

1. 沟槽断面形式

常用的沟槽断面形式有直槽、梯形槽、混合槽和联合槽四种,如图 9-41 所示。

选择沟槽断面形式,应综合考虑土的种类、地下水情况、管道断面尺寸、管道埋深、施工方法和施工现场环境因素,结合具体条件确定。

**2.沟槽断面尺寸的确定**

如图 9-42 所示,以梯形槽为例,沟槽断面各部位的尺寸按如下方法确定。

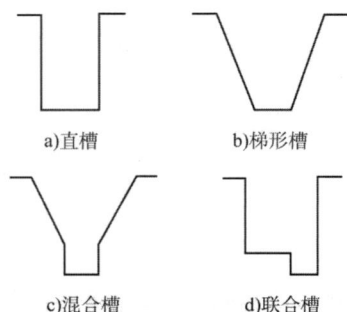

图 9-41  沟槽断面形式

a)直槽  b)梯形槽  c)混合槽  d)联合槽

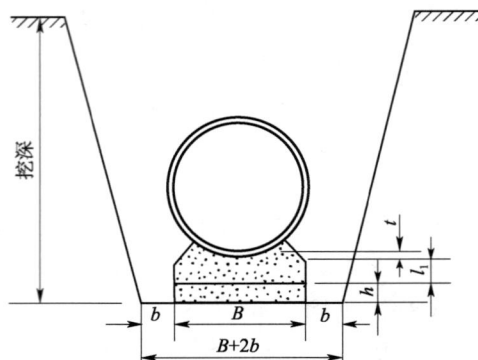

图 9-42  沟槽尺寸确定

B-管道基础宽度;b-工作面宽度;t-管壁

(1)沟槽的下底宽度的确定

$$W_{下} = B + 2b \tag{9-1}$$

式中:$W_{下}$——沟槽下底宽度(m);

$B$——基础结构宽度(m);

$b$——工作面宽度(m)。

每侧工作面宽度 $b$ 取决于管道断面尺寸和施工方法,一般不大于 0.8m,可按表 9-1 确定。管道基础结构宽度根据管径大小确定,对排水管道,可直接采用《全国通用给水排水标准图集》$S_2$ 中规定的各部位尺寸。

**沟槽底部每侧工作面宽度**　　　　表 9-1

| 管道结构宽度 | 每侧工作面宽度(mm) | | |
|---|---|---|---|
| (mm) | 混凝土管道 | 新型塑料管 | 金属管道或砖沟 |
| 200~500 | 400 | 200 | 300 |
| 600~1 000 | 500 | 300 | 400 |
| 1 100~1 500 | 600 | 300 | 600 |
| 1 600~2 500 | 800 | 300 | 800 |

注:1. 管道结构宽度,无管座时,按管道外皮计;有管座时,按管座外皮计;砖砌或混凝土管沟按管沟外皮计。

2. 沟底需设排水沟时,工作面应适当增加。

3. 有外防水的砖沟或混凝土沟,每侧工作面宽度宜取 800mm。

(2)沟槽开挖深度的确定

沟槽开挖深度按管道设计纵断面确定,通常按式(9-2)计算:

$$H = H_1 + h_1 + l_1 + t \tag{9-2}$$

式中:$H$——沟槽开挖深度(m);

$H_1$——管道设计埋设深度(m);

$h_1$——管道基础厚度(m);

$l_1$——管座厚度(m);

$t$——管壁厚度(m)。

施工时,如沟槽地基承载力较低,需要加设基础垫层时,沟槽的开挖深度尚需考虑垫层的厚度。

(3)沟槽上口宽度的确定

沟槽上口宽度按式(9-3)计算:

$$W_上 = W_下 + 2nH \qquad (9-3)$$

式中:$W_上$——沟槽的上口宽度(m);

$W_下$——沟槽的下底宽度(m);

$H$——沟槽的开挖深度(m);

$n$——沟槽槽壁边坡率。

为了保持沟槽侧壁稳定,开挖时必须有一定的边坡。在天然土层中开挖沟槽,如果槽底高程高于地下水位,可以考虑开挖直槽。不需加设支撑的直槽边坡一般采用1:0.05。

当采用梯形槽时,其边坡的选定,应按土的类别并符合表9-2的规定。

梯形槽的边坡 表9-2

| 土的类别 | 人工开挖 | 机械开挖 | |
|---|---|---|---|
| | | 在槽底开挖 | 在槽边上开挖 |
| 一、二类土 | 1:0.5 | 1:0.33 | 1:0.75 |
| 三类土 | 1:0.33 | 1:0.25 | 1:0.67 |
| 四类土 | 1:0.25 | 1:0.10 | 1:0.33 |

3.沟槽土方量计算

沟槽土方量通常根据沟槽的断面形式,采用平均断面法进行计算。由于管径的变化和地势高低的起伏,要精确地计算土方量,需沿长度方向分段计算。一般排水管道以敷设坡度相同的管段作为一个计算段计算土方量,将各计算段的土方量相加,即得总土方量。每一计算段的土方量按下式计算:

$$V_i = \frac{1}{2}(F_1 + F_2)L_i \qquad (9-4)$$

式中:$V_i$——各计算段的土方量(m³);

$L_i$——各计算段的沟槽长度(m);

$F_1$、$F_2$——各计算段两端断面面积(m²)。

4.沟槽土方开挖

1)沟槽放线

沟槽开挖前,应测设管道中心线、沟槽边线及附属构筑物位置。沟槽边线测设好后,用白灰放线,作为开槽的依据。根据测设的中心线,在沟槽两端埋设固定的中线桩,作为控制管道平面位置的依据。

2)土方开挖的一般原则

沟槽开挖时应遵循下列原则:

(1)开挖前应认真解读施工图,合理确定沟槽断面形式,了解土质、地下水位等施工现场环境,结合现场的水文、地质条件,合理确定开挖顺序。

（2）为保证沟槽槽稳定和便于排管，挖出的土应堆置在沟槽一侧，堆土坡脚步距沟槽上口边缘的距离应不小于1.0m，堆土高度不应超过1.5m。

（3）土方开挖不得超挖，以减小对地基土的扰动。采用机械挖土时，可在槽底设计高程以上预留200mm土层不挖，待人工清理。即使采用人工挖土也不得超挖。如果挖好后不能及时进行下一工序时，可在槽底高程以上留150mm的土层不挖，待下一工序开始前再挖除。

（4）采用机械开挖沟槽时，应由专人负责掌握挖槽断面尺寸和高程。施工机械离沟槽上口边缘应有一定的安全距离。

（5）软土、膨胀土地区开挖土方或进入季节性施工时，应遵照有关规定。

3）开挖方法

土方开挖分为人工开挖和机械开挖两种方法。为了加快施工速度，提高劳动生产率，凡是具备机械开挖条件的现场，均应采用机械开挖。

沟槽机械开挖常用的施工机械有单斗挖土机和液压挖掘装载机。

（1）单斗挖土机

单斗挖土机在沟槽开挖施工中应用广泛。其机械装置包括工作装置、传动装置、动力装置、行走装置。工作装置分为正向铲、反向铲、拉铲和抓铲(合瓣铲)，如图9-43所示。传动装置分为液压传动和机械传动。液压传动装置动作灵活，且能够比较准确地控制挖土深度，目前，多采用液压式挖土机。动力装置大多为内燃机。行走装置有履带式和轮胎式两种。

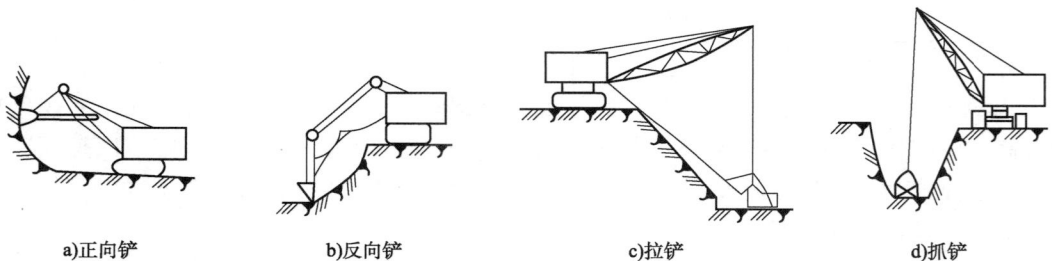

| a)正向铲 | b)反向铲 | c)拉铲 | d)抓铲 |

图9-43 单斗挖土机

①正向铲挖土机适用于开挖停机面以上的一至三类土，机械功率较大，挖土斗容量大，一般与自卸汽车配合完成整个挖运任务。可用于开挖深度大于2.0m的大型基坑及土丘。其特点是：开挖时土斗前进向上，强制切土，挖掘力大，生产率高。

正向铲的挖土和卸土方式，应根据挖土机和开挖路线与运输工具的相对位置确定，一般有正向挖土、侧向卸土和正向挖土、后方卸土两种方式，如图9-44所示。其中侧向卸土，动臂回围角度小，运输工具行驶方便，生产率高，应用较广。当沟槽和基坑的宽度较小，而深度又较大时，才采用后方卸土方式。

在沟槽的开挖施工中，如采用正向铲挖土机，施工前需开挖进出口坡道，使挖土机位于地面以下，否则无法施工。

②反向铲挖土机适用于开挖停机面以下的土方，施工时不需设置进出口坡道，其机身和装土都在地面上操作，受地下水的影响较小，广泛应用于沟槽的开挖，尤其适用于开挖地下水位较高或泥泞的土方，其外形如图9-45所示。

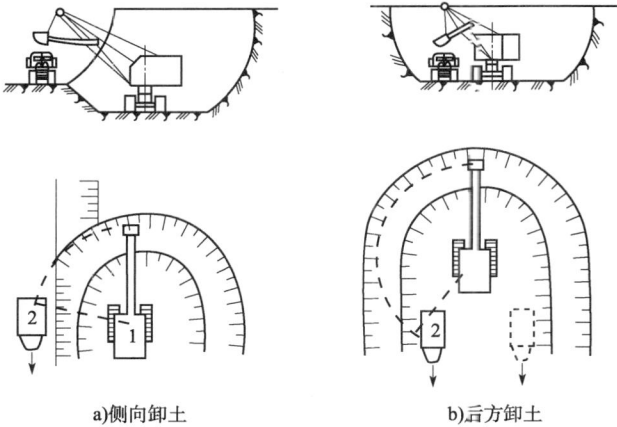

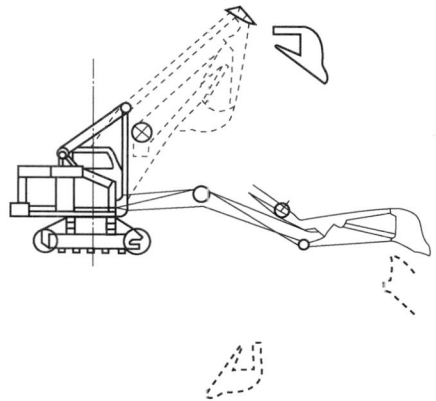

| a)侧向卸土 | b)后方卸土 |
|---|---|

图 9-44　正向铲挖土机开挖方式

1-正向铲挖土机;2-自卸汽车

图 9-45　反向铲挖土机的外形示意

反向铲挖土机的开挖方式有沟端开挖和沟侧开挖两种,如图 9-46 所示。后者挖土的宽度与深度小于前者,但弃土距沟边较远。

沟端开挖是指挖土机停在沟槽一端,向后倒退挖土,汽车可在两侧装土,此法应用较广。

沟侧开挖是指挖土机沿沟槽一侧直线移动挖土。此法能将土弃于距沟槽边较远处,可供回填使用。但由于挖土机移动方向与挖土方向相垂直,所以稳定性较差,开挖深度和宽度较小,也不能很好地控制边坡。

拉铲挖土机和抓铲挖土机在市政管道工程施工中使用较少,本教材不作介绍。

(2)液压挖掘装载机

液压挖掘装载机装有不同功能的工作装置,能完成挖掘、装载、推土、起重、回填等工作,如图 9-47 所示,适合于中小型沟槽的开挖。

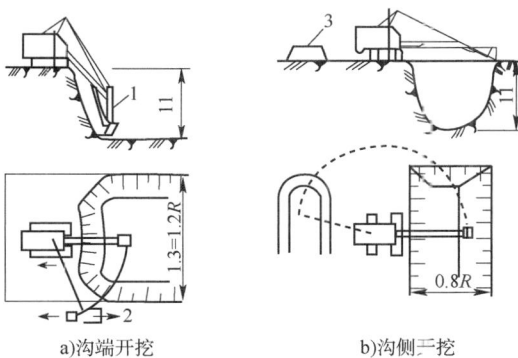

| a)沟端开挖 | b)沟侧开挖 |
|---|---|

图 9-46　反向铲挖土机开挖方式

1-反向铲挖土机;2-自卸汽车;3-弃土堆

图 9-47　液压挖掘装载机

4)开挖质量要求

(1)严禁扰动槽底土层,如发生超挖,严禁用土回填;

(2)槽壁平整,边坡符合设计要求;

（3）槽底不得受水浸泡或受冻；

（4）施工偏差应符合施工验收规范要求。

5）开挖安全施工技术

（1）土方开挖时，人工操作间距不应小于2.5m，机械操作间距不应小于10m。

（2）挖土应由上而下逐层进行，禁止逆坡挖土或掏洞。

（3）应严格按规范要求放坡。

（4）沟槽开挖深度超过3m时，应使用吊装设备吊土，坑内人员应离开起吊点的垂直正下方，并戴安全帽，工人上下应借助靠梯。

（5）材料和土方应堆放在距槽边1m以外的地方。

（6）应设置路挡、便桥或其他明显标志，夜间应有照明设施。

（7）必要时应加设支撑。

**（四）沟槽支撑**

支撑是由木材或钢材做成的一种防止沟槽土壁坍塌的临时性挡土结构。支撑的荷载是原土和地面上的荷载所产生的侧土压力。支撑加设与否应根据土质、地下水情况、槽深、槽宽、开挖方法、排水方法、地面荷载等因素确定。一般情况下，当沟槽土质较差、深度较大而又挖成直槽时，或高地下水位砂性土质并采用明沟排水措施时，均应支设支撑。当沟槽土质均匀并且地下水位低于管底设计高程时，直槽不加支撑的深度不宜超过表9-3的规定。

不加支撑的直槽最大深度　　　　　　　　表9-3

| 土 质 类 型 | 直槽最大深度（m） |
|---|---|
| 密实、中密的砂土和碎石类土 | 1.0 |
| 硬塑、可塑的黏质粉土及粉质黏土 | 1.25 |
| 硬塑、可塑的黏土和碎石土 | 1.5 |
| 坚硬的黏土 | 2.0 |

支设支撑可以减少土方开挖量和施工占地面积，减少拆迁。但支撑增加材料消耗，有时会影响后续工序的操作。

支撑结构应满足下列要求：

（1）牢固可靠，材料质地和尺寸合格，保证施工安全。

（2）在保证安全的前提下，尽可能节约用料，宜采用工具式钢支撑。

（3）便于支设、拆除，不影响后续工序的操作。

在排水管道工程施工中，常用的沟槽支撑有横撑、竖撑和板桩撑三种形式。

横撑由撑板、立柱和撑杠组成。可分成疏撑和密撑两种。疏撑的撑板之间有间距，密撑的各撑板间则密接铺设。

疏撑又叫断续式支撑，如图9-48所示，适用于土质较好、地下水含量较小的黏性土且挖土深度小于3m的沟槽。

密撑又叫连续式支撑，如图9-49所示，适用于土质较差且挖深在3～5m的沟槽。

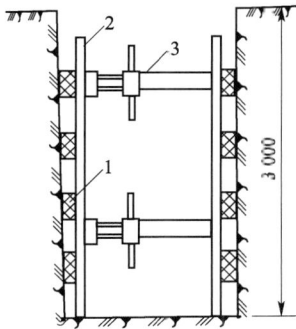
图 9-48　疏撑
1-撑板;2-立柱;3-工具式撑杠

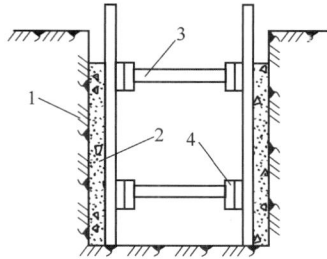
图 9-49　密撑
1-撑板;2-立柱;3-木撑杠;4-扒钉

井字撑是疏撑的特例,如图 9-50 所示。一般用于沟槽的局部加固,如地面上建筑物距沟槽较近处。

竖撑由撑板、横梁和撑杠组成,如图 9-51 所示。用于沟槽土质较差,地下水较多或有流砂的情况。竖撑的特点是撑板可先于沟槽挖土而插入土中,回填以后再拔出。因此,竖撑便于支设和拆除,操作安全,挖土深度可以不受限制。

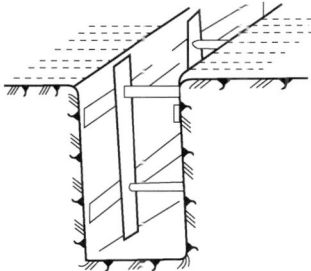
图 9-50　井字撑

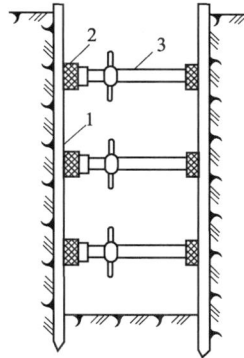
图 9-51　竖撑
1-撑板;2-横梁;3-工具式撑杠

板桩撑一般有钢板桩和木板桩两种,是在沟槽土方开挖前就将板桩打入槽底以下一定深度。其优点是土方开挖及后续工序不受影响,施工条件良好。适用于沟槽挖深较大、地下水丰富、有流砂现象或砂性饱和土层以及采用一般支撑不能奏效的情况。

目前常用的钢板桩有槽钢、工字钢或特制的钢板桩,其断面形式如图 9-52 所示。钢板桩的桩板间一般采用啮口连接,以提高板桩撑的整体性和水密性。钢板桩适用于砂土、黏性土、碎石类土层,开挖深度可达 10m 以上。钢板桩可不设横梁和撑杠,但如入土深度不足,仍需要辅以横梁和撑杠。

木板桩如图 9-53 所示,所用木板厚度应符合强度要求,允许偏差为 20mm。为了保证木板桩的整体性和水密性,木板桩两侧应榫口连接。板厚小于 8cm 时,常采用人字形榫口,厚度大于 80mm 的板桩,常采用凸凹企口形榫口,凹凸榫相互吻合。桩底部为双斜面形桩脚,一般应增加铁皮桩靴。木板桩适用于不含卵石的土层,且深度在 4m 以内的沟槽或基坑。木板桩虽然打入土中一定深度,尚需要辅以横梁和撑杠。

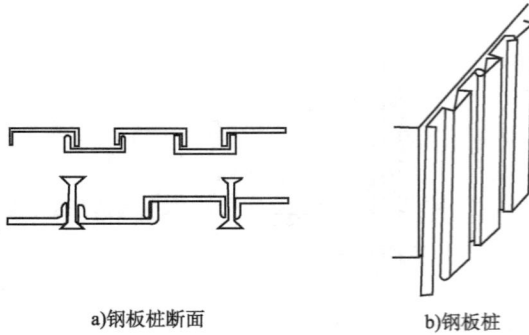

a)钢板桩断面　　　　b)钢板桩

图 9-52　钢板桩

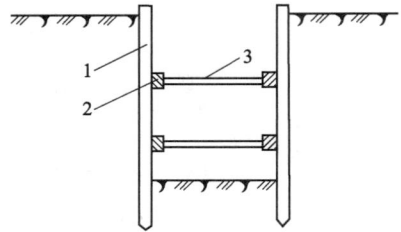

图 9-53　木板桩
1-木板桩;2-横梁;3-木撑

在各种支撑中,板桩撑是安全度最高的支撑。因此,在弱饱和土层中,经常选用板桩撑。

支撑材料的尺寸应满足强度和稳定性的要求。一般取决于现场已有材料的规格,施工时常根据经验确定。

1. 撑板

撑板有金属撑板和木撑板两种。

金属撑板由钢板焊接于槽钢上拼成,槽钢间用型钢联系加固,每块撑板长度有 2m、4m、6m 等种类,如图 9-54 所示。

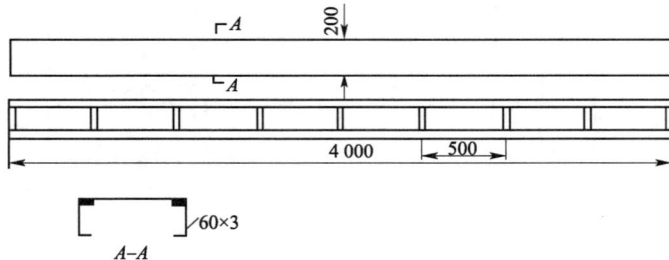

图 9-54　金属撑板(尺寸单位:mm)

木撑板不应有裂纹等缺陷,一般长 2~6m,宽度 200~300mm,厚 50mm。

2. 立柱和横梁

立柱和横梁通常采用槽钢,其截面尺寸为 100mm×150mm~200mm×200mm。如采用方木,其断面尺寸不宜小于 150mm×150mm。

立柱的间距视槽深而定。槽深在 4m 以内时,间距为 1.5m 左右;槽深为 4~6m 时,在疏撑中间距为 1.2m,在密撑中间距为 1.5m;槽深为 6~10m 时,间距为 1.2~1.5m。

横梁的间距也是根据开槽深度而定,一般为 1.2~1.5m。沟槽深度小时取大值;反之,取小值。

3. 撑杠

撑杠有木撑杠和金属撑杠两种。木撑杠为 100mm×100mm~150mm×150mm 的方木或

$\phi150mm$ 的圆木,长度根据具体情况而定。金属撑杠为工具式撑杠,由撑头和圆套管组成,如图 9-55 所示。

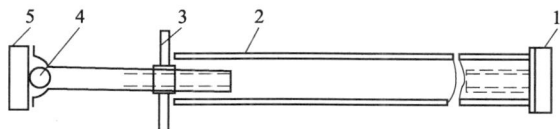

图 9-55　工具式撑杠

1-撑头板;2-圆套管;3-带柄螺母;4-球铰;5-撑头板

撑头为一丝杠,以球铰连接于撑头板上,带柄螺母套于丝杠上。使用时,将撑头丝杠插入圆套管内,旋转带柄螺母,柄把止于套管端,丝杠伸长,则撑头板就紧压立柱或横梁,使撑板固定。丝杠在套管内的最短长度应为 200mm,以保证安全。这种工具式撑杠的优点是支设方便,而且可更换圆套管长度,适用于各种不同的槽宽。撑杠间距一般为 $1.0 \sim 1.2m$。

**（五）排水管道的铺设**

市政排水管道属重力流管道,铺设的方法通常有平基法、垫块法、"四合一"法,应根据管道种类、管径大小、管座形式、管道基础、接口方式等进行选择。

1. 平基法铺设

平基法铺设排水管道,就是先进行地基处理,浇筑混凝土带形基础,待基础混凝土达到一定强度后,再进行下管、稳管、浇筑管座及抹带接口的施工方法。这种方法适用于地质条件不良的地段或雨期施工的场合。

（1）地基处理就是对软弱地基进行加固。加固的方法主要有换填法、短木桩加固法和长木桩加固法等。

换填法是将淤泥层挖除后换填干土、塘渣、砂石料等,并夯实到要求的密实度。

短木桩加固法是用长 $0.8 \sim 1.2m$ 的木桩,每隔 $1.0m$ 左右,打入 $2 \sim 3$ 根木桩将土层挤密,以增加其承载能力。

长木桩加固法是通过打入长 $2.0m$ 以上的木桩,将荷载传递到深层地基中去。

（2）混凝土带形基础的施工,包括支模、浇筑混凝土、养护等工序,本教材不作详细讲述。

（3）排管应在沟槽和管材质量检查合格后进行。根据施工现场条件,将管道在沟槽堆土的另一侧沿铺设方向排成一长串称为排管。排管时,要求管道与沟槽边缘的净距不得小于 $1m$。排管时,对承插接口的管道,宜使承口迎着水流方向排列,并满足接口环向间隙和对口间隙的要求。不管何种管口的排水管道,排管时均应扣除沿线检查井等构筑物所占的长度,以确定管道的实际用量。当施工现场条件不允许排管时,亦可以集中堆放。但管道铺设安装时需运管,施工不便。按设计要求经过排管,核对管节,位置无误后方可下管。

（4）下管前,应按设计要求对开挖好的沟槽进行复测,检查其开挖深度、断面尺寸、边坡、平面位置和槽底高程等是否符合设计要求;槽底土层有无扰动;槽底有无软泥及杂物;设置管道基础的沟槽,应检查基础的宽度、顶面高程和两侧工作宽度是否符合设计要求;基础混凝土是否达到了规定的设计抗压强度等。

此外,还应检查沟槽的边坡或支撑的稳定性。槽壁不能出现裂缝,有裂缝隐患处要采取措施加固,并在施工中注意观察,严防出现沟槽坍塌事故。如沟槽支撑影响管道施工,应进行倒撑,并保证倒撑的质量。槽底排水沟要保持畅通,尺寸及坡度要符合施工要求,必要时可用木板撑牢,以免发生塌方,影响降水。

(5)下管方法分为人工下管和机械下管两种。应根据管材种类、单节重量和长度以及施工现场情况选用。不管采用哪种下管方法,一般宜沿沟槽分散下管,以减少在沟槽内的运输工作量。

①人工下管适用于管径小、重量轻、沟槽浅、施工现场狭窄、不便于机械操作的地段。目前常用的人工下管方法是压绳下管法。

压绳下管法有撬棍压绳下管法和立管压绳下管法两种。

撬棍压绳下管法是在距沟槽上口边缘一定距离处,将两根撬棍分别打入地下一定深度,然后用两根大绳分别套在管道两端,下管时将大绳的一端缠绕在撬棍上并用脚踩牢,另一端用手拉住,控制下管速度,两大绳用力一致,听从一人号令,徐徐放松绳子,直至将管道放至沟槽底部就位为止,如图 9-56 所示。

立管压绳下管法是在距沟槽上口边缘一定距离处,直立埋设一节或两节混凝土管道,埋入深度为 1/2 管长,管内用土填实,将两根大绳缠绕(一般绕一圈)在立管上,绳子一端固定,另一端由人工操作,利用绳子与立管管壁之间的摩擦力控制下管速度,操作时两边要均匀松绳,防止管道倾斜,如图 9-57 所示。该法适用于较大直径的管道集中下管。

图 9-56　撬棍压绳下管法

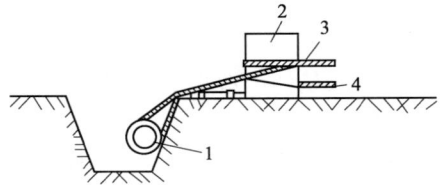

图 9-57　立管压绳下管法
1-管道;2-立管;3-放松绳;4-固定绳

②机械下管适用于管径大、沟槽深、工程量大且便于机械操作的地段。机械下管速度快、施工安全,并且可以减轻工人的劳动强度,提高生产效率。因此,只要施工现场条件允许,就应尽量采用机械下管。机械下管时,应根据管道重量选择起重机械,常采用轮胎式起重机、履带式起重机和汽车式起重机。下管时,起重机一般沿沟槽开行,距槽边至少应有 1m 以上的安全距离,以免槽壁坍塌。行走道路应平坦、畅通。当沟槽必须两侧堆土时,应将某一侧堆土与槽边的距离加大,以便起重机行走。

机械下管一般为单节下管,起吊或搬运管材时,对非金属管材承插口工作面应采取保护措施,找好重心采用两点起吊,吊绳与管道的夹角不宜小于 45°。起吊过程中,应平吊平放,勿使管道倾斜以免发生危险。如使用轮胎式起重机,作业前应将支腿撑好,支腿距槽边要有 2m 以上的距离,必要时应在支腿下垫木板。

(6)稳管是将管道按设计的高程和平面位置稳定在地基或基础上,一般由下游向上游进行稳管。稳管要借助于坡度板进行,坡度板埋设的间距,一般为 10m。在管道纵向高程变化、管径变化、转弯、检查井等处应埋设坡度板。坡度板距槽底的垂直距离一般不超过 3m。坡度板应在人工清底前埋设牢固,不应高出地面,上面钉管线中心钉和高程板,高程板上钉高程钉,以便控制管道中心线和高程。稳管通常包括对中和对高程两个环节。

①对中作业是使管道中心线与沟槽中心线在同一平面上重合。如果中心线偏离较大,则应调整管道位置,直至符合要求为止。通常可按下述两种方法进行。

a.中心线法。该法借助坡度板上的中心钉进行,如图 9-58 所示。当沟槽挖到一定深度后,沿着挖好的沟槽埋设坡度板,根据开挖沟槽前测定管道中心线时所预设的中线桩(通常设置在沟槽边的树下或电杆下等可靠处)定出沟槽中心线,并在每块坡度板上钉上中心钉,使各中心钉的连线与沟槽中心线在同一铅垂面上。对中时,将有二等分刻度的水平尺置于管口内,使水平尺的水泡居中。同时,在两中心钉的连线上悬挂垂球,如果垂线正好通过水平尺的二等分点,表明管子中心线与沟槽中心线重合,对中完成。否则应调整管道使其对中。

b.边线法。如图 9-59 所示,边线法进行对中作业是将坡度板上的中心钉移至与管外皮相切的铅垂面上。操作时,只要向左或可右移动管子,使两个钉子之间的连线的垂线恰好与管外皮相切即可。边线法对中进度快,操作方便,但要求各节管的管壁厚度与规格均应一致。

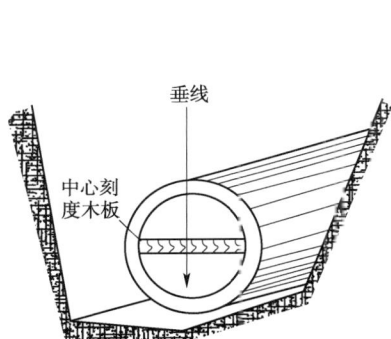

图 9-58　中心线法　　　　　　　　图 9-59　边线法

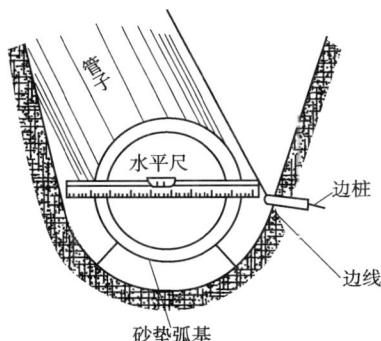

②对高程作业是使管内底高程与设计管内底高程一致,如图 9-60 所示。在坡度板上标出高程钉,相邻两块坡度板的高程钉到管内底的垂直距离相等,则两高程钉之间连线的坡度就等于管内底坡度。该连线称为坡度线。坡度线上任意一点到管内底的垂直距离为一个常数,称为对高数(或下反数)。进行对高作业时,使用丁字形对高尺,尺上刻有坡度线与管底之间的距离标记,即对高数。将对高尺垂直置于管端内底,当尺上标记线与坡度线重合时,对高即完成,否则需调整。

调整管道高程时,所垫石块应稳固可靠,以防管道从垫块上滚下伤人。为便于混凝土管道勾缝,当管径 $d \geqslant 700mm$ 时,对口间隙为 10mm;$d < 700mm$ 时,可不留间隙;$d > 800mm$ 时,需进入管内检查对口,以免出现错口现象。

稳管作业应达到平、直、稳、实的要求,其管内底高程允许偏差为 ±10mm,管中心线允许偏差为 10mm。

平基法铺设管道时,基础混凝土强度必须达到 5MPa 以上时,才能下管。基础顶面高程要满足设计要求,误差不超

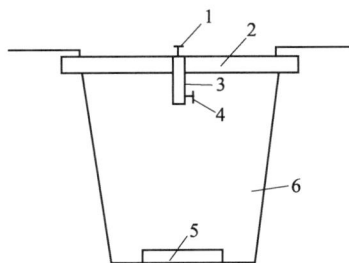

图 9-60　对高程作业

1-中心钉;2-坡度板;3-高程板;4-高程钉;5-管道基础;6-沟槽

过 ±10mm。管道设计中心线可在基础顶面上弹线进行控制。严格控制管道对口间隙,铺设较大的管道时,宜进入管内检查对口,以减少错口现象。稳管以管内底高程偏差在 ±10mm 之内,中心线偏差不超过 10mm,相邻管内底错口不大于 3mm 为合格。稳管合格后,在管道两侧用砖块或碎石卡牢,并立即浇筑混凝土管座。浇筑管座前,平基应进行凿毛处理,并冲洗干净。为防止挤偏管道,浇筑混凝土管座时,应两侧同时进行。

2. 垫块法铺设

垫块法铺设排水管道,是在预制的混凝土垫块上安管和稳管,然后再浇筑混凝土基础和接口的施工方法。这种方法可以使平基和管座同时浇筑,缩短了工期,是污水管道常用的施工方法。

垫块法施工时,预制混凝土垫块的强度等级应与基础混凝土相同;垫块的长度为管径的0.7 倍,高度等于平基厚度,宽度不小于高度;每节管道应设两个垫块,一般放在管道两端;为了防止管道从垫块上滚下伤人,铺管时管道两侧应立保险杠;垫块应放置平稳,高程符合设计要求;稳管合格后一定要用砖块或碎石在管道两侧卡牢,并及时浇筑混凝土基础和管座。

3. “四合一”法铺设

“四合一”施工法是将混凝土平基、稳管、管座、抹带四道工序合在一起施工的方法。这种方法施工速度快,管道安装后整体性好,但要求操作技术熟练,适用于管径为 500mm 以下的管道安装。

其施工程序为:验槽→支模→下管→排管→“四合一”施工→养护。

“四合一”法施工时,首先要支模,模板材料一般采用 150mm×150mm 的方木,支设时模板内侧用支杆临时支撑,外侧用支架支牢,为方便施工可在模板外侧钉铁钎。根据操作需要,模板应略高于平基或 90°管座基础高度。下管后,利用模板作导木,在槽内将管道滚运到安管处,然后顺排在一侧方木上,使管道重心落在模板上,倚靠在槽壁上,并能容易地滚入模板内,如图 9-61 所示。

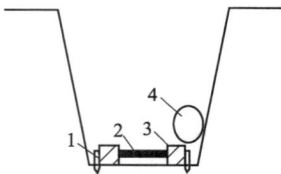

图 9-61 “四合一”支模排管示意
1- 铁钎; 2- 临时支撑; 3- 方木; 4-管道

若采用 135°或 180°管座基础,模板宜分两次支设,上部模板待管道铺设合格后再支设。

浇筑平基混凝土时,一般应使基础混凝土面比设计高程高20~40mm(视管径大小而定),稳管时轻轻揉动管道,使管道落到略高于设计高程处,以备安装下一节管道时的微量下沉。当管径在 400mm 以下时,可将管座混凝土与平基一次浇筑。

稳管操作时,将管身润湿,从模板上滚至基础混凝土面,边轻轻揉动边找中心和高程,将管道揉至高于设计高程 1~2mm 处,同时保证中心线位置准确。完成稳管后,立即支设管座模板,浇筑两侧管座混凝土,捣固管座两侧三角区,补填对口砂浆,抹平管座两肩。管座混凝土浇筑完毕后,立即进行抹带,使管座混凝土与抹带砂浆结合成一体,但抹带与稳管至少要相隔 2~3 个管口,以免稳管时不小心碰撞管子,影响抹带接口的质量。

**(六)排水管道的接口**

市政排水管道经常采用混凝土管和钢筋混凝土管,其接口形式有刚性、柔性和半柔半刚性三种。刚性接口施工简单,造价低廉,应用广泛,但刚性接口抗震性差,不允许管道有轴向变形。柔性接口抗变形效果好,但施工复杂,造价较高。

**1. 刚性接口**

目前常用的刚性接口有水泥砂浆抹带接口和钢丝网水泥砂浆抹带接口两种。

(1)水泥砂浆抹带接口

水泥砂浆抹带接口是在管道接口处用 1:(2.5~3)的水泥砂浆抹成半椭圆形或其他形状的砂浆带,带宽为 120~150mm,如图 9-62 所示。一般适用于地基较好或具有带形基础、管径较小的雨水管道和地下水位以上的污水支管。企口管、平口管和承插管均可采用此种接口。

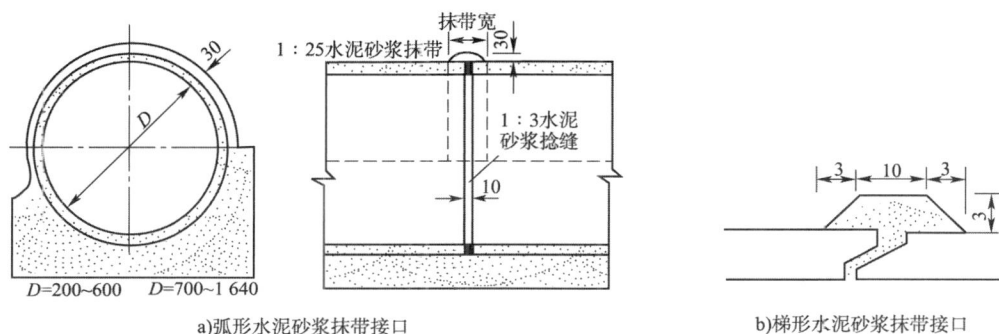

图 9-62　水泥砂浆抹带接口(尺寸单位:mm)

水泥砂浆抹带接口的工具有浆桶、刷子、铁抹子、弧形抹子等。材料的重量配合比为水泥:砂 = 1:(2.5~3),水灰比一般不大于 0.5。水泥采用 42.5 级普通硅酸盐水泥,砂应用 2mm 孔径的筛子过筛,含泥量不得大于 3%。

抹带前将接口处的管外皮洗刷干净,并将抹带范围的管外壁凿毛,然后刷水泥浆一遍;抹带时,管径小于 400mm 的管道可一次完成;管径大于 400mm 的管道应分两次完成,抹第一层水泥砂浆时,应注意调整管口缝隙使其均匀,厚度约为带厚的 1/3,压实表面后划成线槽,以利于与第二层结合;待第一层水泥砂浆初凝后再用弧形抹子抹第二层,由下往上推抹形成一个弧形接口,初凝后赶光压实,并将管带与基础相接的三角区用混凝土填捣密实。抹带完成后,用薄膜覆盖管带,3~4h 后洒水养护。

管径不小于 700mm 时,应在管带水泥砂浆终凝后进入管内勾缝。勾缝时,人在管内用水泥砂浆将内缝填实抹平,灰浆不得高出管内壁;管径小于 700mm 时,用装有黏土球的麻袋或其他工具在管内来回拖动,将流入管内的砂浆拉平。

(2)钢丝网水泥砂浆抹带接口

钢丝网水泥砂浆抹带接口,是在抹苧层内埋置钢丝网,钢丝网规格为 20 号 10mm × 10mm 镀锌钢丝。两端插入基础混凝土中,如图 9-63 所示。这种接口的强度高于水泥砂浆抹带接口,适用于地基较好或具有带形基础的雨水管道和污水管道。

施工时先将管口凿毛,抹一层 1:2.5 的水泥砂浆,厚度为 15mm 左右,待其与管壁粘牢并压实后,将两片钢丝网包拢挤入砂浆中,搭接长度不小于 100mm,并用绑丝扎牢,两端插入管座混凝土中。第一层砂浆初凝后再抹第二层砂浆,并按抹带宽度和厚度的要求抹光压实。

抹带完成后,立即用薄膜养护,炎热季节用湿草袋覆盖洒水养护。

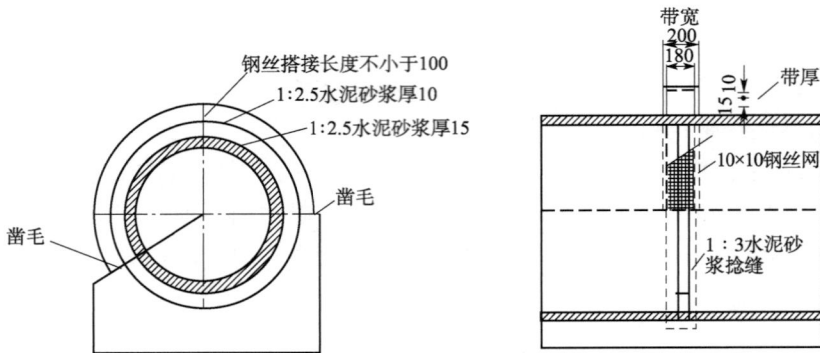

图 9-63 钢丝水泥砂浆抹带接口(尺寸单位:mm)

**2. 半柔半刚性接口**

半柔半刚性接口通常采用预制套环石棉水泥接口,适用于地基不均匀沉陷不严重地段的污水管道或雨水管道的接口。

套环为工厂预制,石棉水泥的重量配合比为水∶石棉∶水泥 = 1∶3∶7。施工时,先将两管口插入套环内,然后用石棉水泥在套环内填打密实,确保不漏水。

**3. 柔性接口**

通常采用的柔性接口有沥青麻布(玻璃布)接口、沥青砂浆接口、承插管沥青油膏接口等,适用于地基不均匀沉陷较严重地段的污水管道和雨水管道的接口。

(1)沥青麻布(玻璃布)接口

沥青麻布(或玻璃布)接口适用于无地下水、地基不均匀沉降不太严重的平口或企口排水管道。接口时,先用 1∶3 的水泥砂浆捻缝,并将管口清刷干净,在管口上刷一层冷底子油,然后以热沥青为胶黏剂,做四油三布防水层,并用钢丝将沥青麻布或沥青玻璃布绑扎牢固即可。

(2)沥青砂浆接口

这种接口的使用条件与沥青麻布(或玻璃布)接口相同,但不用麻布(或玻璃布),可降低成本。沥青砂浆的重量配合比为石油沥青∶石棉粉∶砂 = 1∶0.67∶0.67。制备时,将 10 号建筑沥青在锅中加热至完全熔化(超过 220℃)后,加入石棉(为 1/3 左右)细砂,不断搅拌使之混合均匀。接口时,将沥青砂浆温度控制在 200℃ 左右,使其具有良好的流动性,直接涂抹即可。

(3)沥青油膏接口

沥青油膏具有黏结力强、受温度影响小等特点,接口施工方便。沥青油膏可自制,也可购买成品。自制沥青油膏的重量配合比为 6 号石油沥青∶节油∶废机油∶石棉灰∶滑石粉 = 100∶11.1∶44.5∶77.5∶119。这种接口适用于承插口排水管道。

施工时,将管口刷洗干净并保持干燥,在第一根管道的承口内侧和第二根管道的插口外侧各涂刷一道冷底子油;然后将油膏捏成膏条,接口下部用膏条的粗度为接口间隙的 2 倍,上部用膏条的粗度与接口间隙相同;将第一根管道按设计要求稳管,并用喷灯把承口内侧的冷底子油烤热,使之发黏,同时将粗膏条也烤热发黏,垫在接口下部 135° 范围内,厚度高出接口间隙约5mm;将第二根管道插入第一根管道承口内并稳管;最后将细膏条填入接口上部,用錾子填捣密实,使其表面平整。

（4）橡胶圈接口

对新型混凝土和钢筋混凝土排水管道,现已推广使用橡胶圈接口。

施工时,先将承口内侧和插口外侧清洗干净,把胶圈套在插口的凹槽内,外抹中性润滑剂,起吊管子就位即可。如为企口管,应在承口断面预先用氯丁橡胶胶水粘接4块多层胶合板组成的衬垫,其厚度约为12mm,按间隔90°均匀分布,如图9-64所示。

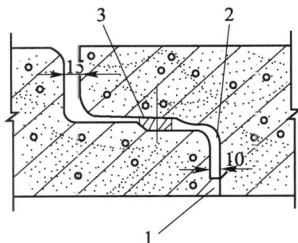

图9-64　企口管胶圈接头(尺寸
单位:mm)
1-水泥砂浆;2-垫片;3-橡胶圈

对钢筋混凝土平口管采用"T"形接口或"F"形接口。"T"形接口是借助钢套管和橡胶圈起连接密封作用。施工时先在两管端的插入部分套上橡胶圈,然后插入"T"形钢套管,即完成接口操作,如图9-65所示。

对大中管径的钢筋混凝土管,现在偏向于采用"F"形钢套环接口。"F"形钢套环接口的钢套环是一个钢筒,钢筒的一端与管道的一端牢固地固定在一起,形成插口,管端的另一端混凝土做成插头,插头上有安装橡胶圈的凹槽。相邻两管段连接时,先在插头上安装好橡胶圈,在插口上安装好垫片,然后将插头插入插口即完成连接,如图9-66所示。施工时一定要注意插口的方向,使插口始终朝向下游,避免接口漏水。"F"形钢套环接口适用于管径为2 700mm、3 000mm的大管道的开槽施工。

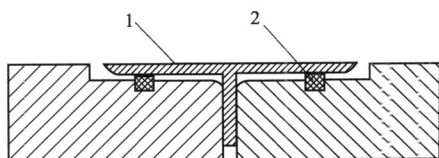

图9-65　"T"形接口
1-"T"形套管;2-橡胶圈

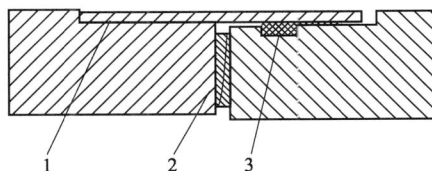

图9-66　"F"形接口
1-钢套管;2-垫片;3-橡胶圈

钢套环在接头中主要起连接作用。其外径比混凝土管的外径小2～3mm,壁厚为6～10mm,宽度为250～300mm。钢套环由耐腐蚀的条形钢板卷制而成,一端应有坡口,便于压入橡胶圈,另一端与混凝土浇筑成一体,内外均涂防腐涂料。

橡胶圈在接头中主要起密封作用,常用的橡胶圈有"O"、楔形和锯齿形。"O"胶圈形状简单、成本低,主要用于无地下水或地下水压力较小的地段。楔形橡胶圈的压缩率最大可达到57%,装配间隙宽、容量大、滑动侧留有唇边、密封性能好。锯齿形橡胶圈在日本应用较多,其压缩率大、装配间隙宽、容量大、密封性好、能承受较大的水压力,主要用于地下水压力较大的地段。但其断面形状复杂,制造比较困难。

此外,对聚乙烯双壁波纹管、硬聚氯乙烯双壁波纹管和塑料螺旋管等新型塑料排水管道,若为平口管可采用热熔承插连接或热熔对接连接,也可采用电熔承插连接或电熔鞍形连接。若为承插管,一般采用承插式橡胶圈连接。

### (七)检查井和雨水口的施工

**1. 检查井的施工要点**

我国目前应用最多的是砖砌检查井,检查井的井壁厚度为240mm,采用全丁式或一顺一丁式砌筑。砌筑时应注意以下几点:

(1)检查井的流槽,应与井壁同时砌筑。当采用砖、石砌筑时,表面应用水泥砂浆分层压实抹光,流槽应与上下游管道底部接顺。

(2)井室内的踏步和脚窝应随砌随安(留),其尺寸要符合设计规定,砌筑砂浆未达到规定强度前不得踩踏。

(3)各种预留支管应随砌随安,管口应与井内壁平齐,其管径、方向和高程均应符合设计要求,管与井壁衔接处应严密不得漏水。如用截断的短管,其断管破茬不得朝向井内。

(4)砖砌圆形检查井时,应随时检测直径尺寸。当需要收口时,如为四面收进,则每次收进应不超过30mm;如为三面收进,则每次收进不超过50mm。

(5)检查井接入较大直径圆管时,管顶应砌砖券加固。当管径不小于1 000mm时,拱券高应为250mm;管径小于1 000mm时,拱券高应为125mm。

(6)检查井的井室、井筒内壁应用原浆勾缝。如有抹面要求时,内壁抹面应分层压实,外壁应用砂浆搓缝挤压密实。并且盖座与井室相接触的一层砖必须是丁砖。

(7)检查井应边砌边四周同时回填土,每层填土高度不宜超过300mm,必要时可填灰土或砂。砌筑时,井壁不得有通缝,砂浆要饱满,灰缝平整,抹面压光,不得有空鼓、裂缝等现象。井内流槽应平顺,踏步安装应牢固准确,井内不得有建筑垃圾等杂物。井盖要完整无损,安装平稳,位置正确。

**2. 雨水口的施工要点**

雨水口的施工通常采用砌筑作业。砌筑前按设计边线和支管位置,定出雨水口的中心线桩,使雨水口的一条长边必须与道路边线重合。按雨水口中心线桩开槽,注意留出足够的肥槽,开挖至设计深度。槽底要仔细夯实,遇有地下水时应排除地下水并浇筑C15混凝土基础。如井底为松软土时,应夯筑3:7灰土基础,然后砌筑井墙。砌井墙时,应按如下工艺进行:

(1)按井墙位置挂线,先砌筑井墙一层,然后核对方正。一般井墙内口为680mm×380mm时,对角线长779mm;内口尺寸为680mm×410mm时,对角线长794mm;内口尺寸为680mm×415mm时,对角线长797mm。

(2)砌筑井墙。井墙厚240mm,采用MU10砖和M10水泥砂浆按一顺一丁的形式组砌。砌筑时随砌随刮平缝,每砌高300mm墙外井槽及时回填夯实。砌至雨水连接管或支管处应满卧砂浆,砌砖已包满管道时应将管口周围用砂浆抹严抹平,不能有缝隙,管顶砌半圆砖券,管口应与井墙面齐平。当支管与井墙必须斜交时,允许管口入墙20mm,另一侧凸出20mm,过此限值时,必须调整雨水口位置。井口应与路面施工配合同时升高,井底用C15石混凝土抹出向雨水口连接管集水的泛水坡。

(3)井墙砌筑完毕后安装雨水箅时,内侧应与边石或路边呈一直线,满铺砂浆,找平坐稳。雨水箅顶与路面齐平或稍低,但不得凸出。雨水箅安装好后,应用木板或铁板盖住,以防止在道路面层施工时压坏。雨水口砌筑完毕后,内壁抹面必须平整,不得起壳裂缝,支管必须直顺,不得有错口,管口应与井壁平齐,井周围回填土必须密实。

**(八)排水管道的严密性检查**

排水管道的严密性一般通过闭水试验进行检查,闭水试验的方法和有关规定如下。

1.试验规定

(1)污水管道、雨污合流管道、倒虹吸管及设计要求闭水的其他排水管道,回填前应采用闭水法进行严密性试验。试验管段应按井距分隔,长度不大于1 000m,带井试验。雨水和与其性质相似的管道,除大孔性土层及水源地区外,可不做闭水试验。

(2)闭水试验管段应符合下列规定:管道及检查井外观质量已验收合格;管道未回填,且沟槽内无积水;全部预留孔(除预留进出水管外)应封堵坚固,不得渗水;管道两端堵板承载力经核算应大于水压力的合力。

(3)闭水试验应符合下列规定:试验段上游设计水头不超过管顶内壁时,试验水头应以试验段上游管顶内壁加2m计;当上游设计水头超过管顶内壁时,试验水头应以上游设计水头加2m计;当计算出的试验水头小于10m,但已超过上游检查井井口时,试验水头应以上游检查井井口高度为准。

2.试验方法

在试验管段内充满水,并在试验水头作用下进行泡管,泡管时间不小于24h,然后再加水达到试验水头,观察30min量,观察期间应不断向试验管段补水,以保持试验水头恒定,该补水量即为漏水量。将该漏水量转化为每公里管道每昼夜的渗水量,如果该渗水量小于规范规定的允许渗水量,则表明该管道严密性符合要求。其渗水量的转化公式为:

$$Q = 48q \times \frac{10\ 000}{L} \tag{9-5}$$

式中:$Q$——每公里管道每昼夜的渗水量$[\text{m}^3/(\text{km} \cdot \text{d})]$;

$q$——试验管段30min的渗水量$(\text{m}^3)$;

$L$——试验管段长度$(\text{m})$。

**(九)土方回填**

市政管道施工完毕并经检验合格后,应及时进行土方回填,以保证管道的位置正确,避免沟槽坍塌,尽早恢复地面交通。

回填前,应建立回填制度。回填制度是为了保证回填质量而制定的回填操作规程。如根据管道特点和回填密实度要求,确定回填土的土质、含水率、还土虚铺厚度、压实后厚度、夯实工具、夯击次数及走夯形式等。

回填施工一般包括还土、耙平、夯实、检查四道工序。

1.还土

还土一般用沟槽原土,但土中不应含有粒径大于30mm的砖块,粒径较小的石子含量不超过10%。回填土土质应保证回填密实度,不能用淤泥土、砂土、黏土回填。当原土为上述土时,应换土回填。

回填土应具有最佳含水率。高含水率时可采用晾晒或加白灰掺拌等方法使其达到最佳含水率;低含水率时则应洒水。当采取各种措施降低或提高含水率的费用比换土费用高时,则应换土回填。有时,在市区繁华地段、交通要道、交通枢纽处回填,或为了保证附近建筑物安全,或为了当年修路,可将道路结构以下部分换用砂石、矿渣等回填。

还土不应带水进行,沟槽应继续降水,防止出现沟槽坍塌和管道漂浮事故。采用明沟排水时,还土应从两相邻集水井的分水岭处开始向集水井延伸。雨期施工时,必须及时回填。

还土可采用人工还土或机械还土,一般管顶0.5m以下采用人工还土,0.5m以上采用机械还土。

沟槽回填,应在管座混凝土强度达到5MPa后进行。回填时,两侧胸腔应同时分层还土摊平,夯实也应同时以同一速度进行。管道上方土的回填,从纵断面上看,在厚土层与薄土层之间,已夯实土与未夯实土之间,均应有一较长的过渡地段,以免管子受压不匀发生开裂。相邻两层回填土的分段位置应错开。

2. 摊平

每还土一层,都要采用人工将土摊平,每一层都要接近水平。每层土的虚铺厚度应根据压实机具和要求的密实度确定,一般可参照表9-4确定。

回填土每层的虚铺厚度

表9-4

| 压 实 机 具 | 虚铺厚度(mm) | 压 实 机 具 | 虚铺厚度(mm) |
|---|---|---|---|
| 木夯、铁夯 | 200~250 | 压路机 | 250~400 |
| 蛙式夯、火力夯 | 250~300 | 振动压路机 | 300~450 |

3. 夯实

夯实是利用夯锤下落的冲击力来夯实土层。通常有人工夯实和机械夯实两种,沟槽回填夯实是利用夯锤下落的冲击力来夯实土层。通常有人工夯实和机械夯实两种方法。管顶0.5m以下和胸腔两侧必须采用人工夯实;管顶0.5m以上可采用机械夯实。

人工夯实主要采用木夯、石夯进行,用于回填土密实度要求不高处。

机械夯实的机具类型较多,常采用蛙式打夯机。蛙式打夯机由夯头架、拖盘、电动机和传动减速机构组成,如图9-67所示。蛙式夯构造简单、轻便,在施工中广泛使用。夯土时电动机经皮带轮二级减速,使偏心块转动,摇杆绕拖盘上的连接铰转动,使拖盘上下起落。夯头架也产生惯性力,使夯板作上下运动,夯实土方。同时蛙式夯利用惯

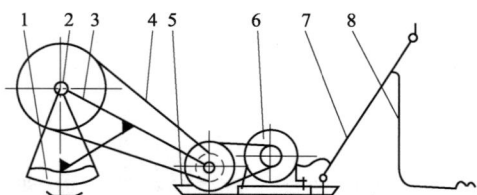

图 9-67　蛙式夯构造示意
1-偏心块;2-前轴装置;3-夯头架;4-传动装置;5-托盘;6-电动机;7-操纵手柄;8-电器控制设备

性作用自动向前移动。一般而言,采用功率2.8kW的蛙式夯,在最佳含水率条件下,虚铺厚度0.2mm,夯击3~4遍,回填土密实度便可达到95%左右。

4. 检查

主要是检查回填土的密实度。

每层土夯实后,均应检测密实度。一般采用环刀法进行检测。检测时,应确定取样的数目和地点。由于表面土常易夯碎,每个土样应在每层夯实土的中间部分切取。土样切取后,根据自然密度、含水率、干密度等数值,即可算出密实度。沟槽回填土的密实度要求如图9-68所示。

**5.回填施工注意事项**

（1）雨期回填应先测定土层含水率,排除槽内积水,还土时应避免造成地面水流向槽内的通道。

（2）冬期回填应尽量缩短施工段,分层薄填,迅速夯实,铺土必须当天完成。管道上方计划修筑路面时不得回填冻土;上方无修筑路面计划时,两侧及管顶以上500mm范围内不得回填冻土,其上部回填冻土含量也不能超过填方总体积的30%,且冻土颗粒尺寸不得大于15cm。

（3）有支撑的沟槽,拆撑时要注意检查沟槽及邻近建筑物、构筑物的安全。

（4）回填时沟槽降水应继续进行,只有当回填土达到原地下水位以上时方可停止。

（5）回填土时不得将土直接砸在抹带接口上。

（6）回填应使槽上土面略呈拱形,以免日久因土沉陷而造成地面下凹。拱高一般为槽宽的1/20,常取15cm。

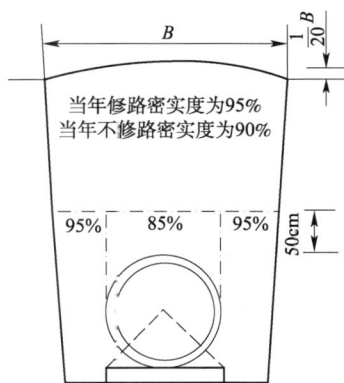

图9-68　沟槽回填土密实度

三、排水管道不开槽施工

**（一）概述**

排水管道穿越障碍物或城市干道而又不能中断交通时,常采用不开槽法施工。不开槽铺设的排水管道多为圆形预制管道,也可为方形、矩形和其他非圆形的预制钢筋混凝土管沟。

管道不开槽施工与开槽施工法相比,不开槽施工减少了施工占地面积和土方工程量,不必拆除地面上和浅埋于地下的障碍物;管道不必设置基础和管座;不影响地面交通和河道的正常通航;工程立体交叉时,不影响上部工程施工;施工不受季节影响且噪声小,有利于文明施工;降低了工程造价。因此,不开槽施工在排水管道工程施工中得到了广泛应用。

不开槽施工一般适用于非岩性土层。在岩石层、含水层施工,或遇有地下障碍物时,都需要采取相应的措施。因此,施工前应详细地勘察施工地段的水文地质条件和地下障碍物等情况,以便于操作和安全施工。

排水管道的不开槽施工,常采用掘进顶管法。此外,还有挤压施工、牵引施工等方法,应根据管道的材料、尺寸、土层性质、管线长度等因素确定。掘进顶管法的施工过程,如图9-69所示。施工前先在管道两端开挖工作坑,再按照设计管线的位置和坡度,在起点工作坑内修筑基础、安装导轨,把管道安放在导轨上顶进。顶进前,在管前端开挖坑道,然后用千斤顶将管道顶入。一节顶完,再连接一节管道继续顶进,直到将管道顶入终点工作坑为止。在顶进过程中,千斤顶支承于后背,后背支承于原土后座墙或人工后座墙上。

根据管道前端开挖坑道的不同方式,掘进顶管法可分为人工取土掘进顶管和机械取土掘进顶管两种方法。

**（二）人工取土掘进顶管法**

人工取土掘进顶管法是依靠人力在管内前端掘土,然后在工作坑内借助顶进设备,把敷

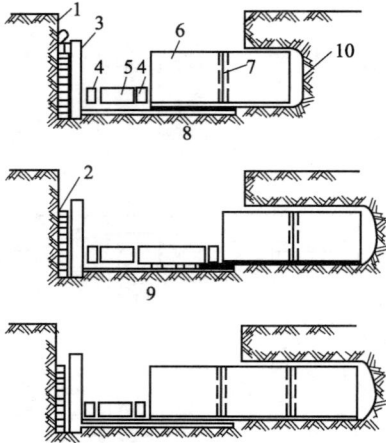

图 9-69  掘进顶管示意

1-后座墙;2-后背;3-立铁;4-横铁;5-千斤顶;
6-管子;7-内胀圈;8-基础;9-导轨;10-掘进工
作面

设的管道按设计中线和高程的要求顶入,并用小车将前方挖出的土从管中运出,如图 9-69 所示。这是目前应用较为广泛的施工方法,适用于管径不小于 800mm 的大口径管道的顶进施工,否则人工操作不便。

1. 顶管施工的准备工作

(1)制订施工方案

施工前,应对施工地带进行详细的勘察研究,进而编制可行的施工方案。其内容有:

①确定工作坑的位置和尺寸,进行后背的结构计算;

②确定掘进和出土方法、下管方法、工作平台的支搭形式;

③进行顶力计算,选择顶进设备以及考虑是否采用长距离顶进措施以增加顶进长度;

④遇有地下水时,采用的降水方法;

⑤工程质量和安全保证措施。

(2)工作抗的布置

工作坑是掘进顶管施工的工作场所,应根据地形、管道设计、地面障碍物等因素布置。尽量选在有可利用的坑壁原状土作后背处和检查井处;与被穿越的障碍物应有一定的安全距离且距水源和电源较近处;应便于排水、出土和运输,并具有堆放少量管材和暂时存土的场地;单向顶进时应选在管道下游以利排水。

(3)工作坑的种类及尺寸

工作坑有单向坑、双向坑、转向坑、多向坑、交汇坑、接受坑之分,如图 9-70 所示。

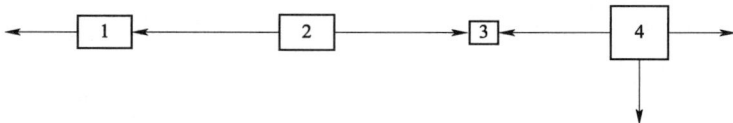

图 9-70  坑种类

1-单向坑;2-双向坑;3-交汇坑;4-多向坑

只向一个方向顶进管道的工作坑称为单向坑。向一个方向顶进而又不会因顶力增大而导致管端压裂或后背破坏所能达到的最大长度,称为一次顶进长度。双向坑是向两个方向顶进管道的工作坑,因而可增加从一个工作坑顶进管道的有效长度。转向坑是使顶进管道改变方向的工作坑。多向坑是向多个方向顶进管道的工作坑。接收坑是不顶进管道,只用于接收管道的工作坑。若几条管道同时由一个接收坑接收,则这样的接收坑称为交汇坑。

工作坑的平面形状一般有圆形和矩形两种。圆形工作坑的占地面积小,一般采用沉井法施工,竣工后沉井可作为管道的附属构筑物,但需另外修筑后背。矩形工作坑是顶管施工中常用的形式,其短边与长边之比一般为 2:3。此种工作坑的后背布置比较方便,坑内空间能充分利用,覆土厚度深浅均可使用。

工作坑应有足够的空间和工作面,以保证顶管工作正常进行。工作坑的底宽 $W$ 和深度

$H$,如图 9-71 所示。工作坑的底宽按式(9-6)计算:

$$W = D + 2(B + b) \qquad (9\text{-}6)$$

式中:$W$——工作坑底宽(m);

　　$D$——被顶进管道的外径(m);

　　$B$——管道两侧操作宽度(m),一般每侧为 1.2 ~ 1.6m;

　　$b$——撑板与立柱厚度之和(m),一般采用 0.2m。

工程施工中,可按式(9-7)估算工作坑的底宽(均以 m 为单位):

$$B \approx D + (2.5 \sim 3.0) \qquad (9\text{-}7)$$

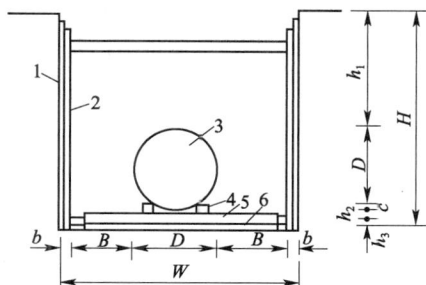

图 9-71　工作坑的底宽和深度
1-撑板;2-支撑立木;3-管道;4-导轨;5-基础;6-垫层

工作坑的深度按式(9-8)计算:

$$H = h_1 + D + c + h_2 + h_3 \qquad (9\text{-}8)$$

式中:$H$——工作坑开挖深度(m);

　　$h_1$——管道覆土厚度(m);

　　$D$——管道外径(m);

　　$c$——管道外壁与基础顶面之间的空隙,一般为 0.01 ~ 0.03m;

　　$h_2$——基础厚度(m);

　　$h_3$——垫层厚度(m)。

工作坑的坑底长度如图 9-72 所示,按式(9-9)计算:

$$L = a + b + c + d + e + f + g \qquad (9\text{-}9)$$

式中:$L$——工作坑坑底长度(m);

　　$a$——后背宽度(m);

　　$b$——立铁宽度(m);

　　$c$——横铁宽度(m);

　　$d$——千斤顶长度(m);

　　$e$——顺铁长度(m);

　　$f$——单节管长(m);

　　$g$——已顶进的管节留在导轨上的最小长度,混凝土管取 0.3m。

工程施工中,可按式(9-10)估算工作坑的长度(均以 m 为单位):

$$L \approx f + 2.5 \qquad (9\text{-}10)$$

(4)工作坑的基础与导轨

工作坑的施工一般采用有开槽法、沉井法和连续墙法等。

开槽法是常用的施工方法。根据操作要求,工作坑最下部的坑壁应为直壁,其高度一般不少于 3m。如需开挖斜槽,则管道顶进方向的两端应为直壁。土质不稳定的工作坑,坑壁应加设支撑,如图 9-73 所示。撑杠到工作坑底的距离一般不小于 3.0m,工作坑的深度一般不超过 7.0m,以便于操作施工。

在地下水位下修建工作坑,如不能采取措施降低地下水位,可采用沉井法施工。即首先预制不小于工作坑尺寸的钢筋混凝土井筒,然后在钢筋混凝土井筒内挖土,随着不断挖土,井筒靠自身的重力就不断下沉,当沉到要求的深度后,再用钢筋混凝土封底。在整个下沉的过程中,依靠井筒的阻挡作用,消除地下水对施工的影响。

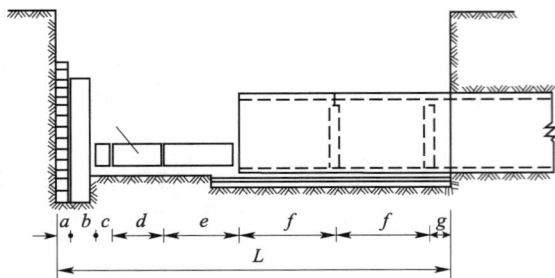

图 9-72 工作坑底的长度

a-后背宽度;b-立铁宽度;c-横铁宽度;d-千斤顶长度;e-顺铁长度;
f-单节管长;g-已顶进的管节留在导轨上的最小长度

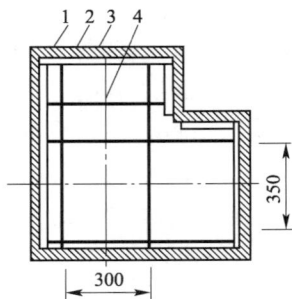

图 9-73 工作坑壁支撑(尺寸单位:cm)

1-坑壁;2-撑板;3-横木;4-撑杠

连续墙式工作坑,即先钻深孔成槽,用泥浆护壁,然后放入钢筋网,浇筑混凝土时将泥浆挤出来形成连续墙段,再在井内挖土封底而形成工作坑。连续墙法比沉井法工期短,造价低。

为了防止工作坑地基沉降,导致管道顶进误差过大,应在坑底修筑基础或加固地基。基础的形式取决于坑底土质、管节重量和地下水位等因素。一般有以下三种形式:

①土槽木枕基础。适用于土质较好,又无地下水的工作坑。这种基础施工操作简便、用料少,可在方木上直接铺设导轨,如图 9-74 所示。

②卵石木枕基础。适用于砂质粉土地基并有少量地下水时的工作坑。为了防止施工过程中扰动地基,可铺设厚为 100~200mm 的卵石或级配砂石,在其上安装木轨枕,铺设导轨,如图 9-75 所示。

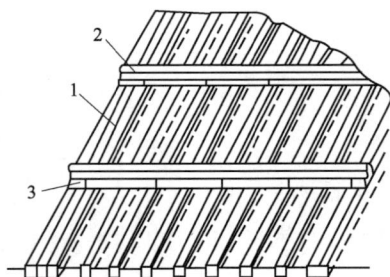

图 9-74 土槽木枕基础

1-方木;2-导轨;3-道钉

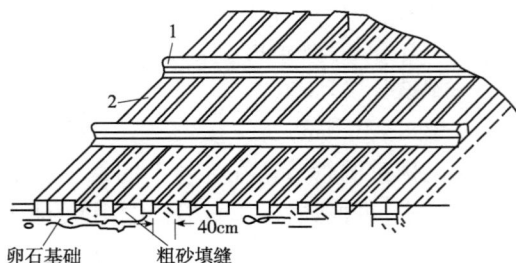

图 9-75 卵石木枕基础

1-导轨;2-方木

③混凝土木枕基础。适用于工作坑土质松软、有地下水、管径大的情况。基础采用不低于 C10 的混凝土,如图 9-76 所示。

该基础宽度应比管外径大 400mm,厚度为 200~300mm,长度至少为单节管长的 1.2~1.3 倍。轨枕应埋设在混凝土中,一般采用 150mm×150mm 的方木,长度为 2~4m,间距为 400~800mm。

导轨的作用是保证管道在将要入土时的位置正确。安装时应满足如下要求：

①宜采用钢导轨。钢导轨有轻轨和重轨之分，管径大时采用重轨。轻便钢导轨的安装如图9-77所示。

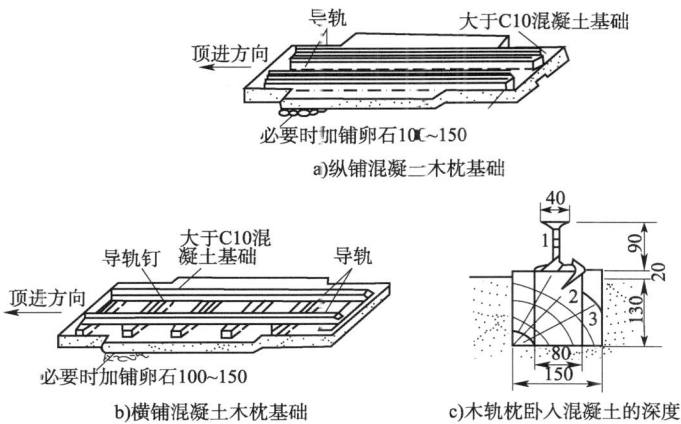

图9-76　混凝土木枕基础(尺寸单位:mm)

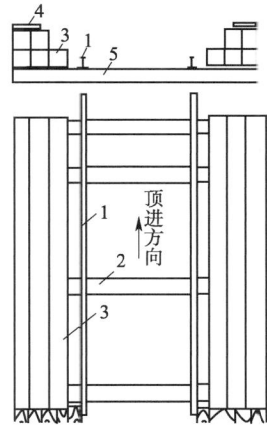

图9-77　轻便钢导轨图
1-钢轨导轨；2-方木轨枕；
3-护木；4-铺板；5-混凝土基础

②导轨用道钉固定于基础的轨枕上，两导轨应平地、高等，其高程应略高于该管道的设计高程，坡牙与管道坡度一致。

③安装应牢固，不得在过程中产生位移，并应经常检查校核。

④两导轨间的净距A可按式(9-11)计算，如图9-78所示。

$$A = \sqrt{(d+2t)(h-c) - (h-c)^2} \tag{9-11}$$

式中：$A$——两导轨净距(m)；

　　　$d$——管道内径(m)；

　　　$t$——管道壁厚(m)；

　　　$h$——钢导轨高度(m)；

　　　$c$——管道外壁与基础顶面的空隙，一般为$0.01 \sim 0.03$m。

在顶管施工中，导轨一般都固定安装，但有时也可采用滚轮式导轨，如图9-79所示。这种滚轮式导轨的两导轨间距可以调节，以适应不同管径的管道。同时，管道与导轨间的摩擦力小，一般用于大口径的混凝土管道的顶管施工。

导轨安装好后，应按设计检查轨首高程和坡度。首节管道在导轨上稳定后，应测量导轨承受荷载后的变化，并加以纠正，确保管道在导轨上不产生偏差。

(5)后座墙与后背

后座墙与后背是千斤顶的支承结构，在顶进过程中始终承受千斤顶顶力的反作用力，该反作用力称为后坐力。

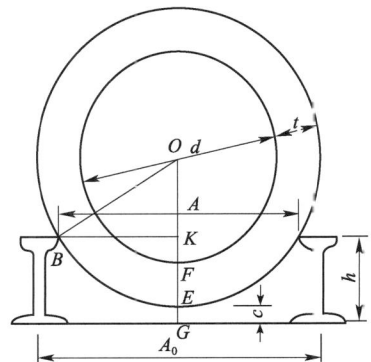

图9-78　导轨间距计算图

顶进时,千斤顶的后坐力通过后背传递给后座墙。因此,后背和后座墙要有足够的强度和刚度,以承受此荷载,保证顶进工作顺利进行。

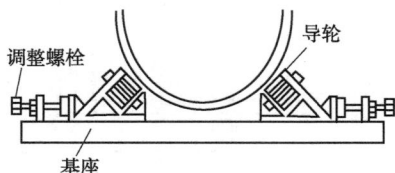

图 9-79　滚轮式导轨

后背是紧靠后座墙设置的受力结,一般由横排方木、立铁和横铁构成,如图9-80所示,其作用是减少对后座墙单位面积的压力。

后背设置时应满足下列要求:

①后座墙土壁应铲修平整,并使土壁墙面与管道顶进方向相垂直。

②在平直的土壁前,横排 150mm × 150mm 的方木,方木前设置立铁,立铁前再横向叠放横铁。当土质松软或顶力较大时,应在方木前加钢撑板,方木与土壁以及撑板与土壁间要接触紧密,必要时可向土壁与撑板间灌沙捣实。

③木方应卧到工作坑底下 0.5 ~ 1.0cm,使千斤顶的着力点高度不小于方木背高度的 1/3。

④方木前的立铁可用 200mm × 400mm 的工字钢,黄铁可用两根 150mm × 400mm 的工字钢。

⑥后背的高度和宽度,应根据后坐力大小及后座墙的允许承载力,经计算确定。一般高度可选 2 ~ 4m,宽度可选 1.2 ~ 2.0m。

后座墙有原土后座墙和人工后座墙两种,经常采用原土后座墙,如图 9-80 所示。原土后座墙修建方便,造价低。黏土、粉质黏土均可作原土后座墙。根据施工经验,管道覆土厚度为 2 ~ 4m 时,原土后座墙的长度一般需 4 ~ 7m。选择工作坑位置时,应考虑有无原土后座墙可以利用。

当无法建立原土后座墙时,可修建人工后座墙。即用块石、混凝土、钢板桩填土等方法构筑后背,或加设计支撑来提高后座墙的强度,如图 9-81 所示。

(6)顶进设备

顶进设备主要包括千斤顶、高压油泵、顶铁、下管与运土设备等。

①千斤顶。目前多采用液压千斤顶。液压千斤顶的构造形式有活塞式和柱塞式两种,作用方式有单作用液压千斤顶和双作用液压千斤顶,如图 9-82 所示。液压千斤顶按其驱动方式分为手压泵驱动、电泵驱动和引擎驱动三种方式。在机管施工中一般采用双作用活塞式液压千斤顶,电泵驱动或手压泵驱动。

千斤顶在工作坑内的布置与采用的个数有关。如 1 台千斤顶,其布置为单列式;如为 2 台千斤顶,其布置为并列式;如为多台千斤顶,宜采用环周式布置。使用 2 台以上的千斤顶时,应使顶力的合力作用点与管壁反作用力作用点在同一轴线上,以防止产生顶时力偶,造成顶进偏差。根据施工经验,采用人工挖土,管道上半部管壁与土壁有间隙时,千斤顶的着力点作用在管道垂直直径的 1/5 ~ 1/4处。

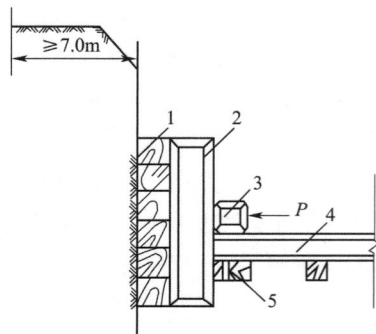

图 9-80　原土后座墙与后背
1-方木;2-立铁;3-横铁;4-导轨;5-导轨方木

②高压油泵。顶管施工中的高压油泵一般采用轴向柱塞泵,借助柱塞在缸体内的往复运动,造成封闭容器体积的变化,不断吸油和压油,施工时电动机带动油泵工作,把工作油加压到工作压力,由管路输送,经分配器和控制阀进入千斤顶。电能经高压油泵转换为压力能,千斤顶又把压力能转换为机械能,进而顶入管道,机械能输入后,工作油以一个大气压状态回到油箱,进行下一次顶进。

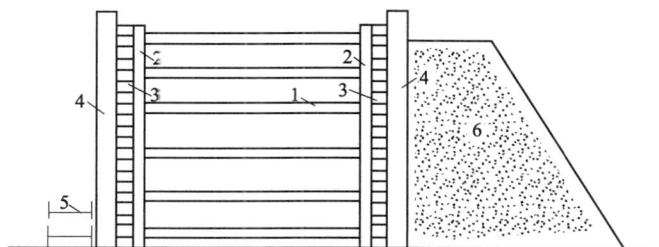

图 9-81    人工后座墙
1-撑杆;2-立柱;3-后背方木;4-立铁;5-横铁;6-填土

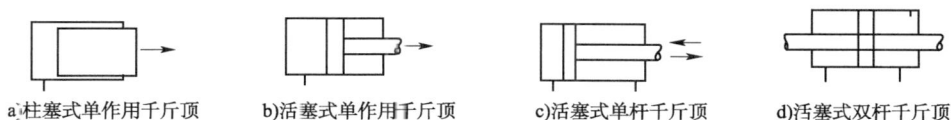

a)柱塞式单作用千斤顶　　b)活塞式单作用千斤顶　　c)活塞式单杆千斤顶　　d)活塞式双杆千斤顶

图 9-82    液压千斤顶

③顶铁。顶铁的作用是延长短冲程千斤顶的顶程、传递顶力并扩大管节断面的承压面积。要求它能承受顶力而不变形,并且便于搬动。顶铁由型钢焊接而成。根据安放位置和传力作用不同,可分为横铁、顺铁、立铁、弧铁和圆铁。横铁安放在千斤顶与顺铁之间,将千斤顶的顶力传递到两侧顺铁上。

顺铁安放在横铁和被顶的管道之间,使用时与顶力方向平行。在顶管过程中,顺铁还起调节间距作用,因此顺铁的长度取决于千斤顶的顶程、管节长度和出口设备等。通常有100mm、200mm、300mm、400mm、600mm 等几种长度,横截面为 250mm × 300mm,两端面用厚25mm 的钢板焊平。顺铁的两端再加工立平整且平行,防止作业时顶铁外弹。立铁安放在后背与千斤顶之间,起保护后背的作用。

弧铁和圆铁,安放在管道端面,顺铁作用在其上。其作用使顺铁传递的顶力较均匀地分布到被顶管道端面上,以免管端局部顶力过大压坏管口。其材料可用钢板焊接成形,内灌注 C30 混凝土,管口内外径尺寸都要与管道断面尺寸相适应。大口径管道采用圆形,小口径管道采用弧形。

④刃脚。刃脚是装于道节管前端,先贯入土中以减少贯入阻力,并防止土方坍塌的设备。一般由外壳、内环和肋板三部分组成,如图 9-83 所示。外壳以内环为界分两部分,前面为遮板,后面为板尾板。遮板端部成 20° ~ 30°角,尾部长度为 150 ~ 200mm。

对于半圆形的刃脚,则称为管檐,它是防止塌方的保护罩,檐长常为 600 ~ 700mm,外伸500mm,顶进时至少贯入土中 200mm,以避免塌方。

⑤其他设备。工作坑上设活动式工作平台,平台一般用 30 号槽钢或工字钢作梁,上铺150mm × 150mm 方木,中间留出下管和出土的方孔为平台口,在平台口上设活动盖板。平台口的平面尺寸与管道的外径和长度有关。一般平台口长度比单节管长大 0.8m。其宽度比

管道外径大 0.8 m,在工作平台上架设起重架,上装电动葫芦或其他起重设备,其起重量应大于管道重量。工作坑上应搭设工作棚,以防雨雪,保证施工顺利进行。

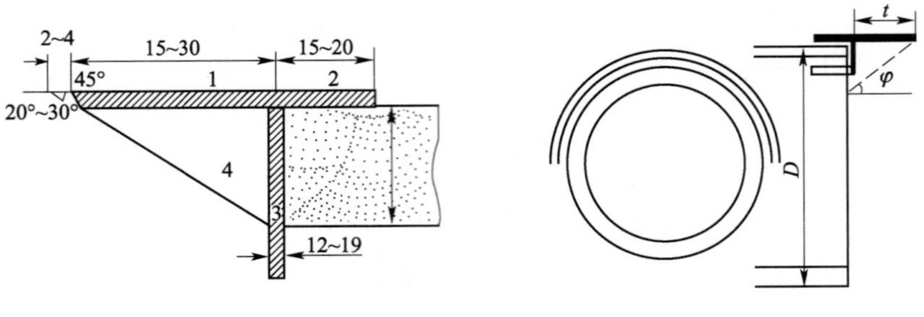

图 9-83 刃脚和管檐(尺寸单位:cm)
1-遮板;2-尾板;3-环梁;4-肋板

为保证顶管施工的顺利进行,还应备有内胀圈、硬木楔、水平尺和出土小车,以及水准仪、经纬仪等测量仪器。

2. 顶进施工

准备工作完毕,经检查各部位处于良好状态后,即可进行顶进施工。

(1)下管就位

首先用起重设备将管道由地面下到工作坑内的导轨上,就位以后装好顶铁,校测管中心和管底高程是否符合设计要求,满足要求后即可挖土顶进。

(2)管前挖土与运土

管前挖土是保证顶进质量和地上构筑物安全的关键,挖土的方向和开挖的形状,直接影响到顶进管位的准确性。因此应严格控制管前周围的超挖现象。对于密实土质,管端上方可有不超过 15mm 的间隙,以减少顶进阻力,管端下部 135°范围内不得超挖,保持管壁与土基表面吻合,也可预留 10mm 厚土层,在管道顶进过程中切去,这样可防止管端下沉。在不允许上部土层下沉的地段顶进时,管周围一律不得超挖。

管前挖土深度,一般等于千斤顶冲程长度,如土质较好,可超越管端 300～500mm。

超挖过大,不易控制土壁开挖形状,容易引起管位偏差和土方坍塌。在铁路道轨下顶管,不得超越管端以外 100mm,并随挖随顶,在道轨以外最大不得超过 300mm,同时应遵守管理单位的规定。

在松软土层或有流砂的地段顶管时,为了防止土方坍落、保证安全和便于挖土操作,应在首节管前端安装管檐,管檐伸出的长度取决于土质。施工时,将管檐伸入土中,工人便可在管檐下挖土。

管内人工挖土,工作条件差,劳动强度大,应组织专人轮流操作。

管前挖出的土,应及时外运,避免管端因堆土过多下沉而引起施工误差,并可改善工作环境。管径大于 800mm 时,可用四轮土车推运;管径大于 1 500mm 时,采用双轮手推车推运;管径较小时,应采用双筒卷扬机牵引四轮小车出土。土运至管外,再用工作平台上的起重设备提升到地面,运至他处或堆积于地面上。

（3）顶进

顶进是利用千斤顶出镐，在后背不动的情况下，将被顶进的管道推向前进。其操作过程如下：

①安装好顶铁并挤牢，当管前端已挖掘出一定长度的坑道后，启动油泵，千斤顶进油，活塞伸出一个工作冲程，将管道向前推进一定距离；

②关闭油泵，打开控制阀，千斤顶回油，活塞缩回；

③添加顶铁，重复上述操作，直至安装下一整节管道为止。

④卸下顶铁，下管，在混凝土管接口处放一圈麻绳，以保证接口缝隙和受力均匀；

⑤管道接口；

⑥重新装好顶铁，重复上述操作。

顶进时应遵守"先挖后顶，随挖随顶"的原则，连续作业，避免中途停止，造成阻力增大，增加顶进的困难。

顶进开始时，应缓慢进行，待各接触部位密合后，再按正常顶进速度顶进。顶进过程中，要及时检查并校正首节管道的中线方向和管内底高程，确保顶进质量。如发现管前土方坍落、后背倾斜、偏差过大或油泵压力骤增等情况，应停止顶进，查明原因排除故障后，再继续顶进。

（4）顶管测量与偏差校正

顶管施工比开槽施工复杂，容易产生施工偏差，因此对管道中心线和顶管的起点、终点高程等都应精确地确定，并加强顶进过程中的测量与偏差校正。

（5）顶管接口

顶管施工中，一节管道顶完后，再浮另一节管道下人工作坑，继续顶进。继续顶进前，相邻两管间要连接好，以提高管段的整体性和减少误差。

钢筋混凝土管的连接分临时连接和永久连接两种。顶进过程中，一般在工作坑内采用钢内胀圈进行临时连接。钢内胀圈是用 6 ~ 8mm 厚的钢板卷焊而成的圆环，宽度为 260 ~ 380mm，环外径比钢筋混凝土管内径小 30 ~ 40mm。接口时将钢内胀圈放在两个管节的中间，先用一组小方木插入钢内胀圈与管内壁的间隙内，将内胀圈固定。然后两个木楔为一组，反向交错地打入缝隙内，将内胀圈牢固地固定在接口处。该法安装方便，但刚性较差。为了提高刚性，可用肋板加固。为可靠地传递顶力，减小局部应力，防止管端压裂，并补偿管道端面的不平整度，应在两管的接口处加衬垫。衬垫一般采用麻辫或 3 ~ 4 层油毡，企口管垫于外榫处，平口管应偏于管缝外侧放置，使顶紧后的管内缝有 10 ~ 20mm 的深度，便于顶进完成后填缝。

顶进完毕，检查无误后，拆除内胀圈进行永久性内接口。常用的内接口有以下方法。

①平口管。先清理接缝，用清水湿润，然后填石棉水泥或填塞膨胀水泥砂浆，填缝完毕及时养护，如图 9-84 所示。

②企口管。先清理接缝，填 1/3 深度的油麻，然后用清水湿润缝隙，再填石棉水泥或塞捣膨胀水泥砂浆；也可填打聚氯乙烯胶泥代替油毡，如图 9-85 所示。

目前，可用弹性密封胶代替石棉水泥或膨胀水泥砂浆。弹性密封胶应采用聚氨酯类密封胶，要求既防水又和混凝土有较强的黏着力，且寿命长。

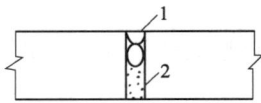

图 9-84　平口钢筋混凝土
1- 麻辫或塑料圈或绑扎
绳;2- 石棉水泥

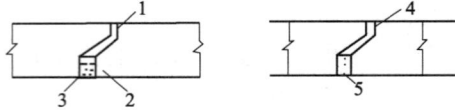

图 9-85　企口钢筋混凝土管内接口
1- 油毡;2- 油麻;3- 石棉水泥或膨胀水泥砂浆;
4- 聚氯乙烯胶泥;5- 膨胀水泥砂浆

钢筋混凝土管采用传统的临时连接和永久连接,施工操作麻烦,工期长。随着管道加工技术的不断改进,钢筋混凝土管也可在工作坑内进行一次接口。常用的接口方法主要有以下几种:

①对钢筋混凝土企口管采用橡胶圈接口,其施工做法与开槽施工相同,一般用于较短距离的顶管。

②对钢筋混凝土平口管采用"T"形接口,其施工做法与开槽施工相同。这种接口在小管径的直线管道的顶进中效果较好,但在顶进出现偏差或在曲线地段施工时,由于横向力的出现,两管端间可能发生相对错动使钢套管倾斜,导致顶力迅速增加,最终撕裂钢套管,停止施工。

③对大中管径的钢筋混凝土管和曲线地段顶管,现在偏向于采用"F"形接口,其施工做法与开槽施工相同。

**(三)机械取土掘进顶管法**

管前人工挖土劳动强度大、效率低、劳动环境恶劣,管径小时工人无法进入挖土。采用机械取土掘进顶管法就可避免上述缺点。

机械取土掘进与人工取土掘进除掘进和管内运土方法不同外,其余基本相同。机械取土掘进顶管法是在被顶进管道前端安装机械钻进的挖土设备,配以机械运土,从而代替人工挖土和运土的顶管方法。

机械取土掘进一般分为切削掘进、水平钻进、纵向切削挖掘和水力掘进等方法。

1. 切削掘进

该方法的钻进设备主要由切削轮和刀齿组成。切削轮用于支承或安装切削臂,固定于主轮上,并通过主轮旋转而转动。切削轮有盘式和刀架式两种。盘式切削轮的盘面上安装刀齿,刀架式是在切削轮上安装悬臂式切削臂,刀架做成锥形。

切削掘进设备有两种安装方式,一种是将机械固定在工具管内,把工具管安装在被顶进的管道前端。工具管是壳体较长的刃脚,称为套筒式装置。工作时刃脚起切土作用并保护钢筋混凝土管,同时还起导向作用。

另一种是将机械直接固定在被顶进的首节管内,顶进时安装,竣工后拆卸,称为装配式装置。

套筒式钻机构造简单,现场安装方便,但一机只适用于一种管径,顶进过程中遇到障碍物,只能开槽取出,否则无法顶进。

装配式钻机自重大,适用于土质较好的土层。在弱土层中顶进时,容易产生顶进偏差;在含水土层内顶进,土方不易从刀架上卸下,使顶进工作发生困难。

切削掘进一般采用输送带连续运土或车辆往复循环运土。

## 2. 纵向切削挖掘

纵向切削挖掘设备的掘进机构为球形框架或刀架,刀架上安装刀臂;切齿装于刀臂上。切削旋转的轴线垂直于管中心线,刀架纵向掘进,切削面呈半球状。这种装置的电动机装在工具管内顶上,增大了工作空间。该设备构造简单,拆装维修方便,挖掘效率高,便于调向,适用于在粉质黏土和黏土中掘进。

## 3. 水力掘进

水力掘进是利用高压水枪射流将切入工具管管口的土冲碎,水和土混合成泥浆状态输送至工作坑。

水力掘进的主要设备是在首节管前端安装一个三段双铰型工具管,工具管内包括封板、喷射管、真空室、高压水枪和排泥系统等。

三段双铰型工具管的前段为冲泥舱,冲泥舱的后面是操作室。操作人员在操作室内操纵水枪冲泥,通过观察窗和各种仪表直接掌握冲泥和排泥情况。中段是校正环,在校正环内安装校正千斤顶和校正铰,从而调整掘进方向。后段是控制室,根据设置在控制室的仪表可以了解工具管的纠偏和受力纠偏状态以及偏差、出泥、顶力和压浆等情况,从而发出纠偏、顶进和停止顶进等指令。

水力掘进法适用于在高地下水位的流砂层和弱土层中掘进。该法生产效率高,冲土和排泥连续进行;设备简单,成本低廉;改善了劳动条件,减轻了劳动强度。但需耗用大量的水,并需有充足的储泥场地;顶进时,方向不易控制,易发生偏差。

机械取土掘进顶管改善了工作条件,减轻了劳动强度,但操作技术水平要求高,其应用受到了一定限制。

### (四)长距离顶管技术简介

顶管施工的一次顶进长度取决于顶力大小、管材强度、后背强度和顶进操作技术水平等因素。一般情况下,一次顶进长度不超过 60~100m。在排水管道施工中,有时管道要穿越大型的建筑群或较宽的道路,此时顶进距离可能超过一次顶进长度。因此,需要了解长距离顶管技术,提高在一个工作坑内的顶进长度,从而减少工作坑的个数。长距离顶管一般有中继间顶进、泥浆套顶进和覆蜡顶进等方法。

## 1. 中继间顶进

中继间是一种在顶进管段中设置的可前移的顶进装置,它的外径与被顶进管道的外径相同,不管周等距或对称非等距布置中继间千斤顶,如图 9-86 所示。

采用中继间施工时,在工作坑内顶进一定长度后,即可安设中继间。

中继间前面的管道用中继间千斤顶顶进,而中继间及其后面的管道由工作坑内千斤顶顶进,如此循环操作,即可增加顶进长度,如图 9-87 所示。顶进结束后,拆除中继间千斤顶,而中继间钢外套环则留在坑道内。

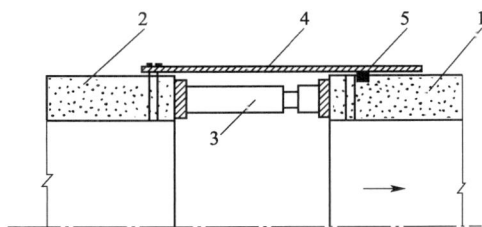

图 9-86 中继间

1-中继间前管;2-中继间后管;3-中继间千斤顶;4-中继间外套;5-密封环

## 2. 泥浆套顶进

该法又称为触变泥浆法,是在管壁与坑壁间

注入触变泥浆,形成泥浆套,以减小管壁与坑壁间的摩擦阻力,从而增加顶进长度。一般情况下,可比普通顶管法的顶进长度增加2.3倍。长距离顶管时,也可采用中继间—泥浆套联合顶进。

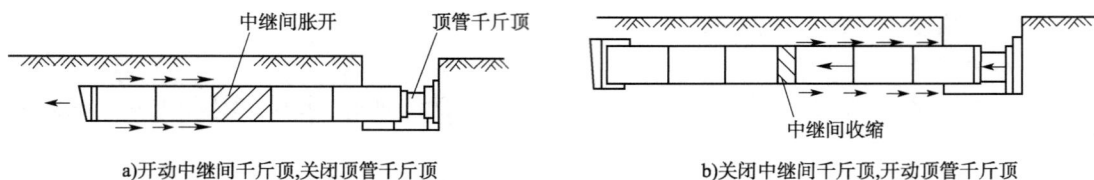

a)开动中继间千斤顶,关闭顶管千斤顶     b)关闭中继间千斤顶,开动顶管千斤顶

图9-87　中继间顶进

### 3.覆蜡顶进

覆蜡顶进是用喷灯在管道外表面熔蜡覆盖,从而提高管道表面平整度,减小顶进摩擦力,增加顶进长度。

根据施工经验,管道表面覆蜡可减少20%的顶力。但当熔蜡分布不均时,会导致新的"粗糙",增加顶进阻力。

## (五)管道牵引不开槽铺设

### 1.普通牵引法

该法是在管前端用牵引设备将管道逐节拉入土中的施工方法。施工时,先在欲铺设管线地段的两端开挖工作坑,在两工作坑间用水平钻机钻成通孔,孔径略大于穿过的钢丝绳直径,在孔内安放钢丝绳。在后方工作坑内进行安管、挖土、出土、运土等工作,操作与顶管法相同,但不需要设置后背设施。在前方工作坑内安装张拉千斤顶,用千斤顶牵引钢丝绳把管道拉向前方,不断地下管、锚固、牵引,直到将全部管道牵引入土为止,如图9-88所示。

普通牵引法适用于直径大于800mm的钢筋混凝土管、短距离穿越障碍物的钢管的敷设。在地下水位以上的黏性土、粉土、砂土中均可采用,施工误差小、质量高,是其他顶进方法所难以比拟的。

该法把后方顶进管道改为前方牵引管道,因此不需要设置后背和顶进设备,施工简便,可增加一次顶进长度,施工偏差小;但钻孔精度要求严格,钢丝绳强度及锚具质量要求高,以免发生安全和质量事故。

### 2.牵引顶进法

牵引顶进法是在前方工作坑内牵引导向的盾头,而在后方工作坑内顶入管道的施工方法。在施工过程中,由盾头承担顶进过程中的迎面阻力,而顶进千斤顶只承担由土压及管重产生的摩擦阻力,从而减轻了顶进千斤顶的负担,在同样条件下,可比管道牵引及顶管法的顶进距离增大。牵引顶进用的盾头,一般由刃脚、工具管、防护板及环梁组成,如图9-89所示。

牵引顶进法吸取了牵引和顶进技术的优点,适用于在黏土、砂土,尤其是较硬的土质中,进行钢筋混凝土排水管道的敷设,管径一般不小于800mm。由于千斤顶负担的减轻,与普通牵引法和普通顶管法相比,在同样条件下可延长顶进距离。

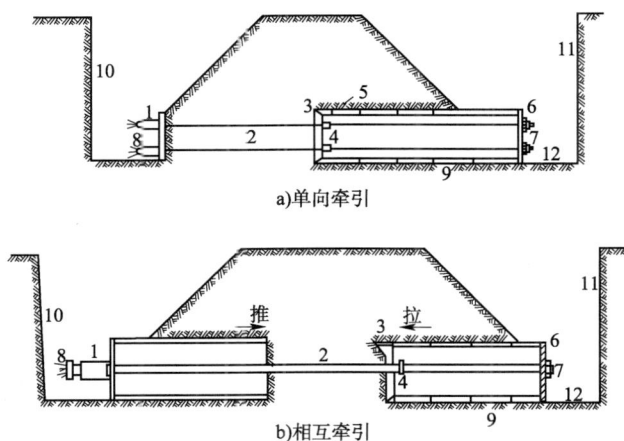

图 9-88　管道牵引铺设

1-张拉千斤顶;2-钢丝绳;3-刃角;4-锚具;5-牵引板;6-紧固板;7-锥形锚;8-张拉锚;9-牵引管节;10-前工作坑;11-后工作坑;12-导轨

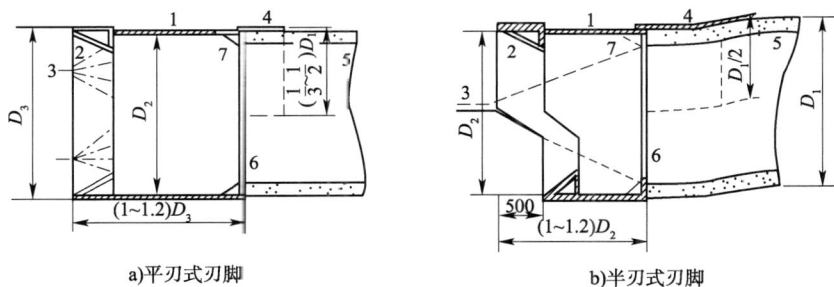

图 9-89　牵引盾头(尺寸单位:mm)

1-工具管;2-刃脚;3-钢索;4-防护板;5-首节管;6-环梁;7-肋板;$D_1$-顶入管节的内径;$D_2$-工具管的内径;$D_3$-盾头的贯入直径

## 复习思考题

1. 简述城镇道路排水系统的体制及组成。

2. 简述城镇道路排水管道系统的布置的基本形式及材料要求。

3. 简述城镇排水管道的构造及要求。

4. 简述城镇排水管道系统上的附属设施及其要求。

5. 如何识读排水管道工程图?

6. 简述排水管道工程施工的基本方法及质量控制。

# 第十章 城镇道路附属工程施工

## 学习目标

1. 了解城镇道路附属工程的内容；
2. 掌握路缘石的材料要求及施工方法；
3. 掌握人行道铺装的材料要求及施工方法；
4. 了解城市广场的施工要求及注意事项；
5. 熟悉停车场的类型，了解停车场设计的方法；
6. 了解城镇道路照明的布置方式；
7. 熟悉城镇道路地下管线的类型和布置；
8. 掌握公共汽车停靠站的布置；
9. 掌握城市公共加油站布置的要求。

## 本章重点和难点

1. 停车场设计的要求；
2. 城镇道路地下管线的类型和布置；
3. 公共汽车停靠站的布置要求及方式。

城镇道路附属设施是城镇道路的重要组成部分，它与城镇道路交通密切相关，它对城市的布局、发展方向及有效发挥城镇道路功能均起着重要的作用。城镇道路附属设施主要是为城镇道路交通服务，其主要内容包括：人行道、广场、城市停车场及公共交通停靠站、加油站、城镇道路照明和绿化、地上和地下管线设施等。

## 第一节 路缘石施工

路缘石也称路缘石、道牙，为路面边缘与其他结构物分界处的标石，如路侧带缘石，分隔带、交通岛等四周的缘石，还有路面边缘与路肩分界处的缘石等，起到保障行人、车辆交通安全和保证路面边缘齐整的作用，同时起到利于排除路面水的作用。

路缘石主要有：立缘石（侧石），平缘石（平石），专用路缘石（包括弯道路缘石、隔离带路缘石、反光路缘石、减速路缘石）等。路缘石宜用石材或混凝土制作。在城镇道路中，侧平石通常设置在沥青类路面边缘,平石铺在沥青路面与侧石之间形成街沟,也有用 L 道牙(侧石和平石连体),适宜用于主车道两侧;侧石支护其外侧人行道或其他组成部分(绿化带),一般高出路面 15cm。水泥混凝土路面边缘通常仅设置侧石,同样起到街沟作用。反光路缘石(贴反光材料),能提高道路夜间能见度,有助于行车安全。

### 一、材料规格和要求

侧石和平石一般可用水泥预制件,也可用花岗岩制成条石或水泥混凝土就地浇筑,常用规格尺寸如图 10-1 所示。

#### 1.预制混凝土路缘石质量要求

水泥混凝土预制的路缘石强度等级要求不小于 C30。预制成品表面应该色泽一致,不得有蜂窝、露石、脱皮、裂缝、掉角等现象。预制混凝土路缘石允许偏差见表 10-1。

**水泥混凝土预制路缘石允许偏差**　表 10-1

| 项　　　目 | 允　许　偏　差 |
|---|---|
| 混凝土 28d 强度 | 符合设计要求;<br>抗压强度≥30MPa;<br>抗折标准试验荷载≥26kN |
| 外形尺寸(长、宽、高) | 各边:+5mm, −3mm |
| 外露面缺边掉角长度 | 最长边≤15mm,1 处/每块 |
| 外露面平整度 | ≤3mm |

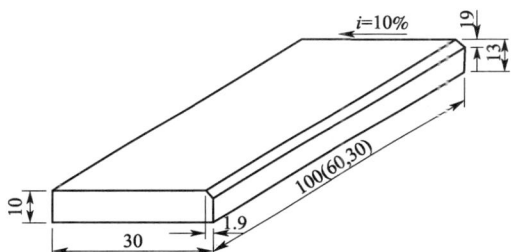

图 10-1　路缘石常用规格尺寸简图(尺寸单位:cm)

#### 2.石质路缘石的质量要求

石质路缘石材料应以花岗岩石较好,其外形尺寸应符合设计文件要求。石质路缘石不宜过长,一般应在 1m 长以内,所用批量材料应外形尺寸一致,单块材料在运输时,应采取措施保护不得损坏。其质量标准见表 10-2。

**石质路缘石允许偏差表**　　　　　　　　　　　　表 10-2

| 项　　　目 | 允　许　偏　差 |
|---|---|
| 外形尺寸(mm) | 长 ±5,宽、厚 ±2 |
| 细剁斧石面平整度(mm) | ≤3 |
| 对角线(大面长边相对差)(mm) | ±5 |
| 纹路 | 应直顺、无死坑 |

### 二、路缘石排砌及其通用结构尺寸

对于沥青路面,一般在面层施工前排砌侧平石。对于水泥混凝土路面,一般先施工路面,然后排砌侧石。路缘石基础宜于路基同时填挖和碾压。

城镇道路侧平石通用结构尺寸如图 10-2 所示。

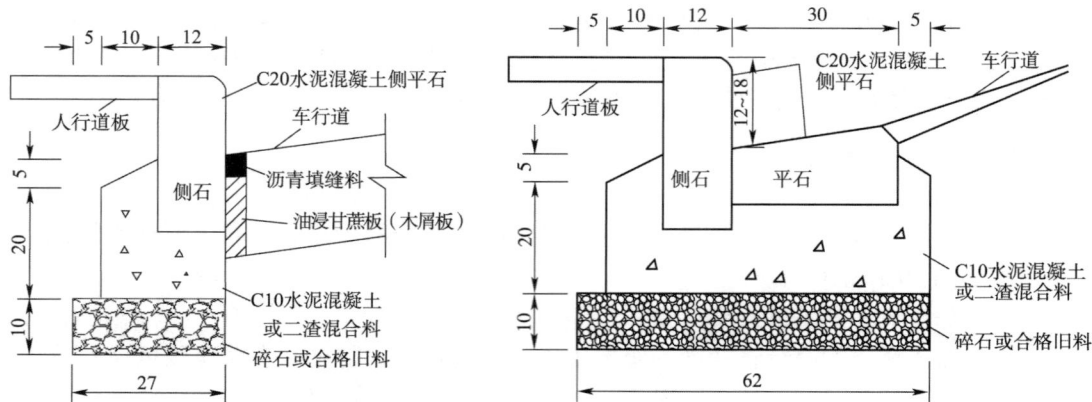

图 10-2  路缘石结构简图(尺寸单位:cm)

### 三、路缘石施工

**1. 施工准备**

路缘石基础在做路基时,应同时碾压。对基础材料应同时摊铺碾压,最后修整,满足设计高程。路缘石安装前应测量钉桩,桩位应在路缘石正面(路边线),桩顶高程应是路缘石顶高,直线段桩距为 10～15m,在曲线段为 5～10m。路口处桩距宜为 1～5m。道路改建翻排侧平石,应按新排砌的要求进行测量放样。

**2. 路缘石安装**

钉桩挂线(双挂线法)后,沿基础一侧把路缘石依次排好。路缘石安装应以干硬性砂浆铺砌,砂浆应饱满,厚度均匀。安砌前应铺设底层砂浆找平,虚厚约 2cm,每块路缘石应先检查垂直面,后调整高程,每块应用橡胶锤夯打 2～3 下,第一块砌后应放一"L"形钢筋制标尺,放在石顶上,垂在侧面的钢筋直径作为路缘石间隔尺寸。

灌缝前应先修整路缘石,使其位置及高程符合设计要求后,即可用 M10 水泥砂浆灌缝(强度应大于 10MPa),灌缝饱满密实,勾缝可为平缝或凹缝。路缘石的灌缝应灌两次,并用细钎插捣,侧面先用木板挡牢,待初凝时用细抹抹光。沥青路面的路缘石灌缝宜在面层铺筑完成后进行。路缘石灌缝养护期不得小于 3d,不得碰撞。

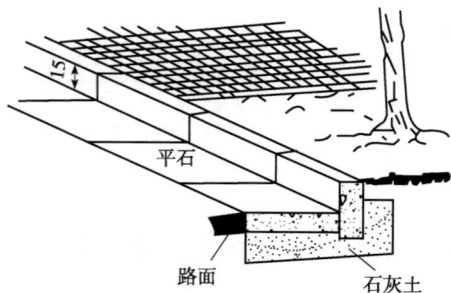

图 10-3  路缘石铺装示意图(尺寸单位:cm)

曲线部分的路缘石,应提前加工而成,不得用砖砌抹面代替。

无障碍路缘石,盲道口路缘石应按设计尺寸砌筑,斜坡部分可用下降深度处理,不得用破碎缘石代替。

路缘石背后可用石灰石填实,或用低强度等级水泥混凝土做成三角状。背后应夯实回填,密实度应不小于 90%。

路缘石铺装见图 10-3。

## 四、路缘石安砌质量要求

路缘石安砌质量要求如下：

路缘石应稳固、直顺、曲线应圆顺、缝隙均匀，立缘石灌缝应密实，平缘石应不阻水。路缘石背后回填密实。

安砌的质量允许偏差见表10-3。

**立路缘石、平路缘石允许偏差表**　　　　表10-3

| 项　目 | 允许偏差（mm） | 检查频率 | | 检验方法 |
|---|---|---|---|---|
| | | 范围 | 点数 | |
| 直顺度 | ≤10 | 100延米 | 1 | 拉20m小线和钢卷尺测量 |
| 相邻两块高差 | ≤3 | 20m | 1 | 用钢板尺和塞尺量大直 |
| 缝宽 | ±3 | 20m | 1 | 用钢卷尺 |
| 路缘石顶面高程 | ±10 | 20m | 1 | 用水准尺 |
| 路缘石外露尺寸 | ±10 | 20m | 1 | 用钢卷尺 |
| 路缘石基础与后背填土密实度（%） | ≥90 | 100m | 1 | 用环刀法 |

注：1. 立缘石、槽底及背后填土密实度采用轻型击实标准，以其标准击实试验的最大干密度为100%。

2. 随机抽样中，量三点取最大值。

## 第二节　人行道铺装

人行道道面有一般铺砌和现场浇筑两种。现场浇筑分水泥混凝土浇筑和沥青类铺筑的人行道。

人行道铺筑高度应以侧石顶面为基准，按设计横坡和宽度，定出边界及其高度，靠近侧石处的人行道板面应高出侧石顶面5mm，以利于排水。

人行道铺装结构设计应符合因地制宜，合理利用当地持料及工业废渣的原则，并考虑施工最小厚度。

### 一、预制人行道

**1. 预制水泥混凝土方砖的材料规格和质量要求**

预制水泥混凝土方砖的规格根据使用不同可分为大方砖、小方砖等，见表10-4。

**预制水泥混凝土方砖的常用规格**　　　　表10-4

| 品　种 | 规格 长×宽×厚(cm) | 混凝土强度（MPa） | 用　途 |
|---|---|---|---|
| 大方砖 | 40×40×10 | 25 | 庭院、广场、路面 |
| | 40×40×7.5 | 20~25 | |
| | 49.54×49.5×10 | 20~25 | |
| 九格小方砖 | 25×25×5 | 25 | 人行道 |

续上表

| 品　种 | 规　格 | 混凝土强度 | 用　途 |
|---|---|---|---|
| | 长×宽×厚(cm) | (MPa) | |
| 十六格小方砖 | 25×25×5 | 25 | 人行道 |
| 格方砖 | 20×20×5 | 20~25 | 人行道、庭院步道 |
| 格方砖 | 23×23×4 | 20~25 | 人行道、庭院步道 |
| 水泥花砖 | 20×20×1.8 | 20~25 | 人行道、庭院步道 |

水泥混凝土大方砖由于在广场上和道路上砌筑,使用中可有各型车辆通行,所以大方砖应有适合各种车辆荷载所需的强度要求和不同厚度的要求,见表10-5。

水泥混凝土大方砖各种荷载适宜厚度　　　　表10-5

| 标准荷载等级 | 车辆荷载(kg) | 40号抗弯拉强度 | | 45号抗弯拉强度 | |
|---|---|---|---|---|---|
| | | Ⅰ类(cm) | Ⅱ类(cm) | Ⅰ类(cm) | Ⅱ类(cm) |
| 汽车—10级 | 3 000 | 11 | 10 | 10 | 10 |
| | 3 500 | 12 | 11 | 11 | 10 |
| | 4 000 | 12 | 11 | 11 | 11 |
| 汽车—15级 | 4 000 | 12 | 11 | 11 | 11 |
| | 5 000 | 13 | 12 | 12 | 12 |
| | 6 000 | 13 | 13 | 13 | 13 |
| | 6 500 | 13 | 13 | 13 | 13 |

注:1. Ⅰ类为市、郊主干道、次干道及交通量大、车型重、工矿企业的专用线及内部道路。

2. Ⅱ类为机关、学校、公园、住宅区内部道路,及交通量较小,车型较轻的工矿企业内部道路。

预制人行道板(砖)多由预制厂加工制造,出厂前及现场施工时应检查验收,出厂质量要求表面平整、线路清晰、棱角整齐、不得有蜂窝、露石、脱皮、裂缝等现象。应符合表10-6的要求。

预制道砖(大方砖、小方砖)质量或允许偏差　　　　表10-6

| 项　目 | 质量或允许偏差 |
|---|---|
| 混凝土28d强度 | 应符合设计要求<br>设计未规定时,抗压强度≥25MPa<br>抗折:大方砖标准试验荷载≥45MPa<br>小方砖标准试验荷载≥6MPa |
| 两对角线长度差 | 大方砖≤5mm<br>小方砖≤2mm |
| 厚度 | 大方砖±5mm<br>小方砖±2mm |
| 外露面缺边掉角 | 大方砖10mm<br>小方砖5mm且不多于1处 |
| 边长 | 大方砖±3mm<br>小方砖±2mm |
| 外露面平整度 | 2mm |

注:小方砖≤247mm×247mm×50mm;大方砖≥495mm×495mm×100mm。

2. 预制水泥混凝土方砖的铺筑

普通人行道板(砖)的铺筑一般采用放线定位法顺序铺砌,板底紧贴垫层,不得有翘动、虚空现象。

(1)下承层准备:安砌预制方砖的基层和地基都应按道路工程的地基与基层施工标准要求,不应有任何降低标准和未经碾压的铺砌现象。铺砌前应用经纬仪测设道路中心线、广场中轴线的控制方向,并按每5m间隔测设方格网,控制方向和高程。

(2)铺筑砂浆垫层:铺筑砂浆宜采用 M2.5 水泥石灰混合砂浆或1:3 石灰砂浆砌筑。每块方砖下的砂浆应宽于方砖 5～10cm。砂浆随拌随用,水泥砂浆应在初凝前用完。

(3)铺砖:每块方砖安放后应调正方向和高程,用橡皮锤敲打稳定,不得损伤边角。随着砌筑应用1m小靠尺检查相邻方砖的平整度,每5m方格砌满后应用3m直尺检查整体平整度。

(4)灌缝:方砖砌后可用干砂或水泥:砂(1:10)干拌混合料进行灌缝,扫后应再补灌一次同时洒水冲实,直至缝内饱满为止。

(5)养护:养护期不应少于3d,在此 3d 内不得在方砖上通行。

铺筑盲道砖,应把导向行走砖和止步砖严格区别开采,不得混用,遇有无障碍路口时,应把斜砖对角切开再拼装出斜面。

特殊花砖,在砌筑时应先砌样板段,经设计人同意后即可砌筑。

3. 预制水泥混凝土方砖安装时的质量要求

预制方砖安装的质量应符合下列要求:

(1)满足方砖标准试验荷载的要求材料。

(2)铺砌应平整稳固,排列整齐,不得有翘动现象,接缝均匀、灌缝饱满、无松动、积水现象。

(3)与各类盖框拼接平整,落水管处设有明(暗)沟泄水,有行道树处应留有树穴。

(4)铺砌安装的质量或允许偏差见表10-7。

预制块砖安装质量或允许偏差　　　　　　表 10-7

| 项　　目 | | 质量或允许偏差（mm） | 检查频率 | | 检验方法 |
|---|---|---|---|---|---|
| | | | 范围 | 点数 | |
| 压实度 | 路床 | ≥90% | 100m | 2 | 用环刀法 |
| | 基层 | ≥95% | | | 用环刀法或灌砂法 |
| 平整度 | | ≤5 | 20m | 1 | 用3m直尺和塞尺量较大值 |
| 相邻块高差 | | ≤2 | 20m | 1 | 用尺量取大值 |
| 横坡 | | 设计坡度±0.3% | 20m | 1 | 用水准仪具测量 |
| 纵缝直顺 | | ≤10 | 40m | 1 | 拉20m小线量较大值 |
| 横缝直顺 | | ≤10 | 20m | 1 | 沿路宽拉小线量较大值 |
| 缝宽 | 大方砖 | ≤3 | 20m | 1 | 用尺量较大值 |
| | 小方砖 | ≤2 | 20m | 1 | |
| 井框与面层高差 | | ≤5 | 每座 | 1 | 用直尺和塞尺量较大值 |

注:1. 压实度采用轻型击实标准,以标准击实试验的最大干密度值为100%。

2. 随机抽取三点量最大值。

3. 独立人行道应检测高程指标,允许偏差为±3mm。

4. 横坡小于0.5%时,不得有反坡。

## 二、现浇水泥混凝土人行道

现浇水泥混凝土人行道施工应遵守水泥混凝土面层施工操作要求，在施工分块上应特别注意最好是每一自然段取平均值分块，最小块不应小于 2m×2m。

现浇水泥混凝土人行道质量应符合下列要求：

（1）板面边角整齐、不得有裂缝、浮浆、脱皮、印痕等现象。

（2）表面线路应整齐、清晰。

（3）路面与建筑物接顺不能有反坡。

（4）水泥混凝土抗压试块、抗拆试块应符合水泥混凝土面层要求。

（5）现浇水泥混凝土人行道、广场质量或允许偏差应符合表 10-8 的要求。

**现浇水泥混凝土人行道、广场质量或允许偏差**　　　　表 10-8

| 项　目 | | 质量或允许偏差（mm） | 检查频率 | | 检验方法 |
|---|---|---|---|---|---|
| | | | 范围 | 点数 | |
| 压实度 | 路床 | ≥90% | 100m | 2 | 用环刀法或灌砂法检验 |
| | 基层 | ≥95% | | | |
| 抗压强度 | | 设计规定 | 每班 | 1组 | |
| 厚度 | | ±5 | 20m | 1 | 用钢尺量 |
| 平整度 | | 5 | 20m | 1 | 用3m直尺和塞尺量大值 |
| 宽度 | | ≥设计规定 | 40m | 1 | 用钢尺量 |
| 横坡 | | 设计坡度±0.3% | 40m | 1 | 用水准仪具测量 |
| 井框与面层高差 | | ≤5 | 每座 | 1 | 用直尺和塞尺量取最大值 |

注：1. 压实度采用轻型击实标准。

　　2. 随机抽取三点量最大值。

　　3. 横坡小于 0.5% 时，不得有反坡。

## 三、沥青类人行道

沥青类人行道、广场施工操作应遵守沥青类面层施工操作要求。同时应在施工范围内的构筑物完成后铺筑。

沥青类人行道、广场施工质量应满足下列要求：

（1）表面平整，碾压坚实，不得有推挤、裂缝、烂边、粗细料集中等现象。

（2）接茬紧密、平顺、烫边不枯焦。

（3）沥青类人行道、广场质量或允许偏差见表 10-9。

**沥青类人行道、广场质量或允许偏差**　　　　表 10-9

| 项　目 | | 质量或允许偏差（mm） | 检查频率 | | 检验方法 |
|---|---|---|---|---|---|
| | | | 范围 | 点数 | |
| 压实度 | 路床 | ≥90% | 1 000m² | 2 | 用环刀法或灌砂法检验 |
| | 基层 | ≥95% | | | |
| 厚度 | | ±5 | 20m | 1 | 用钢尺量 |

续上表

| 项　目 | | 质量或允许偏差（mm） | 检查频率 | | 检验方法 |
|---|---|---|---|---|---|
| | | | 范围 | 点数 | |
| 平整度 | 沥青混凝土 | ≤5 | 20m | 1 | 用 3m 直尺和塞尺量取最大值 |
| | 其他 | ≤7 | | | |
| 宽度 | | +20、0 | 40m | 1 | 用钢尺量 |
| 横坡 | | 设计坡度 ±0.3% | 20m | 1 | 用水准仪具测量 |
| 井框与面层高差 | | ≤5 | 每座 | 1 | 用直尺和塞尺量取最大值 |

注：1.压实度采用轻型击实标准,以标准击实试验的最大干密度值为100%。

　　2.随机抽取三点量最大值。

　　3.横坡小于0.5%时,不得有反坡。

## 四、料石人行道

1.料石铺筑人行道时的材料规格要求

（1）饱和抗压强度不小于120MPa；

（2）饱和抗折强度不小于9MPa；

（3）磨耗率:洛杉矶法 <25% 或狄弗尔 <4%；

（4）抗冻性:冻融循环次数为 50 次,无明显损伤( 裂缝、脱层),系数 $K \leqslant 75\%$ ；

（5）坚固性(硫酸钠侵蚀)质量损失 $Q \leqslant 15\%$ ；

（6）吸水率 ≤1% ；

（7）密度 ≥2.5g/cm³ ；

（8）硬度 ≥7.0 莫氏；

（9）孔隙率 ≤3% 。

料石的外观质量与尺寸要求见表10-10。

**料石外观(正面)质量或允许偏差**　　　　　　表 10-10

| 项　　口 | | | 允许偏差(mm) |
|---|---|---|---|
| 规格尺寸（mm） | 长宽 | 设 计 规 定 | 0 −2.0 |
| | 厚 | ≤15 | +2.0 |
| | | >15 | −3.0 |
| 缺棱 | 每块料石 | 长度不超过 10mm(长度小于 5mm 不计) | 1 个 |
| 缺角 | | 面积不超过 5mm×5mm(面积小于 2mm×2mm 不计) | |
| 裂纹 | | 长度不超过两端顺延至板边总长度的 1/10,且小于 20mm | 1 条 |
| 色线 | | 长度不超过两端顺延至板边总长度的 1/10,且小于 40mm | 2 条 |
| 色斑 | | 面积不超过 20mm×30mm(面积小于 15mm×15mm 不计) | 1 个 |
| 坑窝 | | 粗面板材的正面出现的坑窝 | 不明显 |
| 平面度(mm) | 长宽范围 | 40~1 000 | 2.0 |
| | | >1 000 | 2.5 |
| 角度 | 宽度范围 | >400 | 1.0 |

### 2. 料石人行道、广场铺装

料石人行道、广场施工首先应严格对路基层进行验收,满足基层施工质量要求,尤其是对平整度和密实度的要求上。

对施工现场用经纬仪放线做 5m×5m 或 10m×10m 方格网,网交点处安砌一块方砖做方向及高程控制桩。

铺砌料石应平放,下垫干硬性水泥砂浆,虚铺厚度要看料石大小,小料石 0.5～1.5m,大料石 1～2cm 安放料石后用橡胶锤敲打 2～3 下,大料石应用小型木夯,夯提高 10～20cm,墩锤 1～3 下。

铺砌时需用钢尺测量平正,用水平尺检查平整度,并检查是否牢固,对不稳定牢固的料石应提起重新铺砌,不允许采用在下面塞砌浆或垫小碎石等做法。

铺砌合格后,在本段内即可进行灌缝,灌缝用水泥:砂 = 1:10 干拌混合料,灌后扫平,再泼水,检查下沉情况,再拌砂浆补灌。

### 3. 料石人行道、广场铺筑的施工质量要求

料石铺筑人行道的材质应满足规范的规定,砌筑的砂浆标号应满足设计要求,并有足够的试块检测的记录。

砌筑应平整稳固,不得有翘动现象,灌缝符合设计要求。

铺筑表面整洁美观,砌缝直顺、坡度合格。

料石铺筑质量或允许偏差见表 10-11 的要求。

料石铺筑质量或允许偏差 表 10-11

| 项 目 | | 质量或允许偏差 (mm) | 检 查 频 率 | | 检 验 方 法 |
|---|---|---|---|---|---|
| | | | 范围 | 点数 | |
| 压实度 | 路床 | ≥90% | 100m² | 2 | 用环刀法或灌砂法检验 |
| | 基层 | ≥95% | | | |
| 水泥砂浆抗压强度 | | 符合设计规定 | 见表注 | 1 | |
| 平整度 | | ≤3 | 20m | 1 | 用3m直尺和塞尺量3点取较大值 |
| 宽度 | | ≤2 | 20m | 1 | 用尺量取较大值 |
| 横坡 | | 设计坡度±0.3% | 20m | 1 | 用水准仪具测量 |
| 纵缝直顺 | | ≤10 | 40m | 1 | 拉20m小线量3点取较大点 |
| 横缝直顺 | | ≤10 | 20m | 1 | 用钢尺量3点取较大值 |
| 缝宽 | | +3 −2 | 20m | 1 | 用尺量较大值 |
| 井框与面层高差 | | ≤3 | 每座 | 1 | 用直尺和塞尺量3点取较大值 |

注:1. 每1 000m³或每台班至少做砂浆试块一组(6块);如砂浆配合比变更时,应相应制作试块。

2. 砂浆强度:砂浆试块的平均抗压强度,不低于设计规定,任意一组试块的抗压强度最低值不低于设计规定的85%。

3. 横坡小于0.5%时,不得有反坡。

## 第三节 广场及停车场

### 一、广场

广场是城市的重要组成部分,它拥有与城市相同的历史。广场位于一些高度城市化区

域的中心部位,被有意识地作为活动焦点。城市广场是指在城市平面布置上,与城镇道路相连接的社会公共用地部分。它是车辆和行人交通的枢纽场所,或者是城市居民社会文化活动和政治活动的中心。

**(一)城市广场的设计原则**

(1)贯彻以人为本的人文原则;

(2)把握城市空间体系分布的系统原则;

(3)倡导继承与创新的文化原则;

(4)体现可持续发展的生态原则;

(5)突出个性创造的特色原则;

(6)重视公众参与的社会原则。

**(二)城市广场的设计要求**

城市广场按其性质、用途及在道路网中的地位划分为公共活动广场、集散广场、交通广场、纪念性广场与商业广场五大类,其中有些广场兼有多种功能。

*1. 公共活动广场*

这类广场一般是布置在城市中心地区,作为城市政治、文化活动中心及群众集会的场所。其规模应根据群众集会、游行校阅、节日联欢的规模、容纳人数进行估算,并适当考虑绿化及通道用地,集会用地一般可按 $0.5m^2$/人计算。

城市中的市中心广场、区中心广场上多布置公共建筑,平时为城市交通服务,同时也供游览及一般活动,需要时可进行集会游行。这类广场有足够的面积,并可合理地组织交通,与城市干道相连,满足人流集散要求,但不可通行货运交通。可在广场的另侧布置辅助交通网,使之不影响集会游行等活动。例如北京天安门广场、上海人民广场、昆明市广场和莫斯科红场等,均为供群众集会游行和节日联欢之用。这类广场的中心一般不设置绿地,以免妨碍交通和破坏广场的完整性。在主席台、观礼台的周围,可重点配置常绿树。节日时,可点缀花卉。为了与广场气氛相协调,一般以整形式为主,在广场周围道路两侧可布置行道树(图10-4)。

广场的形状大多是规则的几何图形。采用长宽比为4:3,3:2 和2:1,其艺术效果较好,广场宽度与四周建筑物的高度之比,一般认为以 3:1 ~ 6:1 为宜。

*2. 集散广场*

集散广场为布置在火车站、港口码头、飞机场、体育场馆、展览馆等大型公共建筑物前面的广场,是人流、车流集散及停留较多的广场。集散广场作为城市交通枢纽,不仅具有交通组织和管理的功能,又往往是城市公共交通的起终点和车辆的换乘地。在设计中应尽量使人、车分流,避免相互干扰。

过境车辆不应穿越广场,广场内交通不应交叉或逆行,一般采用周边式单向行驶的方式布置车道。广场应结合周围道路进出口,实行人、车就近分流,以利迅速集散。

广场内为了合理地组织交通,通常在广场内采用各种交通岛,使车辆安全通畅地转换方向或予以分隔。

广场主要是为了满足人流集散的要求,同时这类建筑往往形成城市中的重要街景。广场作为前景,应很好地衬托建筑立面,丰富城市面貌。在不影响人流活动的情况下,广场上可设置花坛、草坪、喷泉、雕像,还可设置座椅供人们休息。

图 10-4　上海市人民广场

一般在建筑物前不宜种植高大乔木,以免遮挡建筑物立面。而在其两旁,则可点缀庭荫树,使广场免于曝晒(图 10-5)。

图 10-5　宁波火车站站前广场

3. 交通广场

所谓交通广场是指在交通频繁的多条道路交叉的大型交叉口,具有组织与分散交通流的功能,各种车辆、行人经广场上的交通岛、渠化线等组成有秩序的车流,其布置及技术要求与环形交叉口相似。交通广场还包括桥头广场。

一般是指环形交叉口和桥头广场。设在几条交通干道的交叉上,主要为组织交通用,也可装饰衔景。在种植设计上,必须服从交通安全的条件,绝对不可阻碍驾驶员的视线,所以多用矮生植物点缀小心岛。例如广州的海珠广场,在这类广场上可种花草、绿篱、低矮灌木或点缀一些常绿针叶树,要求树形整齐,四季常青,在冬季也有较好的绿化效果;同时也可以设置喷泉、雕像等建筑小品。此类广场一般不允许入内,但也有的是起街心花园的作用,如昆明市中心的近日公园即属此类型(图 10-6)。

图 10-6　长春市人民广场

**4. 纪念性广场**

此类广场以纪念性建筑物为主体,如纪念碑、纪念塔、人物雕像等。在设计广场时应使纪念性建筑物表现突出,以供人们瞻仰。同时应结合地形充分布置绿化与其他建筑小品,使整个广场配合协调,形成庄严、肃穆的环境。禁止交通车辆在广场内穿越,并立另辟停车场。

**5. 商业广场**

商业广场的特点是以行人为主。广场多布置在商业贸易建筑群中,广场的人流进出应与四周公共交通站点相协通,合理解决人流与车流的相互干扰问题。

**(三)广场的施工**

1. 广场施工的要求和注意事项

(1)广场的工程特点是面积大,平整度要求高,坡度小,要求排水畅通。为此必须严格控制面层及以下各层的纵横坡度和平整密实度。

为达上述要求,可采用方格网从填挖土基开始,即控制好高程的样桩,一般样桩间距为5m×5m,可视地形情况酌定分层控制,并碾压密实,随时复测校核。

与广场相连接的道路纵坡以 0.5% ~ 2.0% 为宜。困难时纵坡不应大于 7.0%,积雪及寒冷地区不应大于 5.0%。出入口处应设置纵坡小于或等于 2.0% 的缓坡段。

(2)沥青混合料应尽量采用具有自动调平装置的摊铺机进行摊铺。施工缝必须黏结良好,接缝平顺,纵横施工缝垂直相交。施工过程中必须注意掌握碾压温度,同时用 3m 直尺的检查平整度。

(3)铺筑面层为水泥混凝土时,在施工机具许可的条件下,可将铺筑宽度放宽,然后锯出直线以提高直顺度;湿治养护和冬季防冻如面层。

2. 材料要求

采用沥青混合料、水泥混凝土、预制混凝土板(砖)、料石等铺筑时,材料应符合设计要求。

3. 质量标准及容许偏差

广场的外形尺寸,结构层强度、厚度均应符合设计要求,其质量标准及容许偏差应满足表 10-12 的要求。

**广场和停车场质量标准及容许偏差**　　　　　　表 10-12

| 内　　容 | 标准及允许偏差 | 检 验 频 率 | | 检 验 方 法 |
|---|---|---|---|---|
| | | 范围 | 点数 | |
| 平整度 | ≤5mm | 200m | 1 | 用3m直尺和塞尺量取最大值 |
| 坡度（%） | ±0.3%且不反坡 | 30m | 1 | 用水准仪测量 |
| 面层与井框高差 | ≤5mm | 每座 | 1 | 用直尺和塞尺量取最大值 |
| 高程 | ±10mm | 200m | 1 | 用水准仪测量 |

（1）预制混凝土人行道砖广场铺砌应平整稳固，不得有翘曲现象，灌缝应饱满；面层与其他构筑物应接顺，不得反坡。混凝土人行道砖广场质量或允许偏差应符合表 10-13 的规定。

**混凝土人行道砖广场质量或允许偏差**　　　　　　表 10-13

| 序号 | 项　　目 | | 质量或允许偏差 | 检 验 频 率 | | 检 验 方 法 |
|---|---|---|---|---|---|---|
| | | | | 范围 | 点数 | |
| 1 | 压实度 | 路床 | ≥90% | 100m | 2 | 用环刀法或灌砂法检验 |
| | | 基层 | ≥95% | 20m | 1 | |
| 2 | 平整度 | | ≤5mm | 20m | 1 | 用3m直尺和塞尺量取最大值 |
| 3 | 相邻块高层 | | ≤2mm | 20m | 1 | 用尺量取最大值 |
| 4 | 横坡 | | 设计坡度±0.3% | 20m | 1 | 用水准仪测量 |
| 5 | 纵缝直顺 | | ≤10mm | 40m | 1 | 拉20m小线量取最大值 |
| 6 | 横缝直顺 | | ≤10mm | 20m | 1 | 沿路宽拉小线量取最大值 |
| 7 | 缝宽 | 大方砖 | ≤3mm | 20m | 1 | 用尺量取最大值 |
| | | 小方砖 | ≤2mm | 20m | 1 | 用尺量取最大值 |
| 8 | 井框与面层高差 | | ≤5mm | 每座 | 1 | 用直尺和塞尺量取最大值 |
| 9 | 测高程 | | | | | 用方格网 |

（2）沥青类铺装广场面层表面应平整、坚实，不得有脱落、掉渣、裂缝、推挤、烂边、粗细料集中等现象；接茬应紧密、平顺、烫边不得枯焦；面层与其他构造物应接顺，不得反坡。沥青类面层广场质量或允许偏差应符合表 10-14 的规定。

**沥青类面层广场质量或允许偏差**　　　　　　表 10-14

| 序号 | 项　　目 | | 质量或允许偏差 | 检 验 频 率 | | 检 验 方 法 |
|---|---|---|---|---|---|---|
| | | | | 范围 | 点数 | |
| 1 | 压实度 | 路床 | ≥90% | 100m | 2 | 用环刀法或灌砂法检验 |
| | | 基层 | ≥95% | 20m | 1 | |
| 2 | 平整度 | 沥青混凝土 | ≤5mm | 20m | 1 | 用3m直尺和塞尺量取最大值 |
| | | 其他 | ≤7mm | | | |
| 3 | 横坡 | | 设计坡度±0.3% | 20m | 1 | 用水准仪测量 |
| 4 | 井框与面层高差 | | ≤5mm | 每座 | 1 | 用直尺和塞尺量取最大值 |
| 5 | 厚度 | | ±5mm | 20m | 1 | 用钢尺量 |

（3）现浇水泥混凝土铺装广场质量要求：板面边角应整齐，不得有裂缝、石子外露、浮浆、脱皮、印痕等现象；面层线格应整齐、清晰；面层与其他构筑物应接顺，不得反坡。现浇水泥混凝土面层质量或允许偏差，应符合表10-15的规定。

**现浇水泥混凝土面层质量或允许偏差**　　　　表10-15

| 序号 | 项　　目 | | 质量或允许偏差 | 检验频率 | | 检验方法 |
|---|---|---|---|---|---|---|
| | | | | 范围 | 点数 | |
| 1 | 压实度 | 路床 | ≥90% | 100m | 2 | 用环刀法或灌砂法检验 |
| | | 基层 | ≥95% | 20m | 1 | |
| 2 | 抗压强度 | | 符合设计规定 | 每班 | 1组 | 抗压强度检测 |
| 3 | 厚度 | | ±5mm | 20m | 1 | 用钢尺量 |
| 4 | 平整度 | | ≤5mm | 20m | 1 | 用3m直尺和塞尺量取最大值 |
| 5 | 宽度 | | 符合设计规定 | 40m | 1 | 用钢尺量 |
| 6 | 横坡 | | 设计坡度±0.3% | 40m | 1 | 用水准仪测量 |
| 7 | 井框与面层高差 | | ≤5mm | 每座 | 1 | 用直尺和塞尺量取最大值 |

（4）料石铺装面层广场的质量要求：石料质量符合要求；铺砌应平整、稳固，不得有翘曲现象，灌缝符合设计规定；铺砌表面整洁美观，砌缝直顺，颜色过渡自然、基本协调；铺砌面层与其他构筑物应接顺，不得反坡。料石铺装面层质量或允许偏差，应符合表10-16的规定。

**料石铺装面层质量或允许偏差**　　　　表10-16

| 序号 | 项　　目 | 质量或允许偏差（mm） | 检验频率 | | 检验方法 |
|---|---|---|---|---|---|
| | | | 范围 | 点数 | |
| 1 | 水泥砂浆抗压强度 | 符合设计规定 | 每班或每1 000m³ | 1组 | 抗压强度检测 |
| 2 | 平整度 | ≤4 | 10×10m | 1 | 用3m直尺和塞尺量取最大值 |
| 3 | 相邻块高层 | ≤2 | 10×10m | 1 | 用尺量取最大值 |
| 4 | 控制线高程 | ±6 | 20×20m | 1 | 用水准仪测量 |
| 5 | 纵缝直顺 | ≤6 | 40×40m | 1 | 拉20m小线量取最大值 |
| 6 | 横缝直顺 | ≤6 | 40×40m | 1 | 沿路宽拉小线量取最大值 |
| 7 | 缝宽 | +3 −2 | 40×40m | 1 | 用尺量取最大值 |
| 8 | 井框与面层高差 | ≤5 | 每座 | 1 | 用直尺和塞尺量取最大值 |

## 二、停车场

为使车辆有固定停放地点，避免妨碍交通和影响市容，应在城市适当地点划定面积，供车辆停放。停车场作为提供服务的基本设施之一，其规划设计是否合理直接影响道路交通的管理及经济效益。随着汽车保有量、自行车保有量的迅猛增长，而城镇道路资源有限增加，停车难的问题日益突出，尤其在大城市中，更为明显。

**(一)停车场类型**

1. 按服务类型分类

按停车设施的服务类型分类,停车设施可分为社会停车场、配建停车场和专用停车场。

2. 按使用对象分类

按使用对象分类分为居住地停车、工作地停车、路内停车和路外公共停车。

3. 按场地高程分类

按场地高程分类分为多层停车楼(多层车库)、地下车库、地面停车场(普通公用停车场)。

4. 按停放车辆性质分类

按停放车辆性质分类分为有机动车停车场(汽车停车场)和非机动车停车场(自行停车场)两大类。

5. 按场地平面位置分类

按场地平面位置分类分为有路边停车场和路外停车场。

本节着重介绍的是常见普通公用停车场的设计,其原则、方法可用于其他一些类型的停车场。

**(二)停车场设计**

1. 停车场地设置

(1)停车场的设置应结合城市规划和道路交通组织需要,合理分布,既要解决近期亟待解决的停车问题,又要为远期发展留有余地。具体地点有车站、码头、机场、工业仓库区、商业中心区、文化体育中心区、公园及风景游览区、城市出、入口等。除上述之外,还应结合道路系统在城市环路与放射干路交会处附近,留出合理停车场地,以避免过境车辆不必要的穿越市区,加重市区道路负担。

(2)由于历史形成旧城市中心区用地紧张、拆迁困难,可不要求每个大型商店、影剧院均单独设置停车场,而应结合街区改造规划,集中布置综合使用停车场,但其服务半径不宜超过300m。上述停车场大多都设置在大型建筑物前,并使停车场与建筑物均位于主干路的同侧。

此外,停车场的位置不得靠近城市干路的交叉口。当不得已时,其出入口应远离交叉口,最好距停车线100m以上。规范还规定停车场出入口不宜设在主干路上,不得设在人行横道、公共交通停靠站以及桥隧的引道上。

2. 停车场地在道路上的布置形式

(1)沿缘石线停车:通常设置在与主要干道相交的次要道路上,如图10-7所示。

(2)港湾式的路边停车:在道路一侧或两侧有足够宽度的绿化带内做成港湾式的停车道,如图10-8所示。

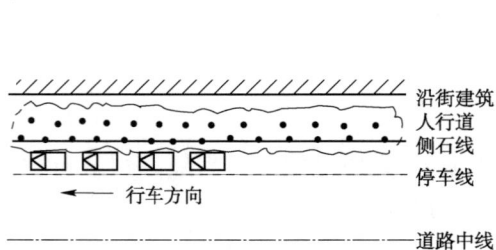

图 10-7　沿缘石线停车布置

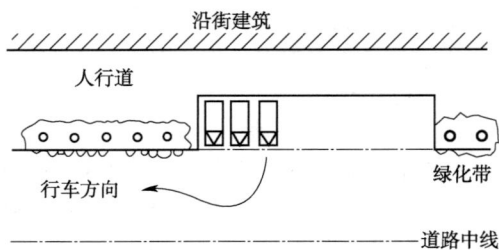

图 10-8　港湾式路边停车布置

（3）利用分隔带停车：当机动车道与非机动车道之间有较宽的分隔带时，可利用其地位布置停车道，如图 10-9 所示。

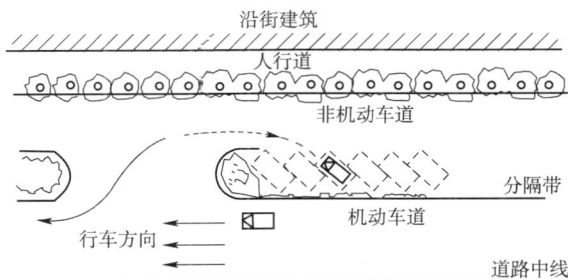

图 10-9　分隔带中停车道的布置

（4）道路外的港湾式停车场：如图 10-10 所示。

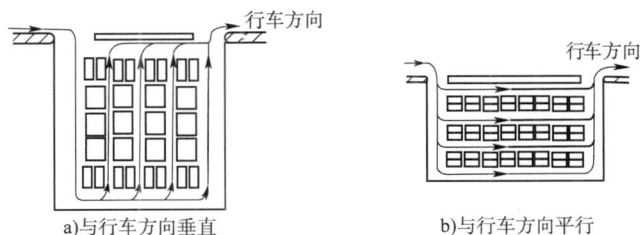

a)与行车方向垂直　　　　　　b)与行车方向平行

图 10-10　港湾式停车场

沿缘石线停车比较普遍，但占用了车行道的面积。在绿化带中设置停车道的两种方式，用地紧凑，但出入停车场地时对交通有一定的干扰。沿道路停车是在没有停车场的情况下的一种勉强措施。这些方式中，以在跑外设置港湾式的停车场最安全，停放车辆也多，适用于车型复杂，并有大量车流、人流集散的地方。选择停车场时，主要应考虑有便利的出入口，且在倒车、转向时，不妨碍主要的车流和人流。

3. 车型尺寸及车辆停放净距

停车场的布置应以高峰时所占比重大的车型作为设计车型，如有特殊车型应以实际外廓尺寸作为设计依据，且尽量不以过大的车辆作为设计车型。

设计车型尺寸及车辆停放净距见有关规范。

4. 在停车场地上的停车方式和进出车位方式

停车方式按汽车纵轴线与信道的夹角关系，规范规定有平行式、垂直式、斜列式（与通道成 30°、45°、60°角停放）三种。一般根据停车场地面积、形状、进出口位置、停车容量和管理等因素选择停车方式。三种停车方式各有优缺点及其适用条件，主要取决于车辆的疏散情况。分述如下：

（1）平行式：如图 10-11a）所示。其特点是占用的停车道宽度最小（一般 2.5m），但占用长度最大，车辆驶出方便迅速，但停车面积大。这种方式多用于车行道较宽或交通较少，上停车不多、时间较短的情况；还用于狭长的停车场地或作集中驶出的停车场布置，也适于停放不同类型车辆（当车长不同时，可不画车位）及更适用于车辆零来整走。例如，体育场、影剧院等停车场。

（2）垂直式：如图 10-11b）所示。其特点是在单位长度内停放的车辆最多，但占用停车道宽度最大(一般7m),且在停放倒车时需占两个车道(即需要通道宽度较宽),但用地紧凑且进出便利。这种方式适用于停车数量多的港湾式停车场。

(3)斜列式:如图10-11c)所示。其特点是停车道宽度随车长和停放角度不同而异(为4.5~7m),单位长度内停放的车辆数目随交角的增大而增多,车辆出入方便,且出入时占用车行道宽度较小。有利于迅速停置与疏散,所以是一种最常用的停车方式,特点45°的斜列式停车更为普遍。

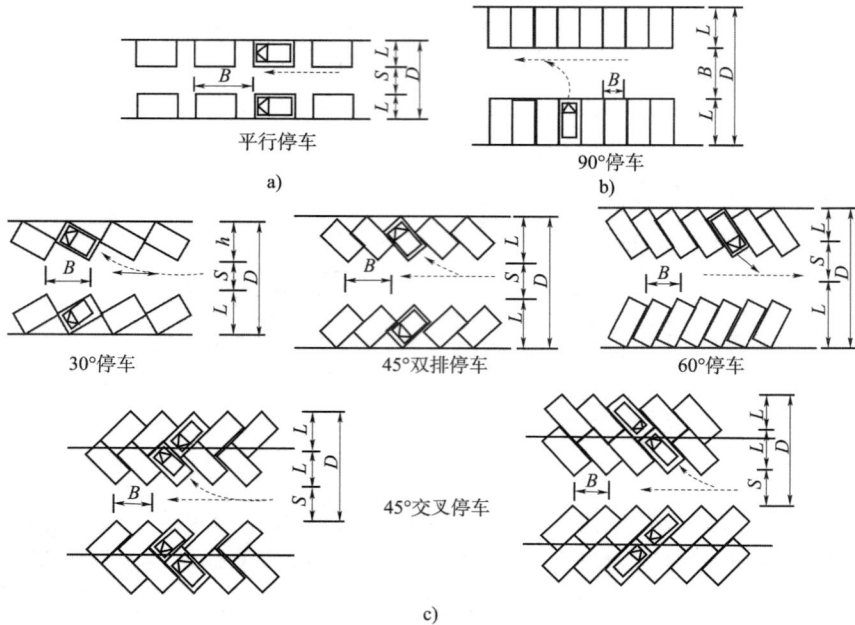

图10-11 停车方式图

上述垂直式、斜列式两种停车方式适用于车辆随来随走,例如大型商场、饭店、公园等处的停车场。

车辆进出车位方式有前进停车、前进发车;前进停车,后退发车;后退停车,前进发车三种,见图10-12。大型车辆在停车和发车时都应避免倒退,可采用前进停车和前进发车,但受地形限制时,也可以考虑后退停车。

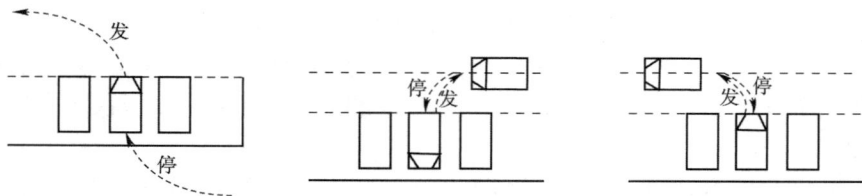

图10-12 车辆停发方式

**5. 停车场面积**

机动车公共停车场用地面积宜按当量小汽车停车位数计算。地面停车场用地面积,每个停车位宜为20~30m²;停车楼和地下停车库的建筑面积,每个停车位宜为30~35m²。停车场所需面积,包括绿化、通道及出入口等项,有关机动车停车场的设计参数见表10-17。

## 机动车停车场设计参数

表 10-17

| 停放方式 | 项目 设计车型分类 | 垂直通道方向的车位尺寸 L(m) | | | | | 平行通道方向的车位尺寸 B(m) | | | | | 通道宽度 S(m) | | | | | 单位停车宽度 D(m) | | | | | 单位停车面积 $A_w$ (m²/veh) | | | | |
|---|---|---|---|---|---|---|---|---|---|---|---|---|---|---|---|---|---|---|---|---|---|---|---|---|---|---|
| | | I | II | III | IV | V | I | II | III | IV | V | I | II | III | IV | V | I | II | III | IV | V | I | II | III | IV | V |
| 平行式 | 前进停车 | 2.6 | 2.8 | 3.5 | 3.5 | 3.5 | 5.2 | 7.0 | 12.7 | 16.0 | 22.0 | 3.0 | 4.0 | 4.5 | 4.5 | 5.0 | 8.2 | 9.6 | 11.5 | 11.5 | 12.0 | 21.3 | 33.6 | 73.0 | 92.0 | 132.0 |
| 斜列式 30° | 前进停车 | 3.2 | 4.2 | 6.4 | 8.0 | 11.0 | 5.2 | 5.6 | 7.0 | 7.0 | 7.0 | 3.0 | 4.0 | 5.0 | 5.8 | 6.0 | 9.4 | 12.1 | 17.8 | 21.8 | 28.0 | 24.4 | 34.7 | 62.3 | 76.1 | 98.0 |
| 斜列式 45° | 前进停车 | 3.9 | 5.2 | 8.1 | 10.4 | 14.7 | 3.7 | 4.0 | 4.9 | 4.9 | 4.9 | 3.0 | 4.0 | 6.0 | 6.8 | 7.0 | 10.8 | 14.4 | 22.2 | 27.6 | 36.4 | 20.0 | 28.8 | 54.4 | 67.5 | 89.2 |
| 斜列式 60° | 前进停车 | 4.3 | 5.9 | 9.3 | 12.1 | 17.3 | 3.0 | 3.2 | 4.0 | 4.0 | 4.0 | 4.0 | 5.0 | 8.0 | 9.5 | 10.0 | 12.6 | 16.8 | 26.6 | 33.7 | 44.6 | 18.9 | 26.9 | 53.2 | 67.4 | 89.2 |
| 斜列式 60° | 后退停车 | 4.3 | 5.9 | 9.3 | 12.1 | 17.3 | 3.0 | 3.2 | 4.0 | 4.0 | 4.0 | 3.5 | 4.5 | 6.5 | 7.3 | 8.0 | 12.1 | 16.3 | 25.1 | 31.5 | 42.6 | 18.2 | 26.1 | 50.2 | 62.9 | 85.2 |
| 垂直式 | 前进停车 | 4.2 | 6.0 | 9.7 | 13.0 | 19.0 | 2.6 | 2.8 | 3.5 | 3.5 | 3.5 | 6.0 | 9.5 | 10.0 | 13.0 | 19.0 | 14.4 | 21.5 | 29.4 | 39.0 | 57.0 | 18.7 | 30.1 | 51.5 | 68.3 | 99.8 |
| 垂直式 | 后退停车 | 4.2 | 6.0 | 9.7 | 13.0 | 19.0 | 2.6 | 2.8 | 3.5 | 3.5 | 3.5 | 4.2 | 6.0 | 9.7 | 13.0 | 19.0 | 12.6 | 18.0 | 29.1 | 39.0 | 57.0 | 16.4 | 25.2 | 50.9 | 68.3 | 99.8 |

注:1. 表中I类为微型汽车;II类为小型汽车;III类为中型汽车;IV类为普通汽车;V类为铰接车。

2. 表列数值系按通道两侧停车计算,单侧停车时,应另行计算。

6.停车楼(库)设计

随着我国城市机动车保有量,特别是小轿车数量的迅猛增长,城市公共停车设施的需求越来越大,而在城市用地规划,特别是城市中心区的用地规划中难以提供足够的用地来设置地面露天停车场。因此,建成多层停车楼或地下停车库就成为解决这一矛盾的重要措施。

停车库可分为坡道式停车库和机械化停车库两大类,下面仅介绍常用的坡道式停车库。

(1)直坡道式停车库(图10-13)

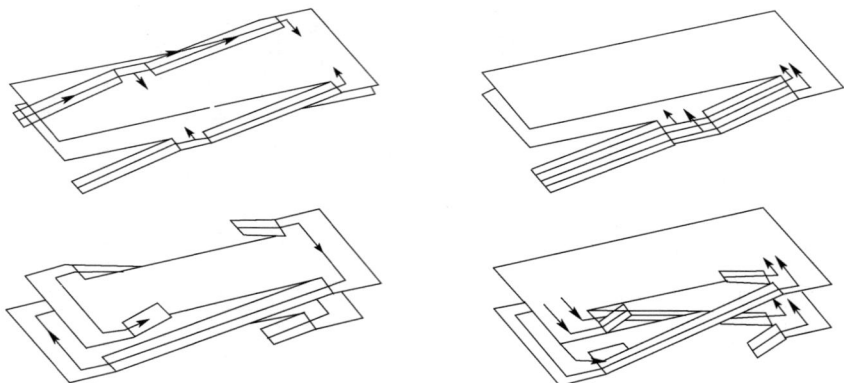

图 10-13　直坡道式停车库

停车楼面水平布置,每层楼面间以直坡道相连,坡道可设在库内,也可设在库外,可单行布置,也可双行布置。直坡道式停车库布局简单整齐、交通路线清晰,但单位停车位占用面积较多,用地不够经济。

(2)螺旋坡道式停车库(图10-14)

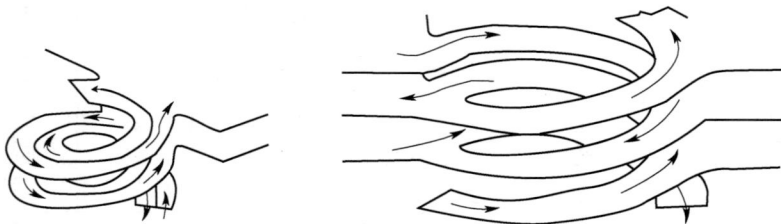

图 10-14　螺旋坡通式停车库

停车楼面采用水平布置,基本行车部分的布置方式与直坡道式相同,只是每层楼面之间用圆形螺旋式坡道相连,坡道可分单向行驶(上下分设)或双向行驶(上下合一,上行在外,下行在内)的方式。螺旋坡道式停车库布局简单整齐,交通路线清晰明了,行驶速度较快,用地稍比直坡道式节省,但造价较高。

(3)错层式(半坡道式)停车库(图10-15)

错层式是由直坡道式发展而形成的,停车楼面分为错开半层的两层或三层楼面,楼面之间用短坡道相连,因而大大缩短了坡道长度,坡度适当加大。该形式停车库的用地较节省,单位停车位占用面积较少,但交通路线对部分停车车位的进出有干扰。

(4)斜坡楼板式停车库(图10-16)

停车楼板呈缓坡倾斜状布置,利用通道的倾斜作为楼层转换的坡道。因而无须再设置专用的坡道,所以用地最为节省,单位停车位占用面积最少。但由于坡道和通道的合一,交通路线较长,对停车位车辆的进出普遍存在干扰。斜坡楼板式停车楼是常用的停车库类型之一,建筑外立面呈倾斜状,具有停车库的建筑个性。

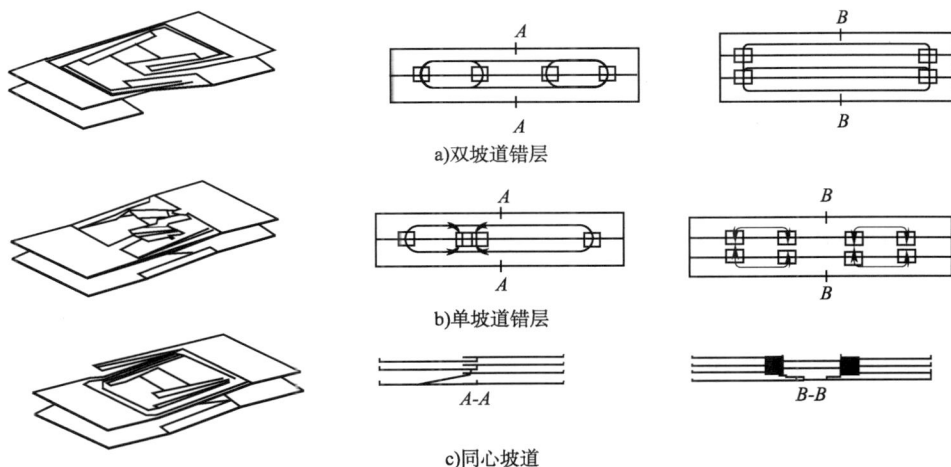

a)双坡道错层

b)单坡道错层

c)同心坡道

图 10-15　错层式停车库

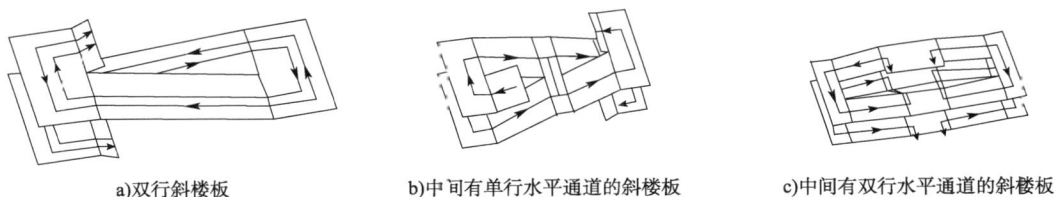

a)双行斜楼板　　b)中间有单行水平通道的斜楼板　　c)中间有双行水平通道的斜楼板

图 10-16　斜坡楼板式停车库

大中型停车场(库)车辆出、入口不应少于两个,特大型停车场(库)车辆出、入口不应少于三个;出、入口应右转出入车道,应距交叉口、桥隧坡道起止线 50m 远;车辆出、入口的宽度当为双向行驶时不应小于 7m,单向行驶时不应小于 5m;各出、入口之间的净距应大于 20m,出、入口距离道路红线不应小于 7.5m,并在距出、入口边线内 2m 处为视点保持到红线 120°的视距范围,同时设立交通标志,如图 10-17 所示。同时,停车库还应设置入行专用出、入口。

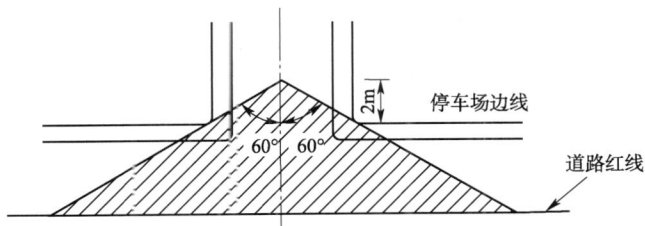

图 10-17　停车场出入口的视距

停车库一般需安装自动控制进出设备、电视监控设备、消防设备、通风设备、采暖和变电设备,同时需配备一定数量的管理、修理、服务、休息用房,人行楼梯,电梯等,通常在底层还有小规模的加油设施和内部使用的停车位。

**(三)停车场坪的路面铺装**

停车场质量标准及容许偏差见表10-12。停车场的施工要求、注意事项同广场。

**(四)自行车停车场地**

自行车停车场地位置的选择应依据道路、广场及公共建筑布置,以中、小型为主分散就近设置。对于大型集会,大量人流集中的文化娱乐、商业贸易等场所自行车停车场应在其四周调协固定的专用自行车停车场,并应根据其容纳人数估算其存放率。目前,在市区一般除有的设置在人行道的绿化带或机动车与非机动车道的分隔带上外,还有的化整为零分散在附近的小路或小巷里。

单台自行车按 $2m \times 0.6m$ 计。停放方式可为单向排列、双向错位、高低错位及对向悬排。车排列可垂直,也可斜放。如图 10-18 和图 10-19 所示。自行车停车宽度、宽度、单位停车面积见表10-18、表10-19。

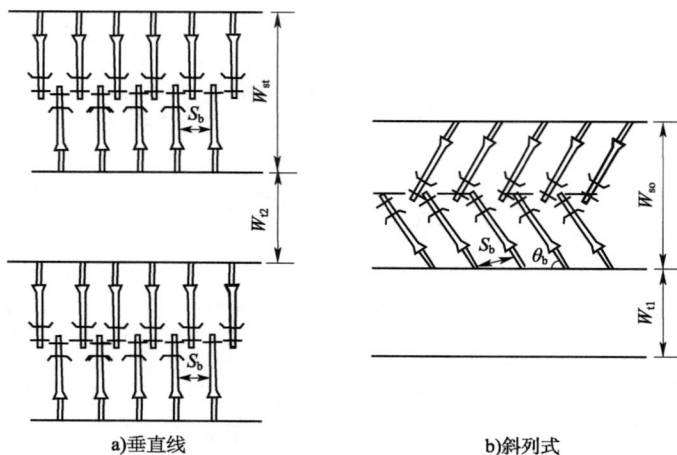

a)垂直线    b)斜列式

图 10-18    自行车双排的停放方式

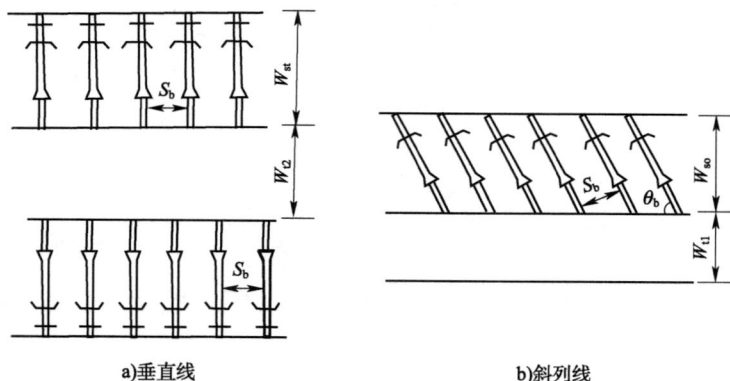

a)垂直线    b)斜列线

图 10-19    自行车单排的停放方式

**自行车停车带宽度和通道宽度(m)**　　　　　　　表 10-18

| 停 车 方 式 | | 停车带宽度 | | 车辆间距 | 通 道 宽 度 | |
| --- | --- | --- | --- | --- | --- | --- |
| | | 单排停车 | 双排停车 | | 一侧使用 | 两侧使用 |
| 垂直排列 | | 2.0 | 3.2 | 0.7 | 1.5 | 2.6 |
| 斜排列 | 60° | 1.7 | 2.7 | 0.5 | 1.5 | 2.6 |
| | 45° | 1.4 | 2.26 | 0.5 | 1.2 | 2.0 |
| | 30° | 0.1 | 1.6 | 0.5 | 1.2 | 2.0 |

**自行车单位停车面积**　　　　　　　表 10-19

| 停 车 方 式 | | 单位停车面积(m²/辆) | | | |
| --- | --- | --- | --- | --- | --- |
| | | 单排一侧 | 单排两侧 | 双排一侧 | 双排两侧 |
| 垂直排列 | | 2.1 | 1.98 | 1.86 | 1.74 |
| 斜排列 | 60° | 1.85 | 1.73 | 1.67 | 1.55 |
| | 45° | 1.84 | 1.7 | 1.65 | 1.51 |
| | 30° | 2.2 | 2.0 | 2.0 | 1.8 |

　　自行车属非机动车。非机动车车行道纵坡一般在 2.5% ~4% 范围。个别不得已情况不宜超过 5%,并有纵坡长度限制。

　　遇山地或在建筑内推行自行车或骰提时,其坡道应按人行可能处置。自行车坡道净宽不小于 0.8m。车行部分宽度:单行不小于 0.4m,双行不小于 0.6m。在我国自行车是相当重要的交通工具,城市道路及居住区内,应将自行车道的坡度与坡长的关系作为车行道路设计的参考。

### 第四节　城镇道路照明

　　城镇道路照明的首要任务是保证来往车辆和行人在夜间通行安全,为驾驶员或行人创造能及时、准确地发现各种障得物的条件,以减少和防止交通事故;其次道路的照明也起美化市容的作用,以满足夜间景观要求。道路照明的设计原则是确保路面具有符合标准要求的照明数量和质量;投资低,耗电少;运行安全、可靠;便于维护管理。

一、城镇道路照明的标准

　　我国城镇道路照明标准过去一直采用照度标准。通常用规定路面的平均水平照度值和不均匀度来表示。照度的单位是勒克司(lx)。1lx 就是在 1m² 照射面上,均匀分布一个流明(lm)的光通量。光通量是能引起视觉作用的光能强度(发光功率),普通白炽灯在 25W 时,能发出 30 个流明。因为驾驶员行车作业时,眼睛直接感受到的是路面亮度,而不是照度,因此以路面亮度值作为道路照明的标准更为科学合理(我国近年来已逐步采用)。亮度的单位是尼特(nt),它等于从 1m² 表面积上,沿着法线方向产生 1 烛光的发光强度,坎德拉(cd)就为国际新烛光单位。

　　我国目前给出亮度、照度两套标准值,这是根据我国目前普遍采用亮度指标还有较大的困难,而采取的一种过渡措施。规范规定的机动车交通道路照明标准值,见表 10-19。为了保证道路照明质量,达到辨认可靠和视觉舒适的基本要求,道路照明除满足平均亮度(照度)、亮度(照度)均匀度和眩光限制三项指标外,还应有良好的诱导性。道路照明标准应根据城市的规模、性质、道路分类按表 10-20 选用。中、小城市可视其道路分类降低一级使用,但路面平均照度应大于或等于 1lx(相当亮度约为 0.1cd/m²)。

机动车交通道路照明标准值 表 10-20

| 级别 | 道路类型 | 路 面 亮 度 | | | 路 面 照 度 | | 眩光限制阈值增量最大初始值 TI(%) | 环境比最小值 SR |
|---|---|---|---|---|---|---|---|---|
| | | 平均亮度维持度 Lav (cd/m²) | 总均匀度最小值 $U_0$ | 纵向均匀度最小值 $U_L$ | 平均照度维持度 $E_{h,av}$ (lx) | 均匀最小值 $U_E$ | | |
| I | 快速路、主干路 | 1.5/2.0 | 0.4 | 0.7 | 20/30 | 0.4 | 10 | 0.5 |
| II | 次干路 | 1.0/1.5 | 0.4 | 0.5 | 15/20 | 0.4 | 10 | 0.5 |
| III | 支路 | 0.5/0.75 | 0.4 | — | 8/10 | 0.3 | 15 | — |

注[本表引自《城市道路照明设计标准》(CJJ 45—2015)]:
  1. 表中所列的平均照度仅适用于沥青路面。若系水泥混凝土路面,其平均照度值相应降低约 30%。
  2. 表中各项数值仅适用于干燥路面。
  3. 表中对每一级道路的平均亮度和平均照度给出了两档标准值,"/"的左侧为低档值,右侧为高档值。
  4. 迎宾路、通向大型公共建筑的主要道路、位于市中心和商业中心的道路,执行 I 级照明。

美国是根据可见度标准设计的。从美国 10 年汽车事故与照明评价标准之间关系的研究表明,有时增加路面平均亮度,反而导致事故的增加,有时又不仅如此。目前已能对可见度进行计算,可见度的计算可考虑固定的照明系统和车辆前灯照明系统所产生的亮度、对比和眩光,因而可见度有可能成为今后制定道路照明标准的依据。

对道路照明用光源的基本要求,应具有寿命长、光效高、可靠性、一致性好的特点,而显色性和色表则应符合特定的照明路线或场所的要求。快速路和对颜色识别要求不高的市郊道路宜采用低压钠灯或高压钠灯;主干路和次干路宜采用高压钠灯;支路和居住区道路宜采用小功率高压钠灯或小功率高压汞灯;市中心、商业中心等个别对颜色识别要求较高的街道,必要时可采用金属卤化物灯或中显色型、高显色型的高压钠灯。选用高、低压钠灯的原因是由于它们均具有光效高(高压钠灯可达 120lm/W;低压钠灯可达 180~200lm/W),寿命长(均可达 2 万多小时)的特点,但高压钠灯光色比低压钠灯好,因此高压钠灯是首选光源。白炽灯无论是寿命还是光效都大大低于高、低压钠灯,采用它不但造成能源的极大浪费,并且换灯次数也会大大增加,即使大量增加灯具和光源数量,路面亮度(或照度)也不易达到要求,所以新建道路不宜采用。

## 二、城镇道路照明的布局

城镇道路照明布局包括照明器(路灯)的布置方式、照明器的横向位置及照明器安装高度和纵向间距、路面宽度的配合等。道路照明布局,需要充分考虑各种客观条件(如地上地下各种管线及行道树等影响),尽量发挥照明器的配光特征,使之得到较高的路面亮度(照度)和较满意的均匀度,尽量限制眩光,以提高驾驶员和行人的可见度和视觉舒适感,并能获得良好的视觉诱导性。

**（一）照明器在道路的布置方式**

照明器在道路的布置方式常用的有以下几种（图10-20）。

（1）沿道路单侧布置：如图10-20a）所示。优点是诱导性好、造价较低；缺点是不设灯的一侧路面亮度比设灯的一侧低，因而两个不同方向行驶的车辆得到的照明效果不同。这种布置方式常用于宽度不超过15m的支路和相邻道路。

（2）沿道路两侧交错布置：如图10-20b）所示。优点是亮度总均匀度可以满足要求，特别在雨天提供的照明条件比单侧布置好，缺点是亮度纵向均匀度一般较差，诱导性也不及单侧布置好，有时会使驾驶员对道路走向产生混乱的印象。这种布置方式适用于路面宽度在15m以上的主、次干路。但由于观瞻效果较差，故不常用。

（3）沿道路两侧对称布置：如图10-20c）所示。特点是纵向均匀度和诱导性都比两侧交错布置好。这种布置方式适用于路面宽度大于20m的主干路，特别迎宾路线，可借用两侧灯杆悬挂标语、彩旗等。

（4）横向悬索布置：如图10-20d）所示。这种布置方式的灯具安装高度一般都比较低（6～8m），多用于树木较多，遮光比较严重的道路，也用于楼群区难以安装灯杆的狭窄街道。因为悬挂在缆绳上的灯具容易晃动或转动，给驾驶员造成间歇性的闪烁眩光。因而，通常不推荐这种方式。

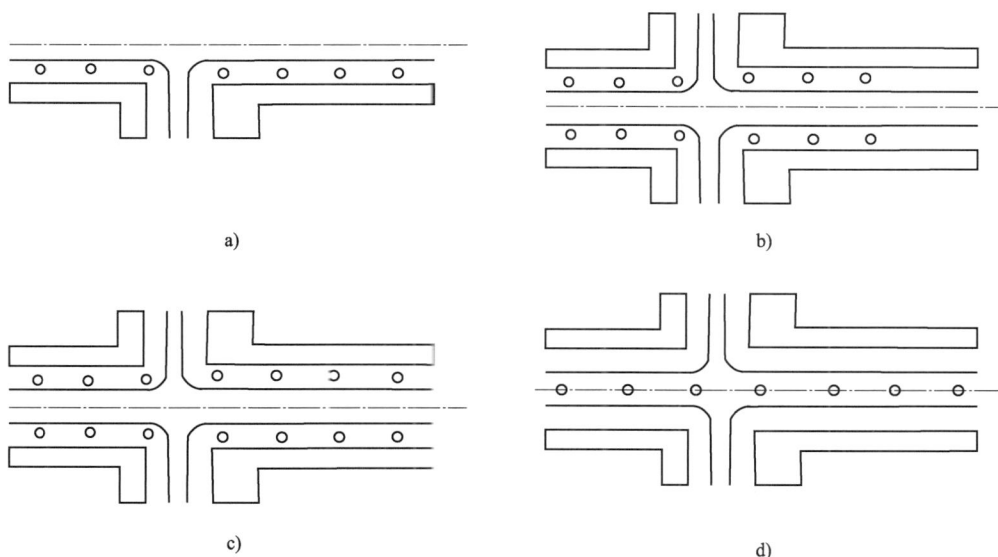

图10-20　街道照明器的布置方式

（5）中心对称布置：灯具安装在位于中间分隔带的Y形或T形灯杆上。适用于有中间分隔带的多幅路上，特别是车道多、人行道宽的城市干道。这种布置形式比两侧对称布置的效率（光通利用率）高一些，并可获得良好的视觉诱导性，也有利于城市景观。

此外，在曲线路段、平面交叉、立体交叉、铁路道口、广场、停车场、桥梁、坡道等特殊地点的照明应比平直路段连续照明的亮度（照度）高、眩光限制严、诱导性好。

如图10-21a）、图10-21b）所示，对于T形交叉口的照明灯具布置应有利于驾驶员判断道路尽头,并根据相交道路等级关系考虑照明灯具的布置数量和密度。

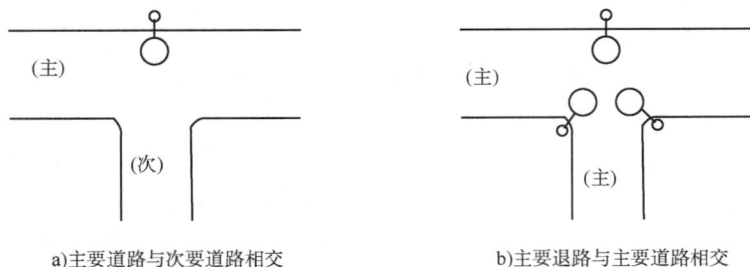

a)主要道路与次要道路相交          b)主要退路与主要道路相交

图 10-21　T 形交叉口照明灯具的布置

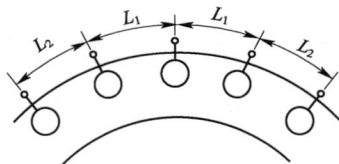

十字路口的照明灯具应布置在入口右侧(图 10-22),使驾驶员从远处就能看清横穿交叉口的行人。

弯道上的照明灯具应布置在弯道外侧(图 10-23)使驾驶员能辨清弯道形状,不同平曲线半径的弯道上照明灯具的布置间距如表 10-21 所示,当圆曲线半径大于 1 000m 时,弯道照明可按直线段处理。

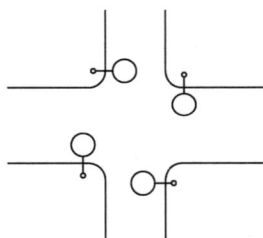

图 10-22　十字形交叉口照明灯具的布置　　　图 10-23　弯道上照明灯具的布置

不同弯道半径的路灯间距　　　　　　　　表 10-21

| 弯道半径 $R$(m) | <200 | 200~250 | 250~300 | >300 |
|---|---|---|---|---|
| 路灯间距 $L$(m) | <20 | <25 | <30 | <35 |

交通广场宜采用高杆照明,不仅经济合理,且照明效果良好。隧道照明的布置应考虑到驾驶员视觉能力的过渡,隧道入口区的亮度应比洞外区域的亮度略大(若在白天,入口处则采用缓和照明方式),在入口区一定距离内保持恒定亮度,在入口区末端则可将亮度逐渐降低至额定照度标准。

**(二)照明器的横向位置**

照明器一般都布置在人行道的绿带或分隔带的边上,而灯杆竖立在缘石外 0.5~1.0m 处。照明器通过支架或悬臂挑在道路的上空。这样可以有效地提高照明质量,且在一定程度上解决行道树遮挡灯光的矛盾。灯具悬挑长度($l_c$)与种植在路侧带或分隔带上树木的树形、道路横断面布置有关,悬挑长度不宜超过灯具安装高度的1/4。灯具的仰角($\theta_e$)宜小于或等于15°。如图 10-24 所示。

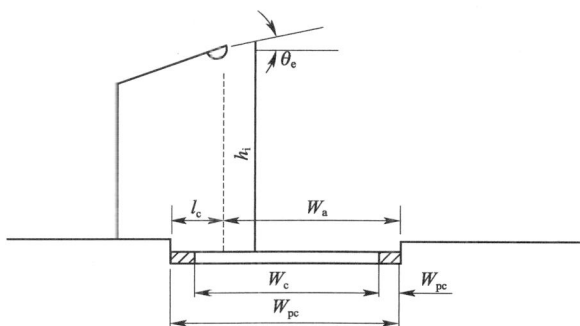

图 10-24　路面有效宽度 $W_e$、路面宽度 $W_{pc}$ 和灯具悬挑长度 $L_c$ 的关系图

**(三)照明器的安装高度和纵向间距、路面宽度的配合**

照明器的安装高度和纵向间距为道路照明设计中需要确定的数据,安装高度和间距如能很好地配合,就可发挥照明器的配光特性,能使照明效果和经济效果良好。在考虑安装高度时,首先从限制眩光出发,照明器的最低安装高度可应用下列公式计算:

$$H = 1.6 \sqrt{\frac{F_e}{B} \times 10^{-3}}$$

式中:$H$——照明器的安装高度(m);

$B$——路面的额定亮度(nt);

$F_e$——照明器的光通量(lm)。

国际照明学会曾推荐高度:街心花园、林荫道为 $4 \sim 5m$;一般道路为 $8 \sim 10m$;重要道路、广场为 $11 \sim 12m$。在重要的道路上,当采用组合灯型时,其最低安装高度则需要加以检算。此外,安装高度还应充分考虑维修的条件。

在通常情况下,照明器安装高度过低,灯下虽可获得较高的亮度(照度),但两灯间亮度(照度)很低,出现路面亮度(照度)不匀;照明器安装高度过高,虽亮度(照度)均匀性可得到改善,但路面平均亮度(照度)值则又会下降。照明器纵向间距过小,虽有较好的亮度(照度)均匀性,但增加了灯数,也增大投资和运行维护费用;照明器纵向间距过大,又会出现两灯间的黑暗区,影响路面亮度(照度)的均匀。因此,设计合理配光特性的照明器,并根据照明器配光特性及各类道路的不同要求,确定照明器的安装高度和纵向间距,是道路照明设计中的一项重要工作。

道路照明纵向间距一般采用 $30 \sim 50m$。在有电力线或无轨电车架空线路的情况下,间距偏于 $40 \sim 50m$,这样可以考虑合杆设置,以减少电力、无轨线路器材的投资;如果道路照明采用地下电缆供电,可以避免架空照明线和其他架空线与行道树的相互影响,这样,间距可偏小,为 $30 \sim 40m$。

灯具的安装高度($H$),不但与光源的光通量,纵向间距($S$)有关,而且与路面宽度($W_{eff}$),光源功率和灯罩形式有关。为了保证路面亮度(照度)均匀度和将眩光限制在容许范围内,灯具的纵向间距($S$)、安装高度($H$)和路面有效宽度($W_{eff}$)之间的关系,应符合表 10-22 的规定。

**灯具的配光类型、布置方式与灯具的安装高度、间距的关系** 表 10-22

| 配光类型 | 截光型 | | 半截光型 | | 非截光型 | |
|---|---|---|---|---|---|---|
| 布置方式 | 安装高度 H（m） | 间距 S（m） | 安装高度 H（m） | 间距 S（m） | 安装高度 H（m） | 间距 S（m） |
| 单侧布置 | $H \geqslant W_{eff}$ | $S \leqslant 3H$ | $H \geqslant 1.2W_{eff}$ | $S \leqslant 3.5H$ | $H \geqslant 1.4W_{eff}$ | $S \leqslant 4H$ |
| 双侧交错布置 | $H \geqslant 0.7W_{eff}$ | $S \leqslant 3H$ | $H \geqslant 0.8W_{eff}$ | $S \leqslant 3.5H$ | $H \geqslant 0.9W_{eff}$ | $S \leqslant 4H$ |
| 双侧对称布置 | $H \geqslant 0.5W_{eff}$ | $S \leqslant 3H$ | $H \geqslant 0.6W_{eff}$ | $S \leqslant 3.5H$ | $H \geqslant 0.7W_{eff}$ | $S \leqslant 4H$ |

注：$W_{eff}$ 为路面有效宽度（m）。

### 三、高杆灯照明

近年来，由于道路照明逐渐采用了高效率的气体放电灯。因此，道路照明也正在向提高照明器安装高度，扩大纵向间距，改进布局的方向发展。

高杆灯照明是指灯具安装高度大于或等于 20m 制柱型的大功率组合式灯架构成的新型照明装置。目前，一般在主要道路上的复杂汇合点、大型立体交叉、大型广场、大型公共停车场等采用，杆灯具的排列方式有平面对称、径向对称和非对称三种。以下主要谈一下它的优缺点及设计中应注意的问题。

**（一）高杆灯照明的优缺点**

1. 优点

（1）比较容易增加每座杆上灯具的数量，灯具内可采用大功率的光源。因此，容易在被照面上获得高亮度、高照度。

（2）被照面的亮度、照度均匀度好，眩光可避免或减弱，照明质量好。

（3）灯杆少，为驾驶员提供道路或整个交叉口整齐、清晰的图像。

（4）因为安装得高，有助于创造类似白天的照明条件，改善了驾驶员的可见度。

（5）杆位选择合理时，可消除撞杆事故，而且维护时不影响正常交通。

（6）高杆灯造型变化较多，设计得好可起到美化城市的作用。

2. 缺点

（1）一次性建造费用高，如果包括基础费用，这个问题就更突出。

（2）多数情况采用高杆照明系统要比采用常规系统能耗大一些。

（3）一般的固定式高杆灯要用专门的液压高空作业车才能进行维护（采用三柱式或内攀式高杆灯例外）。

（4）高杆灯不仅照亮了路面，也照亮了周围环境，因而夜间对周围单位及居民生活影响较大。

**（二）设计高杆灯照明时，应注意的问题**

（1）要合理选择高杆灯顶部灯架及灯杆的结构形式。

（2）合理选择灯具的配置方式，如平面对称式、径向对称式和非对称式。

（3）摆正功能和美化两者的关系，合理选择高杆灯的造型。

（4）正确选择杆位。

（5）合理选择灯具和光源，多采用泛光灯具和大功率高压钠灯（400W 和 1 000W）。

（6）合理确定灯具的投光角度和杆距。按平面对称式，其间距、高度之比以 3∶1 为宜（不大于 4∶1）；按径向对称式，以 4∶1 为宜（不大于 5∶1）；按非对称配置时，间距和高度之比则可适当放宽。

（7）合理确定照明标准，照明水平应略高于与其连接的道路（不大于 20lx）。

（8）要进行科学的设计计算和经济分析比较，以确保高杆灯照明的质量。

**（三）高杆灯施工**

1. 高杆灯强度要求和材料选择

高杆灯杆重 5～10t，其杆体由 8～14mm 厚板卷制。固定式高杆灯灯头与灯杆用 6～12 条 M24 螺栓连接，基础采用 8～12 条 M42 螺栓，抗震设防等级为 8 级，抗风压为 800Pa。

2. 高杆灯的加工制作

灯头配件应规范化、严格按图纸施二。生产标准参考国家《建筑安装工程质量检验评定统一标准》（GB 50300—2013）中有关各条款。在卷管过程中，根据不同的直径选用相应的模具，对钢板进行预压，保证卷管的质量。整根灯柱焊接完成后，使用热变形法，配合专用压床，对灯杆进行调直处理，保证灯杆直线度在千分之一以内。

3. 高杆灯的吊装

针对不同型号的高杆灯采用不同的吊装方案。固定式高杆灯由于灯头较重，一般采用分体吊装。即先吊立灯杆，后吊装灯头。升降式高杆灯，由于灯头较轻，一般采用整体吊装。依次程序为：吊机选择—吊索选择—吊点选择—吊机位置装置。

4. 升降机高杆组合照明灯

由于高杆灯每年要进行数次维护，固定式高杆灯维修时，作业人员必须乘吊篮或通过灯杆内爬梯，到达灯头，在高空进行维修作业，存在着一定的危险性。某企业在 1990 年开发了能使灯头降至地面的升降式高杆组合照明灯具。其集固定式高杆灯的全部优点，大量使用铝合金材料，以降低灯头重量，并配有可靠的断绳保护装置，免于维修人员高空作业。

其特点如下：

（1）升降机构。采用专用卷扬机。蜗轮蜗杆减速方式具有可靠的机械自锁性能，体积小、重量轻，安装在灯杆内部操作方便。

（2）灯头重量。按照照明合理布置灯具，减少灯头外形尺寸，选用铝合金面板，使用轻型钢结构支架，减轻灯头重量。

（3）灯头固定方式。在灯头安装自动挂钩，可以将灯头挂在杆顶。灯头内安装的断绳保险装置的三个滚轮可以从三个方向将灯头与灯杆抱住，提高了灯头的稳定性。

（4）设有安全保护装置的措施：

①断绳保险：灯头的运动过程中，完全由钢丝绳受力，一旦钢丝绳断裂，会造成灯具报废，甚至人员伤亡。而断绳保险装置可以在钢丝绳断后 0.3s 内将灯头抱在灯杆上缓冲距离不超过 350mm。

②限位开关：在灯头上升过程中，为防止冲顶而设置，由三个行程开关串接而成。

③在电动机输出轴上设置限力矩摩擦片，使电动机和减速之间为摩擦传动。

④在整个上灯维修过程中，灯头始终处于脱离状态，有效地防止了触电的可能性。

⑤灯头电源供电方式:有杆顶插接方式和杆下接头式。

## 第五节 管线设施

### 一、城市管线与城镇道路的关系

城镇道路设计与城市的管线布置关系密切,需要取得很好的配合。若管线布置不合理,待路面修好后又行挖掘,不但破坏路面而且还要中断交通。此外,如检查井布置在路中,会造成路面不平整,而维修时又将影响交通;管线太靠近建筑物时,开槽将影响房基的稳定;煤气管太靠近树木,漏气时影响其生长等。我国一些城市的实践经验认为城镇道路和管线的配合,如能事前统一规划,综合设计,联合施工即可以达到合理的要求。首先根据城市或地区都有哪些管线及其近期、远期建设的具体要求做出统一规划,既不使干管线路过分集中在一条路上,也不使其太分散。按各道路规划或现有的宽度、纵坡等,分别将各种管线埋设在若干条道路上,然后,对各条道路中的管线布置,妥善处理管线与管线,管线与建筑物以及管线与绿化等的关系,在水平垂直位置上进行综合设计。最后,在路面铺筑之前,埋设好各种管线,并尽可能使各种管道进行联合施工。这样,才有可能达到合理配合的要求。

规划中各种管线的位置都要采用统一的城市坐标系统和高程系统。管线综合布置应与总平面布置、竖向设计和绿化布置统一进行。

城市管线按布设位置的不同,可分为两大类:地上杆线和地下管线。

### 二、城镇道路地上杆线的类型和布置

1.城镇道路地上杆线的类型

(1)电力(强电)杆线:可分为照明电力线(一般电压为220~380V)及工业生活用各种电力线(一般电压为380~3 300V),市区内一般超过1万V低压配电线比较少,而郊区则有3.5万V或更高的高压输电线。

(2)电信(弱电)杆线:包括市内电话线,长途电话、无线电广播以及其他信号设备的电缆。

(3)电车杆线:系专供电车用的直流电缆,也是电力线的一种。

2.城镇道路地上杆线的布置

地上杆线一般都设置在人行道或分隔带上。为了确保居民安全、架空线缆的正常使用及整齐美观,地上杆线进行布置时,一般需要满足以下各项要求:

(1)电信杆线与电力杆线,一般应分别架设在道路的两侧,与同类的地下电缆位于道路的同侧,例如北京市即规定电力电缆要架设在道路的东面或北面,电信电缆则架设在道路的西面或南面。各地城市大多有自行规定。如能在一定的安全措施保证下,电信电缆也可以和电力电缆合杆架设。

如有架空热力线、煤气管线,不宜与架空输电线、电气化铁路线交叉或在其下通过(特殊情况下,采用保护措施后才予通过)。当工程管线跨河通过时,可采用管桥或利用现状桥梁进行架设。可燃、易燃工程管线不应在交通桥梁上跨越河流。

(2)架空电线应与路面保持一定的垂直距离,当线缆的垂度最大时,沿路架设或横越道

路架设的最小净空有下列的规定:电话电信线与道路平行时为 4.5m;与道路交叉时为 5.5m(北京市要求 6m);电力线距地面的最小垂直距离见表 10-23。横过游行道路的架空线除电车线外,应高出路面不小于 8m,而高压电缆还需要有防护设备。在架空电线互相交叉时也应保证一定的垂直距离,如高压电缆至少要有 2~3m。

**电力线距地面的最小垂直距离** 表 10-23

| 线路电压(kV) 地区 | 配　电　线 | | 送　电　线 | | | |
|---|---|---|---|---|---|---|
| | <1 | 1~10 | 35 | 60~110 | 154~220 | 330 |
| 居民区 | 6.0 | 6.5 | 7.0 | 7.0 | 7.5 | 8.5 |
| 非居民区 | 5.0 | 5.5 | 6.0 | 6.0 | 6.5 | 7.5 |

在道路改建中,当道路路面或路基升高,致使各种杆线的导线最大垂度距地面的净距不符合规定时,要采取措施予以升高;但在路面降低时,则需要考虑线杆埋深的变动,以保安全。一般线杆埋深部分在 1.5~2.5m。当原地面降低时,则要采取必要的加固措施,如加帮桩等办法。无轨电车线杆遇到路面升高或降低值超过 50cm 时,即需要调整其高度以防脱线。

(3)架空电线应与建筑物保持一定的水平距离。架空电线的外侧明线(在最大摆度时)与建筑物、构造物之间的最小水平间距应符合表 10-24 规定。

**架空线与建筑物的最小水平间距(m)** 表 10-24

| 名　称 | | 建筑物(凸出部分) | 居民区(边缘) | 道路(路基边缘) | 铁路(路基边缘) | 电信干线 | 热力管线 |
|---|---|---|---|---|---|---|---|
| 电力杆线 | 3kV 以下 | 1.0 | 1.5 | 0.5 | 杆高加 3.0 | 1.0 | 1.5 |
| | 3~10kV | 1.5 | 3.0 | 0.5 | 杆高加 3.0 | 2.0 | 2.0 |
| | 35kV | 3.0 | 5.0 | 5.0 | 杆高加 3.0 | 4.0 | 4.0 |
| 电信杆线 | | 2.0 | — | 0.5 | 4/3 杆高 | — | 1.5 |
| 热力管线 | | 1.0 | — | 1.5 | 3.0 | 1.0 | — |

地上杆线的布置需结合道路的远景规划横断面,以免随着道路的改建而拆迁,尤其高压线的拆迁更为困难。随着公共设施的日益完善,地上杆线将会逐步转入地下。因此,统一规划时,需要考虑在横断面中预留地下管线的敷设位置。

## 三、城镇道路地下管线的类型和布置

### (一)城镇道路地下管线的类型

公用地下管线包括过境干管以及为街道两旁建筑服务的支管或户线。根据其性质和用途不同,城市地下管线大体上可分为两大类:电缆和管道。

(1)电缆:地下电缆的种类与地上杆线的种类相同。目前已有电缆用铠装(用钢丝或钢带加固的)直接埋设在地下或者敷设在专用的管道中。铠装电缆外径分 5cm、7cm、10cm 不等。专用管道的宽度可达 1.5m。

（2）管道：通常有下列几种：

①下水道，即排水管道，包括雨水管道和污水管道，而污水管道中又有生活污水和生产废水管道之分。管径从 20cm 到 2～3m 不等。

②上水道，即给水管道，包括生活用给水管，市政（浇树、喷街等）和消防用给水管以及工业用的各种给水管等。一般管内压力在 196kPa。管径从 75～600mm 不等，从水源厂出来的输水管可达 1 000mm，甚至更大（达 2m 左右）。

③煤气管道，有高压管道（404kPa 或更高），中压管道（101～202kPa，管径一般在 400mm 左右），低压管道（101kPa 管径一般在 200mm 左右）之分。过去各地城市使用煤气管道还不普遍，今后可能会有较大的发展。

④热力管道，又称暖气管道，包括热水及蒸汽（高压与低压）管道之分。还有通行式（沟道内净高不小于 1.8m），半通行式（沟道内净高为 1.4m）及不通行式管道之分。这种管道，目前各地城市使用也还不大普遍，只是专业生产部门有时需要敷设。

此外，还有其他各种工业专用管道，如压缩空气、氧气、氢气管、汽油、柴油、重油管、液化气及乙烯管道等，今后可能还有邮政通信管道等。

**（二）城镇道路地下管线的布置**

道路断面内地下管线的埋设，大体上分为两种方式：一种是集中埋设，采取综合管道的方式；另一种是分散埋设。为了尽量减少地下管线对城镇道路的影响，防止各种管线之间的相互妨碍和干扰，需要对分散埋设的地下管线在位置上（水平距离和垂直深度等）做出合理的安排，一般应掌握下列基本原则：

（1）地下管线应尽可能布置在绿化带（主要指草地）、人行道及非机动车道下面，不得已时才考虑将维修次数较少和埋设较深的管道（如污水、雨水等）布置在机动车道下面。但快速路机动车行道下面不宜布设任何管线。

（2）地下管线应与道路中线或建筑红线平行敷设，并尽量避免横穿道路，必须横穿时应尽量与道路正交。

（3）地下管线应敷设在支管线多的一边。为了避免过多的分支管横穿道路和减少支管长度，常考虑在道路两侧各布置一条或一套管线，即通称"双排埋设"，这种布置需和单排埋设进行技术经济比较后，方可决定是否采用。北京一般较宽的街道，如 60～80m 宽的干道多采用双排埋设；40m 宽以下的次干道、30m 宽的支路多采用单排埋设。电力、电信电缆无论在何种情况下，都适合于双排埋设。

（4）一般不应埋设任何地下管线的范围是在缘石靠车道一边 1m 和缘石背面 0.4m 之内；乔木树干左右 1m 之内；距建筑物边缘 0.5～1.0m 之内，路灯杆基础之下等。

（5）地下管线的布置次序

从建筑红线向道路中心线方向，地下管线的布置次序一般是：

①电力电缆或电信电缆（电信管道）；

②煤气管道或热力管道；

③给水管道或排水管道；

④污水管道。

这主要由根据管线性质和埋设深度来决定：凡可燃、易燃或损坏时对房屋有危害的管道应远离建筑红线;埋设深度越大,离建筑红线也应越远。此外,根据管线性质按对人体有影响来划分,可考虑集中一边布置。如上海市把电信电缆(电信架空线)、给水管、雨水管等布置在路西、路北;而把电力电缆(电力架空线)、煤气管、污水管等布置在跸东、路南。

(6)地下管线之间及地下管线与建筑物、绿带之间应保持最小的水平冷距。为了充分利用道路的地下空间,地下管线的布置应力求紧凑,但要保证一定的安全距离,该距离取决于施工、检修、安全防护及运营质量等方面。从实际经验看,伸缩性很大,如施工可有各种方案,防护要求也是相对的。根据北京的经验,每种管线尽量争取平均占地2m左右,有的也可能超过一些,但平均占地不宜超过2.5~3m。有关地下管线最小的水平净距可参考表10-25的规定。

**地下管线最小的水平净距可参考表**　　　　　　　　　　表10-25

| 管线名称 | | 给水管 | 排水管 | 燃气管 | | | 热力管 | 电力电缆 | 电信电缆 | 电信管道 |
|---|---|---|---|---|---|---|---|---|---|---|
| | | | | 低压 | 中压 | 高压 | | | | |
| 排水管 | | 1.5 | 1.5 | — | — | — | — | — | — | — |
| 燃气管 | 低压 | 0.5 | 1.0 | — | — | — | — | — | — | — |
| | 中压 | 0.5 | 1.5 | — | — | — | — | — | — | — |
| | 高压 | 1.5 | 2.0 | — | — | — | — | — | — | — |
| 热力管 | | 1.5 | 1.5 | 1.0 | 1.5 | 2.0 | — | — | — | — |
| 电力电缆 | | 0.5 | 1.0 | 0.5 | 1.0 | 1.5 | 2.0 | — | — | — |
| 电信电缆 | | 1.0 | 1.0 | 0.5 | 1.0 | 1.5 | 1.0 | 0.5 | — | — |
| 电信管道 | | 1.0 | 1.0 | 1.0 | 1.0 | 1.5 | 1.0 | 1.2 | 0.2 | — |

注:1. 表中给水管与排水管之间的净距适用于雪径小于或等于200mm的,当管径大于200mm时应大于或等于3.0m。

　　2. 大于或等于10kV的电力电缆与其他任何电力电缆之间应大于或等于0.25m,如加套管,净距可减至0.1m;小于10kV电力电缆之间应大于或等于0.1m。

　　3. 低压煤气管的压力为小于或等于0.005MPa,中压为0.005~0.3MPa,高压为0.3~0.8MPa。

(7)地下管线埋设深度应大于各种管线的最小覆土深度(主要是冰冻深度和荷载等要求)。如北京土壤冰冻深度在城区约0.8m;在郊区约1m。即如给水管道应埋设在0.8~1.0m以下。若一般情况下不怕水浸或不怕冰冻的管线,如电力电缆则大于60cm即可。地下管线相互交叉时的最小垂直净距可参考表10-26的规定。

**地下管线相三交叉时的最小垂直净距(m)**　　　　　　表10-26

| 管线名称 | 给水管 | 排水管 | 燃管 | 热力管 | 电力电缆 | 电信电缆 | 电信管道 |
|---|---|---|---|---|---|---|---|
| 给水管 | 0.15 | — | — | — | — | — | — |
| 排水管 | 0.40 | 0.15 | — | — | — | — | — |
| 燃气管 | 0.1 | 0.15 | 0.15 | 0.15 | — | — | — |
| 热力管 | 0.15 | 0.15 | 0.15 | — | — | — | — |
| 电力电缆 | 0.15 | 0.5 | 0.5 | 0.5 | 0.5 | — | — |
| 电信电缆 | 0.5 | 0.5 | 0.5 | 0.15 | 0.5 | 0.1 | 0.1 |
| 电信管道 | 0.5 | 0.15 | 0.1 | 0.15 | 0.15 | 0.15 | 0.1 |
| 明沟沟底 | 0.5 | 0.5 | 0.5 | 0.5 | 0.5 | 0.5 | 0.5 |
| 涵洞基底 | 0.15 | 0.15 | 0.15 | 0.15 | 0.5 | 0.2 | 0.25 |
| 铁路轨底 | 1.0 | 1.2 | 1.0 | 1.2 | 1.0 | 1.0 | 1.0 |

如要确定各种地下管线交叉点的高程,首先要考虑排水管线的高程。对无冰冻地区,根据土壤性质,在满足路面上的荷载对管道强度要求条件下,应将其他管线在排水管线以上穿过;在有冰冻地区,对于能满足各种工程管线覆土要求,并有条件地调整排水管线高程来满足其他管线在排水管线以上穿过。各种管线与建、构筑物之间的最小水平间距可参考表10-27规定。

各种管线与建、构筑物之间的最小水平间距(m)    表10-27

| 管线名称 | | 建筑物基础 | 地上杆柱（中心） | 铁路（中心） | 城市道路侧石边缘 | 公路边缘 | 围墙或篱笆 |
|---|---|---|---|---|---|---|---|
| 给水管 | | 3.0 | 1.0 | 5.0 | 1.0 | 1.0 | 1.5 |
| 排水管 | | 3.0 | 1.5 | 5.0 | 1.5 | 1.0 | 1.5 |
| 煤气管 | 低压 | 2.0 | 1.0 | 3.75 | 1.5 | 1.0 | 1.5 |
| | 中压 | 3.0 | 1.0 | 3.75 | 1.5 | 1.0 | 1.5 |
| | 高压 | 4.0 | 1.0 | 5.00 | 2.0 | 1.0 | 1.5 |
| 热力管 | | — | 1.0 | 3.75 | 1.5 | 1.0 | 1.5 |
| 电力电缆 | | 0.6 | 0.5 | 3.75 | 1.5 | 1.0 | 0.5 |
| 电信电缆 | | 0.6 | 0.5 | 3.75 | 1.5 | 1.0 | 0.5 |
| 电信管道 | | 1.5 | 1.0 | 3.75 | 1.5 | 1.0 | 0.5 |

注:1. 表中给水管与城市道路边缘的水平间距1.0m适用于管径小于或等于200mm,当管径大于200mm时应大于或等于1.5m。

2. 表中给水管与围墙或篱笆的水平间距1.5m是适用于管径小于或等于200mm,当管径大于200mm时应大于或等于2.5m。

3. 排水管与建筑物基础的水平间距,当埋深浅于建筑物基础时大于或等于2.5m。

4. 表中热力管与建筑物基础的最小水平间距对于管沟敷设的热力管道为0.5m,对于直埋闭式热力管道管径小于或等于250mm,管径大于或等于300mm时为3.0m,对于直埋开式热力管道为5.0m。

各类地下管线在平面或立面上发生冲突时,应根据具体情况与有关方面协商解决。一般处理原则为新建的管线应迁就已建的管线,有压的管线应迁就自流管线,弱电流线应迁就强电流线,小口径管线应迁就大口径管线,能弯曲的管线应迁就不能弯曲的管线,临时性管线应迁就永久性管线,工程量小的应迁就工程量大的,检修次数少的方便的迁就检修次数多的不方便的等。

在道路改建中,如遇到设计路面下有管线,为防止施工碾压时损坏,需要考虑路床距管线顶的深度能保持最小的安全深度,不足时,需要进行加固或降低挪移。以往对管道加固的办法大致有以下几种:

①当管道横穿道路、管顶上部覆土厚度不足60cm时,可在管顶上部提高到60cm,待碾压完毕后,再把管顶凸出部分去掉;

②采用做盖板沟保护的办法;

③用混凝土包裹管道(做360°包封)或在管道周围打灰土包裹加固;

④如果当地条件和管道技术条件许可,也可采用局部降低的办法;

⑤当上述的或其他的办法都不能解决时,则考虑管线改线,设法挪出矛盾范围。

在高程上发生矛盾时,如直埋电缆横穿路面之下时,可采用作竖井加过街沟(不通行式)解决局部降低的问题,电缆下弯时要考虑允许曲率半径。如为管道则可采用压缩断面或改变断面的方法;对电信可考虑改变管块非列形式;对有压管可考虑把原来的大断面的管子改用多根小断面管子代替;对无压流管——雨水、污水等,则可按允许压缩限度来考虑(断面可压缩10%~20%,也可将圆改方或方改圆);对热力沟则可考虑把通行式改成半通行、不通行或局部压缩等。

在平面位置上发生矛盾时,如直埋电缆,视具体情况可在原位置不动加固或考虑迁移或局部改线。平面改移需要转弯时要考虑电缆允许的曲率半径。如地下管道在平面上矛盾不大,只是局部在路面下时,可用管道接口处摆动解决(如煤气中压或上水管),不必整条迁移,即把几处接口逐个稍稍偏接一段移出路面范围以外。如为焊接管时也可加弯头解决,其他管道则可加检查井改移。

规范还规定在重要交叉口(包括立体交叉)或水泥混凝土等刚性路面下,应预埋过街管。

图10-25为横断面形式的地下管线埋设示例,供参考。

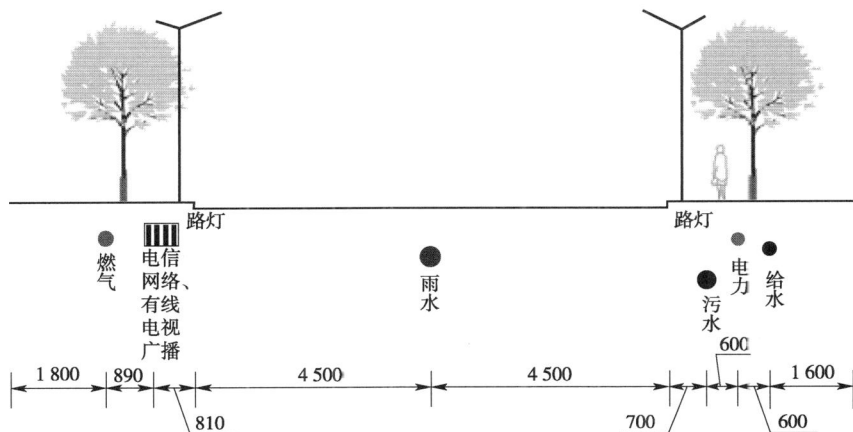

图10-25 某道路管线埋设示例(尺寸单位:m)

以上是对分散布置而言,也是目前布置地下管线的一般现状。当需要埋设大量新管线而道路宽度不足时,可以考虑将同类管道,以小换大,以旧换新(如给水管常因水垢堵塞,使管道有效截面减小),让出新管位敷设新干道;或将占有较宽敷设空间的管位让给新排的较大干管;或将各地下管线集中布置在一个总管(综合管道)内(图10-26);或将非地区服务性管道迁移到邻近的平行道路上。此外,国外也采用在同一位置上分层敷设地下管线的做法等。

规范规定在下列情况下宜采用综合管道:

①交通运输繁忙、管线设施复杂、埋设管线安排有困难的快速路、主干路以及配合地下铁道、立体交叉等大规模工程的修建;

②重要广场、交叉口;

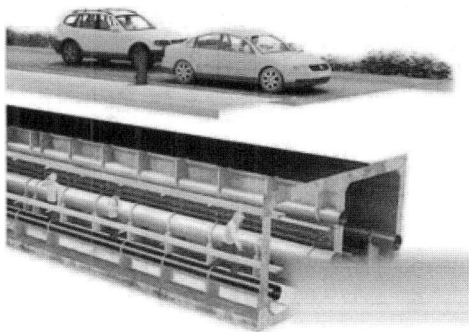

图10-26 城市综合管廊(共同沟)埋设示意

③道路与铁路、河流交叉处;

④水泥混凝土等刚性路面下。

综合管道沟敷设应符合下列规定:

①热力管不应与电力、通信电缆和压力管道共沟;

②排水管道应布置在沟底;

③腐蚀性介质管道的高程应低于其他管线;

④有火灾危险性气体、毒性气体和液体以及腐蚀性介质管道,不应共沟敷设,并严禁与消防水管共沟;

⑤凡有可能产生互相影响的管线,不应共沟敷设。

建设地下综合管道有以下效果:

①防止或减少开挖道路的情况,可节约维护道路的经费,并且占地较少;

②结合公用设施的需要,比较容易容纳所需管线;

③检查人员可入沟进行维护,比较方便;

④提高了公用设施的安全性,并有防灾作用;

⑤保证了道路结构的安全稳定,并对城市景观起到良好的作用。

## 第六节　道路绿化

现代城市交通发展的趋势,对城市环境卫生和环境保护日益重视,道路绿化要求也逐步提高。采用多种形式的绿化,增加道路的绿化系数,既可保护自然环境,与自然景观相协调,制造道路景观,减缓交通公害;又可在一定程度上美化街景和表现城市面貌,提高道路以及休息设施等的功能;还可保护路面,延长使用寿命,为城镇道路的照明和管线设施提供敷设场地。同时,可作为道路远期展宽的备用地带。

一、城镇道路绿化的作用

道路上设置绿化带是城镇道路不可缺少的组成部分,同时也是城市园林化建设中的重要组成部分。由于绿化对于城市的公共卫生、交通安全、文化生活、治安防火以及市容等方面都有重大意义,因此设计城镇道路时,需要同时考虑道路绿化的布置问题。

道路绿化的主要作用在于改善道路的卫生条件,调节温度与湿度,减少道路上的灰尘、烟雾以及喧闹对居民的影响,并可利用绿带划分道路的主要组成部分或不同性质的车量和行人交通,埋设地下管线和作为道路发展的后备地带。此外,道路绿化还为居民和行人提供散步休憩的场所,对建筑物有衬其美、藏其拙的作月,并能增添城市的景色。绿地或绿带还能防止火灾蔓延,抵御风力、风沙的作用。

二、道路绿化的断面布置形式

1. 一板二带式

即 1 条车行道,2 条绿带(图 10-27)。

此种是最常见的绿化形式,中间是车行道,在车行道两侧的人行道上种植行道树。

其优点是简单整齐,用地比较经济,管理方便、但在车行道过宽时行道树的遮阴效果较差,同时机动车辆与非机动车辆混合行驶,不利于组织交通,易造成交通事故。

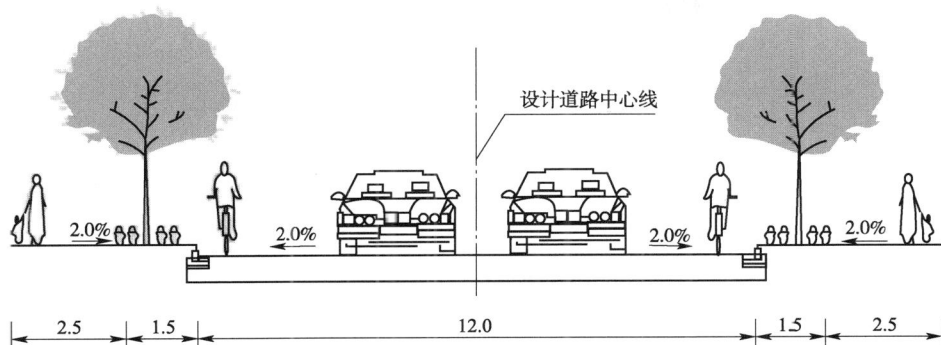

图 10-27　一板二带式(尺寸单位:m)

**2.二板三带式**

即分成单向行驶的 2 条车行道和 2 条行道树,中间以 1 条绿带分隔开(图 10-28)。

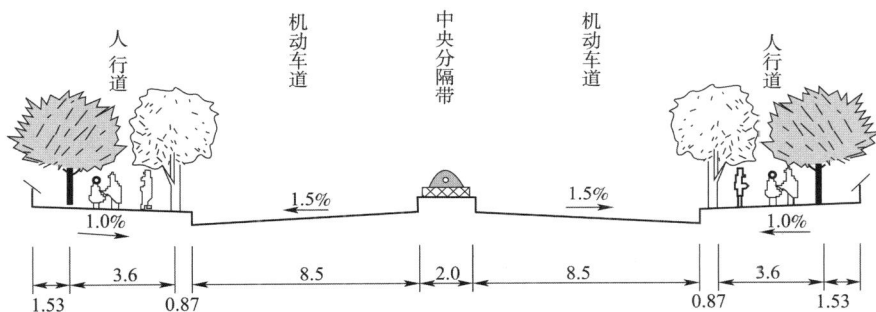

图 10-28　二板三带式(尺寸单位:m)

此种形式对城市面貌有较好的效果,同时车辆分为上、下行,减少了行车事故发生。但由于不同车辆,不能分开行驶,还不能完全解决互相干扰的矛盾。这种形式多用于高速公路和入城道路。

**3.三板四带式**

利用两条分隔带把车行通分成 3 块,中间为机动车道,两侧为非机动车道,连同车道两侧的行道树共为 4 条绿带,故称为三板四带式(图 10-29)。夏季蔽荫效果较好。此种用地面积较大,但组织交通方便、安全,解决了各种车辆混合,互相干扰的矛盾,尤其在非机动车辆多的情况下是较适合的。

**4.四板五带式**

利用 3 条分隔带将车道分成 4 条,使各种车辆均形成上下行,互不干扰,保证了行车速度和安全(图 10-30)。但用地面积较大,其中绿带可考虑用栏杆代替,以节约城市用地,此种还是可行的。

**5.其他**

我国城市所处的地理位置、环境条件不同,产生许多特殊的情况,例如山坡地、湖岸边等,所以在考虑道路、绿化形式时要因地制宜。

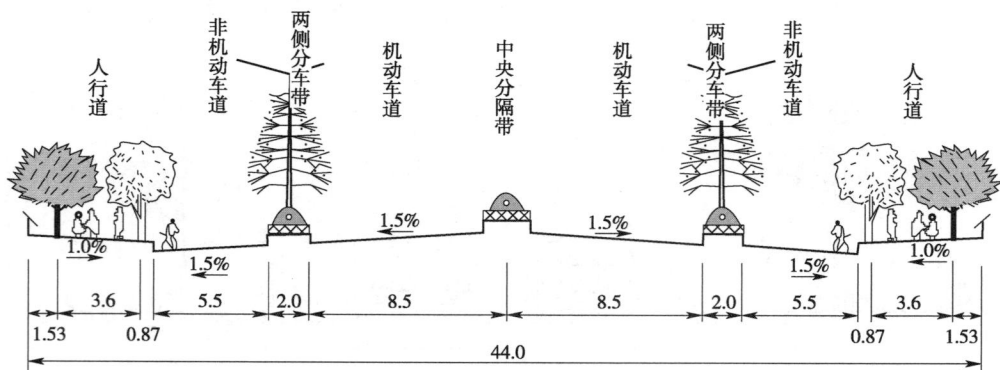

图 10-29　三板四带式(尺寸单位:m)

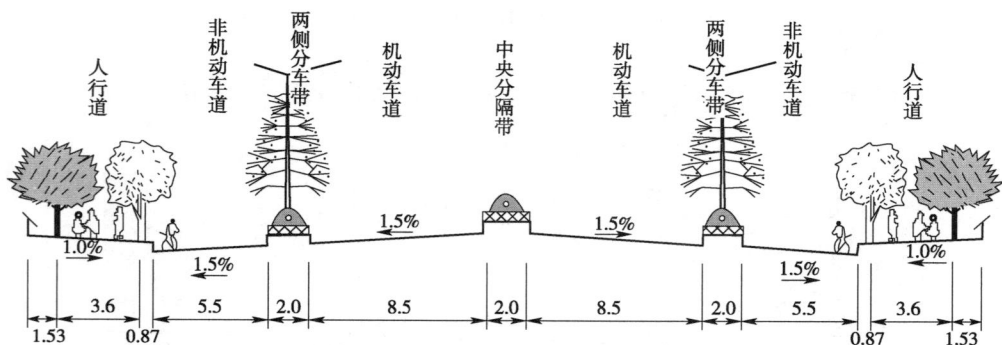

图 10-30　四板五带式(尺寸单位:m)

## 三、街道绿化的种植设计

### (一)行道树生长环境因素

行道树:按一定方式种植在道路的两侧,造成浓荫的乔木,称为行道树。

关于行道树在城市环境中各种因素的影响,见图 10-31。

行道树的生长环境具备一般的自然条件,如:光、温度、空气、风、土壤、水分,但它的生长受到城市特殊环境条件的制约,如建筑物、地上地下管线、人流、交通等人为因素影响,因而人为与自然的条件是互相影响而又有联系的,因此行道树生长环境条件是一个复杂的综合整体。

### (二)城镇道路绿化的布置

道路绿化应在保证交通安全的条件下进行设计,无论选择种植位置、种植形式、种植规模等均应遵守这项原则。如果绿化布置不当,树叶侵入道路建筑限界或视距三角形范围内,树顶高度超过驾驶员目高,都会遮挡驾驶员视线,影响交通安全,这都是不允许的。道路绿化布置的主要内容包括行道树、灌木丛(绿篱)、草地和花坛等。道路绿化布置可由这些部分配合起来进行综合性的运用。道路的绿化根据城市性质、道路功能、自然条件以及环境条件等,因地制宜地进行布置,决不应片面地追求形式。一般在靠近中央广场或巨大的公共建筑物道路上,可布置用花、草、灌木等组成的街心花园。例如,北京人民大会堂前面的绿地,即属于综合性绿化布置,包括各种各样绿化形式的结合,由此更加体现了我国首都北京庄严美丽的面貌。另外,当宽度大于40m的滨河路上或主要干道上,若交通条件许可时,可考虑沿道路两侧布置遮阴的乔木,如图10-32所示,南京市北京东路就是这种绿化布置形式。当交通繁忙的道路宽度不足的路段,由于不宜减少必要的车行道和人行道宽度时,可考虑在建筑物墙上培植垂直绿化。道路上最常见的绿化形式是沿人行道种植的行道树和用分隔带分隔道路各组成部分的成行的树木。行道树应选择"树干挺直、树形美观、夏日遮阳、耐修剪、能抵抗病虫害、风灾及有害气体等树种"。当前在树种选择方面存在的主要问题是:乡土树种少,外来树种试验成功少,以致从北方到南方以悬铃木为行道树的城市很多,有的城市只有一种树种的行道树,道路绿化单调无特色。因此各城市应及早组织技术人员有计划地进行试验,尽早地研究出适合当地自然条件的新品种。一般认为乡土树种适应性较强,费用较低,应优先选用。

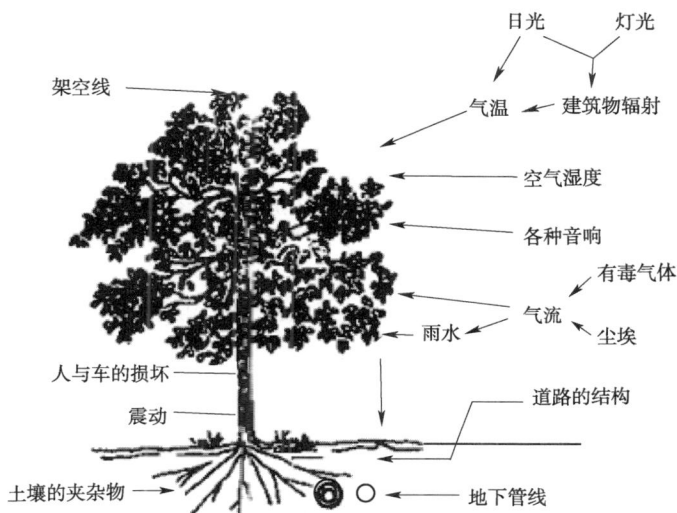

图10-31　行道树生长环境

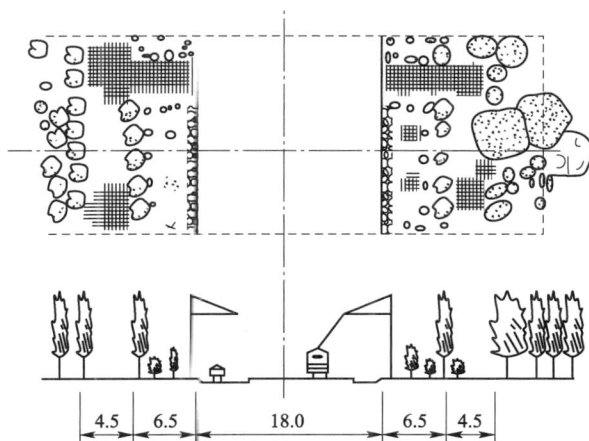

图10-32　南京北京东路的绿化布置(尺寸单位:m)

现详细阐述行道树(包括分隔带上)的布置问题:

### 1. 行道树的占地宽度

行道树的最小布置宽度应以保证树种生长的需要为准,一般为1.5m,相当于圆形穴的直径或方形穴的边长。若采用矩形树池时,宜大于或等于1.2m×1.8m。路中分隔带兼作公共车辆停靠站台或供行人过路临时驻足用,最好为2m。绿化带的最大宽度取决于可利用的路幅宽度,除了保留备用地外,一般不宜大于6m(相当于种植2~3排树),这样局部地段还可兼作停车场地或港湾式的停靠站用。

各类绿化种植所需要的宽度(即绿化带净宽)如表10-28所列。绿化宽度宜为红线宽度的15%~30%,路幅窄的取低限,宽的取高限。有关绿带宽度和路幅宽度的合适比例,表10-29所列资料可作为设计时参考。

**各类绿化带净宽** 表10-28

| 绿 化 种 植 | 绿化带净宽(m) | 绿 化 种 植 | 绿化带净宽(m) |
|---|---|---|---|
| 灌木丛 | 0.8~1.5 | 双行乔木平列 | 2.5~4.0 |
| 单行乔木 | 1.5~2.0 | 草皮与花丛 | 0.8~1.5 |
| 双行乔木平列 | 5.0 | | |

**各种路幅宽度中绿带宽度所占比例** 表10-29

| 路面宽度(m) | 绿带宽度所占路面之比(%) | 路面宽度(m) | 绿带宽度所占路面之比(%) |
|---|---|---|---|
| 20 | 19~28 | 40 | 20~26 |
| 30 | 16~24 | 60 | 24~29 |

### 2. 行道树的排列方式

一般沿道路两旁人行道外侧,可布置平行相对的两列,如图3-33a)所示;在较窄的道路也可采用斜对的行列式,如图3-33b)所示。不论单列或双列行道树的树冠则有相互交织或完全分开的两种形式,如图3-34所示。这样,行道树的株距,就需要视树木的布置方式及树木的品种与高度而定,一般单列种植树木的距离,在树冠交织时可采用4~5m[图3-34a)];在树冠分开时可采用6~7m[图3-34b)];在双列树位相互错列时,可采用4~7m[图3-34c)]。如上海市根据当地气候对树冠发育,互相衔接而又不影响生长的要求,曾推荐市区行道树株距为6~8m,郊区为5m左右。规范规定的株距范围为4~10m。

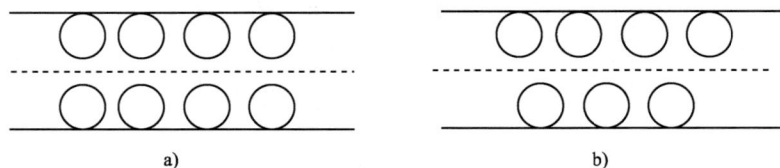

图10-33 行道树的排列方式

### 3. 行道树布置的注意事项

(1)行道树布置应不妨碍路旁建筑物的日照,如一般乔木离房屋的最小距离为5m左右为宜。

（2）行道树布置应不妨碍行车安全,特别是在弯道上或交叉口处,必须使树木不影响行车视距;在环交转盘上的绿化布置,可采用自缘石向内栽种由低到高的不同树种;在分隔带上,不宜种植灌木丛,以免阻碍视线。

（3）行道树的布置还应注意不妨碍公共车辆的停靠,一般行道树距缘石线最好不小于0.75m,同时还要考虑剪枝的适宜时间,避免伸入路中的树枝生长太低,以致影响公共车辆的停靠。

（4）为了树根生长不至于毁坏邻近人行道和车行道的面层,植树时应考虑适当的埋深,如待树苗长到一定高度后,再进行移植为好。

（5）行道树要与地下管线和地上线杆保持适当的距离,与沿线的照明、标志牌等配合协调,如绿化不应遮挡路灯照明,不应遮挡交通信号灯或交通标志牌等交通安全设施。通常多采取以下两种方法:一种是尽量设法将高压供电线路设置到较为次要的平行道路上去,倘若必须经过干道的,则实行合杆架设以减少线杆数量及增加线杆高度。例如南京、北京、上海等城市就采取这种方法,效果比较好。另一种是如果行道树势必须要在架空线下方通过,则在树种上不宜采用高大的乔木品种,但可选用耐修剪的树种,经常加以修剪呈"Y"形通道,使架空线能顺利通过。

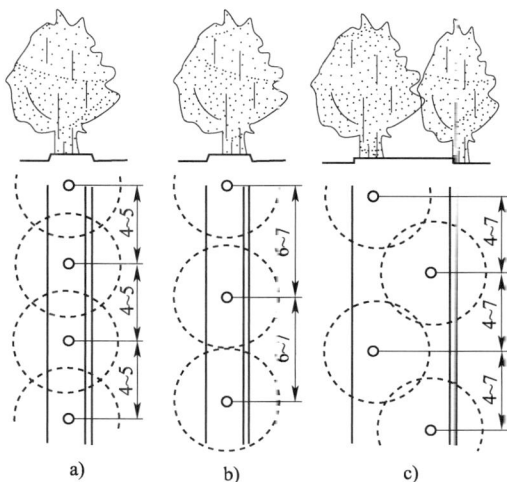

图 10-34　树木种植间距示意图(尺寸单位:m)

**4.行道树的树种选择**

城市街道绿化面貌如何,主要取决于选择什么样的树种。尤其是行道树的生长环境条件很差,根系部分只能在限定的范围内生长,地上部分也处在不利的环境条件下,而且还要满足行道树多种功能的要求,所以对树种选择要求是比较严格的。

（1）要求能适应当地生长环境,移植时易成活,生长迅速健壮的树种(多采用乡土树种)。

（2）要求管理粗放,对土壤、水分、肥料要求不高,耐修剪、病虫害少的抗性强的树种。

（3）树干要挺拔、材形端正、体形优美、树冠冠幅大、枝叶茂密、遮阴效果好的树种。

（4）要求树种为早发芽、展叶、晚落叶而落叶期整齐的树种。

（5）要求树种为深根性的、无刺、花果无毒、无臭味、落果少、无飞毛的树种。

（6）要求树种为树龄长、材质优良的树种。

**5.行道树的定干高度**

行道树定干高度,应根据其功能要求、交通状况、道路的性质、宽度及行道树距车行道的距离、树木分枝角度而定。当苗木出圃时,一般胸径在 12~15cm 为宜,树干分枝角度越大的,干高就不得小于 3.5m,分枝角度较小的,也不能小于2m,否则会影响交通。

**6.行道树的种植与工程管线的关系**

城市实行现代化后,各种管线不断增多,包括架空线路和地下管网等。一般多沿道路走向而设置各种管道,因而与城市街道绿化产生许多矛盾。一方面要在城市总体规划中考虑;另一方面又要在详细规划中合理安排。具体要求见表 10-30 ~ 表 10-35。

树木与架空电线的间距　　　　　　　　　　表 10-30

| 电缆电压(kV) | 树木至电线的水平距离(m) | 树冠至电线的垂直距离(m) |
|---|---|---|
| 1 以下 | 1.0 | 1.0 |
| 1 ~ 20 | 3.0 | 3.0 |
| 35 ~ 110 | 4.0 | 4.0 |
| 150 ~ 220 | 5.0 | 5.0 |

树木枝条与架空线(最后一根)的一般水平与垂直距离(m)　　　　表 10-31

| 项　　目 | 一般电力线 | 电信线 | 电信架空电缆 | 高压电线 |
|---|---|---|---|---|
| 乔灌木 | 3.0 | 2 | 0.5 | 5 |

树木与建筑、构筑物水平间距　　　　　　　　表 10-32

| 名　　称 | 最小距离(m) | |
|---|---|---|
| | 至乔木中心 | 至灌木中心 |
| 冷却塔 | 高 1.5 倍 | 不限 |
| 有窗建筑物外墙 | 3.0 | 1.5 |
| 无窗建筑物外墙 | 2.0 | 1.5 |
| 道路侧面外缘、挡土墙脚、陡坡 | 1.0 | 0.5 |
| 人行道 | 0.75 | 0.5 |
| 高 2m 以下的围墙 | 1.0 | 0.75 |
| 高 2m 以上的围墙 | 2.0 | 1.0 |
| 天桥、栈桥的柱及架线塔电线杆中心 | 2.0 | 不限 |
| 冷却池外缘 | 40.0 | 不限 |
| 体育用场地 | 3.0 | 3.0 |
| 排水明沟外缘 | 1.0 | 0.5 |
| 邮筒、路牌、车站标志 | 1.2 | 1.2 |
| 警亭 | 3.0 | 2.0 |
| 测量水准点 | 2.0 | 1.0 |
| 人防地下室出入口 | 2.0 | 2.0 |
| 架空管道 | 1.0 | |
| 一般铁路中心线 | 3.0 | 4.0 |

物与地下管线及地下构筑物的距离　　　　　　表 10-33

| 名　　称 | 至中心最小距离(m) | |
|---|---|---|
| | 乔木 | 灌木 |
| 给水管、闸井 | 1.5 | 不限 |
| 污水管、雨水管、探井 | 1.0 | 不限 |

续上表

| 名　　称 | 至中心最小距离（m） | |
|---|---|---|
| | 乔木 | 灌木 |
| 电力电缆、探井 | 1.5 | |
| 热力管 | 2.0 | 1.0 |
| 弱电电缆沟、电力电信杆 | 2.0 | |
| 路灯电杆 | 2.0 | |
| 消防龙头 | 1.2 | 1.2 |
| 煤气管、探井 | 1.5 | 1.5 |
| 乙炔氧气管 | 2.0 | 2.0 |
| 压缩空气管 | 2.0 | 1.0 |
| 石油管 | 1.5 | 1.0 |
| 天然瓦斯管 | 1.2 | 1.2 |
| 排水盲管 | 1.0 | 0.5 |
| 人防地下室边缘 | 1.5 | 1.0 |
| 地下公路外缘 | 1.5 | 1.0 |
| 地下铁路外缘 | 1.5 | 1.0 |

**地下管线、最小覆土深度**　　　　　　　　　　　表 10-34

| 管　线　名　称 | | 最小覆土深度（m） | 备　　注 |
|---|---|---|---|
| 电力 | 10kV 以下 | 0.7 | |
| 电缆 | 20～35kV | 1.0 | |
| 电信 | 铠装电缆管道 | 混凝土管 0.8，石棉水泥管 0.7 | 电信管道埋在人行道下时，可较左列数字减少 0.3m |
| 热管道 | 直接埋在土中在地道中敷设 | 1.0<br>0.8（自地面到地道顶） | 敷设在不受荷载的空地下时，自地面到地道顶最小覆土深度可采用 0.5m，在特殊情况下（如地下水位很高或与其他管线相交情况很复杂时），可采用不小于 0.3m 的覆土深度 |
| 煤气管 | 干煤气 | 0.9 | |
| | 湿煤气 | 立埋在冰冻线下但不小于 1.0 | |
| 给水管 | | 不连续供水的给水管（大多数为枝状管网）应埋设在冰冻线之下；连续供水的管道，如经热工计算，在保证不致冻结的情况下，可埋设较线 | |
| 雨水管 | | 应埋在冰冻线以下，但不小于 0.7 | 在寒冷地区有防止土壤冻胀对管道破坏的措施时，可埋设在冰冻线以下，并应以外部荷载验算；在土壤冰冻线很浅地区如管子不受外部荷载损坏时，可小于 0.7m |
| 热水管 | 管径≤30cm | 冰冻以上 0.3 但不小于 0.7 | |
| | 管径≥40cm | 冰冻线以上 0.5 但不小于 0.7 | |

一般较大型的各类车辆高度                                    表 10-35

| 车类<br>度量 | 无轨电车 | 公共汽车 | 载货汽车 |
|---|---|---|---|
| 高度(m) | 3.15 | 2.94 | 2.56 |
| 宽度(m) | 2.15 | 2.50 | 2.56 |
| 两地高度(m) | 0.36 | 0.20 | 0.30 |

以上各表的具体数字,为市政工程统一位用的规范,在规划设计或施工过程参照进行。

### (三)分车带(分隔带)

在车行道上设立分车带的目的是将人流与车流分开,机动车辆与非机动车辆分开,保证不同速度的车辆能全速前进,并保证安全行驶。

分车带的宽度,依行车道的性质和街道总宽度而定。高速公路的分车带的宽度可达 5～20m,一般也要 4～5m,但最低宽度也不能小于 1.5m。

分车带以种植草皮为主,尤其在高速干道上的分车带更不应该种植乔木,以使驾驶员不受树影、落叶等的影响,主要保证高速干道行驶车辆安全。在一般干道的分车带上,可以种植70cm 以下的绿篱、灌木、花卉、草皮等。实际上,我国许多城市常在分车带中种植乔木,主要是因为我国的自然条件下,大部分地区夏季比较炎热因此较多考虑了遮阴的作用;另外我国的车辆目前行驶速度不过快,树木对驾驶员的视力影响不大,故分车带上大多种植了乔木。但严格来讲,这种形式是不合适的。今后随着交通事业的不断发展,有待逐步实现正规化。

另外为了便于人行过街。分车带应进行适当分段,一般以 75～100m 为宜。尽可能与人行横道、停车站、大型商店和人流集散比较集中的公共建筑出人口相结合。

### (四)停车场的绿化

随着城市建设的不断发展和人民生活水平的提高,机动车辆逐渐增加,对于停车场的设立及绿化,要求是很迫切的。一般在大型的公共建筑附近都要求有停车场。

停车场分成 3 种形式:多层的、地下的和地面的。目前我国以地面停车场较多,又可分为以下 3 种形式:

(1)周边式绿化的停车场。四周植有落叶及常绿乔木、花灌木、草坪、绿篱或围成栏杆,场内全部铺装,四周规划有出入口。一般为中型停车场。

其优点:用边绿化可以与街道行道树结合起来,四周有绿篱,界限明显,便于管理,汽车调动灵活,集散方便。缺点:场地内无树木遮阴,汽车曝晒多时,对车辆有损伤。

(2)树林式绿化的停车场。这一般为较大型的停车场,场内有成排成行的落叶乔木。这种形式有较好遮阴效果,车辆和人均可停留,创造了停车休息的好环境。其缺点:要加强管理和调配,不同型的车辆要按规定分别排列停留,且形式比较单调。

(3)建筑前绿化兼停车场。建筑前的绿化布置较灵活,景现比较丰富,其中包括有基础栽植、前庭绿化和部分行道树,可以布置成利于休息的场地。一方面对建筑入口前的美化,使街景增加了变化,衬托建筑的艺术效果,另外在建筑前停放车辆,便于使用。但只能有一定量的车辆停留;正在建筑前停放,显得比较零乱。同时,汽车排放气体和起动都对周围有污染,也有碍观瞻。

此种形式又可分成开放式与封闭式两种:开放式的是与人行道的绿化融合在一起,利用建筑前庭的绿化,适当留出较宽的广场并加宽道路,使之能停车辆,没有专门管理。这种绿化一般按建筑前庭绿化的形式,利用高大的常绿和落叶乔木与花灌木、绿篱配植起来。这种形式与行道树结合起来,既美化街景,衬托建筑,又能停车,优点是很多的。

另外一种为封闭式绿化停车场:这种形式布其前庭部分用绿篱或栏杆围起来,有固定的出入口,只允许到本建筑内办事的车辆驶入停留,不对外开放,有兼职人员管理。

### (五)交叉路口的绿化种植设计

#### 1.平面交叉口

为了保证行车安全,在进入道路的交叉口时,必须在路转角空出一定的距离,使驾驶员在这段距离内能看到对面开来的车辆,并有充分的制动和停车的时间而不易发生撞车。这种从发觉对方汽车立即制动而刚够停车的距离,就称为"安全视距"。根据两相交道路的两个最短视距,可在交叉口平面图上绘出一个三角形,称为视距三角形(图 10-35)。在此三角形内不能有建筑物、构筑物、树木等遮挡驾驶员视线的地面物。在布置植物时,其高度不得超过 $0.65 \sim 0.70$ m,或者在三角视距之内不要布置任何植物。

视距的大小,随着道路允许的行驶速度、道路的坡度、路面质量情况而定,一般采用 $30 \sim 35$ m 的安全视距为宜。

(1)安全岛

有较宽的街道上,在道路中央可作短时间的停留,为避开车辆使行人能安全过街而设的安全岛,其岛上留出行人停留的部分,进行铺装,而其他部分可种植草皮。

(2)交通岛

交通岛也可称中心岛(俗称转盘),设置交通岛主要是组织环形交通,凡驶入交叉口的车辆,一律绕岛作逆时针单向行驶,多呈圆形(图 10-36)。

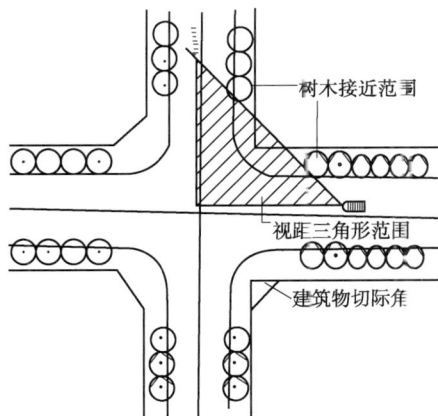

图 10-35　视距三角形　　　　　　　　图 10-36　交通岛

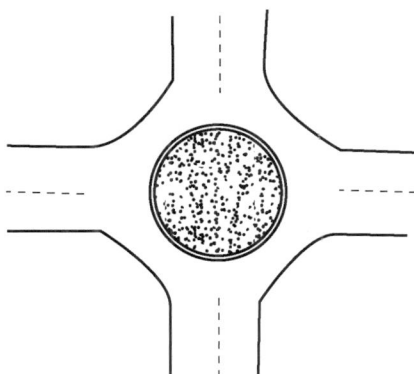

若交通岛的面积大,但其主要功能是组织环形交通,提高交叉口的通行能力,所以不能布置成供行人休息用的小游园或吸引游人的过于华丽的花坛,通常以嵌花草坪、花坛为主,或以低矮的常绿灌木组成简单的图案花坛,切忌采用常绿小乔木或大灌木以免影响视线。

但在居住区内部，人、车流比较小，以步行为主的这种情况下的交通岛就可以以小游园的形式布置，增加群众的活动场地。

（3）方向岛

方向岛用以指引行车力向，约束车前，使车辆减速转弯，保证行车安全。绿化布置常以草坪、花坛为主。为了强调主要车道，可选用圆锥形或塔形常绿树栽在指向主要干道的角端，加以强调；而在次要道路的角端，可选用圆形树冠树种，以示区别。

2. 立体交叉的绿化

立体交叉主要分为两大类，即简单的与复杂的两种。前者为两条道路分立式相通，不形成专门的绿化地段，其绿化与街道绿化相同；而后者可分成几种形式：苜蓿式、半环道式等，形式多样，其立体交叉由主次干道和匝道组成，因不同的车流组成不同车道方向，形成许多十字交叉、丁字交叉等，因而车道之间形成多块空地。这些空地大多作为绿化用地，故又称为绿岛（图10-37、图10-38）。绿化时需要注意以下几个问题：

（1）绿化布置要服从立体交叉的交通功能，使驾驶员有足够的安全视线。在顺行交叉处，要留出一定的视距，不宜种植乔木，可植低于驾驶员视线的灌木、绿篱、草坪、花卉。同时在拐弯的外侧，可植成行的乔木，以便诱导驾驶员的行车方向，使驾驶员有一种安全的感觉。

（2）立体交叉中分割出来的绿岛是面积较大的绿化地段，一般种植开阔的草坪，在上点缀一些花灌木和常绿树，也可种植成丛的宿根花卉。如果绿岛面积很大，又不影响交通时，可按街心花园布置，设置一些园林小品和休息设施，效果是很好的。

（3）在绿岛上的绿化养护，可考虑有喷灌设施。

图10-37 苜蓿叶式立交

图10-38 立交桥绿化布置

## 第七节 城镇道路公共交通停靠站

城市公共交通站点分为首末站、枢纽站和中间停靠站三种类型。合理规划布置站点应在对客流的流向、流量的调查分析基础上做出。

首末站的布置要考虑车辆掉头回车的场地、部分车辆停歇及加水、清洁、保养和小修工作的用地。枢纽站一般设有若干条公交线路，上、下车及换乘的乘客较多，在布置上应注意保护乘客、行人和车辆的安全,尽量避免使换车乘客穿越车行道,同时使换乘步行距离最短。中间停靠站是提供给沿线公交乘客定点上、下车的道路交通设施,在具体安排时应考虑的主要问题:一是停靠站的间距;二是停靠站台的布置形式。

一、公共交通路线的布置原则

(1)以公共交通"安全、服务、节约"的方针为指导,合理地布置市内和市郊的公共交通路线,使乘客上、下车和换车方便,节约乘车出行时间。

(2)所有干道应布置公共交通路线。在规划布局城市的干道网时,应首先考虑居民出行乘车方便和省时的要求,因此,城市干道网也应是公共交通路线网。目前,我国多数城市的干道网密度和公共交通路线网密度还比较低,因此,在一些次要道路上或公共交通路线比较疏散的地区,还应考虑加密公共交通路线。

(3)市区的公共交通路线应组成闭合的公共交通路线网,便于乘客换乘车辆。一般情况下,不宜设置尽头式公共交通路线。

(4)人流主要集散地点(如市中心区),从各个地区应设置直达或路过的公共交通路线。各人流主要集散点间,也应布置公共交通路线。

(5)公共交通路线应按主要人流方向设置,使人流能按最短捷的路线到达目的地。为此,需要摸清城市人流的来龙去脉,做出人流出行调查(又称为 OD 调查),绘出人流出行分布图,据此布置和调整公共交通路线。

(6)同一条公共交通路线上的客运量宜均衡,以发挥公共交通车辆的客运效率。

(7)在高峰人流特别多的路段上,除行驶正常的路线外,宜增设区间的公共交通路线(专线)。

(8)不同线路之间要很好衔接,便于乘客就近迅速换乘车辆。

二、公共交通停靠站的布置

公共交通站点的布置,包括首末站、中途停靠站,特别是中途停靠站的布置,直接影响居民乘车的方便,车辆运行速度和道路的通行能力。停靠站布置不当,特别是在交叉口,停靠站设置得不合理,会造成道路交通不畅,甚至阻碍视线,影响交通安全。此外,车辆在停靠站频繁制动和起动,容易使路面破坏。因此,停靠站布置得合理并能相对固定,可使客运能力与客运负荷协调,保证交通安全。同时,应采取有力措施,加固停靠站的路面,以防其过早损坏。

为了减少车辆行程和工时浪费,公共交通车辆一般分别停放在交通路线的首末站——始发站或到达站。公共交通首末站也是车辆掉头、待发的场地,应设置停车场及司售人员休息室。回车场应设在客流集散的主流方向同侧,其出入口不得直接与快速路、主干路相接。环形回车时,车行道的最小转弯半径,不小于公共交通车辆最小转弯半径的两倍,则公共汽车一般为 25～35m;无轨电车为 30～40m。

公共交通停靠站主要布置在客流集散点,如火车站、商场、干道交叉口、工矿企业等,有时还要考虑地形、特殊的治安要求等。在大量人流集中的地方,为了居民转乘车方便,各路线的站点常集中设置于一处,此时,最好在路边另辟专用场地,以便换车和候车之用。根据具体交通情况,往往需要合理调拨公共车辆,组织区间掉头车,车辆在道路上的掉头对交通影响很大。因此,除在规划布置时,尽量避免相互间转车,同时应考虑在适当地段(如在较宽的车行道)或交叉口组织区间掉头车。

合理设置公共交通站点(这里主要指中间停靠站),需要对客流的流向、流量进行调查和分析,可通过使用发现问题,逐步调整。

**(一)停靠站的间距**

停靠站间距过小,就要在道路上过多设站,增加乘客乘车的时间,车辆速度不高,且频繁制动、起动,轮胎与燃料消耗也大。反之,停靠站间距过大,虽然车辆运行速度提高,乘客乘车时间减少,但对于乘客乘车则不便,增加了步行时间。一般认为公共交通车辆中途停靠比较合理的间距:市区一般为500m左右,郊区一般为1 000m左右。

**(二)停靠站设点问题**

停靠站设置在交叉口附近,使不论哪个方向的乘客换车都很方便。北京市公共交通车辆一般都在交叉口附近设站。为了保证交通安全和通畅,它的位置应避开交叉口的视距三角形范围,不妨碍右转弯车辆的通行及路口的行人过街,同时还应考虑与红绿灯柱有一段距离,例如北京一般距离口为50m。

公共交通车辆在交叉口附近设站时,公共车辆可过交叉口设站或不过交叉口设站。前者的优点是可不妨碍右转弯车辆的行驶,后者的好处则可减少二次停车。无轨电车最好在交叉口前(即不过交叉口)设站。各种公共交通车辆在一起设站时,行车频率小的应放在前面;如果汽车与无轨电车行车频率相差不多,则应将无轨电车的站放在公共汽车的前面,这是因为无轨电车起动比较迅速,对后面的车辆行车有利,避免产生堵塞现象。

交叉口停靠站的布置有对称布置和非对称布置两种,如图10-39所示。在交叉口附近设置站点时,应考虑使乘客乘车、换车方便;不妨碍交叉口的交通和安全,即不阻挡交叉口视距三角形内的车辆和行人的视线;不影响停车线前车辆的停车候驶和通行能力;不影响站点本身的行车秩序和通行能力等。还要根据直行与转弯车辆的客流量而定。例如,北京市的主要干道口,东单、西单等处,多采用不对称布置。对于比较窄的道路,上、下行的停靠站需要错开一定的距离,一般为15~30m,避免双向车辆同时靠站时影响交通。

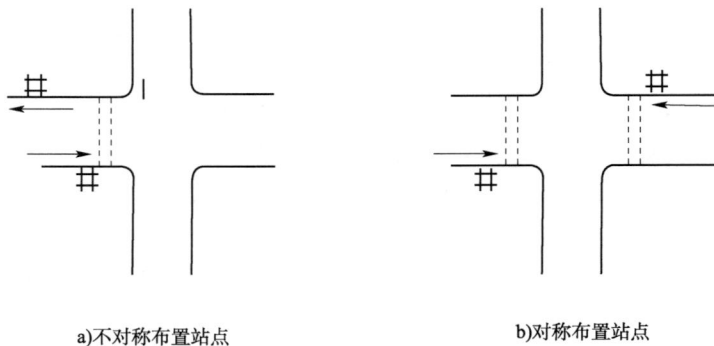

a)不对称布置站点   b)对称布置站点

图10-39 交叉口停靠站的布置形式

**(三)停靠站在道路平面上的布置方式**

停靠站在道路平面上的布置应以不直接侵扰机动车辆的通行及保证交通安全为原则,主要有以下几种布置方式。

（1）沿人行道设置，如图 10-40a）所示。此种方式最为普通，乘客上下车方便、安全，对单幅路的道路大多适用。对于较窄的道路，在有条件时可将人行道后退做成港湾式的停靠站，如图 10-40b）所示。这样，车辆停站时就可不占用车行道，也不影响车辆的通行。

港湾两端的形状，应按行车轨迹来确定，但为便于施工可将反曲线改为直线，港湾的长度根据车型以能容纳两辆车为宜。

（2）沿机动车道与非机动车道之间的分隔带设置，如图 10-41 所示，三幅路的道路通常采用。此种设置方式虽然对非机动车交通影响小，但乘客需要穿行非机动车道。为保障乘客安全，在分隔带设置站台，应将绿化带改为一定宽度和长度的铺砌道面，在横穿道路地点设置人行横道线、立路牌、站台灯等以便识别。

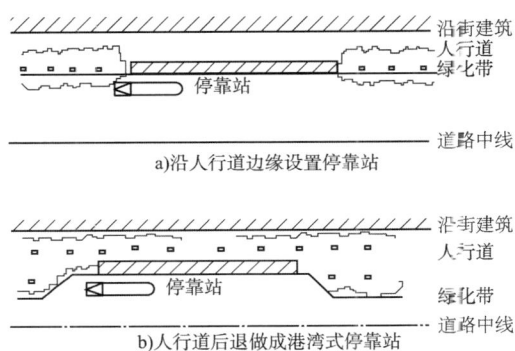

图 10-40　沿人行道边缘设置停靠站

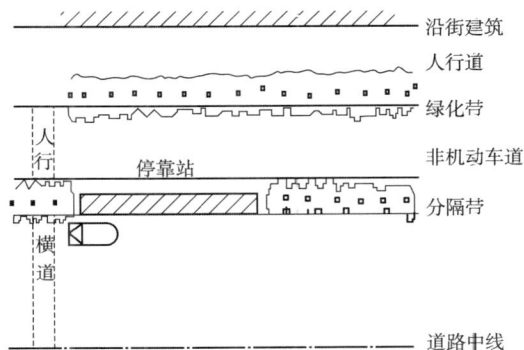

图 10-41　沿分隔带设置停靠站

# 第十一章 城镇道路交通管理设施

📖 学习目标

1. 了解交通信号设备;
2. 熟悉交通标志标线的作用。

📖 本章重点和难点

1. 信号灯的操作方式;
2. 交通标志的种类及设置要求;
3. 不同颜色的道路交通标线和组合标画代表的意义。

城镇道路交通管理设施是按照交通组织设计对道路实施交通管理而设置的交通信号设备、交通标志、交通标线、交通隔离物等。

## 第一节 交通信号设备

城镇道路主、次干道交叉口一般都设置交通信号设备,指挥交叉口的通行。交叉口交通信号设备有:指挥信号灯、车道信号灯和人行横道信号灯。

### 一、信号灯的设置

(1)人行横道信号灯(图11-1)主要设置在交通繁杂的交叉路口或路段:用以保证行人安全有秩序地横过车行道。人行横道信号灯在交叉路口一般与交叉路口指挥信号灯相连同步使用,设置在人行横道线的两端。国外许多城市在一些路段的行人穿越点设置由行人控制的人行横道信号灯,目前国内已有一些城市在路段上设置人行横道信号灯。

(2)车道信号灯是为适应交通信号线控制和区域控制的需要,用以提前提示前方车道能否通行的信号灯,在可变车道入口和路段随到收费站等地,应设置车道信号灯(图11-2)。

(3)指挥信号灯是指挥交叉口各路口车辆通行的信号灯。指挥信号灯在交叉口的设置方式有三种(图11-3):一种是设在交叉口中央,这种形式信号比较醒目,注意力容易集中,当交通特别拥挤时利于配合交通警察手势指挥;一种是设置在进入交叉口的路口停止线前,是最常见的设置形式,当道路宽度很大时,靠中间的机动车驾驶人员不易看清信号,所以宜用于一般的交叉口;另一种是设置在交叉口出口一侧,适用于较小的交叉口,有利于将停车线向前布置,缩短车辆通过交叉口的时间,信号也较醒目。道路宽度很大的三块板道路,可以分别为机动车道和非机动车道设置指挥信号灯。

(4)夜间黄色警告灯是夜间停止使用指挥信号灯指挥交通后,提醒车辆、行人注意前方是交叉口而设置的。黄色警告灯可以悬吊于交叉路口中央上空,也可以利用指挥信号灯的黄色灯代替。

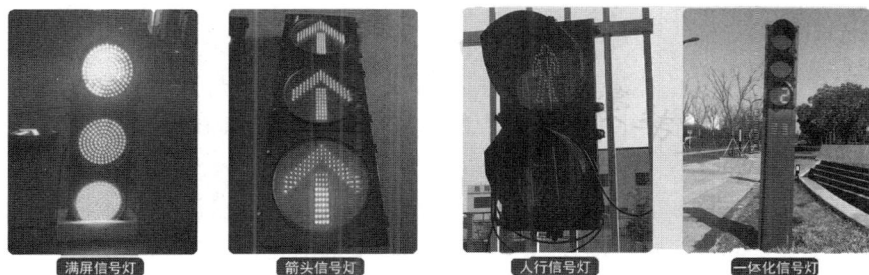

满屏信号灯　　箭头信号灯　　人行信号灯　　一体化信号灯

图 11-1　人行道交通信号灯

图 11-2　潮汐可变信号灯

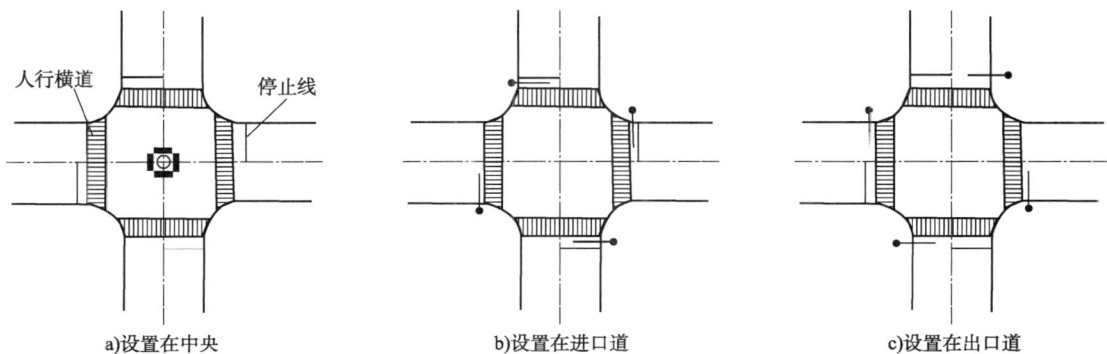

a)设置在中央　　　　　　b)设置在进口道　　　　　　c)设置在出口道

图 11-3　交叉路口指挥信号灯布置方式

## 二、信号灯灯制

我国城市现行的信号灯灯制是:红—黄—绿灯制。红灯表示禁止通行;黄灯为交叉口的变灯过渡信号,表示只许驶出交叉口,禁止驶入交叉口;绿灯为通行信号。此外还有闪灯信号,预示即将变换色灯信号。

目前在一些交通混乱的交叉口,已开始采用多相位信号灯,用绿箭头灯信号表示特许某方向通行,对改善交叉口交通秩序效果明显,但通行能力会受影响。

### 三、信号灯操作方式

(1)人工控制:是人工根据交通状况操纵的信号灯,可灵活变换色灯周期以适应交通量的瞬时变化,当道路使用效率不高、交通量不均衡变化时,人工控制的信号灯效率较高,但在大城市很少采用。

(2)定时自动调节:使用按固定的周期变换色灯的自动信号灯。可以根据每天不同时间交通量的变化规律,调整和安排一段时间内的色灯周期,还可以与相邻交叉口联动,组织"绿波式交通"。

绿波交通就是在交叉口间距大致均匀、车型车速大致相同、车流量较大的一条城镇道路上,合理调整各交叉口的信号灯周期,使进入这条干道的车辆依次行至各交叉口时,都能遇绿灯而无阻通行的交通信号灯线控制方式。

(3)电子计算机和传感系统控制:由传感系统将车辆驶近交叉口的信号送入电子计算机分析,按分析后的最佳组织方案控制交通指挥信号,组织交叉的交通,可以实现点(一个交叉口)、线(一条道路)、面(一个地区的道路网)的信号灯自动控制。

在国外一些发达国家的城市,由于车型单一、交通量较为均匀,都已实现了这种形式的自动控制。在我国,由于城市车型复杂,道路未形成完整系统,交通分布很不均匀,又存在大量与机动车流特点差异很大的非机动车流,实现这种形式的自动控制比较困难,目前仅在少数特大城市的部分地区进行试验性的区域调控。

### 四、卫星导航系统

卫星导航系统也称为全球导航卫星系统,是能在地球表面或近地空间的任何地点为用户提供全天候的三维坐标和速度以及时间信息的空间无线电导航定位系统。目前,卫星导航系统已经在线路指导和信息服务、交通管理、车调管理、紧急救助、高级驾车辅助系统、道路收费等方面广泛使用,而且总的发展趋势是为实时应用提供高精度服务。

## 第二节  交 通 标 志

道路交通标志是用图形、符号、颜色和文字向交通参与者传递特定信息,用于管理交通的设施。我国先行的交通标志分为主标志和辅助标志两大类[参见《道路交通标志和标线 第2部分:道路交通标志》(GB 5768.2—2009)]。

(1)主标志:包括警告标志、禁令标志、指示标志、指路标志、旅游区标志、作业区标志、告示标志7种。

①警告标志:是警告车辆、行人注意危险地点的标志,主要为顶角朝上的等边三角形、黄底黑边黑图案的标志牌,共47种。

②禁令标志:是禁止或限制车辆、行人交通行为的标志。主要为白底红圈红杠黑图案的圆形标志牌,此外还有白底黑边黑图案的解除禁令标志及八角形和倒三角形的让行标志,共

56 种。

③指令标志:是指示车辆、行人按标志含义进行的标志,主要为圆形、长方形和正方形蓝底白图案的标志牌,共 36 种。

④指路标志:是传递道路方向、地点、距离信息的标志,主要为长方形和正方形标志牌,一般道路为蓝底白图案,高速公路为绿底白图案,共 77 种。一般道路指路标志按功能分为:路径指引标志、地点指引标志、道路沿线设施指引标志、其他道路信息指引标志(图 11-4)。

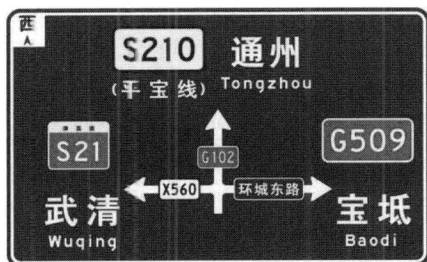

图 11-4　指路标志示意

⑤旅游区标志:是提供旅游景点方向、距离的标志,又分为指引标志和旅游符号两类,为棕色底白色字符的正方形和长方形标志牌,共 17 种。

⑥道路作业区标志:菱形,无边框,无衬边,颜色为橙色或荧光橙色,共 1 种。

⑦告示标志:用以解释、指引道路设施、路外设施,或者告示有关《道路交通安全法》和《道路交通安全法实施条例》的内容。颜色为白底、黑字、黑图形、黑边框。版面中图形标识如需要可采用彩色图案,共 7 种。

(2)辅助标志:是设于主标志下起辅助说明的标志,不能单独使用。按其用途又可分为表示区域、距离、时间、车辆种类、警告禁令理由等,为矩形白底黑字黑边的标志牌,共 20 种。

此外,还有用于高速公路、城市快速路的可变信息标志,可及时通告关于速度限制、车道控制、道路状况、交通状况、气象状况等信息的变化。

(3)警告标志的视距要求。

机动车驾驶员在驾车行进中对交通标志的感觉有发现、识别、认读、理解和行动五个阶段,完成这五个阶段车辆所行驶的距离可称为标志视距,与车速、标志尺寸、视角等有关。

## 第三节　交通标线

城镇道路交通标线是由施划或安装于道路上的各种线条、箭头、文字、图案及立面标记、实体标记、突起路标和轮廓标等所构成的交通设施,它的作用是向道路使用者传递有关道路交通的规则、警告、指引等信息,可以与标志配合使用,也可以单独使用。各等级公路和城市快速路、主干路应按规定设置反光交通标线[参见《道路交通标志和标线　第 3 部分:道路交通标线》(GB 5768.3—2009)]。

(1)道路交通标线按功能可分为以下三类:

①指示标线:指示车行道、行车方向、路面边缘、人行道、停车位、停靠站及减速丘等的线。

②禁止标线:告示道路交通的遵行、禁止、限制等特殊规定的标线。

③警告标线:促使道路使用者了解道路上的特殊情况,提高警觉准备防范应变措施的标线。

(2)道路交通标线按设置方式可分为以下三类:

①纵向标线:沿道路行车方向设置的标线。

②横向标线:与道路行车方向交叉设置的标线。

③其他标线:字符标记或其他形式标线。

(3)道路交通标线按形态可分为以下四类:

①线条:施划于路面、缘石或立面上的实线或虚线。

②字符:施划于路面上的文字、数字及各种图形、符号。

③突起路标:安装于路面上用于标示车道分界、边缘、分合流、弯道、危险路段、路宽变化、路面障碍物位置等的反光或不反光体。

④轮廓标:安装于道路两侧,用以指示道路的方向、车行道边界轮廓的反光柱(或片)。

(4)交通标线的标划。

道路交通标线的颜色为白色、黄色、蓝色或橙色,路面图形标记中可出现红色或黑色的图案或文字。图 11-5 为道路标线示意。

图 11-5  道路标线示意

①白色虚线:划于路段中时,用以分隔同向行驶的交通流;划于路口时,用以引导车辆行进。

②白色实线:划于路段中时,用以分隔同向行驶的机动车、机动车和非机动车,或指示车行道的边缘;划于路口时,用作导向车道线或停止线,或用以引导车辆行驶轨迹;划为停车位标线时,指示收费停车位。

③黄色虚线:划于路段中时,用以分隔对向行驶的交通流或作为公交车专用车道线;划于交叉口时,用以告示非机动车禁止驶入的范围或用于连接相邻道路中心线的路口导向线;划于路侧或缘石上时,表示禁止路边长时停放车辆。

④黄色实线:划于路段中时,用以分隔对向行驶的交通流或作为公交车、校车专用停靠站标;划于路侧或缘石上时,表示禁止路边停放车辆;划为网格线时,标示禁止停车的区域;划为停车位标线时,表示专属停车位。

⑤双白虚线:划于路口,作为减速让行线。

⑥双白实线:划于路口时,作为停车让行线。

⑦白色虚实线:用于指示车辆可临时跨线行驶的车行道边缘,虚线侧允许车辆临时跨越,实线侧禁止车辆跨越。

⑧双黄虚线:划于城镇道路路段中,用于指示潮汐车道。

⑨双黄实线:划于路段中,用以分隔对向行驶的交通流。

⑩黄色虚实线:划于城镇道路路段中,用于指示潮汐车道。

⑪橙色虚、实线:用于作业区标线。

⑫蓝色虚、实线:作为非机动车专用道标线;划为停车位标线时,指示免费停车位。

### 复习思考题

1.城镇道路交叉口交通信号设备有哪些?

2.道路交通的标志标线有那些?

3.交通标志的种类及设置要求有哪些?

4.简述常见的交通标线的标划的方式及意义。

# 参 考 文 献

[1] 中华人民共和国行业标准.CJJ 37—2012 城市道路工程设计规范[S].北京:中国建筑工业出版社,2012.

[2] 中华人民共和国行业标准.CJJ 194—2013 城市道路路基设计规范[S].北京:中国建筑工业出版社,2013.

[3] 中华人民共和国行业标准.GB 50647—2011 城市道路交叉口规划规范[S].北京:中国建筑工业出版社,2011.

[4] 中华人民共和国行业标准.CJJ 169—2012 城镇道路路面设计规范[S].北京:中国建筑工业出版社,2012.

[5] 中华人民共和国国家标准.GB 5768—2009 道路交通标志和标线[S].北京:中国标准出版社,2009.

[6] 中华人民共和国行业标准.CJJ 1—2008 城镇道路工程施工与质量验收规程[S].北京:中国建筑工业出版社,2008.

[7] 中华人民共和国行业标准.CJJ 89—2012 城市道路照明工程施工及验收规程[S].北京:中国建筑工业出版社,2012.

[8] 周荣沾.城市道路设计[M].北京:人民交通出版社,1999.

[9] 任福田.城市道路规划与设计[M].北京:中国建筑工业出版社,2000.

[10] 文国纬.城市交通与道路系统规划[M].北京:清华大学出版社,2001.

[11] 许金良.道路勘测设计[M].5版.北京.人民交通出版社股份有限公司,2018.

[12] 肖秋生.城市整体规划原理[M].北京:人民交通出版社,1995.

[13] 冯桂炎.道路交叉设计[M].长沙:湖南科学技术出版社,1994.

[14] 贺栓海.道路立交的规划与设计[M].北京:人民交通出版社,1994.

[15] 何景华.公路勘测设计[M].北京:人民交通出版社,1990.

[16] 徐吉谦.交通工程总论[M].4版.北京:人民交通出版社股份有限公司,2015.

[17] 裴玉龙.公路勘测设计[M].哈尔滨:黑龙江科学技术出版社,1997.

[18] 秦殿发.道路与交通环境[M].北京:中国人民公安大学出版社,1990.

[19] 薛珊荣.道路交通管理及行车安全[M].北京:人民交通出版社,1991.

[20] 中国建筑工业出版社.城镇建设常用规范集(道路部分)[M].北京:中国建筑工业出版社.1993.

[21] 北京市市政设计研究院.城市道路设计手册[M].北京:中国建筑工业出版社,1985.

[22] 陈振木.城市道路工程施工手册[M].北京:中国建筑工业出版社,2004.

[23] 徐家钰.城市道路设计[M].北京:中国水利水电出版社,2005.

[24] 吴瑞麟,沈建武.城市道路设计[M].北京:人民交通出版社,2003.

[25] 李鳞,城市道路工程[M].北京:中国电力出版社,2004.

[26] 谭炳新.现代城市交通规划设计全书[M].北京:海潮出版社,2006.

[27] 姚昱晨.市政道路工程[M].北京:中国建筑工业出版社,2007.